改正新民法註釋
親族編・相續編・施行法

池田虎雄
岩崎通武　校閲

川原閑舟
池田撝卿　著

明治三十一年發行

改正新民法註釋

親族編
相續編
施行法

日本立法資料全集　別巻　1155

信山社

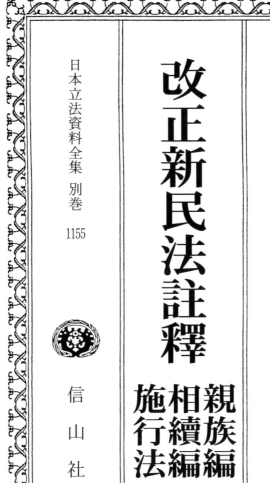

注記

一　池田虎雄・岩﨑通武校閲＝川原閑舟・池田撝卿著『改正新民法註釋』（積善館、一八九八〔明治三一〕年）は、その紙幅が多いため、「總則編・物權編」、「債權編」、「親族編・相續編・施行法」の三つに分けて、復刻することとした。例言、目次等については、「債權編」、「親族編・相續編・施行法」においても、「總則編・物權編」所載のものをご参照いただきたい。

一　本書の校閲者及び著者の氏名については、大扉と本文・奥付の間で食い違いがある。復刻に際しては、大扉に依拠することとしたが、その異同は次のとおりである。

（大扉）池田虎雄、　（本文一頁）池田虎男、

（大扉）池田撝卿、　（奥付）　池田撝鄕、

〔信山社編集部〕

第四編 親族

〔註釋〕我國《ワガクニ》ハ元來族制《ゾクセ井》ヲ以テ社會ノ基礎《キソ》トスルノ狀態《アリサマ》ナルヲ以テ隨テ親族ノ關係ニ重《オモ》キヲ置クハ今日ノ現狀《ゲンジヤウ》ニテモ知ラルベシサレバコノ親族編《シンゾクヘン》ナルモノハ民法ノ首編《ハジメ》ニ排列《ハイレツ》スベキコソ至當《シトウ》ノ様ニ思ハレドモ之ヲ諸外國ノ例ニ照《テラ》シ又學理上ヨリ觀察《クワンサツ》シ熟考《ジユクカウ》スルトキハ法律ノ上ニ於テ親族ノ主タル關係ハ何《ナン》ゾト云フニ第一ニ財産上ノ關係《クワンケ井》ヲ規定スベキモノナルガ故ニソノ邊《ヘン》ヨリ見ルトキハ親族編ノ位置《井チ》ハ全ク之ヲ民法ノ首端《ハジメ》ニ置カシテ之ヲ一般財産上ニ關スル規定ノ次ギニ置クコソ至當ナリトスルガ爲メ斯クハ之ヲ債權物權ノ次ニ編シタルモノデアリマス

第一章 總則

〔註釋〕本章ニハ親族編全体《シンゾクヘンゼンタ井》ニ通用スベキ規定ヲ掲《カヽ》ゲタルモノデアツテ言ヲ換《カ》ヘテ言ハヾ親族法ノ上臺《ドタ井》デアリマス則チ何レノ章ニモ共通《キヤウツウ》スベキモノデ以下ニ示ス所ノ各節ノ總則ナドハ別物《ベツモノ》デアル本章ノ規定スル所ハ親族間ノ範圍《ハン井》ハ如何ナルモノデアル六親等ノ算ヘ方

ハ如何ニスルト云フ凡ソ親族ニ關係《クワンケイ》スル一切《サイ》ノコトヲ掲ゲタモノデアリマス

第七百二十五條 左ニ掲《カヽ》ケタル者ハ之ヲ親族トス

一 六親等内ノ血族《ケツゾク》

二 配偶者《ハイグウシヤ》

三 三親等内ノ姻族

〔註釋〕本章ハ親族ト云フモノハ如何ナル範圍《ハンヰ》ノモノナリヤト云フコトヲ規定《キテイ》シタモノデアリマス試《コヽロミ》ニ之ヲ詳言《シヤウゲン》スレバ總シテ親族ナルモノハ何ヨリ始マルゾト云フコトヲ知ルノガ必要デス其始《ソノハジメ》ハ申スマデモナク男女ノ婚姻《コンヰン》デアリマシテソノ婚姻カラシテ親子ト云フ關係ガ起《オコ》リ親子《オヤコ》ヨリシテ祖父母若クハ子孫《シソン》ト云フ關係ガ生ジテ終ニハ他人ト變《カハ》ラヌホドニナルモノデス而シテ何故ニ法律ニ於《オヒ》テ是迄ガ親族デアルト云フ限界《ゲンカヰ》ヲ定メタルヤトイヘバ親族ニハ或《アル》ハ場合《バアヒ》ニ於テハ扶養ノ義務《ギム》ヲ負《オ》ハセ或場合ニ於テハ婚姻ヲ禁ジ或場合ニ於テハ相續ノ順序《ジユンジヨ》ヲ定ムルナド樣々ノ原因《ゲンヰン》ト必要ガアッテ其關係モ中々廣フアリマスカラ之カ限界ヲ設《マウケ》子バナラヌノデアリマスコレガ本編ニ於テ最《モット》モ眼目《カンモク》ノ土臺デアリマスカラ其

初メニ掲《カヽ》ゲタノデアリマスサテ其親族ハ如何ナル限界《ゲンカヰ》ナリヤト申セバ本條ニアル通リ三ツニ分レテ第一ガ六親等内ノ血族《ケツゾク》ノ關係アルモノ第二ガ配偶者《ハヰグフシヤ》ノ關係アルモノ第三ガ三親等内ノ姻族ノ關係アルモノデアリマス尙之ヲ詳《ツマビラ》カニ述《ノ》ベヤウトシマスレバ略ホ下ノ通リデス

一　六親等内ノ血族

血族ト云フコトハ所謂《ヰハユル》血ヲ分《ワ》ケタ中即チ一ツ血筋《チスヂ》ノ人ト云フコヽデ同始祖ヨリ出デタル所ノ關係アルモノヲ申シマス即チ親子、子孫《シソン》及ヒ兄弟姉妹《ケヰテヰシマヰ》ノ關係アルモノヽコトデアリマシテ、コノ血族ニ直系親《チヨクケヰシン》ト傍系親トノ二ツガアリマス直系親トハ親子、子孫ノ關係アルモノデ傍系親トハ兄弟姉妹ノ關係アルモノデス而《シカ》シテ何故ニ法律《ハフリツ》ハ六親等内ヲ限界《ゲンカヰ》致シマシタカト云フト先《マ》ヅ己ヨリ緣ノ最モ强《ツヨ》クシテ重キハ父母デ祖父母トナルト父母ヨリハ輕《カロ》ク曾祖父母ハ祖父母ヨリ一段輕《タンカロ》ク曾祖父母ヨリ高祖父母ハ猶輕《ナホカル》イト云フヤウニ遠《トホ》クナルホド緣ガ段々薄クナリ子ハ緣《エン》ガ一番厚《アツ》キモ孫ハ子ヨリ薄ク曾孫ハ孫ヨリ薄クト是モ遠《トホ》ザカルホド段々緣ガ輕クナルモノデアリマスルカラ斯ク六親等內ト限《カギ》リマシタノデアリマス傍系親モ亦此通リデアリマシテ己《オノレ》ヨリ見マシテ兄弟姉妹ヨリ甥姪《ヲヰメヰ》ハ疎ク叔伯父母ヨリ從兄弟ハ疎イト云フヤウニ隔《ヘダ》タルニ從テ愈々疎クナルモノデ

アリマスコレガ六親等内ノ血族ヲ親族ト定メマシタ譯デアリマス

二、配偶者《ハイグウシヤ》

配偶者トハ俗《ゾク》ニ云フつれあいト云フコトデ婚姻ヲシタ男女《ナンニヨ》ノ一方ヲ云フノデスコノ男女ガ即チ夫婦デアッテ其夫ヨリ見レバ妻《ツマ》ハ配偶者ナリ妻ヨリ見《ミ》レバ夫ハ配偶者デアリマス而シテ茲ニ記憶《キオク》スベキコトハ婚姻ヲシタカラト云フテ其夫婦ノ間《アヒダ》ニ血統ノ關係ガ出來タト云フモノデハアリマセヌコノ男女ノ婚姻カラシテ始メテ血族モ生ジ姻族モ生ズルノデスソレ故ニ法律ガ親族トシタ譯《ワケ》デアリマス猶解《ナホカヰ》シ易ク申セバ夫婦ハ合《アハ》セモノデアリマスカラ其合フテ居ル間ハ親族ノ尤モ親シキモノデアリマスケレドモ一旦離縁トナリシ曉《アカツキ》ニハ既ニ他人トナルモノデアリマスカラ決《ケツ》シテ血族ト云フコトハ出來マセヌ然レドモ是ニヨリテ親子ノ血族モ生ジ姻族ノ關係モ生ズルノデアリマス

三、姻族

姻族トハ婚姻ニ因《ヨ》リテ生ズルモノテ配偶者ト其配偶者ノ血族《ケツゾク》トノ間ニ生ズル關係ノコトデス例《タト》ヘテ申セバ松太郎ナルモノニ梅《ムメ》ナル女ガ嫁入《ヨメヰリ》セシトキ其梅ヨリ松太郎ノ父母即チ舅姑《シウト》ヲ指《サ》シテ姻族ト云ヒ松太郎ヨリ梅ノ父母ヲ指シテモ亦姻族ト云フノデス然レドモ姻族ノ關係ハ配偶者其人ニハ存スレドモ其配偶者ノ親族間ニハ存スルモノデハアリマ

セヌ例ヘバ松太郎ノ父母ト梅ノ父母トハ決シテ親族上ノ關係ガアルモノテハアリマセヌ而シテコノ姻族ノ關係モ限界《ゲンカ井》ガナクテハナリマセヌノテ法律《ハフリツ》ハ三親等內ヲ限リト致シタノテアリマス

第七百二十六條　親等ハ親族間ノ世數《セスフ》ヲ算シテ之ヲ定ム
傍系親ノ親等ヲ定《サダ》ムルニハ其一人又ハ其配偶者ヨリ同始祖《ドフシソ》ニ遡《サカノボ》リ其始祖ヨリ他ノ一人ニ下ルマテノ世數ニ依ル

〔註釋〕本條ハ親等ハ如何ニシテ計算《ケ井サン》スベクカヲ定ムル規定《ギテ井》テ親族ノ關係ヲ確定スル方法テアリマス即《スナハ》チ第一項ハ直系親ニ於ケル親等ノ計算方法ヲ定《サダ》メ第二項ハ傍系親ニ於《オ》ケル親等ノ計算方法ヲ定メタノデアリマス

サテ親等ノ計算方法ハ如何ニスルヤト云フニ近《チカ》キヨリ遠《トホ》キニ親《シタ》シキヨリ疎キニ及ブ譯テ一代ヲ一等トシテ其親族ノ世數《セスフ》ヲ計《カゾ》ヘテ定メルノテアル例《タト》ヘバ直系親ニテハ己ヨリ父母ハ一等親ニシテ子モ一親等ナリ祖父母《ソワボ》ハ二等親テ孫《マゴ》モ亦《マタ》二親等ナリ曾祖父母ト曾孫トハ三親等ノ關係ヲ有《ユフ》シ高祖父母ト玄孫《ゲンソン》トハ四親等ノ關係ヲ有《ユフ》スルト云フ道理《ダウリ》テアリマス又傍系親ノ親等ヲ計算《ケ井サン》スル方法ハ同始祖ニ遡《サカノボリ》テ計算スベキ規定テ例ヘバ己ト從甥トノ親

等ヲ知ラントセバ先《マ》ツ己レト一方ノ従甥《イトコ》ノ同始《ドウシ》祖タル祖父母マデ一等親二等親ト計《カツ》ヘ更ニ従甥《イトコ》ニ三親等四親等五親等ト計《カツ》ヘルノデアリマス序《ツイデ》ニ一言シテ置キマスルハ父ノ血統《ケツトウ》ニ係ルモノヲ父系《フケイ》ノ血統《ケツトウ》ト云ヒ母ノ血統ニ係ルモノヲ母系《ケイ》ト云フコトヲ又所謂《イハユ》ル父方ノ親類母方ノ親類ト云フノデアリマス

左ニ親等ノ計算《ケイサン》ヲ易《ヤス》カラシメン為メニ図《ヅ》ヲ示《シメ》シマセウ

（甲）

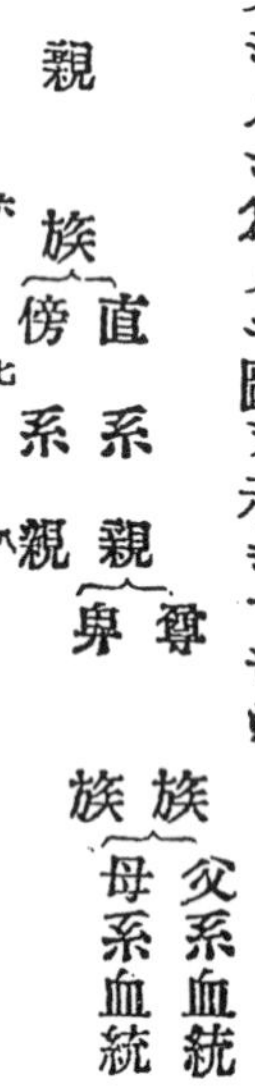

（乙）

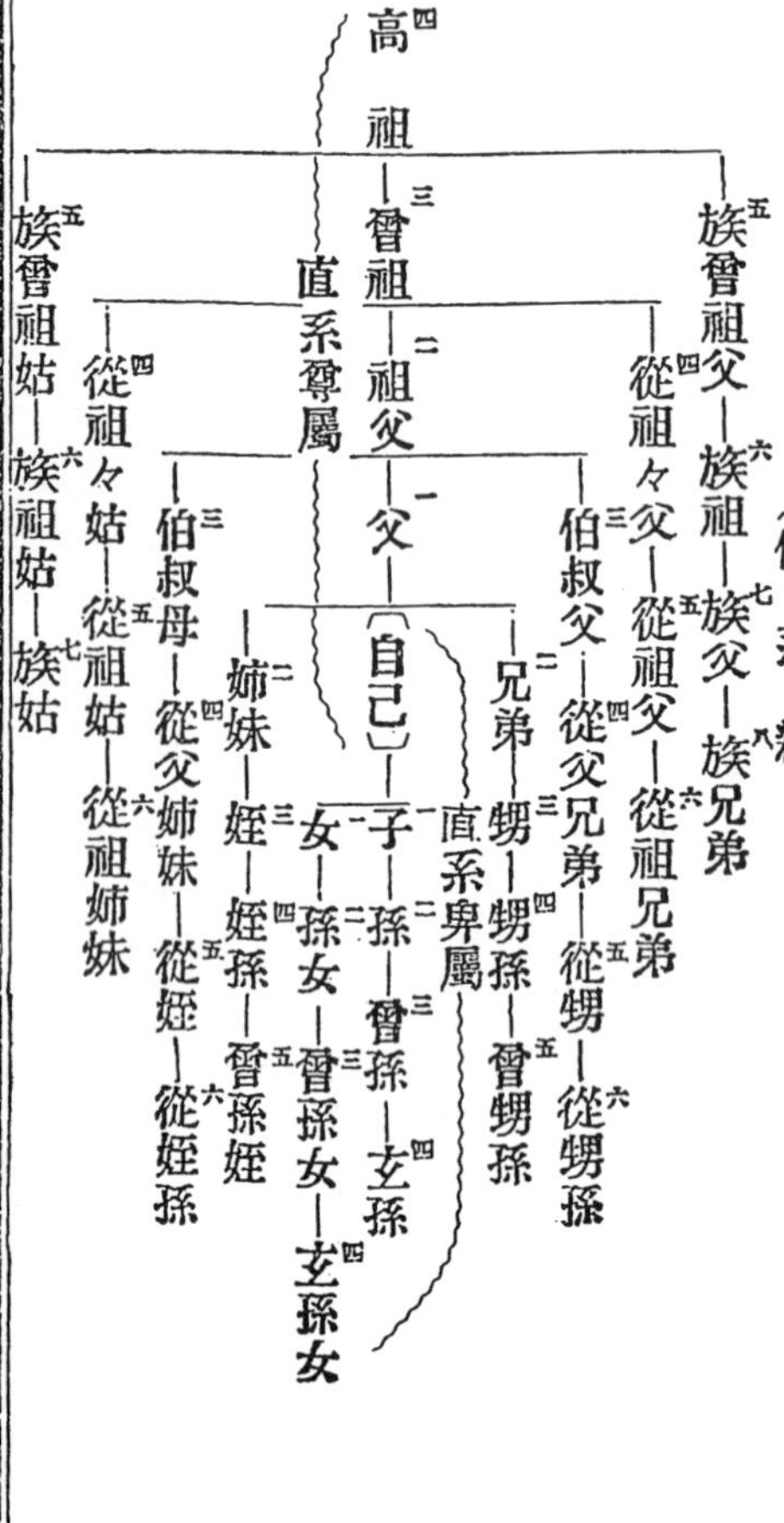

直系親ト云フハ第二圖ニ示《シメ》セルガ如ク上高祖ヨリ下玄孫《シモゲンソン》ニ至ルマテ直下《チヨクカ》シタル親等ノコトテ傍系親トハ之ニ反《ハン》シ直下セスシテ同ジ始祖《シソ》カラ分離《ブンリ》シタルモノテス又直系尊族トハ己レヨリ父以上ノコトヲ云ヒ直系卑族トハ己レノ子以下ヲ云フノテス

第七百二十七條　養子《ヤウシ》ト養親及ヒ其血族トノ間ニ於テハ養子《ヤウシ》縁組《エンクミ》ノ日ヨリ血族間ニ於《オ》ケルト同一ノ親族關係ヲ生《シヤウ》ス

〔註釋〕親族《シンゾク》ノコトニ就《ツイ》テハ既ニ第七百五十二條之規定ニ因《ヨ》ツテ十分明カナルコトナレバ今更云フマテモナイコトナレドモコヽニ猶《ナホ》言ワヲバナラヌハ法定《ハフテイ》ノ親族ト云フコトテス法定ノ親族トハ血統《ケツトウ》若クハ婚姻ノ關係ナキニ親族ノ關係《クワンケイ》アリトスルコトテ他人同士《ドウシ》ヲ以テ親族ト看做《ミナ》スモノテス尤モ法定《ホフテイ》ノ親族ト云フニモ二種アリテ其一ハ養子《ヤウシ》縁組《エングミ》ヨリ生スルモノ他ノ一ハ繼父母《ケイフボ》ト繼子嫡母ト庶子ノ關係テアリマス今《イマ》本條ニハ養子縁組ヨリ生スル親族ノ關係ヲ規定シタノテアリマス

事新《コトアダ》ラシク云フホドニハアラネド養子縁組ノ起因《オコリ》ト申スハ以前《イゼン》士分カラ上ノ者ニ實子《ジツシ》ガナクテ跡相續《アトソウゾク》スルモノガナケレバ其家ハ斷絶《ダンゼツ》シ其家祿ハ沒收《ボツシユ》セラルヽコトテアリシソコデ實子ナキ人ハ其向ヘ願書《グワンシヨ》ヲ出シテ他人《タニン》ノ子ヲ養ナツテ己レノ子トナシテ家名《カメイ》ヲ續ガセ

ルコトテアリマシタ、コレガ抑《ソモソ》モノ濫觴《ハジメ》テアリマス夫レ故ニ今日トテモ養子ノ目的《モクテキ》トスル所ハ全ク家名ヲ相續《ソウゾク》セシムルト云フガ主眼《シユガン》ト爲ツテ居リマス

養子ノコトハ唯今述《タヾイマノ》ヘタ通《トホ》リテスガ其養子縁組ト云フコトハ如何ナルモノゾト申セバ男子タルト女子タルト又ハ成年者《セイチンシヤ》タルト未成年者タルト及ヒ他人《タニン》ノ子タルト親族ノ關係アルモノヽ子タルノ別ナク總《スベ》テ他人ノ子ヲ貰《モラ》ヒ受ケテ養フコトヲ云フモノテ養《ヤシナ》フ人ハ之ヲ養親ト云ヒ養《ヤシナ》ハルヽ人ハ之ヲ養子ト云フノテス而《シカ》シテコノ養親ト養子トノ間《アヒダ》ニ於テハ其縁組ヲ爲シタ日ヨリ血族間《ケツゾクカン》ニ於ケルト同一ノ親族關係ヲ生《シヤウ》スルモノテス例《タト》ヘバ養父母ノ實子ハ養子ノ兄弟姉妹《ケイテイシマイ》トナリ養父母ノ父母ハ養子《ヤウシ》ノ爲メニハ祖父母トナルガ如キ有樣《アリサマ》テアリマス尤モコノ養子縁組《エングミ》ニ因テ生ズル處ノ親族關係ハ養子ト養親及《オヨ》ヒ其血族間ニ限《カギ》ルモノテアツテ養父母ノ家ト實家《ジツカ》トハ何《ナン》ノ關係モナイモノテス何《ナン》トナレバ養家ニテハ養子ヲ以テ實子ト同一ニ視做《ミナ》スベキモノテ一人ニテ養實二家《カ》ノ子タルガ如キ状態《アリサマ》ヲ避《サ》ケタモノテアル併《シカ》シナガラ婿養子縁組ノ場合《バアヒ》ニ於テハ養子ノ實家ト養家トハ前《マヘ》ニ示《シメ》シタル如ク姻族ノ關係ヲ生《シヤウ》ズルモノナレバ養實二家ノ間ニ於テモ親族《シンゾク》ノ關係ヲ生スルモノテス又養子ト其實家ニ於ケル親族關係モ斷絶スルモノデハアリマセヌ

第七百二十八條　繼父母ト繼子ト又嫡母ト庶子トノ間ニ於テハ親子間

ニ於ケルト同一ノ親族關係ヲ生ス

〔註釋〕本條ハ前條ニ於《オイ》テ述《ノ》ベタル如ク法定親族ノ第二種テアッテ即チ繼父母《マヽオヤ》ト繼子《マヽコ》ト又嫡母ト庶子トノ間ニ於テモ親子《オヤコ》ト同一ノ關係ヲ生《シヤウ》ズルモノテアルト云ブコトヲ規定《キテイ》シタルモノテス

我邦《ワガクニ》ノ慣習トシテ又新民法ノ規定《キテイ》トシテ家族ハ戶主ノ家ニ同居《ドウキヨ》スベキモノナレバ繼父母《マヽチヽハヽ》ト繼子ト又嫡母ト一家ノ內ニ於テ朝夕《テウセキ》起居飲食《キヨインシヨク》ヲ共ニスベキモノナレバ之ヲ他人トシテハ一家內ノ親睦《シンボク》ヲ維持《井ジ》スルコト能ハザルモノナレバ茲ニ繼父母《マヽオヤ》繼子《マヽコ》ト又嫡母ト庶子トノ間ニ親族ノ關係ヲ生ズルノ規定《キテイ》ヲナシタルナリ而シテコノ關係モ前條《ゼンデウ》ト同ジク單《タン》ニ繼父母ト繼子又嫡母ト庶子《シヨシ》トノ間ニ於ケル親子ノ關係ニノミ止《トヾ》マルコトテアッテ繼父母ト繼子トノ親族又ハ嫡母《チヤクボ》ト庶子トノ親族間ニ何等ノ關係《クワンケイ》モ生ゼヌコトテアリマス

又嫡母ト庶子トハ親子《オヤコ》ノ關係ガアレ𪜈夫《ヲット》ト其妻ノ私生子トノ間ニハ何等《ナンラ》ノ親族關係モ生ゼヌモノテアルコレ妻《ツマ》ノ私生子ヲ卑《イヤシ》ミタルニ原因《ゲンイン》スルコトナリ今一例ヲ擧《ア》グレバ甲ナル父ト乙ナル妾《セウ》トノ間ニ生ジタル子即チ庶子《シヨシ》ヨリ甲ノ妻ニ對《タイ》シテハ嫡母テアッテ親子《オヤコ》ノ關係ガアルモ其妻《ソノツマ》ニ私生子アルモ其子ト妻《ツマ》ノ本夫トニ親子ノ關係ハナキモノナリ又實父《ジツプ》ト

實母《シツボ》トノ間ニ生ジタル嫡出子アルトキ實父ガ後妻《ゴサイ》ヲ迎《ムカ》フルカ又ハ實母ガ後夫《コウフ》ヲ迎《ムカ》フルカノトキハ其嫡出子ハ後夫《コウフ》ヲ繼父ト云ヒ後妻ヲ繼母《マヽハヽ》ト云ヒテ親子間ニ於《オ》ケル同一ノ親族關係ヲ生ズルモノデアリマス

第七百二十九條　姻族《インゾク》關係及ヒ前條ノ親族關係ハ離婚《リコン》ニ因リテ止ム
夫婦ノ一方カ死亡《シバウ》シタル場合ニ於テ生存《セイソン》配偶者カ其家ヲ去リタルトキ亦同シ

〔註釋〕本條ハ婚姻《コンイン》ヨリ生ズル所ノ姻族ノ關係及ヒ第七百二十八條ノ繼父母《ケイフボ》ト繼子間ノ親子ノ關係又ハ嫡母《チヤクボ》ト庶子トノ間ニ於ケル親子ノ關係ノ罷止《ヨウシ》スル原因《ゲンイン》ヲ規定シタルモノデアリマス
サテ本條ニハ是等ノ關係《クワンケイ》ハ離婚《リコン》ニ因リテ止ムト規定シテアルガ抑《ソモソ》モ離婚ニハ二種ノ制裁《セイサイ》ガアッテ協議上《ケフギジヤウ》ニ成リ立ッモノト裁判上ノ結果《ケツクワ》ニヨリテ成立《ナリタ》ッモノトガアリマシテ茲ニ一例ヲ設《マウ》ケテ說明《セツメイ》セントスレバ今假ニ甲ノ男子ト乙ノ女子ト婚姻ヲ致《イタ》シマスルトキハ甲男ト乙女トノ親族ノ關係ガ出來《デキ》マス然レドモ協議上《ケフギジヤウ》ニヨルト裁判上ニヨルトニ拘《カヽ》ワラズ甲男ガ乙女ト離婚《リコン》セントキハタトヘ今迄親族ノ關係《クワンケイ》ガアリタリトモ又甲乙ノ間ニ生レタ

ル丙ナル子ガアリタリトモ姻族ノ關係ハ其日ヨリ止ムモノデス又甲ガ乙ナル妻ヲ離婚シ更《サラ》ニ丁ナル女子ヲ後妻ニ娶《ムカ》ヘマシタトキハ前ニ甲ト乙トノ間《アイダ》ニ出來マシタ丙ヨリ見ルトキハ丁ハ繼母《マヽハヽ》デアッテ丁ヨリ丙ヲ見ルトキハ繼子デアリマスコノ丙《ヘイ》ナル繼子《マヽコ》ト丁ナル繼母トノ間ニ於テハ親子《オヤコ》ノ關係モ若甲ガ丁ヲ離婚《リコン》シマシタトキハ其日カラ親族ノ關係ハ止《ヤ》ムモノデアリマス其他《ソノタ》繼父ト繼子、嫡母ト庶子《ショシ》トノ親子ノ關係ノ止《ヤ》ム場合ニ於テモ是ト同ジ道理デアリマス

又夫婦ノ一方ガ死亡《シバウ》シタルトキハ姻族關係及ビ前條《ゼンデウ》ノ親族關係モ止ムカト申マスルニ決《ケツ》シテ左《サ》様《ヤウ》デハアリマセヌ即チ一方ノ生存《セイゾン》シタル配偶者ガ其家《ソノイヘ》ヲ去リマシタトキハ關係ガ止《ヤ》ミマスケレドモ其家ヲ去リマセヌトキハ親族《シンゾク》ノ關係ハ止ミマセヌモノデアリマスコレ婦又ハ入夫カ其配偶者《ソノハイグウシヤ》カ死亡セシモ尙ホ夫又ハ婦《フ》ノ家ニ止マリ依然《イゼン》トシテ家族ノ一人トナリ居ルニ之ヲシモ親族ノ資格《シカク》ヲ消滅《セウメツ》セシムルハ我國ノ從來ノ慣習《クワンシフ》ヲ破《ヤブ》ルカラデアル能ク我國ノ現狀ニ當ッテ見レバ了解セラルヽコトデアリマス

茲ニ一ノ注意《チユイ》スベキコトハタトヘ死亡《シバウ》ニ因リテ婚姻ガ消滅スルガ離婚《リコン》ニ因リテ姻族ノ關係ガ止ムカノ場合《バアヒ》トナリテモ一旦爲シタル婚姻ノ効力《カウリヨク》ト云フモノハ決シテ消滅スベキモノデハナイト云フコトデアリマス例《タト》ヘバ死亡又ハ離婚《リコン》ニ依リ姻族ノ關係ガ止《ヤ》ムトモ直系

ノ姻族間ニ於《オイ》テハ婚姻ヲナスコトガ出來《デキ》ヌコトノ如キヲ見テ知ルベキヿデアリマス

第七百三十條　養子ト養親及ヒ其血族トノ親族關係ハ離緣ニ因リテ止ム

養親カ養家《ヤウカ》ヲ去リタルトキハ其者及ヒ其實方ノ血族《ケツゾク》ト養子トノ親族關係ハ之ニ因リテ止ム

養子ノ配偶者《ハイグウシヤ》、直系卑屬又ハ其配偶者カ養子《ヤウシ》ノ離緣ニ因リテ之ト共ニ養家ヲ去リタルトキハ其者ト養親及ヒ其血族トノ親族關係ハ之ニ因リテ止ム

〔註釋〕本條モ亦《マタ》親族關係ノ罷止《ロウシ》ヲ規定《キテイ》シタルモノニシテ養子ト養親トノ間《アヒダ》ニ於ケル關係ヲ明カニセシモノデアル

第一項ハ養子《ヤウシ》ト養親トノ親族關係及ビ養子ノ血族ト養親《ヤウシン》ノ血族トノ親族關係モ養子ガ離緣セラレタルトキニ於テ止ムベキコトヲ規定シタルニ過ギマセヌ

第二項ハ養親ガ養家《ヤウカ》ヲ去リタルトキニ於テハ其去リタル養親《ヤウシン》ト養子トノ間《アヒダ》及ビ其去リタ

ル養親ノ實方《ジツカタ》ノ血族ト養子トノ間ノ親族關係ハ止《ヤ》ムベキコトヲ規定《キテイ》シタノデアル一例ヲ擧《ア》グレバ茲ニ松本ト云フ家アリ其家《ソノイヘ》ヘ梅田ト云フ家ノ馨《カホル》ト云フ人ガ養子ニ來タリトセンカ後日《ゴニチ》其馨ト云フ人ガ竹林ト云フ家ノ茂《シゲル》ト云フモノヲ養子ニ貰受《モラヒウ》ケタルトキハ馨ハ養親デアツテ茂ハ養子デアル而シテ最初《サイシヨ》ノ養子縁組ニ依テ松本《マツモト》ト梅田トニハ親族ノ關係ハ生ジマセヌガ松本ト馨トノ親族關係ハ消ヘルモノデナイ從テ茂ガ馨ノ養子トナツテハ茂ト馨ノ實方《ジツカタ》ノ血族即チ梅田トハ親族ノ關係ガ出來《デキ》マス併《シカ》シナガラ養親馨ガ養家タルタル松本ヲ去リシ場合ニハ養子ナル茂トノ親族ノ關係ハ止ムモノデアリマス

第三項ハ養子ハ配偶者《ハイグウシヤ》養子ノ直系卑屬及ビ養子ノ直系卑屬《チヨクケイヒゾク》ノ配偶者カ養子カ離縁《リエン》トナルニ連《ツ》レテ共ニ養家ヲ去《サ》リマシタトキハ其去リマシタモノト養家《ヨウカ》養親及ビ養親ノ血族トノ親族關係ハ止《ヤ》ムモノデアルト云フコトヲ規定《キテイ》シタノデアリマス

例《タト》ヘバ梅田ノ馨ト云フ人ガ松本ヘ養子《ヨウシ》ニ行キラ離縁《リエン》セラレタルトキニ馨ノ妻ヤ馨ノ子孫又ハ其子孫ノ配偶者《ハイグウシヤ》ガ馨ト共ニ松本ヲ出《イ》デ去ルトキニ於テハ其去《ソノサ》ルモノト松本トノ親族關係ハ消ヘルト云フコトデアリマス

第七百三十一條　第七百二十九條第二項及ビ前條第二項ノ規定ハ本家相續、分家《ブンケ》及ビ廢絶家再興《サイカウ》ノ場合ニハ之ヲ適用《テキヨウ》セス

〔註釋〕本條ハ前ノ第七百二十九條及ビ第七百三十條ノ規定ノ例外ヲ定メタルモノデアル即チ第七百二十九條第二項ニ於《オイ》テハ夫婦ノ一方ガ死亡《シバウ》シ其生存シ居ル一方ガ其家《ソノイヘ》ヲ去リタルトキハ其家ト其去リタル生存者《セイゾンシヤ》トノ間ニハ親族關係消滅《セウメツ》スルコトヽ規定シ又ハ前第二項ニ於テハ養親カ養家《ヤウカ》ヲ去リタルトキハ養親及ビ其實方《ジツカタ》ノ血族ト養子トハ親族關係ハ消《キ》ヘルトノコトヲ規定《キテイ》シタガ本條ニ於テハ右二項ノ如ク定《サダ》メハシタモノヽ或ル場合《バアイ》ニ於テハ其親族關係ハ消《キ》ヘズシテ依然《イゼン》ト存續スルモノデアルト云フ例外《レイグワイ》ノ規定《キテイ》ヲ示シタモノデアル其或ル場合ト云フハ其去ル家《イヘ》ノ本家ヲ相續《サウゾク》スル爲メニ去リタルカ又ハ分家《ブンケ》スル爲メニ去リタルカ又ハ廢家《ハイカ》トナリ絶家《ゼツカ》トナリタル家ヲ再興《サイコウ》セシガ爲メニ去リタルモノデアレバ其去ルニハ充分《ジウブン》ナル理由ガ存《ソン》スルノミナラズ矢張《ヤハリ》其家トノ關係ハ聯結《レンケツ》セルニ因ル去リタル家ト去リタル人トノ親族關係ハ依然《イゼン》ト存續スベキモノデアル、之ニ依テ見《ミ》レバ其家ヲ去ルガ爲メニ親族《シンゾク》ノ關係カ消《ギ》ユルト云フハ實家ヘ復《カ》ヘルカ又ハ單《タン》ニ離籍スル場合ニ就テノミ云フコトデアルハ能ク明了ナルヿデアリマス

第二章　戸主及ヒ家族

〔註釋〕本章ニハ戸主トハ如何ナルモノヲ云フヤ家族トハ如何ナルモノヲ指スヤ及ビ戸主ト

家族トノ關係《クワンケイ》ハ如何ナルモノナリヤト云フコトヲ規定《キテイ》シタモノデ其詳細ハ下文ニ記載スル通リデアリマス

第一節　總則

〔註釋〕本節《ホンセツ》ニハ本章ノ總テ法則《ホンソク》トシテ準據スベキヿヲ括論《カツロン》シタノデアリマス

戸主トハ如何《イカ》ナルモノヲ云フヤ即チ一戸ノ主ニシテ一家ノ總大將《ソウタイシヤウ》デアル家族トハ何ゾヤ其戸主ノ下ニ從屬《ジウゾク》スルスベテノ人ヲ稱《セウ》スルノデアルサテ茲ニハ敢《アエ》テ直接ノ關係ガアルデモナケレド一家ノ成立《セイリツ》ヲ知ルコトハ要用《エウヨウ》デアルカラ之ヲ略言《リヤクゲン》センニ先ヅ初メニ男子ト女子トガアツテ之ガ配偶《ハイグウ》シテ子ヲ生ジ茲ニ初《ハジ》メテ親子ノ關係ガ出來、兄弟デアル姉妹《シマイ》デアル祖父母《ソフボ》デアル孫デアルト云フモノガ出來ル而シテ其子ハ其父母ガ之ヲ養《ヤシナ》ヒ育《ソダ》ツベキ義務ガアリ其子ハ父母《フボ》ニ孝事セネバナラヌ責任《セキニン》ガアルト云フヤウニ親子《オヤコ》ナリ兄弟ナリノ間ニ一ノ責務《セキム》ガ出來ルト共ニ是等ノ團体《ダンタイ》ガ出來ルコノ團体ガ則チ一家《カ》デアツテ其一家ノ内ニハ祖父母《ソフボ》モアリ兄弟姉妹モアリト云フヤウニ多《オホ》ク聚《アツマ》リ居ルコレガ家族ト云フノデス從テ一家ニ長《チヤウ》ガアツテ内ニシテハ其從屬《ジウゾク》スルモノヲ統《トウ》一シ外ニシテハ其家ヲ代表《ダイヒヤウ》セネバナラヌ而シテ何人ガ一家ノ長《チヤウ》トナルベキカト云ヘバ親子自然《シゼン》ノ關係ヨリシテ其父ガ長《チヤウ》トナルベク父ガ死《シ》スレバ其子ガ代《カハ》ツテ長トナルベキモノデアルコノ長《チヤウ》ト云フノガ即チ戸主デアツテ之ニ從屬《ジユウゾク》スベキモノガ家族ト云フノデアリマス尚《ナ》ホ再言《サイゲン》スレバ法律上獨立《ドクリツ》シテ一家ヲナスモノテ戸ト稱《シヤウ》シ戸ニ長タルモノガ戸主デアツテソノ戸主《コシユ》ハ固《モト》ヨリ一人アルベキモノデハアリマセン左レバ戸主以外ノ者ハ皆家族トシ戸主ノ下ニ從屬セシメルノデアリマス猶《ナ》ホ次ノ條テ看レバ能ク解《ワカ》リマス

第七百三十二條 戸主ノ親族ニシテ其家ニ在ル者及ヒ其配偶者ハ之ヲ家族トス

戸主ノ變更《ヘンカウ》アリタル場合ニ於テハ舊戸主及《オヨ》ヒ其家族ハ新戸主ノ家族トス

〔註釋〕本條ハ家族《カゾク》ノ何モノタルヿヲ規定《キテイ》シタルモノデアツテ第一項ニ謂《イ》フ所ノ戸主ノ親族ニシテ其家ニ在《ア》ルモノトハ血族タルト姻族《インゾク》タルトノ區別《クベツ》ナク戸主ノ家ニ從屬《ジユウゾク》スルモノヽコトデアル左レバ血族デモ姻族《インゾク》デモ他家ノ籍《セキ》ニ入リマシタトキニハ既《ステ》ニ戸主ニ從屬セザルモノデアルカラタトヘ戸主ト同居《ドウキヨ》スルトモ家族トハ云フコトガ出來《デキ》マセヌ之ニ反《ハン》シテ戸主ト同居《ドウキヨ》セザルトモ他家ノ籍《セキ》ニ入リマセヌモノハ家族タルノ身分《ミブン》ヲ失フコトハアリマ

セヌ又其配偶者即チ戸主ノ妻《ツマ》ハ勿論《モチロン》家族ノ配偶者デアッテモ其一方ガ其家族《ソノカゾク》ナルトキハ矢張リ之ヲ家族トスルノデアリマス

第二項ハ昨日《キノフ》迄《マデ》ハ戸主デアリマシテモ今日戸主ノ地位《チイ》ヲ退《ノ》キマシタ日カラ新戸主ノ家族《カゾク》トナルベキデアッテ昨日マデハ舊戸主ノ家族ナリシモ今日ヨリハ新戸主ノ家族トナルベキデアリマス

第七百三十三條　子ハ父ノ家ニ入ル

父ノ知レサル子ハ母ノ家ニ入ル

父母共ニ知レサル子ハ一家ヲ創立《ソウリツ》ス

〔註釋〕本條ハ子ハ何《イツ》レノ家《イヘ》ニ入ルベキモノナルカヲ規定シタモノデス

凡ソ一家族構成《コウセイ》ノ基《モトヒ》ヲナスモノハ親子デアル其子ト云フハ嫡出子《チャクシュツシ》ハ無論テタトヘ庶子テモ私生子テモ違《チガ》フコトハアリマセヌ然レドモ世間《セケン》ノ廣《ヒロ》キ往々父ノ知レヌ子又ハ父母共ニ知レヌ子即チ棄兒《ステゴ》迷《マヨ》ヒ兒ノ如キモノガアリマスコレ等ハ何人《ナンピト》ノ家ニ入ルベキヤト云フコトヲ規定セ子バナラヌソコテ第一項ハ子ハ父ノ家ニ入ルト云フ原則ヲ定メテ第二項ニ父ノ知レザル子即チ私生子ノ如キモノハ母ノ家ニ入ルベキコトヲ規定シ第三項ニ父母共ニ

知レザル子例ヘバ棄兒《キジ》迷兒《マヨヒゴ》ノ如キ其父母ノ何人ナルカ詳《ツマビラ》カニシ難《ガタ》キモノハ一家ヲ創立スルコトヲ規定シタノデアリマス茲《コヽ》ニ注意スベキハ一旦《タン》家ヲ創立《ソウリツ》シタルトキハ後日《ゴニチ》ニ至リテ父母若クハ父母ノ一方ガ知レマシタトテモ必ズシモ父母ノ家ニ入ツテ其家族トナラネバナラヌト云フコトハアリマセヌ

第七百三十四條　父カ子ノ出生前ニ離婚《リコン》又ハ離縁《リエン》ニ因リテ其家ヲ去リタルトキハ前條第一項ノ規定ハ懷胎《クワイタイ》ノ始ニ遡《サカノボ》リテ之ヲ適用ス

前項ノ規定ハ父母カ共ニ其家ヲ去リタル場合ニハ之ヲ適用セス但母カ子ノ出生前《シユツシヤウゼン》ニ復籍《フクセキ》ヲ爲シタルトキハ此限ニ在ラス

〔註釋〕本條ハ子ノ出生前ニ其子ノ父ガ離縁《リエン》又ハ離婚《リコン》ニ因リ其家ヲ去リタル片ハ其子ハ何レノ家ニ入ルベキヤヲ規定シタルモノデアリマス今茲ニ甲ナル者ガアツテ乙ノ家ニ養子トナリ其女ト婚姻《コンイン》シタモノガアルト致《イタ》シマスルガ此場合ニ其女ガ妊娠《ニンシン》トナリシ中途《チウト》ニ於テ甲ガ離縁《リエン》セラレマシタ然ルニ其後《ソノヽチ》妻女ガ分娩《ブンベン》シテ子ヲ生ミマシタ片ニハ其子ハ甲ノ家ニ入ルベキカ將タ乙ノ家ニ入ルベキカト申マスレバ前條ノ規定ニ依リテ母ノ家ニ入ルニハ

父ノ知レザル子ト限リテアリマスレバ父ノ家ニ入ラ子バナラヌ樣ニ思ワレルケレドモ左レバトテ父ハ既ニ離緣《リエン》セラレ居リマスレバ其離緣《リエン》先キヘ入籍《ニフセキ》スルト云フコトハ出來マセヌ依テ此場合《コノバアイ》ニハ其子ハ懷胎《カイタイ》セラレタル當時ニ遡《サカノボ》リ父ノ家タリシ乙ノ家ニ入ルベキモノテアリマス此乙ノ家《イヘ》ニ入ルハ母ノ家ニ入ルト云フテハナク懷胎《カイタイ》ノ當時父ノ家ナリシニ依《ヨ》リテノコトテアリマス然《シカ》レドモ懷胎ノマヽ母モ父モ共《トモ》ニ乙ノ家ヲ去リマシタ時ハ其子ハ乙ノ家ニ入ルベキノ限リテハアリマセヌ

第七百三十五條　家族ノ庶子《シヨシ》及ヒ私生子ハ戸主ノ同意《ドウイ》アルニ非サレハ其家ニ入ルコトヲ得ス

庶子《シヨシ》カ父ノ家ニ入ルコトヲ得サルトキハ母ノ家ニ入ル

私生子カ母ノ家ニ入ルコトヲ得サルトキハ一家ヲ創立ス

〔註釋〕本條ハ庶子《シヨシ》及ビ私生子《シセイシ》ノ入ルベキヲ規定シタノテアリマス

庶子トハ甲ナル男ガ乙ナル妾《セウ》ヲ持ツテ其腹《ハラ》ニ生マシメタル子ノコトテアルガコノ庶子ガ甲ノ家ノ戸主ノ同意ヲ得マシタトキニハ無論《ムロン》父ナル甲男ノ家《イヘ》ニ入ルコトガ出來マスケレドモ若《モシ》其戸主ガ之ガ拒《コバ》ミマシタトキハ乙ナル母ノ家《イヘ》ニ入ラ子バナリマセヌ又私生子トハ

甲ナル女子ガ正式《セイシキ》ノ婚姻ヲセズ俗《ゾク》ニ謂フ私通《シツウ》シテ生ミタル子ノコトデアルガコノ私生子ハ母ノ家ノ戸主ノ同意《ドウイ》ヲ得マシタトキハ其家《ソノイヘ》ニ入ルコトガ出來マスケレドモ若《モシ》其戸主ヨリ拒《コバ》マレマシタトキハ新《アラ》タニ一家ヲ創立《ソウリツ》シテ戸主トナルコトガ出來ルノデアリマス

第七百三十六條　女戸主《ジヨコシユ》ガ入夫婚姻ヲ爲シタルトキハ入夫ハ其家《ソノイヘ》ノ戸主ト爲ル但當事者《タウジシヤ》ガ婚姻ノ當時反對《ハンタイ》ノ意思ヲ表示《ヘウジ》シタルトキハ此限ニ在ラス

〔註釋〕本條ハ女戸主ガ入夫《ニウフ》婚姻ヲナシタミトキニ於《オ》ケル戸主ノコトニ就《ツ》キテ規定《キテイ》シタノデアリマス

サテ入夫《ニウフ》婚姻トハ一家ノ戸主ニアラサルモノガ他家《タケ》ノ戸主タル女子ト婚姻シ其女戸主ノ家ニ入リテ夫《ヲット》トナルコトヲ云ヒマス而シテ入夫婚姻ノ後《ノチ》ニ其妻タルモノ依然《イセン》トシテ戸主タル資格《シカク》ヲ有スルニ於テハ夫婦ノ間秩序《チツジヨ》ト云フモノガ立チマセヌカラ入夫ハ婚姻《コンイン》シタル時ヨリ戸主トナリテ是迄《コレマデ》戸主タリシ妻《ツマ》ハ其家族トナルベキモノデアル然《シカ》レドモ入夫ノ當時ニ戸主タル權利《ケンリ》ヲ讓《ユヅ》ラヌト云フ契約《ケイヤク》ヲシマシタトキハ入夫ガ戸主トナラザルモ不都合ハアリマセヌ

茲《コヽ》ニ一言セシニ前ニ述《ノ》ベシ如ク入夫《ニフ》婚姻ハ一家ノ戸主ニアラザルコトヲ要《エウ》スレドモ若一家ノ戸主タリシトモ適法《デキハフ》ニ廢家《ハイカ》セシ後ニ於テハ入夫スルコトモ出來《デキ》ルモノデアリマス

第七百三十七條　戸主ノ親族ニシテ他家ニ在ル者ハ戸主ノ同意ヲ得テ其家族ト爲ルコトヲ得但其者カ他家ノ家族タルトキハ其家ノ戸主ノ同意ヲ得ルコトヲ要ス

前項ニ掲《カヽ》ケタル者カ未《ミ》成年《セイチン》者《シヤ》ナルトキハ親權ヲ行フ父若クハ母又ハ後見人ノ同意ヲ得ルコトヲ要ス

〔註釋〕本條ハ戸主ノ親族《シンゾク》ニシテ他家ニ在ル者カ其戸主ノ家族《カゾク》トナルベキヲ規定《キテイ》シタノデアル

戸主ノ親族ニシテ其家《ソノイヘ》ニ在リテ戸主ニ從屬《ジウゾク》スルモノハ其戸主ノ家族《カゾク》タルベキコトハ第七百三十二條ニ於テ規定《キテイ》シテアリマスガ本條ニ於テハ戸主ノ家ニ在ラズシテ他家《タケ》ニ在ルモノデモ戸主ノ同意《ドウイ》ヲ得マシタトキハ戸主ノ家族《カゾク》トナルコトガ出來ルコトヲ定メタノデス然レドモ他家ニ在ルモノガ他家《タケ》ニ從屬《ジウゾク》シテ家族トナリ居ル場合ニ於テハ其他家ノ戸主《コシユ》ガ

同意ヲセネバ新《アラ》タニ其家族トナルコトハ出來《デキ》ヌノデアリマス而シテ若《モ》シ其家族トナラントスル人ガ未成年者《ミセイネンシヤ》デアリシトキハ其父カ若《モシ》クハ母カ又ハ後見人ノ同意《ドウイ》ヲ得ネバナラヌノデアリマス

第七百三十八條　婚姻《コンイン》又ハ養子緣組ニ因《ヨ》リテ他家ニ入リタル者カ其配偶者又ハ養親《ヤウシン》ノ親族ニ非サル自己ノ親族《シンゾク》ヲ婚家又ハ養家ノ家族ト爲サント欲《ホツ》スルトキハ前條ノ規定《キテイ》ニ依ル外其配偶者《ハイグウシヤ》又ハ養親ノ同意ヲ得ルコトヲ要ス

婚家又ハ養家《ヤウカ》ヲ去リタル者カ其家ニ在ル自己《ジコ》ノ直系卑屬ヲ自家《ジカ》ノ家族ト爲サント欲スルトキ亦同シ

〔註釋〕本條ハ婚姻《コンイン》或ハ養子トナリシモノガ其家ニ關係《クワンケイ》ナキ自分ノ親族《シンゾク》ヲ家族ト爲サントスルトキニ其家ノ配偶者《ハイグウシヤ》又ハ養親ノ同意《ドウイ》ヲ得ネバナラヌト云フコトヲ定《サダ》メタノデアリマス第一項ノ婚姻《コンイン》トハ入夫婚姻ノ場合ヲ指《サ》スモノデアリマシテ若《モ》シモ其夫ニ扶養《フヤウ》ノ義務アル自分ノ親族《シンゾク》ノ內ニテ直系尊屬、直系卑屬又ハ傍系親《ボウケイシン》ニ當《アタ》ルモノガアリマシタルトキノ如キ場合ニ於《オイ》テハ前條ニモ定メテアリマスルガ戸主ノ同意《ドウイ》ハ勿論其婚家ノ配偶者《ハイグウシヤ》ノ同意モ得ナケレバナラヌノデアリマス養子緣組ニ依ツテ起ル場合ニモ同ジコトデアリマスル故養親《ヤウシン》ノ同意ヲ要《エウ》スルコトヽ定メテアリマス茲《コヽ》ニ一言申テ置キマスガ若シ其入夫ノ家族《カゾク》ガ婚家ノ親族《シンゾク》デアルトキ又ハ養家ノ親族ニ係《カヽ》ルトキハ配偶者又ハ養親《ヤウシン》ノ同意ハ要《エウ》セザルコトデス

第二項ハ離婚《リコン》又ハ離緣ニナリタルモノヽ家族《カゾク》ヲ引取ルトキノ定メデアリマス例《タト》ヘバ甲ナル男ガ乙女ト婚姻《コンイン》シテ子女ヲ生ミタルノ後《ノチ》甲ナル男ハ乙女ト離婚《リコン》スルカ又ハ其配偶者ノ一方カ死亡《シバウ》シタルトキ甲男ハ他ノ家ニ養子《ヤウシ》緣組《エングミ》或ハ入夫ノ爲メ婚姻《コンイン》ヲシマシタトキハ前ニ婚姻ヲシテ設《モウ》ケタル子ハ後ノ甲男ガ養子ノ爲メ或ハ入夫ノ爲メニ入《イ》リタル家《イヘ》ニハ少シモ關係ガアリマセヌ唯《タヾ》卑《ヒ》屬《ゾク》ト云フノミデス而シテ其子ヲ從屬《ジウゾク》セシメタルノデナク矢張《ヤハ》リ前婚家ノ家族ナレバ隨意《ツイヽ》ニ手許《テモト》ヘ引取《ヒキト》ルコトハ出來マセヌ此場合ニ於テハ前婚家《ゼンコンカ》ノ戸主ト後ノ緣組《エングミ》ニ依テ入リタル家ノ養親又ハ婚姻《コンイン》ノトキノ場合ニアツテハ自己ノ配偶者《ハイグウシヤ》ノ同意ヲ得タレバ其子女ヲ引取ルコトガ出來ルト云フコトテアリマス

第七百三十九條　婚姻又ハ養子緣組ニ因リテ他家ニ入リタル者ハ離婚

又ハ離縁《リエン》ノ場合ニ於テ實家ニ復籍《フクセキ》ス

〔註釋〕本條ニハ一端《タン》婚姻シタルモノ又ハ養子《ヤウシ》縁組《エングミ》ナシタルモノハ離婚或ハ離縁《リエン》ナシタル片ニ於テハ其モノヽ實家ニ復籍《フクセキ》スベキコトヲ定メタノデアリマス

此條文ハ別段ニ解釋《カイシヤク》ヲ要《エウ》セザルモノト認《ミト》ム然レトモ一言センニ例《タト》ヘバ甲家ノ家族ニシテ乙ノ家ニ養子縁組シタレバ乃チ其甲ナル人ハ乙ノ家ノ戸主ニナル譯デス又女デアツテ見レバ嫁入《ヨメイリ》シテ乙家ノ妻ナリシ片離縁《リエン》サルヽカ又ハ離婚サルヽ場合《バアヒ》ニハ乙家ニ於ケル關係ハ消滅《セウメツ》シタモノデアリマスルカラ乙家ノ家族《カゾク》ニナルコトハ出來マセヌ此ノ時ニハ自分《ジブン》ノ生レタル乃チ實家《ジツカ》ヘ復籍スルコトハ當然《タウゼン》デアロウト信《シン》ジマス實家ニ於テ事故《ジコ》アツテ拒ム等ノ如キ規定ハ後條ニ於テ説明致シマセウ

第七百四十條　前條ノ規定ニ依リテ實家ニ復籍スヘキ者カ實家ノ廢絶ニ因リテ復籍《フクセキ》ヲ爲スコト能《アタ》ハサルトキハ一家ヲ創立《ソウリツ》ス但實家ヲ再興《サイコウ》スルコトヲ妨ケス

〔註釋〕本條ハ前條離婚《リコン》又ハ離縁ニ依リテ實家ヘ復籍《フクセキ》スベキ者カ實家ガ廢絶《ハイゼツ》シタルニ因リ入

籍スベキ所ナキ時ニ一家ヲ創立《ソウリツ》スルカ實家ノ再興《サイカウ》ヲ許スカノ二途《ト》テ定《サダ》メタノデアリマス他ノ家《イヘ》ニ入リテ夫トナリ又ハ婦《フ》トナリ養子トナリタルモノガ離婚《リコン》又ハ離緣ノ場合ニハ前條ノ定メニ據《ヨ》ルベキガ當然《タウゼン》ノコトデアリマスナレドモ其實家ハ既《スデ》ニ廢家《ハイカ》シタルカ又ハ絕《ゼツ》家《カ》トナリマシタトキハ如何スベキヤト云フニ法律《ホフリツ》ハ一家ヲ新タニ起《オ》コスコトヲ許《ユル》シタルノデアリマス又本人ノ望《ノゾミ》ニ因テ斷絕《ダンゼツ》シタル實家ノ再興ヲモ許《ユル》サレマスコトデアリマス

第七百四十一條　婚姻又ハ養子緣組ニ因リテ他家ニ入リタル者カ更ニ婚姻又ハ養子緣組ニ因《ヨ》リテ他家《タケ》ニ入ラント欲《ホツ》スルトキハ婚家又ハ養家及ヒ實家ノ戶主ノ同意ヲ得ルコトヲ要ス

前項ノ場合ニ於《オイ》テ同意《ドウイ》ヲ爲サゝリシ戶主ハ婚姻又ハ養子緣組ノ日ヨリ一年內ニ復籍《フクセキ》ヲ拒《コバ》ムコトヲ得

〔註釋〕本條ハ婚姻又ハ養子緣組《ヤウシエンクミ》シタル家ヲ措《オ》ヒテ更ニ他家《タカ》ヘ婚姻又ハ養子緣組ニ行《ユ》クコトヲ定《サダ》メ斯々ノ手續ヲ履《フマ》ネバナラヌト云フコトヲ定メタノデアリマス

例《タト》ヘバ入夫ノ爲メ婚姻シ又ハ嫁入《ヨメイリ》シタルカ若《モシ》クハ養子緣組ヲナシテ甲家ニ入リタルモノ

ガ其配偶者ノ一方ガ死亡《シバウ》スルカ又ハ他ノ事故ニ依テ離婚《リコン》若クハ離縁シタル後其モノガ更ニ乙ノ家ニ婚姻又ハ養子《ヤウシ》縁組《エングミ》ヲ致シマスルトセンカ此場合ニ於テハ入夫《ニウフ》又ハ嫁入《ヨメイリ》シ若クハハ養子縁組ヲナシタル其者ハ甲家《カウカ》（即チ婚家）ノ戸主ト及ビ實家《ジツカ》ノ戸主ノ同意《ドウイ》ヲ得ネバナリマセヌ（養子縁組ニ因リテ同意ヲ要スルハ養家ノ戸主其他前述ノ如シ）若シ甲家ノ戸主及實家ノ戸主ノ同意《ドウイ》ヲ得ズシテ乙ノ家ニ入リタルトキハ其夫、婦《フ》ハ乙ナル家《イヘ》ヨリ再《フタヽ》ビ事故在ツテ離婚若《モシ》クハ離縁サレタトキニ復籍《フクセキ》ヲスベキコトヲ拒《コバ》マレルコトガ出來ル定メデアリマスルカラ其人ハ家《イヘ》ノナキモノトナリマス故ニ法律《ホフリツ》ハ第七百四十二條ヲ規定《キテイ》シテソウ云フコトヲ計リ即チ一家ヲ創立スルコトヲ得ルコトニナリマシタ

第二項ハ前段《ゼンダン》ノ場合乃チ同意ヲ得《エ》ズシテ乙ノ家ニ入リタルニ離縁《リエン》サルヽカ又ハ離婚ニ因ツテ實家《ジツカ》ナリ又ハ養家ヘ復籍《フクセキ》ヲ為スコトヲ求ムレドモ其實家若《モシ》クハ養家ニ於テハ素《モト》ヨリ再婚ノ當時《タウジ》同意ヲセザリシユヘ其家ノ戸主ハ復籍《フクセキ》ヲ拒《コバ》ムコトガ出來ルノデアリマス此場合ニ於テハ婚姻又ハ養子《ヤウシ》縁組ヲナシタル日ヨリ一年内ニ豫《アラカジ》メ其拒《コバ》ム理由ヲ示シテナカネバナリマセヌ若《モシ》一年モ復籍ヲ拒《コバ》ムトノ意ヲ示サザレバ法律ハ既《ステ》ニ同意ヲ表《ヘウ》シタモノト看做サルヽコトデアリマス

第七百四十二條　離籍セラレタル家族ハ一家ヲ創立ス他家ニ入リタル

後復籍《フクセキ》ヲ拒マレタル者カ離婚又ハ離縁ニ因《ヨ》リテ其家ヲ去《サ》リタルトキ
亦同シ

〔註釋〕本條ハ一家ヲ創立《ソウリツ》スルヿニ付テ定《サダ》メタノデアリマス
一家ヲ創立《ソウリツ》スルニハ二個ノ條件《デウケン》ガ在ツテ成立《セイリツ》致シマス一、ハ戸主ノ同意ヲ得ズシテ他家ニ入リ離縁若クハ離婚ニ因ツテ復籍《フクセキ》セントシマスルトキ戸主ガ之ヲ拒《コバ》ミシトキ二、ハ家族タルベキ男子若クハ女子ニシテ戸主ノ同意ヲ得ナイデ婚姻致シマスルカ又ハ第七百四十九條ノ戸主ノ意ニ反《ハン》シ指定《シテイ》ノ場所ニ居住《キヨジウ》セザルトキ此二條件《デウケン》ヲ以テ戸主ハ復籍ヲ拒ムナリ又ハ離籍《リセキ》ヲ爲スコトガ出來マス如斯《カクノゴトキ》場合《バアヒ》ニ於ケル男子ノ意思《イシ》ハ自己ノ資力ハ獨立シテ行ハルヽト云フ意《イ》ガ在《ア》ツテ一家ヲ創立《ソウリツ》スルモノト推斷《スイダン》シタノデアリマス又復籍ヲ拒《コバ》マレタルモノハ所謂家ノ無キモノトナリタルモノデアリマスカラ本條文ニ基キテ新タニ一家ヲ起サスコトガ出來ルノデアリマス

第七百四十三條　家族《カゾク》ハ戸主ノ同意アルトキハ他家ヲ相續《ソウゾク》シ分家ヲ爲シ又ハ廢絶《ハイゼツ》シタル本家分家同家其他親族《シンゾク》ノ家ヲ再興《サイカウ》スルコトヲ得但

未成年者ハ親權ヲ行フ父若クハ母又ハ後見人ノ同意ヲ得ルコトヲ要ス

〔註釋〕本條ハ一家ノ家族《カゾク》カ其戶主カ同意セシ場合ニ於《オイ》テハ出テ他人ノ家ヲ相續《ソウゾク》シ又分家シテ新《アラ》タニ一家ヲ創立《ソウリツ》シ又ハ廢家トナリ絕家《ゼツカ》トナリ居ル處ノ本家ヤ分家ヤ同家ハ勿論《モチロン》其他凡《スベ》テノ親族ノ家ヲ再興《サイコウ》スルコトガ出來ルト云フコトヲ規定《キテイ》シタノデアル

サテ何故ニ戶主ノ同意《ドウイ》テ得ネバナラヌト云フニ凡ソ廢絕《ハイゼツ》シタル家ヲ承繼《セウケイ》スルトキ及ビ一家ヲ創立《ソウリツ》スル場合ニ於テハ其戶主タルモノハ夫々ノ權利《ケンリ》ト義務《ギム》トガアツテ廢絕《ハイゼツ》シタル家ヲ再興《サイコウ》スル場合ニ於テハ前戶主ノ權利義務ヲ繼《ツ》ガヲバナラズ又再興《サイカウ》ト一家創立トニ拘ハラズ戶主トナリタルモノハ其家族《ソノカゾク》ニ對シテ扶養ノ義務ヲ負《オ》フヘキモノデアルカラ時ト場合ニ依リテハ其家族デアリシ時ノ戶主ニ意外《イグワイ》ノ損害《ソンガイ》ヲ蒙ラシムルコトモ計《ハカ》ラレネバ豫メ其戶主ノ同意ヲ得テ置《オイ》テ斯ル不都合ヲ避《サ》ケントスルノデアル而シテ其家族ガ未成年者《ミセイネンシヤ》ナルトキハ戶主ノ同意ヲ得ルハ言フ迄モナク親權ヲ行フ父若クハ母又ハ後見人ノ同意ヲ得ルコトガ必要ナノデアリマス

第七百四十四條　法定ノ推定家督相續人ハ他家ニ入リ又ハ一家ヲ創立

スルコトヲ得ス但本家相續ノ必要アルトキハ此限ニ在ラス

前項ノ規定ハ第七百五十條第二項ノ適用ヲ妨ケス

〔註釋〕本條ハ法定《ホフテイ》ノ家督相續人ガ他家ニ入籍《ニフセキ》シタリ又ハ一家ヲ創立《ソウリツ》スルコトノ出來ルト出來ヌトヲ規定シタモノデス

凡《スベ》テ何事モ同ジコトデ人サヘ好《ヨ》ケレバ自分ハ倒《タホ》レルトモ起《オキ》ルトモ構《カマ》ワヌト云フコトハナイ筈デアルカラ他家ノ廢滅《ハイメツ》セザランコトヲ欲シテ自家ノ廢滅ヲ招《マネ》クト云フコトハ人ノ爲サザル所ナルノミナラズ法律《ホフリツ》モ認メズ又我國ノ族制《ゾクセイ》ノ上ニ於テモ許《ユル》サヌコトデアル夫故ニ一家ノ家督《カトク》相續人タルモノハ自家ヲ顧《カヘリ》ミテ己ノ家ヲ承繼《セウケイ》スベキ筈《ハズ》デアルカラ他家ヘ入夫シタリ又ハ養子《ヤウシ》トナツタリ若クハ新ニ一家ヲ創立《ソウリツ》スルコトハ法律上族制上許《ユル》サヌコトデアル然ルニ論《ロン》スル者ガ在ツテ曰ハンニ勿論《モチロン》人ノ家ヲ立テントテ己ノ家ヲ廢絶《ハイゼツ》サスガ如キハ爲スベカラザルコトナレドモ若一家ニ數人《スウニン》ノ子ガアツラ其内ノ一人ガタトヘ家督《カトク》相續人タリトモ他家《タケ》ニ入リ又ハ一家ヲ創立《ソウリツ》シタトテ一家廢滅ノ憂《ウレヒ》ナケレバ何レモ法律《ホウリツ》ヲ以テ拘束《コウソク》スル必要ハナキニアラズト然《シカ》レドモ之ヲ熟考《ジユクコウ》スルトキハ家督相續ハ長子ニナサシムルコト上ハ皇室《コウシツ》ヨリ下庶民《シヨミン》ニ至ル迄一般ニ通スル所ノ古來ノ通則《ツウソク》デアツテ一家ノ長子

ト生レタルモノハ一家ヲ統一シ家族ヲ養育スルノ責任アルモノト看做サレ居ルモノデアレバ實家ヲ捨《ス》テヽ他家《タケ》ヘ入ルガ如キコトハ決シテ許《ユル》スベキモノデハナイ若シモ論者《ロンシヤ》ノ説ノ如ク長子《チヤウシ》ヲシテ他家ヲ相續セシメ次子ヲシテ己ノ家ヲ相續《ソウゾク》セシムル如キアラバ之長幼《テウエウ》ノ序ヲ破《ヤ》フルト云フモノデアル長幼ノ序《ジヨ》ヲ破フランカ次男三男ハ詐謀奸計《サバウカンケイ》ヲ運《メグ》ラシテ長子ニ代ハリ家督相續ヲナサントシ所謂《イハユル》兄弟墻《カキ》ニ鬩《セメ》クニ至ルベシ果シテ然ラバ法律《ハフリツ》ガ族制ヲ維持《イヂ》セントスルノ目的《モクテキ》ニ反スルカラソコデ長子ヲ法定ノ推定《スイテイ》家督相續人トナスト同時ニ他家ニ入リ又ハ一家ヲ創立《ソウリツ》スルコトヲ禁《キン》ジタルモノデアル然レドモ我邦《ワガクニ》ノ慣習《クワンシフ》トシテ本家分家ノ關係ハ親密《シンミツ》ノモノデ一家モ同樣《ドウヤウ》デアルノミナラズ本家ハ分家ヨリ重《オモ》キヲ置テアルカラ若《モ》シ本家ガ廢滅《ハイメツ》セントスル𪜈ニハ分家ノ推定《スイテイ》家督相續人ハ自家ヲ捨《ス》テヽ本家ノ相續ヲ爲スコトモ出來ルノデアリマス第二項ノ場合ハ後ノ第七百五十條ノ説明ニ於テ詳ニ致シマス

終《サハ》リニ一言センニ法定ノ推定《スヰテイ》家督相續人ハ他家ニ入リ又ハ一家ヲ創立《ソウリツ》スルコトヲ得ズト規定シテアリマスケレドモ若《モ》シ強《シ》ヒテ他家ニ入リタルトキハ如何《イカ》ニスベキヤコノ場合ニハ戸主ハ用捨《ヨウシヤ》ナク之ヲ離籍《リセキ》シ又ハ其復籍ヲ拒《コバ》ムコトガ出來ルノデスコレ實家ヲ捨テタル爲メノ制裁デアリマス

第七百四十五條　夫カ他家ニ入リ又ハ一家ヲ創立シタルトキハ妻ハ之ニ隨ヒテ其家ニ入ル

〔註釋〕本條ハ夫ガ其家《ソノイヘ》ヲ去ルトキニハ妻《サイ》ハ夫ニ從テ其家ニ入ルベキコトヲ規定《キテイ》シタノデアリマス

凡ソ男女相婚姻《アヒコンイン》シテ一タビ夫婦トナリシ以上ハ偕老同穴《カイロウドウケツ》トモ云フホドアッテ之ヲ一躰《タイ》ト見倣シ法律上ニ於テモ妻《サイ》ハ夫ノ身分ニ合併《ガッペイ》セラレ同住同行ノ義務《ギム》アルモノトシテアリマスソレ故ニ夫ガ他家ニ入ルトキ又ハ一家ヲ創立《ソウリツ》シマスル塲合ハ妻《サイ》モ其家ニ入リテ家族トナルベキモノデアリマス

第二節　戸主及ヒ家族ノ權利義務

〔註釋〕本節《ホンセツ》ニハ戸主ト家族トノ權利義務《ケンリギム》ニ關スルコトヲ規定シタノデアリマス

第七百四十六條　戸主及ヒ家族ハ其家ノ氏ヲ稱ス

〔註釋〕本條ニハ戸主及ビ家族ノ其氏《ソノウヂ》ヲ稱《シャウ》スベキコトヲ規定シタモノデス

氏《ウヂ》トハ如何ナルモノヲ謂《イ》フゾト申セバ決シテ源平藤橘《ゲンペイトウキツ》ナドノコトデハナク俗《ゾク》ニ苗字《メウジ》ト云

フモノデアッテ松平トカ伊藤《イトウ》トカ大隈トカ何トカ云フ是《コン》ト彼トノ家ヲ區別《クベツ》スル稱號《シヤウガウ》ヲ謂フノデアル故ニ甲ノ家ニ在ルモノハ甲家ノ氏ヲ稱シ乙家ニアルモノハ乙家ノ氏ヲ稱スベキコトデアル夫故ニ甲ノ家《イヘ》カラ乙ノ家ニ入籍《ニフセキ》シタトキハ其日ヨリ乙ノ家ノ氏ヲ稱《セウ》スベクシテ乙ガ甲ノ家ニ入リシトキモ亦同樣《マタドウヤウ》デアリマス何トナレバ若《モ》シ一家ニ松平ノ苗字《メウジ》ヲ唱《トナ》フルモノヤ伊藤ノ苗字ヲ稱スルモノヤ大隈ノ苗字ヲ稱スルモノヤガアルトキハ人ノ區別ハ出來テモ家ノ區別ハ出來《デキ》マセヌ夫レ故ニ松平家ノ戸主《コシユ》及ビ松平家ニ生《ウ》マレタルモノハ勿論《モチロン》ノコトタトヘ伊藤ヤ大隈カラ來《キタ》リタルモノトテモ既《スデ》ニ松平家ニ入リタルトキハ何レモ松平家ヲ稱トスベキモノデアリマス

第七百四十七條　戸主ハ其家族ニ對シテ扶養ノ義務ヲ負フ

〔註釋〕本條ハ戸主ガ家族《カゾク》ニ對シテ扶養《フヤウ》ノ義務アルコトヲ規定《キテイ》シタノデアリマス

扶養ノ義務《ギム》ト云フコトハ第八章ニアリマスカラ今茲《イマコヽ》ニハ詳《ツマビラカ》ニ述ブルノ必要《ヒツヤウ》ハアリマセヌガ前ヨリ度々《タビ〴〵》申シタ通リ戸主タルモノハ家督相續人ノ地位《チイ》ニ生マレタモノデアルカラ其先代ノ有《イウ》セシ一切ノ財産ヲ相續《ソウゾク》スルモノデアル而シテコノ財産タル一家ノ家族《カゾク》ノ需用ニ供《ケウ》スベキ財産テ相續シナガラ他《タ》ノ一方ニ於テハ其家族ニ對《タイ》シテ何等ノ義務《ギム》モナイト致

シマスルカ家族タルモノハ衣食《イショク》ヲ求ムベキノ途《ミチ》ガアリマセヌ衣食ヲ求《モト》ムベキ途ガナケレバ終ニハ饑凍《ガトウ》ニ彷徨《ホウコウ》セネバナラヌコレテ族制ノ趣旨《シュジ》ト云フモノテハアリマセヌソコテ法律ハ戸主タルモノニ對《タイ》シ其家族ニ衣食住《イショクヂウ》ヲ給セシメ且教育《ケウイク》スベキノ義務即チ本條ニアル扶養ノ義務ヲ負《オ》ハセテアルノテアリマス尚《ナホ》此義務ノ解釋《カイシャク》ハ第八章ニ至テ委シク述ベルテアリマセウ

第七百四十八條　家族カ自己ノ名ニ於テ得タル財産ハ其特有財産トス
戸主又ハ家族ノ孰《イツ》レニ屬《ゾク》スルカ分明ナラサル財産ハ戸主《コシュ》ノ財産ト推定ス

〔註釋〕本條ハ戸主ト家族トノ財産《ザイサン》ノ區分ヲ明《アキラ》カナラシムル爲メニ規定《キテイ》シタノテアリマス第一項ニ於テハ家族ガ特別《トクベツ》ニ職業ヲ營《イトナ》ムニ因リテ得タル財産《ザイサン》又ハ婚姻ニ因リ妻ガ實家ヨリ持來《モチキタ》リタル財産其他家族ガ遺産《イサン》相續トカ贈與《ゾウヨ》トカ若シクバ遺贈《イゾウ》等ニ因ツテ得タルトヲ問ハズ總テ自分ノ名義《メイギ》ニ於テ得タル財産ハ其家族ノ特有財産《トクイウザイサン》トスベキコトヲ規定シタノテスサレバタトヘ戸主ガ破産《ハサン》トカ家資分産《カシブンサン》トカノ處分ヲ受クルコトガ在ルトモ家族ノ特《トク》有《ユウ》財産ハ一切他人ガ手ヲ付ケルコトガ出來《デキ》ヌコトテ實ニ安然《アンゼン》ナモノテアリマス

又第二項ハ家族ガ特有《トクイウ》財産《ザイサン》ヲ所有スルコトヲ得ルハ前項ノ通《トホ》リテアルガ若シモ其財産ガ戸主ニ屬《ゾク》スベキモノカ又ハ家族ニ屬《ゾク》スベキモノテアルカ判然《ハンゼン》セザル財産ハ戸主ノ物ト推定スベキコトヲ規定シタノテアリマス

茲《コヽ》ニ聊カ家族ガ財産ヲ又有《シユウユウ》シ得ベキコトニ就テ從來ノ慣習《クワンシフ》ト法制《ホウセイ》トヲ述ベンニスベテ家族タルモノハ長子ニ限《カギ》ラズ次男テモ三男テモ其家《ソノイヘ》ニ在ルモノハ遺産《イサン》ヲ相續シ又ハ他人ヨリ贈與ヲ受ケ又ハ妻《サイ》ハ實家ヨリ持來タリタル財産ハ何《イツ》レモ己ノ財産トシテ所有《シヨユウ》シ得タノテアルガ其後封建時代《ホウケンジダイ》トナツテハ一家ノ財産ハ家祿《カロク》ト稱シテ戸主タル資格《シカク》ニ附屬シ世襲《セシユウ》スルコトヽナリ又父ノ遺産《イサン》ハ長子ガ悉皆相續《シツカイサウゾク》シテ家族之ニ與《アツ》カルコトガ出來ヌコトテアリシ然ルニ其後徳川《トクガハ》幕府ノ時代ニ至リテハ士農商《シノウシヤウ》ノ別ナク家族ガ財産ヲ所有《シヨイウ》スルコトヲ許シ維新後《イシンゴ》ニ於テモ更《サラ》ニ太政官ノ布告ヲ以テ家族ガ別ニ財産ヲ所有《シヨユウ》スルコトヲ許シマシタ參考マテニ申シテ置キマス

第七百四十九條　家族ハ戸主ノ意《イ》ニ反《ハン》シテ其居所《キヨシヨ》ヲ定ムルコトヲ得ス
家族カ前項ノ規定ニ違反《イハン》シテ戸主ノ指定《シテイ》シタル居所ニ在ラサル間ハ戸主ハ之ニ對シテ扶養《フヤウ》ノ義務ヲ免《マヌカ》ル

前項ノ場合ニ於テ戸主ハ相當《ソウタウ》ノ期間ヲ定メ其指定《シテイ》シタル場所ニ居所ヲ轉《テン》スヘキ旨ヲ催告《サイコク》スルコトヲ得若シ家族カ其催告《サイコク》ニ應セサルトキハ戸主ハ之ヲ離籍《リセキ》スルコトヲ得但其家族カ未成年者《ミセイネンシヤ》ナルトキハ此限ニ在ラス

〔註釋〕本條ハ家族ノ居所《キヨシヨ》ニ就《ツイ》テ規定シタモノデス

第一項ハ一家ノ家族タルモノハ戸主ノ定メタル場所ニ住居セネバナラヌコトテアルカラ自ラ居所《キヨシヨ》ヲ定メントスルモ戸主ノ同意ヲ得ネバナラヌ若《モシ》戸主ガ不承知《フシヤウチ》ナル片ハ其意ニ反シテ居所ヲ定ムルコトハ出來ヌトノコトヲ定メタノデス

第二項ハ家族《カゾク》カ前項ニ定メタルニモ拘《カヽ》ハラズ尚戸主ノ同意ヲ得ザル場所《バシヨ》ニ居リ又ハ戸主ノ定メタル場所ニ住居《ジウキヨ》セナイトキハ其間ハ戸主ハコノ家族ニ對《タイ》シテ衣食住《イシヨクヂウ》ノ供給若クハ教育スル所ノ扶養ノ義務ヲ免ガルモノデアリマス

第三項ハ戸主ハ同意セザル場所ニ居ル家族ニ向テ何月何日迄ニ某所ヘ轉居スベシト催告スルコトガ出來ル而シテコノ催告《サイコク》ヲ致シマシテモ尚其家族ガ頑《グワン》トシテ催告《サイコク》ニ應ゼズ轉居セザルトキハ戸主ハ之ヲ離籍《リセキ》スルコトガ出來ルノデス然《シカ》レドモコノ轉居《テンキヨ》セザル家族ガ未

成年者デアルトキハコレニ對《タイ》シ扶養ノ義務ハ免《マヌ》カルヽモ離籍スルコトハ許《ユル》シマセヌ何トナレバ未成年者《ミセイチンシヤ》ハ第七百四十二條ニアル通《トホ》リ一家ヲ創立スル程ノ能力《ノウリヨク》ガアリマセヌカラ離籍セラレタ時ハ住ムベキ家ガナイ道理デアルカラノコトデアリマス

第七百五十條　家族カ婚姻又ハ養子縁組ヲ爲スニハ戸主ノ同意ヲ得ルコトヲ要ス

家族カ前項ノ規定《キテイ》ニ違反シテ婚姻又ハ養子《ヤフシ》縁組ヲ爲シタルトキハ戸主ハ其婚姻又ハ養子縁組《エングミ》ノ日ヨリ一年内ニ離籍《リセキ》ヲ爲シ又ハ復籍ヲ拒《コバ》ムコトヲ得

家族カ養子ヲ爲《ナ》シタル場合ニ於テ前項ノ規定ニ從《シタガ》ヒ離籍《リセキ》セラレタルトキハ其養子ハ養親《ヤフシン》ニ隨《シタガ》ヒテ其家ニ入ル

〔註釋〕本條ハ家族《カゾク》ガ養子又ハ婚姻ヲ爲ス場合《バアヒ》ニハ戸主ノ同意ヲ得ベキコトヲ規定《キテイ》シタノデアリマス

家族ガ婚姻又ハ養子縁組《エングミ》ヲ爲サントスルニ付テハ戸主ト家族トノ關係上《クワンケイゼウ》ヨリシテ戸主ノ

同意ヲ得ネバナラヌノデス何《ナン》トナレバ家族ハ幾許《イクバク》ノ年齢ニ達スルトモ戸主ノ監督《カントク》ヲ免カレザルモノナルノミナラズ家族ノ婚姻又ハ養子縁組ハ家族ノ増減ニ關スル重大ナルコトデアルカラノコトデスコレガ本條第一項ノ規定アルワケデアリマス

第二項ハ家族ガ前項ノ規定ニ背《ソム》キテ戸主ノ同意ヲ得ズ強《シ》ヒテ婚姻又ハ養子縁組ヲ致《イタ》シマシタトキハ戸主ノ監督權《カントクケン》ヲ輕蔑《ケイベツ》シタモノデアリマスカラ相當ノ制裁《セイサイ》ヲ加ヘネバナラヌ其制裁ハ如何ニト云フニ戸主ハ其家族ニ對シ其當日ヨリ一ケ年以内ニ離籍ヲ為シ又ハ復籍ヲ拒《コバ》ムコトガ出來ルノデアリマス尤モ一ケ年以上ニ至リマスレバ法律《ホフリツ》ハ戸主ガ其家族ノ婚姻又ハ養子縁組ヲ認《ミト》メタルモノト看做《ミナ》シテ離籍又ハ復籍ヲ拒《コバ》ムノ制裁ヲ加ヘルコトヲ許サヌノデス

第三項ハ家族ガ戸主ノ同意《ドフイ》ヲ得ズシテ養子ヲ貰受《モラヒウ》ケマシタ為メニ前項ノ規定ニヨッテ戸主ガ其貰受ケタル日ヨリ一ケ年内ニ其家族ヲ乃《スナハ》チ養親タルベキ人ヲ離籍《リセキ》スルトキニハ貰ハレマシタ養子ハ其家族即チ養親ト共ニ離籍セラレテ新タニ創立シタル家ニ入リテ其家族トナルノデアリマス

第七百五十一條　戸主カ其《ソノ》權利《ケンリ》ヲ行フコト能《アタ》ハサルトキハ親族會之ヲ

行フ但戸主ニ對シテ親權ヲ行フ者又ハ其後見人アルトキハ此限ニ在ラス

〔註釋〕本條ハ戸主ガ本節ノ各條ニ規定《キテイ》シタル權利《ケンリ》ヲ行フコト出來マセヌトキハ何人《ナンピト》カ其戸主ニ代リテ權利ヲ行フベキヤト云フヿヲ規定シタノデス

サテ戸主ガ戸主ノ權利《ケンリ》ヲ行フコト能《アタ》ハザル場合ト云フハ戸主カ未成年者《ミセイネンシヤ》ニシテ法律行爲ヲナシ能《アタ》ハザルトキカ又ハ心神《シン〱》喪失《ソウシツ》ノ常況カアツテ意思ヲ表示《ヘウジ》スルコトノ出來ヌ場合デアリマスコノ場合ニ於テハ親族會《シンゾククワイ》カ戸主ニ代テ戸主ノ權利ヲ行《オコナ》フベキモノデス然レドモ其戸主ニ對《タイ》シテ親權ヲ行フ父若《モシ》クハ母ガアルカ又ハ戸主ニ後見人カアルトキニハ親族會《シンゾククワイ》ニ依ラズシテ其親權ヲ行フ者又ハ後見人カ戸主ニ代テ戸主權ヲ行フモノテアリマス

第三節　戸主權ノ喪失《ソウシツ》

〔註釋〕本節ニハ戸主權ノ喪失《ソウシツ》スル場合ハ如何ナルトキデアルカト云フコトヲ規定《キテイ》シタノテス

第七百五十二條　戸主ハ左ニ掲《カヽ》ケタル條件具備《グビ》スルニ非サレハ隱居《インキヨ》

ヲ爲スコトヲ得ス

一　滿六十年以上ナルコト

二　完全《クワンゼン》ノ能力ヲ有スル家督相續人カ相續ノ單純承認《タンジユンシヤウニン》ヲ爲スコト

〔註釋〕本條ハ隱居《インキヨ》スベキ場合ニ就《ツイ》テ規定シタノデアリマス

凡テ隱居《インキヨ》ト云フハ戸主タルモノガ其生存中《セイソンチウ》ニ於テ戸主ノ身分ヲ家督《カトク》相續人ニ承繼セシムルコトヲ云フノデス是ハ今新タニ規定セラレタノテハナク昔カラ老年ニ至レバ兵役其他ノ公務《コウム》ニ堪《タ》ヘヌト云フノデ隱居シテ其義務ヲ免《マヌ》カレタルモノテアル本條ハ即チ其隱居《ヰンキヨ》スルコトヲ得べキ規定《キテヰ》ヲ示シタノデアル全体《ゼンタヰ》戸主權ノ開始《カヰシ》ハ家督相續ニ因リ戸主權ノ喪失《ソウシツ》ハ戸主ノ死亡《シバウ》、戸主ノ隱居、女戸主ノ入夫《ニフフ》婚姻等ニ因リテ生ズルモノデアルガ戸主ガ死亡ニ依リテ戸主權ヲ失フハ言《イ》ハズトモ當然《タウゼン》ノコトナレドモ生存中ナルニ拘《カヽ》ハラズ戸主權ヲ失ハシムルハ實ニ法律《ハフリツ》カ之ヲ規定セネバナラヌノデス今左ニ戸主カ隱居《ヰンキヨ》ヲナシ得べキ場合ヲ示シマセウ

一、滿六十年以上ナルコト

從來ノ慣習《クワンシフ》ヨリ見マスルニ隱居ノ年齡ニハ一定《テヰ》ノ定マリト云フモノハアリマセヌ大抵五

十歳前後デ隱居ノガ多カツタ樣デス然レドモ前ニモ申シタ通リ隱居ノ年齡ハ老衰シテ兵他役其ノ公務ハ勿論《モチロン》家政ヲ執《ト》ルニモ堪ヘザル時《トキ》ヲ本トシテ定メルガ至當《ジトウ》デアリマスソコデ法律ハ六十歳以上ヲ相當トシタルノデアリマス

又、完全ノ能力《ノウリヨク》ヲ有スル家督相續人ガ相續ノ單純承認《シヤウニン》ヲナスコト

戸主ガ隱居ヲスルニハ家政《カセイ》ヲ執《ト》ルニ堪ヘザルコトガ其一大原由《ゲンユ》デアリマスレバ之ヲ承繼スルモノハ勿論《モチロン》完全ノ能力ヲ有シテ家政ヲ執《ト》リ得ルモノナルベク而シテ其家督《カトク》相續人ガ單純承認ヲシタモノデナケレバナリマセヌ、コノ單純承認ノコトハ下ノ第千十九條以下ニ規定シテアリマスレバ其所ニ於テ說明致シマセウ

第七百五十三條　戸主カ疾病、本家ノ相續又ハ再興其他已ムコトヲ得サル事由《ジユウ》ニ因リテ爾後《ジゴ》家政ヲ執《ト》ルコト能ハサルニ至リタルトキハ前條ノ規定ニ拘《カヽ》ハラス裁判所ノ許可《キヨカ》ヲ得テ隱居ヲ爲スコトヲ得但法定ノ推定《スヰテヰ》家督相續人アラサルトキハ豫メ家督相續人タルヘキ者ヲ定メ其承認《ソノシヤウニン》ヲ得ルコトヲ要ス

〔註釋〕本條ニハ裁判所《サイハンジヨ》ノ許可ヲ得テ隱居シ戸主權ヲ失《ウシナ》フ場合ヲ規定シタノデアル隱居ヲスルニハ前條ニ說明シタ通リ老衰シテ家政ヲ執ルコトノ出來ヌノガ第一ノ原因デアレドモソレバカリデナクテ未《マ》ダ六十年ニハ滿《ミ》タザルモ病氣ノ爲メニ家政《カセイ》ヲ執ルコト能ハザルカ又ハ本家分家ノ關係《クワンケイ》ヨリシテ分家ノ戸主ガ本家ヲ相續《ソウゾク》シ又ハ再興《サイコウ》セ子バナラヌ必要《ヒツエウ》ガ出來テ自然ト自家ノ家政《カセイ》ヲ執《ト》ルコト能ハザルカ其他治產ノ禁《キン》ヲ受ケ若クハ白痴《ハクチ》瘋《フウ》癲《テン》トナリタルカ如キ止ムヲ得ザル場合ヲ生ジタランニハ裁判所ノ許可《キヨカ》ヲ得テ隱居《インキヨ》スルコトカ出來ルノデス然《シカ》レドモ裁判所ノ許可《キヨカ》ヲ得テ隱居セントスルモ法定《ホウテイ》ノ推定家督相續人カ無イトキハ猥《ミダ》リニ隱居《インキヨ》スルコトハ出來マセヌ夫レ故ニ若シ隱居《インキヨ》セントスルナラバ先ヅ自家《ジカ》ノ相續人ヲ定メテ其相續人ノ承認《セウニン》ヲ受ケタル後デナケレバナリマセヌ何《ナン》トナレバ相續人カナイニ隱居シタナラバ自家ノ廢滅ヲ來スベキ譯デアルカラデアリマス

第七百五十四條　戸主カ婚姻ニ因リテ他家ニ入ラントスルトキハ前條ノ規定《キテイ》ニ從ヒ隱居ヲ爲スコトヲ得戸主カ隱居《インキヨ》ヲ爲サスシテ婚姻ニ因リ他家ニ入ラントスル場合ニ於テ戸籍吏カ其屆出ヲ受理シタルトキハ其戸主ハ婚姻ノ日ニ於テ隱居《インキヨ》ヲ爲シタルモノト看做《ミナ》ス

〔註釋〕本條モ前條ト同ジク裁判所《サイハンショ》ノ許可ヲ得テ隱居ヲナス場合ヲ規定《キテイ》シタノデス

第一項ニハ男戸主カ他家ヘ養子ニ行キ又ハ入夫婚姻ヲ爲シタルトキ及ビ女戸主カ婚姻ヲ爲シテ他家ヱ嫁入《ヨメイリ》セントスルトキハ前條ノ規定《キテイ》ニ從テ先ヅ隱居ヲシテ戸主權ヲ拋棄《ホウキ》シタ後他家ヘ入ルベキコトヲ示シタノデアリマス

第二項ハ戸主カ隱居《インキョ》ノ手續ヲナサズシテ直ニ他家《タケ》ヘ入ラレトスル場合ニ於テ其事實《ジジツ》ヲ戸籍吏ニ屆出テ且ツ戸籍吏ガ其屆書ヲ受理《ジュリ》シマシタ片ハ其戸主ハ婚姻ノ日ニ於《オイ》ケ既ニ隱居シタルモノト看做《ミナ》シマスコレ實ニ戸主ノ債權債務ニ關係《クワンケイ》ヲ及ボスカラノコトデアリマス

第七百五十五條　女戸主ハ年齡ニ拘《カン》ハラス隱居《インキョ》ヲ爲スコトヲ得

有夫《ユウフ》ノ女戸主カ隱居ヲ爲スニハ其夫ノ同意《ドウイ》ヲ得ルコトヲ要《エウ》ス但夫ハ正當ノ理由《リイウ》アルニ非サレハ其同意ヲ拒《コバ》ムコトヲ得ス

〔註釋〕本條ニハ女戸主ガ隱居《インキョ》スルコトニ就《ツイ》テ規定シタノデアリマス

第一項ハ女戸主ガ隱居《インキョ》セントスルトキニ於テハ實際《ジッサイ》家政ヲ執《ト》ルコトノ出來ルト出來ヌトニ頓着《トンチャク》ナイノデアリマスレバ隨《シタガッ》テ六十歲等ノ年齡ヲ以テ拘束《コウソク》スルノ必要ハナイ故ニ何時

ニテモ隱居シテ戸主權ヲ拋棄《ホウキ》スルコトガ出來ルノデアリマス

然《シカ》レドモ夫アル女戸主ハ夫《ヲット》ノ同意ヲ得ルニ非《アラ》ザレバ隱居スルコトガ出來マセヌ此場合ニ於テハ夫ハ自分ノ妻《サイ》ガ隱居スルモノナレバ正當《セイタウ》ノ理由ナクシテ之ヲ拒《コバ》ムコトハ出來ヌノデス必ズ同意《ドウイ》シテ隱居サセネバナリマセヌコレガ第二項ノ規定《キテイ》デアリマスコノ有夫《ゴウフ》ノ女戸主ト云フハ前ニ第七百三十六條ニ示シテアツタ如ク女戸主ガ入夫婚姻ヲナシテ入夫ニ戸主ヲ讓ラザル場合ヲ云フノデアリマス

第七百五十六條　無能力者《ムノウリヨクシヤ》カ隱居ヲ爲スニハ其法定《ホフテイ》代理人ノ同意ヲ得ルコトヲ要セス

〔註釋〕本條ハ無能力者《ムノウリヨクシヤ》ガ隱居ヲ爲ス場合ニ就《ツイ》テ規定シタモノデアル此場合ニ於《オイ》テハ法定代理人ノ同意ヲ得ルコトガ入ラヌノデアリマスコノ無能力者及ビ法定代理人ノコトハ旣ニ前ニ說明シタレバ茲ニハ略シテ置キマス

第七百五十七條　隱居ハ隱居者《インキヨシヤ》及ヒ其家督相續人ヨリ之ヲ戸籍吏《コセキリ》ニ屆出ツルニ因リテ其效力ヲ生ス

▲參看　取第三百十條

〔註釋〕本條ハ隱居《インキヨ》ヲナシタルトキノ効力《カウリヨク》ノ生スル塲合ヲ規定シタノデスガ隱居ヲシタトキニハ隱居《インキヨ》ヲシタ者及ビ其家督相續人ガ連署《レンジヨ》ヲ以テ隱居ノコトヲ戸籍吏ヘ届出《トドケイ》デマシテ始メテ隱居ヲシタ効力《カウリヨク》ノ生スルモノデス若シ其届出ヲナサザルカ又ハ家督《カトク》相續人ト連署《レンジヨ》シマセヌトキハ隱居シタト云フモ法律上《ホフリツジヤウ》ニ於テ其効力ヲ認《ミト》メヌノデアリマス

第七百五十八條　隱居者ノ親族及ヒ檢事《ケンジ》ハ隱居届出ノ日ヨリ三ケ月内ニ第七百五十二條又ハ第七百五十三條ノ規定ニ違反シタル隱居ノ取消ヲ裁判所ニ請求スルコトヲ得

女戸主カ第七百五十五條第二項ノ規定ニ違反シテ隱居ヲ爲シタルトキハ夫ハ前項ノ期間内ニ其取消《ソノトリケシ》ヲ裁判所ニ請求《セイキウ》スルコトヲ得

▲參看　取第三百八條

〔註釋〕本條ハ隱居《インキヨ》ノ取消《トリケシ》ニ係《カヽ》ルコトヲ規定シタノデス

第一項ハ第七百五十二條ニ示シタルニモ拘ハラズ戸主ガ六十歳以下ナルトキ又ハ家督相

續人ガ相續ノ單純承認《タンジユンシヨウニン》ヲナサザルトキ又ハ第七百五十三條ニ示《シメ》シタルニモ拘《カヽ》ハラズ戶主ガ病氣《ビヤウキ》其他同條規定スル事項ニテ實際《ジツサイ》家政ヲ執《ト》ルコト能ハザル事由《ジユウ》ナキニ隱居シタルトキハ隱居シタルモノヽ親族《シンゾク》及ビ撿事ハ隱居屆出ノ日ヨリ三ケ月以內ニ隱居ノ取消《トリケシ》ヲ裁判所ヘ請求《セイキウ》スルコトガ出來ルノデス茲ニ稍々《ヤヽ》怪《アヤシ》ムベキハ第七百五十三條ノ場合ニハ裁判所ノ許可ヲ受クベキモノナレバ取消《トリケシ》ヲ求ムベキ事情《ジジヤウ》ノアル筈《ハヅ》ハナイヤウニ思ハルレドモ實際ニ於テ或ハ誤ガナイトモ限ラレヌノデアリマス

第二項ハ有夫《ユウフ》ノ女戶主ガ夫ノ同意《ドウイ》ヲ得ズシテ隱居シタトキハ夫ハ女戶主カ隱居ノ屆出ヲシタ日カラ三ケ月以內ニ隱居ノ取消《トリケシ》ヲ裁判所ニ請求《セイキウ》スルコトガ出來ルノデアリマス

第七百五十九條　隱居者又ハ家督《カトク》相續人カ詐欺《サギ》又ハ强迫ニ因リテ隱居ノ屆出ヲ爲シタルトキハ隱居者又ハ家督相續人ハ其詐欺ヲ發見シ又ハ强迫《キヤウハク》ヲ免レタル時ヨリ一年內ニ隱居ノ取消《トリケシ》ヲ裁判所ニ請求スルコトヲ得但追認《ツイニン》ヲ爲シタルトキハ此限ニ在ラス

隱居者又ハ家督相續人カ詐欺《サギ》ヲ發見《ハツケン》セス又ハ强迫《キヤウハク》ヲ免レサル間ハ其

親族又ハ檢事《ケンジ》ヨリ隱居ノ取消ヲ請求《セイキウ》スルコトヲ得但其請求ノ後隱居者又ハ家督相續人カ追認《ツイニン》ヲ爲シタルトキハ取消權《トリケシケン》ハ之ニ因リテ消滅ス

前二項ノ取消權ハ隱居屆出《トヾケイデ》ノ日ヨリ十年ヲ經過シタルトキハ時效ニ因リテ消滅ス

●參看　取第三百九條

〔註釋〕本條モ亦隱居《インキヨ》ノ取消ヲ裁判所ヘ請求《セイキウ》スルコトノ出來ルコトヲ規定シタノデス

隱居ノ屆出ハ隱居シタルモノト其家督相續人トノ双方カラ戶籍吏ニ屆出ヅベキハ既ニ前ニ規定シテアル通《トホ》リデス然ルニコノ屆出ガ時《トキ》ニ依リテハ一方ノ爲メニ詐欺《サギ》セラレタリ强《キヤウ》迫《ハク》セラレタリシテ屆出ヅルコトモナイトハ云ハレマゼヌ夫《ソ》レ而已《ノミ》ナラズ第三者ノ爲メニ隱居者モ家督相續者モ欺《アザム》カレ若クハ强迫《キヤウハク》セラレテ屆出ヅルコトガナイトモ云ハレヌコノ塲合ニ於テハ欺《アザム》カレタルコトヲ見出シ又ハ强迫《キヤウハク》ヲ免レタル時ハ其時ヨリ一ケ年以內ニ詐欺若《モシ》クハ强迫ヲ受ケマシタ隱居者又ハ家督《カトク》相續人カラ隱居ノ取消《トリケシ》ヲ裁判所ヘ請求《セイキウ》スルコ

トガ出來ルノデスソレトモ一ケ年以上モ取消《トリケシ》ヲ請求《セイキウ》セヌカ又ハ一ケ年以内トテモ其詐欺《サギ》ヤ強迫ヲ追認《ツイニン》シタルトキハ隱居屆出ノ取消《トリケシ》ヲ請求スルコトガ出來ヌノデス然ルニ隱居者又家督相續人ガ何時迄モ欺《アザム》カレタコトヲ見出サス又ハ強迫《キヤウハク》ヲ受ケ居リ自由ノ身トナラヌトキハ其詐欺デアル強迫《キヤウハク》デアルト云フコトヲ知リマシタ親族《シンゾク》又ハ撿事ハ隱居ノ取消ヲ請《セイ》求《キウ》スルコトカ出來ルノデス尤モ親族又ハ撿事《ケンジ》カ取消ヲ請求シテモ詐欺《サギ》又ハ強迫《キヤウハク》ヲ受ケタル本人即チ隱居者《インキヨシヤ》又ハ相續人カ追認《ツイニン》シタ塲合ニ於テハ任意《ニンイ》ノ屆出トナリマスカラ取消權ハ消滅《セウメツ》スルモノデアリマス撿事カコノ取消ノ請求權《セイキウケン》アルト云フハ撿事ハ公益保護《コウエキホゴ》ノ役目ガアルカラデス

若《モ》シモ詐欺タルコトヲ發見《ハツケン》セズ強迫ヲ免カレズシテ隱居屆出ノ日ヨリ十年モ過《ス》ギ去《サ》リマシタ時ハ最早取消權ハ時効ニ因リテ消滅シマシテ取消ノ請求ヲスルコトカ出來ヌノデス

第七百六十條　隱居《インキヨ》ノ取消前ニ家督相續人ノ債權者《サイケンシヤ》ト爲リタル者ハ其取消ニ因リテ戸主タル者ニ對《タイ》シテ辨濟《ベンサイ》ノ請求ヲ爲スコトヲ得但家督相續人ニ對スル請求ヲ妨ケス

債權者カ債權取得《シユトク》ノ當時隱居取消ノ原因《ゲンヰン》ノ存スルコトヲ知リタルト

キハ家督相續人ニ對シテノミ辨濟ノ請求ヲ爲スコトヲ得家督相續人カ家督相續《ソウゾク》前《ゼン》ヨリ負擔《フタン》セル債務及ヒ其一身ニ專屬《センゾク》スル債務ニ付キ亦同シ

〔註釋〕本條ハ前條ニ關通《クワンツウ》シテ隱居取消以前ニ生ジタル債權ノ辨濟法《ベンサイホフ》ヲ規定シタルモノデス

第一項ハ取消スベキ原因アル隱居屆ケノアツタ日カラ取消シニ至ル迄ノ間ニ家督相續人ガ借金《シャクキン》ヲナシ又ハ其他ノ債務ヲ負ヒタルトキハ隱居取消ノ後債權者《サイケンシャ》ハ戶主ニ對《タイ》シテモ又家督相續人ニ對《タイ》シテモ何レニナリトモ辨濟《ベンサイ》ノ請求ヲスルコトガ出來ルノデス

第二項ハ債權者ガ債權《サイケン》取消ノ當時即チ家督《カトク》相續人ト取引《トリヒキ》ヲナス時ニ於テ取消スベキ原因ノアル隱居デアルト云フコトヲ知《シ》リツヽ家督相續人ニ對《タイ》シ債權ヲ得マシタ時ハ隱居《インキョ》取消ノ後戶主ニ對シテハ辨濟《ベンサイ》ノ請求《セイキウ》ヲスルコトガ出來マセヌ必ズヤ家督《カトク》相續人ニノミ對シテ請求《セイキウ》セネバナラヌノデス又家督相續人カ家督相續以前《イゼン》ヨリ負ヒマシタ債務及ヒ家督相續人タル其人一身ニノミ付屬《フゾク》シ居ルトコロノ債務《サイム》モコレト同ジク戶主ニ對《タイ》シテハ請求スルコトカ出來ヌ家督相續人ニノミ對シ請求セ子バナラヌノデス

第七百六十一條　隱居又ハ入夫婚姻ニ因ル戶主權ノ喪失ハ前戶主又ハ

家督相續人ヨリ前戸主ノ債權者及ヒ債務者ニ其通知ヲ爲スニ非サレハ之ヲ以テ其債權者及ヒ債務者ニ對抗《タイカウ》スルコトヲ得ス

〔註釋〕隱居《インキヨ》ヲシタモノ又ハ女戸主カ入夫ヲ迎《ムカ》フル爲メニ戸主權ヲ失《ウシナ》フト云フコトハ既ニ前ニ説明シマシタカソノ戸主權ノ喪失ト共ニ一方ニハ家督相續人又ハ入夫カ戸主權ヲ得ルモノデアル既《スデ》ニ戸主權ヲ得レバ前戸主ノ權利義務ヲ承《ウ》ケ繼《ツ》グベキモノデアルカラ前戸主ニ於ケル所ノ債權者《サイケンシヤ》ハ新戸主ニ向テ其辨濟《ベンサイ》ヲ請求シ前戸主ニ對《タイ》スル債務者モ新戸主ニ向テ辨濟セネバナラヌ然《シカ》レドモ債權者債務者ハ何時ニ相續《ソウゾク》ノアリタルヤヲ知リ得《ウ》ベキモノニアラザレバ相續《ソウゾク》ノアリタルコトハ前戸主又ハ家督《カトク》相續人カラ債權者及債務者ニ通知《ツウチ》セネバナリマセヌ若シ通知《ツウチ》シマセヌ時ハ債權者ガ隱居《インキヨ》シタル前戸主ニ對シ辨濟《ベンサイ》ヲ請求シタトテモ債務者ガ新戸主ノ請求《セイキウ》ヲ拒《コバ》ンダトテモ之ニ對抗《タイカウ》シテ辨濟ヲ拒ミ又ハ强《シヒ》テ辨濟ヲ求ムルコトハ出來ヌノデアリマス

第七百六十二條　新《アラタ》ニ家ヲ立テタル者ハ其家ヲ廢《ハイ》シテ他家ニ入ルコトヲ得

家督《カトクソウゾク》相續ニ因リテ戸主ト爲リタル者ハ其家ヲ廢《ハイ》スルコトヲ得ス但本家ノ相續又ハ再興《サイコウ》其他正當ノ事由ニ因リ裁判所《サイハンショ》ノ許可ヲ得タルトキハ此限ニ在ラス

▲參看　人第二百五十一條

〔註釋〕本條ハ廢家《ハイカ》ノコトニ就テ規定《キテイ》シタノデアル

凡テ家ヲ廢スルコトハ之ヲ禁ジテアリマスケレドモ新タニ家ヲ立テタモノハ祖先ヨリ承ケ繼《ツ》イダモノデアリマセヌカラ從テ之ヲ子孫《シソン》ニ傳《ツタ》ヘザルベカラザルノ義務トテモナケレバ其家ヲ廢《ハイ》セントスルモ將《ハ》タ以テ子孫ニ傳《ツタ》ヘントスルモ勝手《カツテ》デアリマス夫レ故ニ其家ヲ廢シテ他家ニ入ルコトモ出來ルノデアリマスコノ新タニ家ヲ立ツルト云フハ父母ノ知レザル子カ又ハ私生子《シセイジ》ガ母ノ家ニ入ルコトヲ得ザルトキカ實家《ジツカ》ガ廢絶シテ復籍《フクセキ》スルコトノ出來ヌトキカ離籍《リセキ》セラレタルモノカ絶家《ゼツカ》シタルモノヽ家族カデアリマス然《シカ》レドモ家督相續ノ爲メニ戸主トナリマシタモノハ其家ヲ廢スルコトガ出來マセヌ何トナレバ其家ハ祖先カラ承《ウ》ケ繼《ツ》イダルモノデアリマスカラ之ヲ子孫《シソン》ニ傳《ツタ》ヘネバナラヌ義務《ギム》ガアルカラデアリマス尤モ本家《ホンケ》相續カ又ハ本家ノ再興《サイカウ》カノ場合ニ於テハ本家ハ重《オモ》ク分家ハ輕《カル》イトシテア

ルカラ若《モ》シモ本家ニ家督相續人ガナク又本家ガ廢絶《ハイゼツ》シタルトキハ分家ノ戸主《コシユ》タルモノハ分家ガ斷絶《ダンゼツ》スルトモ本家ヲ再興《サイカウ》セネバナラヌカラ其家ヲ廢《ハイ》スルコトガ出來マス又正當ノ理由《リエウ》アルトキニ於テハ裁判所ノ許可《キヨカ》ヲ得タル上ハ其家ヲ廢《ハイ》スルコトモ出來ルノデアリマスコノ二ツノモノハ例外ノ規定ト見テ差支ヘナイノデアリマス

第七百六十三條　戸主カ適法《テキハフ》ニ廢家《ハイカ》シテ他家ニ入リタルトキハ其家族モ亦其家ニ入ル

參看　八第二百五十三條

〔註釋〕本條ハ戸主ガ廢家《ハイカ》シテ他家《タケ》ニ入ルトキニハ其家族モ共ニ其家《ソノイヘ》ニ入ルベキコトヲ規定シタノデス

前條ノ規定《キテイ》ニ因リテ戸主ガ適法《テキハフ》ニ廢家《ハイカ》シテ他家ニ入リマシタトキハ其家族ハ如何ニスベキヤト云フニ家族ハ戸主ニ隨《シタガ》フベキ義務《ギム》ノアルモノデアリマスカラ而已《ノミ》ナラズ戸主ハ家族ヲ扶養《フヤウ》スルノ義務アルモノデアレバ家族モ戸主ニ從《シタガ》ッテ其家ニ入ルベキモノデアリマス

第七百六十四條　戸主ヲ失ヒタル家ニ家督相續人ナキトキハ絶家シタ

ルモノトシ其家族ハ各一家ヲ創立《ソウリツ》ス但子ハ父ニ隨《シタガ》ヒ又父カ知レサルトキ、他《タ》家《ケ》ニ在ルトキ若クハ死亡《シバウ》シタルトキハ母ニ隨《シタガ》ヒテ其家ニ入ル

前項ノ規定ハ第七百四十五條ノ適用ヲ妨ケス

▲參看　八第二百六十一條。

〔註釋〕本條ハ家督《カトク》相續人ナキ爲メニ絶家《ゼツカ》シタル場合ニ於ケルコトヲ規定《キテイ》シタノデス戸主ガ死亡シタルカ又ハ失踪シタルカ其他戸主ヲ失ヒタル家ニ於テ其家ヲ承繼スベキ家督相續人ナキトキハ其家ハ斷絶《タンゼツ》セザルベカラザルハ自然《シゼン》ノ勢《イキホヒ》デアリマス此場合ニ於テハ其家族ハ如何《イカ》ニスベキヤト云フニ夫レハ各自《カクジ》ニ新タニ家ヲ創立《ソウリツ》スベキモノデアル而シテ子ハ父ガ新《アラ》タニ立テタル家ニ入ルベキガ至當《シタウ》デ在ッテ若シ父カ知レヌカ又ハ他家ニ在ルカ若クハ既《ステ》ニ死亡《シバウ》シタルトキニハ母ニ隨《シタガ》ヒテ母ノ家ニ入ルベキコトデアリマス又一家ノ斷絶《タンゼツ》シタルトキ家族ハ前項ノ如ク各自《カクジ》個々《コヽ》ニ家ヲ立ツルト雖モ妻《サイ》ハ夫ノ立テタル家ニ入ルガ當然《タウゼン》デスコレカ本條第二項ニ故《コトサ》ラニ規定シタ譯デアリマス

第三章　婚姻

〔註釋〕本章ニハ婚姻《コンイン》トハ如何ナルモノナルヤト云フコトヲ規定《キテイ》セシモノナルガ之ヲ說《ト》クニ當ツテハ先ヅ婚姻ト云フ定義ヨリ說キ出サネバナラヌ抑モ婚姻トハ男女ノ相配合スルコトヲ謂フ譯《ワケ》デ即チ男女ノ相結合《アイケツガフ》シテ夫婦ノ成立《セイリツ》スルコトデアル尤モ各國皆同ジコトデアルガ我國ニ於テモ昔《ムカシ》ヨリ種々ノ變遷ガアツテ最モ古キ時代デハ婚姻《コンイン》ハ男女ガ其情慾《ジヨウヨク》ヲ滿タス爲メノモノジヤト思《オモ》フテ居タ斯ル有樣《アリサマ》デアルカラ勿論正式《セイシキ》ノ婚姻ナゾト云フコトノアラウ筈ハナク偶然《グウゼン》ニ出合ヒ來リテ配偶ノ道《ミチ》ト云フモノハ頓《トン》ト定マラナイサルカラニ男子ハ女子ヲ以テ一ツノ物件《ブツケン》ト看做《ミナ》シ女子モ亦甘ジテ之ヲ承引《シヤウイン》シテ居ツタト云フホドノコトデ甚シヤハ强奪《ガウダツ》セラレタリ賣却《バイキヤク》セラレタリスルコトモアリシ然《シカ》ルニ世ガ移《ウツ》リ行クト共ニ一變シテ數《ス》夫《フ》一婦デアルノ又ハ一夫數婦デアルノト云フコトガ行ハレテ殆《ホト》ンド一ツノ法制《ホウセイ》ノ樣々ニナツテ居タガ段々ト發達《ハツタツ》シテ來テ今日ノ如ク男女配偶《ハイグウ》ノ道ガ開ケ一夫一婦ノ制ガ定マツタノデアル然レドモ尚ホ今日ニ於テモ婚姻ノ婚姻タル事實ハ知ラズシテ情慾ヲ滿《ミ》タス爲メノ婚姻ト思ヒ違《チガ》ヘルモノモアルソコデ我ガ民法ハ明《アキラ》カニ之ヲ規定シタノデアル今婚姻ニ係《カヽ》ル定義トシテハ左ノ一項ヲ了得《リヤウトク》スルコトガ必要デアル能ク記憶《キヲク》セネバ

ナリマセヌ
法律ヲ以テ公認《コウニン》セル一男一女ノ共諾《キヤウダク》ニ因リ共同生活ヲ目的トスル生存間《セイゾンカン》ノ結合《ケフガウ》ナリ尚ホ各條ニ於テ説明致シマセウ

第一節　婚姻《コンイン》ノ成立《セイリツ》

〔註釋〕本節ニハ婚姻ハ如何ニシテ成立《セイリツ》スルヤト云フコトヲ規定《キテイ》シタノデアリマス

第一款　婚姻ノ要件《エウケン》

〔註釋〕此處ニハ婚姻ノ成立《セイリツ》スルニハ如何ナル條件ガ必要《ヒツエウ》デアルカ斯クスレバ成立スル斯クスレバ成立セヌ斯ルモノハ結婚スルコトヲ許サヌ斯ルモノハ結婚シテモ宜シイト規定シタルモノデ社會ノ秩序《チツジヨ》ヲ保チ人倫ノ紊亂《ビンラン》ヲ防グ爲メニ極《キハ》メテ必要ノ制裁ヲ示《シメ》シタノデアリマス換言《クワンゲン》スレバ婚姻ノ原素《ゲンソ》デアリマス

第七百六十五條　男ハ滿十七年女ハ滿十五年ニ至ラサレハ婚姻ヲ爲スコトヲ得ス

▲參看　人第三十條

〔註釋〕本條以下ハ婚姻ニ要《エウ》セル所ノ條件ヲ定《サダ》メタモノデ本條ニ於テハ先ヅ婚姻ニ要《エウ》スル所ノ年齡ヲ定メタノデアリマス我國ノ古來ノ風習ヲ見ルニ婚姻ノ年齡ト云フコトハ一定シテ居リマセヌ凡ソ開明國《カイメイコク》デハ何レモ其年齡《ソノネンレイ》ガ定メテアル乃《ナイ》チ新民法ニ於テハ其年齡ヲ定メタノデアリマス全体《ゼンタイ》男女ガ旣ニ婚姻シマスレバ其家ヲ治《ヲサ》メ其子ヲ養育《ヤウイク》セ子バナラヌ責《セキ》任《ニン》ガアリマス左スレバ身躰ノ發達《ハツタツ》セザルモノヤ精神《セイシン》ノ發達セザルモノガ婚姻シタカラトテ其婚姻ノ目的《モクテキ》ヲ達スルコトハ出來ヌモノデアリマス夫故《ソレユヘ》ニ本法ニ於テハ氣候《キコウ》ナリ地味ナリ幷ニ社會ノ有樣《アリサマ》ヲ考《カンガ》ヘマシテ男ハ十七歲以上女子ハ十五歲以上ニナラネバ身躰《シンタイ》モ精神モ共ニ發達《ハツタツ》シマセヌカラ從テ婚姻ノ目的《モクテキ》モ之ヲ達スルコトガ出來ヌモノジヤトシテ一方ニテモ其年ニ滿タザルモノハ婚姻シテハナラヌト定メタノデアリマス

第七百六十六條　配偶者《ハイグウシヤ》アル者ハ重《カサ》子テ婚姻ヲ爲スヽコトヲ得ス

▲參看　人第三十一條

〔註釋〕本條ニハ從來《ジウライ》我國ニモ往々《ワウ〳〵》有リ來タリマシタ重婚ト云フ弊《ヘイ》ヲ矯正《ケウセイ》スル爲メニ規定シタノデアリマス前ニ云ヒシ通リ婚姻ハ一男一女ノ結合デアツテ一夫數婦トカ又ハ一婦數夫トカ云フコトハ爲スマジキコトデアルカラ我邦《ワガクニ》ノ慣習《クワンシフ》モ一夫一婦ノ制ヲ執《ト》リマシタノ

デスコレハ實ニ至當《シタウ》ノ制デアリマスカラ本條ニ於テモ配偶者《ハイグウシヤ》ノアルモノハ重《カサ》ネテ婚姻ヲ爲スコトヲ許ルサヌト規定シタノデアリマス例ヘバ松太郎ナルモノガ一旦梅ナル女子ト婚姻シマスレバ松太郎ハ他ノ竹ナル女子ト婚姻スルコトヲ許サス又梅ハ他ノ春次郎ナルモノト婚姻スルコトヲ許《ユル》サヌノデアリマス若《モ》シモ本條ニ違反シテ重《カサ》ネテ婚姻ヲ致セシ𪜈ハ重婚罪《ヂウコンザイ》ノ處罰《シヨバツ》ヲ受ケネバナラヌノデアリマス

第七百六十七條　女ハ前婚ノ解消《カイセウ》又ハ取消《トリケシ》ノ日ヨリ六ケ月ヲ經過《ケイカ》シタル後ニ非サレハ再婚《サイコン》ヲ爲スコトヲ得ス

女カ前婚ノ解消又ハ取消《トリケシ》ノ前ヨリ懷胎《クワイタイ》シタル場合ニ於テハ其分娩ノ日ヨリ前項ノ規定ヲ適用セス

◎參看　人第三十二條

〔註釋〕本條ハ血統《ケツトウ》ノ混合《コンカウ》ヲ豫防セン爲メノ目的《モクテキ》ニ規定シタモノデアリマス、サテ四海波靜カニテト謡《ウタ》ヒ納《ヲサ》メ二世モ三世モト堅《カタ》ク契約致シマシタ婚姻本《モ》ト合《アハ》セモノナレバ離《ハナ》ルヽコトナシトモ限《カギ》ラレズ場合ニヨリテハ其婚姻ガ解消《カイセウ》セラレ又ハ取消《トリケ》サルヽコトガナイトモ申サレマセヌコノ場合ニ於テ女子ハ昨日マデ松太郎ノ妻デアリシニ今日ハ新タニ春次郎ノ妻トナルト云フコトハ法律上《ハフリツジヤウ》之ヲ許《ユル》サヌノデアリマス何故ニ女子ニ限《カギ》リテ之ヲ許サヌカ何故ニ六ケ月經《タ》タヲバナラヌカト云フニ是ガ即チ血統《ケツトウ》ノ混合《コンガウ》ヲ豫防《ヨバウ》セントスル理由デアリマス委《クハ》シク申セバ茲ニ梅ナル女子ガ松太郎ト婚姻《コンイン》シマシテ其婚姻ガ取消《トリケ》サレタルトキ直ニ春次郎ト婚姻スルト致《イタ》シマスルカ其後七八ケ月若《モシ》クハ九ケ月十ケ月ノ間ニ生《ウマ》レタ子ハ松太郎ノ子トスベキヤ又ハ春次郎ノ子トスベキヤ不明ト謂ワネバナリマセヌ然レドモ前婚ノ解消《カイセウ》又ハ取消後六ケ月ヲ經過《ケイクワ》シマスレバ其梅女ガ果シテ懷胎《ガイタイ》デアルカ否ヤト云フコトモ判然シテ血統《ケツトウ》ノ混合スルノ恐《オソ》レガアリマセヌカラ再婚ヲ許《ユル》スコトニシテアルノデアリマス尤モ既《スデ》ニ前婚ノ時ニ懷胎《カイタイ》シテ前婚ノ解消又ハ取消後六ケ月ヲ經過《ケイクワ》セザルモ分娩スルニ於テハ血統《ケツトウ》混合ノ恐レガアリマセヌカラ前項ノ規定ニ拘《カヽ》ハラズ再婚ヲ許《ユル》シマス是ガ第二項ヲ設ケタ理由デアリマス

第七百六十八條　姦通《カンツウ》ニ因リテ離婚又ハ刑《ケイ》ノ宣告ヲ受ケタル者ハ相姦者ト婚姻ヲ爲スコトヲ得ス

▲參看　人第三十三條

〔註釋〕本條ハ姦通者《カンツウシヤ》ノ婚姻ニ就テ規定シタモノデアリマス抑《ソモソ》モ姦通ト云フコトハ配偶者以外ノ者即チ己レノ夫ニアラザル人ト通ジ若クハ他人ノ妻ト定マリシ人ト通ヅルノ謂ヒニシテ社會ノ風俗《フウゾク》ヲ壞亂《クワイラン》スベキ最モ卑ムベキ醜行《シウコウ》デアリマス故ニ姦通ヲ理由《リユウ》トシテ離婚ヲ許スノミナラズ刑法ニ於テハ嚴《ゲン》ニ之ヲ處罰《シヨバツ》スルコトデアルガ本條ハ尚《ナ》ホ婚姻ノ体面《タイメン》ヲ維持センガ爲メニ姦通者《カンツウシヤ》双方ノ婚姻ヲ禁ジタモノデアリマス尤モ姦通罪ノ起訴《キソ》ヲ受ケテモ裁判ガ確定《カクテイ》シテ刑ノ宣告ヲ受ケマセヌモノハ姦通罪ヲ構成《コウセイ》シマセヌカラ本條ニテ處分ハセヌノデアリマス

第七百六十九條　直系血族《チヨクケイケツゾク》又ハ三親等內ノ傍系血族ノ間ニ於テハ婚姻ヲ爲スコトヲ得ス但養子ト養方ノ傍系血族トノ間ハ此限ニ在ラス

▲參看　人第三十四條

〔註釋〕本條ハ近親《キンシン》ノ緣故《エンコ》アル男女ノ婚姻ヲ禁《キン》ジタモノデアリマス以下二條トモ同樣デアリマス之ハ申迄モナク人倫ニ違背《イハイ》シ社會ノ秩序ヲ紊亂《ビンラン》シ一家ノ風俗ヲ頽敗《タイハイ》セシムルカラデス殊ニ今日醫學之進步《シンポ》セシ上ニ於テ實驗上近親間ノ結婚《ケツコン》ハ其間ニ生ルヽ子孫ハ怯弱《ケウジヤク》若クハ不具《フグ》トナリトシテアレバ婚姻ノ大体《タイく》ノ目的ヲ達《タツ》スルコトガ出來ヌカラデアリマス

直系ノ血族間《ケツゾクカン》ノ婚姻ヲ禁ズルトハ例《タト》ヘバ親子間ノ婚姻ノ如キ孫《マゴ》ト祖父母トノ婚姻ノ如キハ之ヲ許サヌノデアリマスコレハ申迄モナク分リキツタコトデアル又傍系《ボウケイ》ノ三親等內ノ婚姻ヲ禁ズルトハ例《タト》ヘバ兄弟姉妹伯叔父母間ノ婚姻ヲ許《ユル》サヌト云フコトデス茲《コヽ》ニ注意スベキハ傍系親ニ就《ツイ》テハ何故ニ六親等內マデ之ヲ禁《キン》ゼヌカト云フコトデアル、コレハ若《モ》シモ六親等內マデ禁《キン》ジタ時ニハ其範囲《ソノハンイ》ガ廣スギテ實際《ジツサイ》不都合ヲ生スルノミナラズ我國ノ狀態《ジヤウタイ》ニ於テ三親等以外ノ者ガ婚姻スルモ決《ケツ》シテ人倫ニ違《タガ》フコトナク又社會ノ秩序《チツジヨ》ヲ亂スノ恐《オソ》レトテモアリマセヌカラデアリマス本編第一章ニ述《ノ》ベシ如ク養方ト養子トノ間ハ親子ノ關係ハアレトモ養子ト養方ノ親族トハ其緣甚ダ薄キガ故ニ本條但書ノ如ク規定シテ其間ノ婚姻ハ之ヲ禁ゼヌノデアリマス

第七百七十條　直系姻族ノ間ニ於テハ婚姻ヲ爲スコトヲ得ス第七百二十九條ノ規定ニ依リ姻族關係カ止ミタル後亦同シ

▲參看　人第三十六條

〔註釋〕姻族ノ緣故《エンコ》アル婚姻ハ血統ノ聯結《レンケツ》スルモノガナケレバ醫學上ニ於テハ害毒《ガイドク》ガアルト云フ譯デハナケレド直系ノ姻族《インゾク》ト婚姻スルトキハ大ニ人倫ニ背《ソム》クカラ婚姻スルコトヲ許

サヌノデアル故ニ直系《チヨクケイ》ノ姻族間ニ於テハタトヘ離婚《リコン》トカ又ハ死亡トカ云フ理由《リユウ》ガアッテ親族ノ關係ガ止ミタリトモソノ婚姻ハ之ヲ許サヌノデアル然レドモ傍系ノ姻族ニ付テハ其婚姻ヲ禁《キン》ジテナイカラ婚姻スルトモ差支《サシツカヘ》ハナイノデアリマス例《タト》ヘバ甲ノ妻ガ死亡シタル後ニ於テ甲ハ其妻ノ姉《アネ》ナリ妹ナリト婚姻スルモ妨《サマタ》ゲヌヤウナモノデアリマス

第七百七十一條　養子、其配偶者、直系卑屬又ハ其配偶者ト養親又ハ其直系尊屬《チヨクケイソンゾク》トノ間ニ於テハ第七百三十條ノ規定ニ依リ親族關係《クワンケイ》カ止ミタル後ト雖モ婚姻ヲ爲スコトヲ得ス

▲參看　人第三十七條

〔註釋〕養子緣組《エングミ》ニ因リ一度養子養親ノ關係《クワンケイ》ガ生ジタルトキハ其後離緣《リエン》ト爲リシ爲メ第七百三十條ノ規定ニ依ッテ親族ノ關係ハ消滅《シヨウメツ》シタトテモ人倫ノ大綱上《タイカウジヤウ》ニ於テ養親又ハ養親ノ尊族親ハ元《モト》養子タリシモノ及ビ其配偶者《ハイグウシヤ》又ハ養子ノ子孫若クハ其配偶者ト婚姻《コンイン》スルヿハ出來ヌノデアリマス

第七百七十二條　子カ婚姻ヲ爲スニハ其家ニ在ル父母ノ同意ヲ得ルコ

トヲ要ス但男カ滿三十年女カ滿二十五年ニ達シタル後ハ此限ニ在ラス

父母ノ一方カ知レサルトキ、死亡シタルトキ家ヲ去リタルトキ又ハ其意思《イシ》ヲ表示《ヒヤウジ》スルコト能ハサルトキハ他ノ一方ノ同意ノミヲ以テ足ル

父母共ニ知レサルトキ、死亡シタルトキ、家ヲ去リタルトキ又ハ其意思《イシ》ヲ表示《ヒヨウジ》スルコト能ハサルトキハ未成年者ハ其後見人及ヒ親族會ノ同意ヲ得ルコトヲ要ス

▲參看　八第三十八條

〔註釋〕本條第一項ハ子カ婚姻《コンイン》ヲナサントスルニハ父母ノ同意《ドウイ》ヲ得ナケレバナラヌト云フコトヲ規定《キテイ》シタルモノデアリマススベテ人ノ子タルモノハ終身《シウシン》其父母ヲ尊敬《ソンケイ》セネバナラヌト云フ責任《セキニン》カアルノミナラズ親子ハ同居《ドウキヨ》スルガ常ノ定《サダマ》リデアレバ一家ノ親睦《シンボク》ヲ維持スル

ト云フ上ニ於テ其家《ソノイヘ》ニ在ル父母ノ同意《ドウイ》ヲ得ベキコトハ實ニ必要《ヒツエウ》デアル去リナガラ男子ハ滿三十歳以上女子ハ滿二十五歳以上ニ達《タツ》シタレバ其意思《イシ》モ既ニ定マツテ彼ノ前後《ゼンゴ》ノ辨ヘモナク情慾《ジヨウヨク》ニノミ沈溺《チンデキ》シテ婚姻スルト云フコトモアルマジク又父母ノ不同意《フドウイ》ナルニモ拘ハラズ婚姻スルト云フ心配《シンパイ》モアルマジケレバ改メテ父母ノ同意《ドウイ》ヲ受クベキ必要モ感《カン》ゼヌカラ此例外ノ規定ヲ設ケタノデアリマス

前項ノ如ク父母ノ同意ヲ得ベキ規定ナレドモ若シ父母ノ内一方ニテモ家ヲ去リ又ハ死亡シタルトキハ固ヨリ其家ニ居ラヌモノデアレバ同意ヲ得ントスルトモ得ベカラザルニヨリ從テ同意《ドウイ》ヲ得ルノ必要《ヒツエウ》ハナケレド若當事者ガ未成年者《ミセイネンシヤ》ナルトキハ後見人又ハ親族會《シンゾククワイ》ノ同意ヲ得シ以上デナケレバ婚姻スルコトハ出來ヌノデアリマス

サテ本條ニ父母ガ其意思《イシ》ヲ表示《ヘウシ》スル能《アタ》ハザルトキトアルハ或ハ瘋癲白痴《フウテンハクチ》トナルカ又ハ老《ラウ》耄《モウ》シタルカシテ同意トモ不同意トモ可否《カヒ》ノ意思ヲ表示スルコトノ出來ヌコトヲ云フノデス以下モ皆同ジコトヽ記憶セラレタシ

第七百七十三條　繼父母《ケイフボ》又ハ嫡母カ子ノ婚姻ニ同意《ドウ井》セサルトキハ子ハ親族會ノ同意ヲ得テ婚姻ヲ爲スコトヲ得

△參看　人第三十九條

〔註釋〕本條ハ繼父母《ケイフボ》又ハ嫡母ガ婚姻ニ同意《ドウイ》セヌトキノ爲メニ規定セシモノデアル俗《ゾク》ニナサヌ中ノ親子ト云フ如ク繼父母ト繼子ノ間又ハ嫡母《チヤクボ》ト庶子トノ間ハ親子《ヤヤコ》ノ關係ガアルニハ違《チガ》ヒナケレドモ元來血《グワンライチ》分《ワ》ケタル親子デアリマセヌカラ兎角《トカク》ニ睦《ムツ》ミ合ハヌモノデアリマス夫レ故ニ動《ヤヽ》モスレバ何事ニモ邪魔《ジヤマ》ヲスルト云フヤウナ僻《ヒガ》ミ根性《コンジヤウ》ヲ出ヌモノデアリマスカラ終《ツヒ》ニハ子ノ婚姻ニモ同意ヲセヌコトガナイトモ限《カギ》ラヌ其時ニ子ハ其母カ同意セヌ爲メニ婚姻スルコトガ出來《デキ》ヌト申シテハ子ノ權利ヲ妨《サマタ》グルコトノ甚《ハナハダ》シキモノデアリマスカラ此場合ニハ親族會ノ同意ヲ得テ婚姻スルコトガ出來ルトノコトヲ定メタノデス

第七百七十四條　禁治產者《キンヂサンジヤ》カ婚姻ヲ爲スニハ其後見人ノ同意ヲ得ルコトヲ要セス

〔註釋〕本條ハ禁治產者《キンヂサンジヤ》ガ婚姻セントスルニ就《ツヰ》テノ規定ナリ

禁治產者トハ如何ナルモノゾト云フニ第一編第七條第八條ニ規定セラレタ通リ心神喪失即チ一家ノ經濟《ケイザイ》ヲ爲スベキ氣力ナキ精神《セイシン》ノ一分又ハ全部ガ喪失《ソウシツ》セラレタルモノニシテ後

見ニ付セラレ居ルモノトコトデスサテ其禁治産者ガ婚姻ヲ爲サント欲スル場合ニ於テハ其後見人ノ同意ヲ得ズシテ婚姻《コンイン》ヲナスコトガ出來ヌノデアリマス然《シカ》レドモ禁治産者ハ常ニ心神喪失《シンシンソウシツ》ノモノデアレバ其心神喪失中全《マツタ》ク婚姻スルノ意思ナクシテ爲シタル婚姻デアレバ無論其婚姻ハ効力ノ無イモノデアリマス

第七百七十五條　婚姻ハ之ヲ戸籍吏ニ屆出ツルニ因リテ其效力ヲ生ス

前項ノ屆出ハ當事者《タウジシヤ》雙方及ヒ成年ノ證人《シヨウニン》二人以上ヨリ口頭《コウトウ》ニテ又ハ署名シタル書面ヲ以テ之ヲ爲スコトヲ要ス

▲參看　人第六十七條

〔註釋〕本條ハ婚姻ノ効力《コウリヨク》ヲ生スルハ何ニヨルカト云フコトヲ規定《キテイ》シタモノデスサテ婚姻ハ婚姻ノ儀式《ギシキ》ヲ行ヒタルトキ即チ三々九度ノ盃《サカヅキ》ヲ重ネ四海波《ナミ》ヲ謡《ウタ》ヒシトキニ成立スルハ當然《トウゼン》ノコトデアレドモ婚姻ソ儀式《ギシキ》ニ就テハ法律ハ干渉《カンセフ》スベキモノデアレバコレニテ効力ガ生ジタトハ云ハレマセヌ故ニ之ヲ戸籍吏ニ屆出デタルトキカラ婚姻ノ効力アルモノト定メタノデアリマス

第二項ハ婚姻《コンイン》届出デノ手續ヲ定《サダ》メタルモノデ婚姻ハ人世ノ大事《タイジ》ト申セバ最モ鄭重《テイチヤウ》ニセ子バナラヌ即《スナハ》チ夫トナリ妻トナルベキ當事者及ビ成年以上ノ証人《シヤウニン》二人以上カラ口頭ヲ以テ届出ルカ又ハ署名捺印《シヨメイナツイン》シタル書面ヲ以テスルカセ子バナラヌノデアリマス其細目《ソノサイモク》ハ戸籍法ニ於テ規定シテアルノデス

第七百七十六條　戸籍吏ハ婚姻カ第七百四十一條第一項、第七百四十四條第一項、第七百五十條第一項、第七百五十四條第一項、第七百六十五條乃至第七百七十三條及ヒ前條第二項ノ規定其他ノ法令ニ違反セサルコトヲ認《ミト》メタル後《ノチ》ニ非サレハ其届出ヲ受理《ジユリ》スルコトヲ得ス
但婚姻カ第七百四十一條第一項又ハ第七百五十條第一項ノ規定ニ違反スル塲合《バアヒ》ニ於テ戸籍吏カ注意《チウヰ》ヲ爲シタルニ拘《カヽ》ハラス當事者カ其届出ヲ爲サント欲スルトキハ此限ニ在ラス

▲參看　人第四十六條

〔註釋〕本條ハ婚姻《コンヰン》ノ届出ニ就《ツヒ》テ戸籍吏ノ爲スベキ手續ヲ規定セシナリ

前條ニ依テ婚姻ヲナシタル双方《ソウハウ》及ビ二人以上ノ証人《ショウニン》ガ婚姻ノ届出ヲナストキハ戸籍吏ハ其届出ガ前ニ掲《カヽ》ゲ示シタル規定ニ違反《イハン》シハセヌカ如何ト云フコトヲ調査《テウサ》シテ愈々《イヨイヨ》其婚姻ガ不適法デハナイ法例《ハフレイ》ニ違反《イハン》ハセヌト云フコトヲ認《ミト》メタ後デナケレバ其届出ヲ受理スルコトハ出來ヌノデアリマス然レドモ第七百四十一條第一項第七百五十條第一項ニ違反シ戸主ノ同意《ドウイ》ヲ得ザル届出デアツタ時ハ先ヅ一應《オウ》ハ戸籍吏カラ法例《ハフレイ》ニ違反セシ婚姻デアルト云フコトヲ注意《チウイ》シテ反省《ハンセイ》ヲ促《ウナガ》シ夫レトモ尚ホ當事者ニ於テ戸籍吏ノ注意《チウイ》ヲ用井ズシテ届出ヲ爲サントスル場合《バアヒ》ニ於テハ不得止之ヲ受理《ジユリ》セ子バナラヌ何トナレバ當事者《トウジシヤ》ハ戸主ヨリ復籍《フクセキ》ヲ拒マルヽカ又ハ離籍《リセキ》セラルヽコトヲ承知ノ上ニテ強《シ》ヒテ届出デヤウトスルカラデアリマス

第七百七十七條　外國《グワイコク》ニ在ル日本人間ニ於テ婚姻《コンイン》ヲ爲サント欲スル時ハ其國ニ駐在《チウザイ》スル日本ノ公使又ハ領事《リヤウジ》ニ其届出ヲ爲スコトヲ得此場合ニ於テハ前二條ノ規定ヲ準用ス

▲參看　人第五十一條

〔註釋〕本條ハ外國《グワイコク》ニ於テ日本人間ノ婚姻《コンイン》ヲ爲サントスル場合ニ於テ届出方ヲ規定《キテイ》シタモノ

デアリマス

外國ニ於テ日本人ト日本人トガ婚姻ヲシヤウト思ヒマスルトキハ本國ノ戸籍吏ニ届出ヅルニハ及ヒマセヌ其國ニ駐在《チフザイ》スル所ノ日本ノ公使《コフシ》カ又ハ日本ノ領事《レフジ》ニ届出ヅレバ濟ムノデス然《シカ》レドモ其届出方ヲ口頭《コウトウ》デスルカ書面デスルカ証人ヲ要《エウ》スルカノコト又ハ婚姻ノ不適法ナルトキニ於ケル公使《コウシ》ヤ領事ノ爲スベキ手《テ》續《ツヾ》キハ第七百七十五條及ビ第七百七十六條ト少シモ異ナルコトハナイノデアリマス

第二款　婚姻ノ無效《ムカウ》及ヒ取消《トリケシ》

〔註釋〕此處ニハ婚姻《コンイン》ガ無効トナル場合及ビ取消《トリケシ》トナル場合ノコトヲ規定シタルモノナリ

第七百七十八條　婚姻ハ左ノ場合ニ限リ無效トス

一　人違其他《ソノタ》ノ事由ニ因リ當事者間ニ婚姻ヲ爲ス意思《イシ》ナキトキ

二　當事者《タウジシヤ》カ婚姻ノ届出ヲ爲サヽルトキ但其届出カ第七百七十五條第二項ニ掲《カヽ》ケタル條件ヲ缺《カ》クニ止マルトキハ婚姻ハ之《コレ》カ爲メニ其效力ヲ妨《サマタ》ケラルヽコトナシ

△參看　人第五十五條

〔註釋〕本條ニハ婚姻《コンイン》ハ如何ナル塲合ニ於テ無効《ムカウ》トナルカト云フコトヲ規定シタノデアル婚姻ノ無効ト云フコトハ婚姻ヲナシタリトモ法律ノ上ニ於テ効力ノナキヿヲ云フノデス既ニ法律上ニ於テ効力《カウリヨク》ガ無キモノナルガ故ニ幾年ヲ經過《ケイカ》ストモ決シテ有効《ユウカウ》ノ婚姻トナルコトハアリマセヌ左レバタトヘ其間《ソノアヒタ》ニ子ガ生レタリトモ私生子デアッテ嫡出子《チヤクシユツシ》トスルコトハ出來ヌノデアリマス其塲合ハ左ノ通リデアル

一、人違《ヒトチガ》ヒ其他ノ事由《ジユウ》ニ因リ當事者間ニ婚姻ヲナス意思《井シ》ナキトキ

人違トハ例《タト》ヘバ甲家ノ姉《アネ》ト婚姻セシ意思ナリシニ錯誤《サクゴ》ヲ來タシ其妹《イモト》ト婚姻シタルガ如キヲ云ヒ其他ノ事由トハ心神喪失《シンジンソウシツ》シテ事理ヲ辨別《ベンベツ》セズ婚姻シタルガ如キ當事者間《タウジシヤカン》ニ婚姻セントスル意思《イシ》ノナキ塲合ヲ指《サ》シタモノデアリマス

二、ハ當事者《タウジシヤ》ガ婚姻ノ屆出ヲ爲サヾリシトキニシテ前《ゼン》第七百七十五條ニ規定《キテイ》セラレシ如ク婚姻ハ戸籍吏《コセキリ》ニ屆出タル後ニ於テ始《ハジ》メテ其效力アルモノデアレバ若シ當事者《タウジシヤ》ヨリ屆出ヲナサザルノ婚姻ハ無效ナルコト論ヲ待タヌコトデアル然レドモ其屆出ガ屆出ニ要スル條件ノ一又ハ一以上ヲ缺《カ》キテツマリ其手續ヲ誤《アヤマ》リタルバカリナルトキハ屆出ヲナサザルモノトハ云ハレネバ有效トセネバナラヌノデアリマス

第七百七十九條　婚姻ハ後七條ノ規定《キテイ》ニ依ルニ非サレハ之ヲ取消《トリケ》スコトヲ得ス

〔註釋〕本條ハ婚姻ヲ取消《トリケ》スベキ場合ヲ規定《キテイ》シタルマデニテ別ニ説明《セツメイ》スルマデモアリマセヌ

第七百八十條　第七百六十五條乃至第七百七十一條ノ規定ニ違反シタル婚姻ハ各當事者、其戸主《コシユ》、親族又ハ撿事《ケンジ》ヨリ其取消ヲ裁判所ニ請《セイ》求《キウ》スルコトヲ得但檢事ハ當事者《タウジシヤ》ノ一方カ死亡シタル後ハ之ヲ請求《セイキウ》スルコトヲ得ス

第七百六十六條乃至第七百六十八條ノ規定ニ違反シタル婚姻ニ付テハ當事者《タウジシヤ》ノ配偶者又ハ前《ゼン》配偶者モ亦其取消ヲ請求《セイキウ》スルコトヲ得

▲參看　人第五十六條

〔註釋〕本條ハ法律上《ハフリツジヤウ》定メタル要件ヲ缺《カ》キシ所ノ婚姻ハ取消《トリケ》スコトガ出來ル其取消スハ何人ガ之ヲ爲スカヲ規定シタノデアル

凡《オヨ》ソ婚姻ニ要スル所ノ事項ハ公益上《コウエキジヤウ》定メタモノデアレバ第七百六十五條乃至第七百七十一條ニ規定《キテイ》シタル要件ハ之ヲ備《ソナ》ヘナバナラヌサレバ若シ其各條ニ示《シメ》シタル要件ヲ缺キシ婚姻ナランニハ正法《セイハフ》ノ婚姻デハナイカラ此塲合ヲ認《ミト》メタルトハ各當事者ハ勿論《モチロン》其戸主タル者又ハ親族若クハ撿事《ケンジ》カラシテ其婚姻ノ取消《トリケシ》ヲ裁判所ニ請求スルコトガ出來ル然《シカ》レドモ撿事ハ何時《ナンドキ》ニテモ取消ノ請求權ガ存《ソン》シ居ルモノデハナイ婚姻ヲ爲シタル一方《ハウ》即チ夫カ又ハ妻ガ死亡《シバウ》シタルトキハコノ請求權《セイキウケン》ハナイモノデアル

前項ノ規定ノ外若シ其婚姻ガ第七百六十六條乃至第七百六十八條ニ違反シタモノデアルトキハ當事者ノ配偶者《ハイグウシヤ》カ又ハ前ノ配偶者モ其取消《トリケシ》ヲ請求《セイキウ》スルコトガ出來ルノデス尚ホ各條ヲ見合シテ細《コマ》カニ思ヒヲ運《メグ》ラサバ自ラ了解《リヤウカイ》セラルヽコトデアリマス

序《ツイデ》ニ一言センニ撿事ガ何ガ故ニ婚姻ノ取消《トリケシ》ヲ請求スルコトガ出來ルゾト云フニ撿事《ケンジ》ハ社會ノ公益ヲ保護《ホゴ》スベキ職分《シヨクブン》ガアルモノデスカラ公益上定《サダ》メマシタ要件ニ違反《イハン》シタ所ノ婚姻ハ之ヲ知ラヌ顔《カホ》ニ過《スゴ》スコトガ出來マセヌコレガ撿事ニ取消ノ請求權ヲ與《アタ》ヘタ理由デアリマス

第七百八十一條　第七百六十五條ノ規定ニ違反シタル婚姻ハ不適齡者

カ適齢《テキレイ》ニ達シタルトキハ其取消ヲ請求《セイキウ》スルコトヲ得ス
不適齢者ハ適齢ニ達《タツ》シタル後尚ホ三ケ月間其婚姻《ソノコンヰン》ノ取消ヲ請求スルコトヲ得但適齢《テキレイ》ニ達シタル後追認《ツイニン》ヲ爲シタルトキハ此限ニ在ラス

▲參看　人第五十七條

〔註釋〕本條ハ不適齢者《フテキレイシヤ》ノ婚姻取消ニ關《クワン》スルコトヲ規定シタモノデス

第一項ハ第七百六十五條ニ違反シテ婚姻ノ年齢ニ達セザル者ガ婚姻ヲスルトモ其後未ダ之ガ取消《トリケシ》ヲセヌ内ニ婚姻ノ適齢ニ達《タツ》シタルトキハ其取消ノ請求《セイキウ》ヲナスコトガ出來ヌノデス何トナレバ最初《サイショ》婚姻ノ當時ハ婚姻ノ要件ヲ缺《カ》キ居リタレト既ニ適齢《テキレイ》ニ達シタル以上ハ婚姻ノ要件ヲ充《ミ》タシタモノデアルカラ最早《モハヤ》取消スベキ理由《リユウ》ガナイカラノコトデアリマス

第二項ハ前項ノ規定ハ專《モツパ》ラ戸主親族及ビ撿事ガ取消ヲ請求《セイキウ》スルコトヲ得ルト得タトヲ規定シタモノデアレドモ其當事者《タウジシヤ》ハ適齢ニ達《タツ》シタル後《ノチ》モ尚ホ三ケ月内ニ限リテ其婚姻ノ取消請求權ガアルコトヲ定メタノデス尤モ三ケ月以内トテモ既ニ追認シマシタトキハ最早取消スコトガ出來ヌノデアル

第七百八十二條　第七百六十七條ノ規定ニ違反シタル婚姻ハ前婚ノ解

消若クハ取消《トリケシ》ノ日ヨリ六ケ月ヲ經過《ケイカ》シ又ハ女カ再婚後懷胎シタルトキハ其取消ヲ請求スルコトヲ得ス

〔註釋〕本條ハ再婚《サイコン》ノ場合ニ於ケル取消權ノ有無《ウム》ヲ規定シタモノデス

第七百六十七條ニ示《シメ》シタル如ク前婚ノ解消《カイセウ》又ハ取消後六ケ月ヲ經過《ケイカ》セザル内ニ婚姻スルトキハ其婚姻ハ不法《フハフ》デアリマスガ若シ其再婚ノ後《ノチ》六ケ月ヲ經過《ケイカ》シマシタトキハ既ニ第七百六十七條ノ要件《ヱウケン》ヲ充《ミ》タシタモノデアリ又タ再婚後《サイコンゴ》タトヘ六ケ月ヲ經過セザルトモ懷胎《クワイタイ》シタトキハ前ニモ示《シメ》シタ通リ血統ノ混合《コンガウ》ノ恐《オソレ》ガナイカラ何レモ再婚ノ取消ヲ請求《セイキウ》スルコトガ出來ヌノデス

第七百八十三條　第七百七十二條ノ規定ニ違反シタル婚姻ハ同意ヲ爲ス權利《ケンリ》ヲ有セシ者ヨリ其取消ヲ裁判所ニ請求《セイキウ》スルコトヲ得同意カ詐《サ》欺《ギ》又ハ强迫《キヤウハク》ニ因リタルトキ亦同シ

▲參看　人第六十條

〔註釋〕本條ハ父母又ハ後見人及ビ親族會ノ同意ヲ得タル婚姻ヲ取消ス場合ニ於ケル規定ヲ

示シタノデアル

凡《オヨ》ソ婚姻ハ最モ愼重《シンテウ》ニセ子バナラヌコトデアルカラ子ガ婚姻ヲ爲スニハ父母若《モシ》クハ後見人及親族會ノ同意ヲ得ベキヿハ第七百七十二條ニ示シタ通リデアルガ若シコノ規定ニ違背シタル婚姻デアルトキハ父母《フボ》若《モシ》クハ後見人及ビ親族會ハ子ノ婚姻ノ取消《トリケシ》ヲ裁判所ニ請求スルコトガ出來ル又タトヘ同意《ドウイ》スルトモ其同意ガ詐欺《サギ》カ若クハ强迫《キヤウハク》セラレタ爲メニ同意シタモノデアルトキハコレモ同ジク取消《トリケシ》ヲ請求スルコトガ出來ルノデス此詐欺《サギ》トハタトヘバ乙家ノ姉ヲ娶《メト》ルト云フトキハ父母モ承知《シヤウチ》スルコトヲ知テ居ルガ爲メニ其實《ジツ》ハ其妹ト結婚《ケツコン》スルノデアレドモ父母ノ手前ノミ繕《ツクロ》フテ姉《アネ》ナリト詐《イツハ》リ同意セシメシガ如キ又ハ甲家ノ女ヲ娶《メト》ラシコトハ父母ノ承諾《シヤウダク》セザルガ故ニ若シ此結婚《ケツコン》ヲ承認シテ吳ネバ水ニ投ジテ死ストカ或ハ其人ニ對シテ殺《コロ》シテ仕舞《シマ》フトカ云フ如キノ類デス

第七百八十四條　前條ノ取消權《トリケシケン》ハ左ノ場合ニ於テ消滅《シヤウメツ》ス

一　同意ヲ爲ス權利ヲ有セシ者カ婚姻アリタルコトヲ知リタル後又ハ詐欺《サギ》ヲ發見《ハツケン》シ若クハ强迫ヲ免《マヌカ》レタル後六ケ月ヲ經過《ケイカ》シタルト

キ

二　同意ヲ爲ス權利《ケンリ》ヲ有セシ者カ追認《ツイニン》ヲ爲シタルトキ

三　婚姻屆出ノ日ヨリ二年ヲ經過《ケイカ》シタルトキ

◎參看　人第六十二條

〔註釋〕本條ハ父母若《モシ》クハ後見人及ヒ親族會ガ子ノ婚姻ニ同意《ドウイ》セズ又ハ詐欺《サギ》强迫《キヤウハク》ニ因リ同意シタルトキ其婚姻ノ取消ノ請求權ガ消滅スル三個ノ原因ヲ規定シタノデアリマス

第一ノ原因《ゲンイン》ハ子ガ婚姻スルニ當《アタ》リテ父母又ハ後見人等ノ同意《ドウイ》ヲ求《モト》ムベキニ其規定ニ反シテ同意ヲ求メザル片ハ取消ヲ請求《セイキウ》シ得ベキハ前條ノ如クナレドモ其儘《ソノマヽ》六ケ月ヲ經過シタルカ又ハ子カ同意ヲ求メシ口實《コウジツ》ガ詐欺《サギ》デアリシコトヲ發見セシカ若《モシ》クハ强迫ノ爲メ一時之ヲ免レンガ爲メ據《ヨンドコロ》ナク同意シタカ何レニセヨ其當時《タウジ》ヨリ六ケ月ヲ經過《ケイカ》シタルトキニハ最早取消權ト云フモノハ消滅シタノデス

第二ノ原因《ゲンイン》ハ同意ヲ爲スベキ父母後見人又ハ親族會ガ其當時ハ之ヲ拒《コバ》ミテ同意ヲセザルモ後日ニ至リテ之ヲ追認《ツイニン》シタ場合ニ於テハ亦取消權ハ消滅《セウメツ》スルノデス

第三ノ原因《ゲンヰン》ハ其事情ノ如何ナルニ拘《カヽ》ハラズ婚姻屆出ノ日カラ既ニ二ケ年ヲ經過《ケイカ》シタ時ハ最早取消ヲ請求ナスベキ權ハ消滅シタモノデス

第七百八十五條　詐欺《サギ》又ハ强迫《キヤウハク》ニ因リテ婚姻ヲ爲シタル者ハ其婚姻ノ取消《トリケシ》ヲ裁判所ニ請求スルコトヲ得

前項ノ取消權ハ當事者カ詐欺《サギ》ヲ發見シ若クハ强迫《キヤウハク》ヲ免レタル後三ケ月ヲ經過《ケイカ》シ又ハ追認《ツイニン》ヲ爲シタルトキハ消滅ス

參看　人第六十三條

〔註釋〕本條ハ當事者《タウジシヤ》ガ取消ヲ請求スルニ就《ツイ》テノ規定ヲ示シタルモノデス

婚姻ハ男女ノ合意《ガフイ》ニ因ル結合デアレバ詐欺《サギ》ノ爲メニ錯誤《サクゴ》ヲ起シタリ强迫ノ爲メニ自由ヲ害《ガイ》セヲレタリシテ爲シタル婚姻ハ正當《セイタウ》ノ婚姻デハアリマセヌ故ニ此塲合ニ於ケル婚姻ノ取消ヲ請求《セイキウ》スルコトガ出來マス然レドモ詐欺《サギ》サレタルコトヲ發見《ハツケン》シ若クハ强迫ヲ免ガレタルトキヨリ三ケ月間モ默《モク》シテ經過《ケイカ》シタルトキ又ハ三ケ月以內トテモ追認《ツイニン》シタル塲合ニ於テハ最早取消ヲ請求スルコトガ出來ヌノデス

第七百八十六條　壻《ムコ》養子縁組ノ場合ニ於テハ各當事者《タウジシヤ》ハ縁組ノ無效又ハ取消ヲ理由《リイウ》トシテ婚姻ノ取消ヲ裁判所ニ請求《セイキウ》スルコトヲ得但縁組ノ無效又ハ取消ノ請求《セイキウ》ニ附帶シテ婚姻ノ取消ヲ請求《セイキウ》スルヿヲ妨ケス

前項ノ取消權ハ當事者カ縁組《エングミ》ノ無效ナルコト又ハ其取消《トリケシ》アリタルコトヲ知リタル後三ケ月ヲ經過《ケイクワ》シ又ハ其取消權ヲ拋棄《ホウキ》シタルトキハ消滅ス

〔註釋〕本條ハ養子《ヤウシ》關係ノ既ニ絕《タ》ヘタル後尙ホ婚姻關係ノ繼續《ケイゾク》スルガ如キ不都合ヲ避《サ》ケンガ爲メニ規定シタノデアリマス

壻《ムコ》養子縁組トハ養子縁組ト婚姻ト合併《ガツペイ》シタ場合デアリマシテ例《タト》ヘバ甲家ニ親ト娘トアリ乙家ノ男子ト壻養子《ムコヤウシ》縁組ヲナシタルトキハ甲家ノ親《オヤ》ト乙家ノ男子トノ間ハ養子《ヤウシ》縁組《エングミ》デアツテ甲家ノ娘《ムスメ》ト乙家ノ男子トノ間ハ婚姻デアル此場合《バアイ》ニ養子縁組カ第八百五十一條以下ノ規定ニ違反《イハン》シタルトキハタトヘ婚姻ハ正當《セイタウ》デアツテモ養子縁組ノ無效《ムカウ》ヲ理由トシテ婚姻ノ取消《トリケシ》ヲモ請求スルコトガ出來マス又縁組《エングミ》ノ無效又ハ取消ノ請求ニ附帶《フタイ》シテ婚姻ノ取

消ヲモ請求スルコトガ出來ルノデス
然《シカ》レドモ縁組ノ無效又ハ取消《トリケシ》カ三ケ月ヲ經過シタルカ又ハ其取消權ヲ拋棄《ホウキ》シタルトキハ元來婚姻ハ正當《セイタウ》ナルモノデアルカラ婚姻ノ取消權ノミ存在《ソンザイ》スルコトハ出來ヌ從テ消滅スルモノデアリマス

第七百八十七條　婚姻ノ取消《トリケシ》ハ其效力ヲ既往《キワウ》ニ及ホサス
婚姻ノ當時其取消ノ原因《ゲンイン》ノ存《ソン》スルコトヲ知ラサリシ當事者《タウジシヤ》カ婚姻ニ因リテ財產《ザイサン》ヲ得タルトキハ現《ゲン》ニ利益ヲ受クル限度《ゲンド》ニ於テ其返還ヲ爲スコトヲ要ス
婚姻ノ當時《タウジ》其取消ノ原因ノ存《ソン》スルコトヲ知リタル當事者《タウジシヤ》ハ婚姻ニ因リテ得タル利益《リエキ》ノ全部ヲ返還《ヘンクワン》スルコトヲ要ス尚ホ相手方カ善意《ゼンイ》ナリシトキハ之ニ對シテ損害賠償《ソンガイバイシヤウ》ノ責ニ任ス
▲參看　人第六十六條

〔註釋〕本條ハ違式《イシキ》ノ婚姻ニ因リテ得タル財產ノ返還《ヘンクワン》若クハ損害賠償ノコトヲ規定シタモノデアリマス

凡《オヨ》ソ婚姻ノ取消ト云フハ婚姻ノ無效《ムカウ》トハ別事《ベツジ》デアッテ婚姻ノ屆出アリタル當時ヨリ取消ノ裁判ガ確定《カクテイ》スルマデハ有效《ユウカウ》ナルモノデアレバタトヘ取消スモ婚姻ノ當時《タウジ》ニ遡《サカノボ》ッテ效力ハナイモノデアリマス

サテ一タビ婚姻ヲ爲セバ夫婦《フウフ》ノ間ニ財產上ノ關係《クワンケイ》ヲ生ズルハ當然《タウゼン》ノコトデアリマスガ婚姻ノ取消アリタルトキニコレ等ノ財產《ザイサン》ノ關係ハ如何ニ處理《ショリ》スベキヤト云フニ婚姻ノ當時ニ遡《サカノボ》ッテ計算スルニハ及バヌノデス何トナレバ今《イマ》モ言ヒシ如ク婚姻ノ取消ハ取消以後《トリケシイゴ》ニノミ效力ガアルカラデアリマス例ヘバ甲男ガ乙女ト婚姻シテ甲ガ乙ノ財產ヲ無益ニ消費シタリトスルモ一々計算《ケイサン》シテ返還《ヘンクワン》スルニハ及バヌ現《ゲン》ニ取消ノトキ存在《ソンザイ》スル財產ノミヲ返還スレバヨイノデス

然レドモ婚姻ノ當時ヨリ取消原因《トリケシゲンイン》ノ存《ソン》スルコトヲ知リナガラ婚姻シテ甲男ガ乙女ノ財產ヲ消費シタトスレバ甲男ハ全部ノ返還《ヘンクワン》ヲセネバナリマセヌ而シテ此場合ニ於テハ乙女ハ取消原因ノ存スルコトヲ知ラヌ即チ善意デアリシトキハ甲男ハ乙女ニ對シテ損害賠償ノ責ニモ任ゼネバナラヌノデス

第二節　婚姻ノ效力

〔註釋〕本節ニハ妻《サイ》ノ夫ノ家ニ入ルコト、夫婦ノ權利義務《ケンリギム》及ビ夫婦間ノ契約《ケイヤク》ニ關スル原則《ゲンソク》ヲ規定シタノデアリマス而シテ其權利義務ノ道德上《タウトクジヤウ》ニ渉《ワタ》ルコトハ之ヲ掲《カヽ》ゲテハアリマセヌ

第七百八十八條　妻ハ婚姻ニ因リテ夫ノ家ニ入ル
入夫及ヒ壻養子《ムコヤウシ》ハ妻ノ家ニ入ル

〔註釋〕本條ハ妻《ツマ》ハ夫ノ家ニ入リ入夫婿養子《ムコヤウシ》ハ妻《ツマ》ノ家ニ入ルベキコトヲ規定シタノデアリマス
凡ソ夫婦ハ共住《キヤウジウ》ノ義務《ギム》アルモノデアレバ妻ハ夫ノ戸主タルト否《イナ》トニ拘《カヽ》ハラズ夫ノ住スベキ家ニ入リテ其家族《ソノカゾク》トナルベキコト當然《タウゼン》ノコトデアル又入夫タルモノ及ビ婿養子タルモノハ妻タル女戸主ノ家又ハ妻タル養家ニ入ルコト之レ亦云フ迄モナキコトデアリマス

第七百八十九條　妻ハ夫ト同居スル義務ヲ負フ
夫ハ妻ヲシテ同居ヲ爲サシムルコトヲ要ス

〔註釋〕本條ハ妻ハ夫ト同居《ドウキヨ》ノ義務ヲ負《オ》ヒ夫ハ妻ヲ同居セシムベキコトヲ規定シタノデアル妻ハ夫ト同居スル義務アルモノナレバ若シ妻ガ同居ヲ肯ゼザルトキハ强力ヲ用ヒテモ同居セシムルコトガ出來《デキ》ルノデス而シテ夫モ妻ヲシテ獨居《ドクキヨ》セシムベキ謂《イ》ハレガアリマセヌカラ第二項ノ如ク規定シテ夫ニモ妻ヲ同居セシムベキ義務ヲ負ハセタノデス若シ夫婦同居スルコトヲ厭《イト》フナラバ初《ハジ》メヨリ婚姻セザルガ宜《ヨロ》シイノデアリマス

第七百九十條　夫婦ハ互《タガヒ》ニ扶養《フヤウ》ヲ爲ス義務ヲ負《オ》フ

〔註釋〕本條ハ夫婦ハ互《タガヒ》ニ扶養《フヤウ》ノ義務ヲ負フベキコトヲ規定シタノデス凡ソ夫ハ妻《サイ》ヲ愛《アイ》シ妻ハ夫ニ順《シタガ》ヒマシテ一生總テノ苦樂《ソラク》ヲ俱《トモ》ニスベキモノデアレバ互ニ財產ヲ出シ合ヒ互ニ心力ヲ勞《ロウ》シ合ヒテ相扶養《アイフヤウ》スベキ義務アルモノデス其順序方法程度《ジユンジヨハウハフテイド》等ハ第八章ニ定メテアリマス

第七百九十一條　妻カ未成年者ナルトキハ成年ノ夫ハ其後見人ノ職務ヲ行フ

〔註釋〕本條ハ說明《セツメイ》スルマデモナク明了《メイレウ》ナルコトデスベテ未成年者ハ能力不充分《ノウリヨクフジウブン》ノモノデア

レバ父母若クハ後見人ガ附隨《フズイ》シ一切ノコトヲ監督《カンドク》スベキ筈デアリマスガ人ノ妻タルモノガ未成年者デアルトキハ夫婦ノ關係上《クワンケイゼウ》ヨリシテ夫ガ後見人ノ職務《シヨクム》ヲ行フノ至當《シタウ》ナルコトハ云ハズモノコトデアリマス

第七百九十二條　夫婦間《フウフカン》ニ於テ契約《ケイヤク》ヲ爲シタルトキハ其契約ハ婚姻中何時ニテモ夫婦《フウフ》ノ一方ヨリ之ヲ取消《トリケ》スコトヲ得但第三者ノ權利《ケンリ》ヲ害スルコトヲ得ス

〔註釋〕本條ハ夫婦間ノ契約《ケイヤク》ニ於ケルコトヲ規定《キテイ》シタノデアリマス

夫婦ノ間ハ他人トハ別《ベツ》ニシテ契約《ケイヤク》ヲ爲スニモ或ハ妻ハ夫ニ威壓《イアツ》セラレテ充分ノ意思《イシ》ヲ述ブルコトガ出來ズ夫ハ又妻ノ愛《アイ》ニ溺《オボ》レテ知ラズ識ラズニ意思ノ自由《ジユウ》ヲ奪《ウバ》ハルヽコトモアルニ因リテ夫婦間ニ爲シタル契約《ケイヤク》ハ婚姻中何時デモ取消《トリケ》スコトガ出來ルトシタノデアリマス然レドモ一タビ婚姻ヲ取消《トリケ》シマシタトキハ已《ステ》ニ他人デアレバ隨意《ツイヽ》ニ取消スコトハ出來マセヌ又婚姻繼續中《ケイゾクチウ》デアッテモ其契約ヲ取消スニ於《オイ》テ第三者ノ權利ヲ害《ガイ》スルガ如キ塲合ニハ取消ヲ許《ユル》シマセヌ若此塲合ニモ取消ヲ許《ユル》ストシタナラバ夫婦共謀《フウフキヤウバウ》シテ第三者ヲ害

スルガ如キ弊害《ヘイガイ》ガ出來ルカラデアリマス

第三節　夫婦《フウフ》財産《ザイサン》制《セイ》

〔註釋〕本節ニハ夫婦間《フウフカン》ニ於ケル法定《ハフテイ》ノ財産制ヲ示シタモノデ前ニハ財産取得編中《シユトクヘンチウ》ニ入レテアッタヲ今度親族編中ヘ入レタノデアリマス

第一款　總則

〔註釋〕コノ第一款ハ夫婦《フウフ》財産制《ザイサンセイ》ニ係ル總テノ遵守《ジユンシユ》スベキ法制ヲ定メタノデス

第七百九十三條　夫婦カ婚姻ノ届出前ニ其財産ニ付キ別段ノ契約ヲ為サヽリシトキハ其財産關係《クワンケイ》ハ次款ニ定《サダ》ムル所ニ依ル

●參看　取第四百二十四條

〔註釋〕本條ハ夫婦《フウフ》ガ其財産ニ付キ別段《ベツダン》ノ契約ヲ為シタル片其契約《ケイヤク》ハ婚姻ノ届出ヲナス前ニ於テスベキモノタルヲ示シタノデス

我邦《ワガクニ》是迄ノ制度ヲ見ルニ一家ノ財産《ザイサン》ハ總《スベ》テ戸主ノ所有トナリ又妻ノ財産《ザイサン》ハ夫ノ財産タルガ如キ有樣《アリサマ》デアリシガ近頃ニナッテ漸《ヤウヤ》ク戸主ト家族ト夫ト妻ノ間ニ個々別々《コヽベツ〳〵》ニ特有財産

ヲ所有スルコトヲ認《ミト》メマシタカラ實《ジツ》ニ本條ノ必要《ヒツエウ》ヲ生ジタノデアリマス

第七百九十四條　夫婦カ法《ハフ》定《テイ》財産制ニ異《コト》ナリタル契約ヲ為シタルトキハ婚姻ノ届出マテニ其《ソノ》登《トウ》記《キ》ヲ為スニ非サレハ之ヲ以テ夫婦《フウフ》ノ承繼人及ヒ第三者ニ對抗《タイコウ》スルコトヲ得ス

参看　取第四百二十二條

〔註釋〕本條ハ夫婦ガ法定《ハフテイ》財産制ニ異《コト》ナッタ契約ヲシタトキニ就《ツイ》テノ規定デス
夫婦ガ各々財産ニ付テ法定財産制即チ第七百九十八條以下ノ規定ト異ナッタ別段ノ契約ヲシタトキハ婚姻ノ届出《トドケイデ》マデニ之レガ登記《トウキ》ヲセ子バナリマセヌ若シ登記ヲセヌニ於テハ夫婦ノ遺産《イサン》ヲ整理《セイリ》スベキ承繼人及ビ第三者ニ對抗《タイカウ》スベキ力ハナイノデアリマス

第七百九十五條　外國人《グワイコクジン》カ夫ノ本國ノ法定財産制ニ異《コト》ナリタル契約ヲ為シタル場合ニ於テ婚姻ノ後日本ノ國籍《コクセキ》ヲ取得《シユトク》シ又ハ日本ニ住所ヲ定メタルトキハ一年內ニ其契約《ケイヤク》ヲ登記スルニ非サレハ日本ニ於テハ

之ヲ以テ夫婦ノ承繼人《シヤウケイニン》及ヒ第三者ニ對抗《タイカウ》スルコトヲ得ス

▲參看　取第四百二十五條

〔註釋〕本條ハ日本ノ國籍《コクセキ》ヲ取得《シユトク》スル外國人又ハ日本ニ住所ヲ有《イウ》スル所ノ外國人ノ夫婦《フウフ》財産《ザイサン》制ニ關スルノ規定デアリマス

人ノ妻《ツマ》タル外國人ガ其財産ニ付マシテ夫ト其夫ノ本國《ホンゴク》ノ法定財産制ト格別《カクベツ》ナル契約ヲ取結《ムス》ビマシタ場合《バアヒ》ニ於テハ日本ニ於テ其契約ハ其儘《ソノママ》ニ有效ナルヤ否ヤト云フニ夫《ソ》レハ日本ニ住所《ヂウシヨ》ヲ定メテカラ後又ハ日本人ノ國籍《コクセキ》ヲ取得シテカラ後一年内ニ登記《トウキ》ヲシタナラバ效力ガアルモ若シ其期間內《キカンナイ》ニ登記ヲナサヽルトキハ夫ニ對《タイ》スルノ外ハ承繼人《シヤウケイニン》ニモ第三者ニモ對抗スルノ效力ハナイモノデアリマス

第七百九十六條　夫婦ノ財産關係《クワンケイ》ハ婚姻屆出ノ後ハ之ヲ變更《ヘンカウ》スルコトヲ得ス

夫婦《フウフ》ノ一方カ他ノ一方ノ財産ヲ管理《クワンリ》スル場合ニ於テ管理ノ失當《シツトウ》ニ因リ其財産ヲ危《アヤフ》クシタルトキハ他ノ一方ハ自ラ其管理《クワンリ》ヲ爲サンコトヲ

裁判所ニ請求スルコトヲ得

共有《キヤウユウ》財産《ザイサン》ニ付テハ前項ノ請求ト共ニ其分割《ブンカツ》ヲ請求スルコトヲ得

◎参看　取第四百二十二條

〔註釋〕本條ハ夫婦ノ財産《ザイサン》關係ハ婚姻届出後ニハ變更スルコトガ出來ヌコト幷ニ夫婦ノ一方ガ財産ヲ危クセシトキニ就テノ規定ヲ示シタノデアリマス

總《スベ》テ夫婦間ニ其特有《トクユウ》財産ニ付テ別段ノ契約ヲ取結《トリムス》ビマシテモ婚姻届出前ニ其特約《トクヤク》シタル條件ヲ登記シマセヌバ特約《トクヤク》ノ效力ト云フモノハアリマセヌ夫レ故《ユヘ》ニ婚姻届出後ニ至ツテハ財産ノ關係ヲ變更《ヘンカウ》スルコトヲ許サナイノデス若《モ》シモ思フ儘《マヽ》ニ變更ヲ許《ユル》ストシタナラバ他人ニ損害《ソンガイ》ヲ及ボスヿノ出來ルモ計《ハカ》ラレナイコトデス

第二項ハ夫婦《フウフ》ノ一方ガ他ノ一方ノ財産ヲ管理《クワンリ》シ例ヘバ夫ガ婦ノ財産ヲ管理《クワンリ》シ又ハ婦ガ夫ノ財産ヲ管理スルガ如キ場合《バアヒ》ニ於テ其管理方ノ適當《テキタウ》ヲ失センガ爲メニ其財産ニ損害《ソンガイ》ヲ及ボスガ如キコトアル場合《バアヒ》ニ於テハ他ノ一方ノモノハ特有《トクユウ》財産ナレバ己レ自《ミヅカ》ラ其財産ヲ管理スルコトヲ裁判所ヘ請求スルコトガ出來ルノデス

又第三項ノ如ク夫婦ノ共有財産《ケウユウザイサン》ニ就テハ前項ニ規定シマシタ請求《セイキウ》ト共ニ其財産ノ分割ヲ

請求スルコトモ出來ルコトヲ示シタノデアリマス

第七百九十七條 前條ノ規定《キテイ》又ハ契約ノ結果《ケツクワ》ニ依リ管理者ヲ變更《ヘンカウ》シ又ハ共有財産ノ分割《ブンカツ》ヲ爲シタルトキハ其登記《トウキ》ヲ爲スニ非サレハ之ヲ以テ夫婦ノ承繼人《シヤウケイニン》及ヒ第三者ニ對抗《タイコウ》スルコトヲ得ス

〔註釋〕本條ハ前條ニ連係《レンケイ》スル規定デアリマシテ契約《ケイヤク》ヲ以テ又ハ裁判所《サイハンシヨ》ノ判決ヲ以テ夫婦特有財産ノ管理者《クワンリシヤ》ヲ變更スルカ又ハ共有財産ヲ分割《ブンカツ》シマシタトキハ其事實ヲ登記《トウキ》セネバナラヌト云フコトヲ規定《キテイ》シタノデス若シモ登記《トウキ》シマセヌトキハ其變更《ヘンカウ》モ分割モ自己ノ承繼人及ビ第三者ニ對《タイ》シテハ何等《ナンラ》ノ効力モナイノデアリマス

第二款 法定財産制

〔註釋〕本款ハ謂《イ》ハユル無共産制《ムキヤウサンセイ》ト云フ主義ニヨリテ規定シタモノデ夫婦ハ各別《カクベツ》ニ自己ノ財産ヲ有シ夫又ハ戸主タル妻ハ其配偶者ノ財産ヲ使用收益スル權ヲ有スルノミトシテ定メタルモノデアル尚ホ逐條《チクデウ》ニ於テ詳《ツマビラ》カニ述《ノ》ベルデアリマセウ

第七百九十八條 夫ハ婚姻ヨリ生スル一切ノ費用ヲ負擔ス但妻カ戸主

タルトキハ妻之ヲ負擔《フタン》ス
前項ノ規定《キテイ》ハ第七百九十條及ヒ第八章ノ規定ノ適用《テキヨウ》ヲ妨ケス
〔註釋〕本條ハ婚姻《コンイン》ヨリ生ズル一切ノ費用《ヒヨウ》ノ負擔權ヲ定《サダ》メタノデス
凡ソ男女ガ一タビ婚姻スル以上ハ妻ガ夫ノ家ニ入リテ夫ノ家族トナルモノデアレバ日々ノ家計上ノ入費《ニフヒ》ハ夫婦ノ關係上ヨリシテ夫ノ負擔《フタン》スベキコト勿論《モチロン》デアル尤モ入夫婚姻ノ場合ニ於テ夫ガ妻《ツマ》ノ家ニ入リ妻ガ戸主タル如《ゴト》キ場合ニ於テハ前陳《ゼンチン》ノ費用ハ妻ガ負擔《フタン》スベキ亦當然ノコトデアリマス
斯《カ》ク規定《キテイ》セシモノヽ第七百九十條及ヒ第八章ニ示《シメ》シタル夫婦互ニ扶養スル義務ノ如キハ之ガ爲メニ免ルベキモノデハナイノデス
第七百九十九條　夫又ハ女戸主ハ用方《モチヒカタ》ニ從ヒ其配偶者ノ財産《ザイサン》ノ使用及ヒ收益《シウエキ》ヲ爲ス權利ヲ有《イウ》ス
夫又ハ女戸主ハ其配偶者《ハイグウシヤ》ノ財産ノ果實《クワジツ》中ヨリ其債務ノ利息ヲ拂《ハラ》フコトヲ要ス

參看　取第四百二十七條

〔註釋〕本條ハ配偶者ノ財産《ザイサン》ノ使用及ビ收益《シユエキ》ノ權ヲ有《ユウ》スルコトニ就テ其規定ヲ示シタノデス夫又ハ女戸主ハ家計上ノ費用ヲ負擔スルモノデアリマスカラ配偶者タル妻又ハ夫ノ特有財産ヲ使用シ及ビ收益《シウエキ》スルノ權利《ケンリ》ヲ有スベキモノデアル又夫又ハ女戸主ハ負債《フサイ》アルトキハ其利息ヲ特有財産ノ果實中《クワジツチウ》ヨリ支拂《シハラ》フベキコトヲ要《エウ》スルノデアル本條ニ於テ使用收益《シヨウシウエキ》及ビ果實《クワジツ》ト云フハ第八十八條及第八十九條ニ就《ツイ》テ見レバ明《アキラ》カニナリマス尚ホ本條ノ詳細モ其各條ニ於テ分明ニナリマスカラ今ハ故ラニ之ヲ述ベマセヌ

第八百條　第五百九十五條及ヒ第五百九十八條ノ規定ハ前條ノ場合ニ之ヲ準用《ジユンヨウ》ス

〔註釋〕本條ハ茲《コヽ》ニ新《アラ》タニ云フ迄モアリマセヌ既成民法《キセイミンホフ》ノ第五百九十五條及第五百九十八條ヲ見レバ詳細ニ分ルノデスガ總テ夫ハ妻、女戸主ハ夫ノ特有財産ニ就テ使用收益ノ權利ガアルモノデアレバ其財産ニ要《エウ》スル費用ハ之ヲ負擔《フタン》セ子バナラヌ故ニコトサラニ本條ヲ規定シテ前條ノ場合ニ準用スルコトヲ示シタノデス

第八百一條　夫ハ妻ノ財産ヲ管理ス

夫カ妻ノ財產ヲ管理スルコト能ハサルトキハ妻自ラ之ヲ管理ス

▲參看　取第四百二十八條

〔註釋〕本條ハ妻ノ財產ノ管理方ニ就テ規定シタノデス

凡《オヨ》ソ己レノ所有スルトコロノ財產ハ其身ガ無能力者《ムノウリヨクシヤ》デナイ限リハ自分ニ之ヲ管理スルコトヲ得ルハ言フ迄《マデ》モナイコトデアレドモ財產管理ノコトハ多少《タセウ》能力ト經驗《ケイケン》ヲ要スベキコトデアッテ婦女ハ概《ガイ》シテ此能力ト經驗《ケイケン》トニハ乏《トボ》シイトシテアル夫レ故ニ妻ノ特有《トクユウ》財產ハ夫タルモノガ之ヲ管理《クワンリ》スルノガ安全《アンゼン》デアルト云フヨリシテ斯ク規定シタノデアル左ハ申スモノヽ其夫ガ白痴《ハクチ》瘋癲《フウテン》トカ又ハ無能力者無經驗者《ムケイケンジヤ》デアッテ財產ヲ管理スルコトノ出來ヌ場合ニ於テハ妻ハ自《ミヅカ》ラ己《オノレ》ノ財產ヲ管理スベキモノデアリマス

第八百二條　夫カ妻ノ爲メニ借財《シヤクサイ》ヲ爲シ、妻ノ財產ヲ讓渡《ユヅリワタ》シ之ヲ擔保ニ供《キヤウ》シ又ハ第六百二條ノ期間《キカン》ヲ超エテ其賃貸ヲ爲スニハ妻ノ承諾《シヤウダク》ヲ得ルコトヲ要ス但管理《クワンリ》ノ目的ヲ以テ果實《クワジツ》ヲ處分スルハ此限ニ在ラス

▲參看　取第四百二十九條

〔註釋〕本條ハ夫ガ妻ノ爲メニ借債《シャクサイ》ヤ財産ノ讓渡ヤ財産ヲ擔保《タンボ》ニ供スルコトヤ其他賃貸《チンカシ》等ノコトニ就テ妻ノ承諾ヲ得ベキコトノ規定ヲ示シタノデス
前條ノ如ク妻ノ特有《トクユウ》財産ニ付テハ法律上夫ニ其管理權ヲ與《アタ》ヘテハアリマスガ重大《ジウダイ》ナル權利ニ係《カヽ》ルコトニ於テマデ無限《ムゲン》ニハ之ヲ與《アタ》ヘマセヌ唯管理權ノ目的《モクテキ》ヲ以テ爲シタル果實ノ處分權ニ限《カギ》リテハ之ヲ與《アタ》ヘテアルノデス夫レ故ニ妻ノ爲メニ借債《シヤクサイ》ヲ爲シタリ妻ノ財産ヲ他人ニ讓渡《ユヅリワタ》シタリ又其財産ヲ債權ノ擔保《タンボ》ニ供《キヤウ》シタリ又ハ第六百二條ニ示シタル樹木《ジユモク》ノ栽植又ハ伐採《バツサイ》ヲ目的トスル山林ノ賃貸借《チンダイシヤク》ハ十年其他ノ土地ノ賃貸借ハ五年建物《タテモノ》ハ三年動産ハ六ケ月ト定メタルノ如キハ財産所有者《シヨイウシヤ》ニ取テハ重大ナル危險《キケン》ヲ來スノ恐《オソ》レアル者ナルトキハ夫ガ妻ノ財産ニ付キ妻ノ承諾《セウダク》ヲ經《ヘ》タ上デナケレバ借債又ハ賃貸《チンカシ》ヲスルコトハナラヌト云フコトヲ規定シタノテアリマス

第八百三條　夫カ妻ノ財産ヲ管理《クワンリ》スル場合ニ於テ必要《ヒツエウ》アリト認《ミト》ムルトキハ裁判所ハ妻ノ請求《セイキウ》ニ因リ夫ヲシテ其財産ノ管理《クワンリ》及ヒ返還《ヘンクワン》ニ付キ相當《ソウタウ》ノ擔保《タンボ》ヲ供セシムルコトヲ得

〔註釋〕本條ハ妻ノ財産ヲ管理《クワンリ》スル場合ニ於テ夫ヨリ相當《ソウタウ》ノ擔保ヲ供《キヤウ》スベキコトヲ規定シタノデス

夫婦ハ同躰《ドウタイ》トマデシテアリマスレバ夫ガ妻ノ財産ヲ管理《クワンリ》スルニ付テハ己《オノ》レノ財産ヲ管理スルト同一ニ思《オモ》フテ注意ヲ加ヘ管理スベキハ當然《タウゼン》ノコトデアリマスケレドモ時《トキ》ニ依リテハ不當《フタウ》ノ管理方ヲ爲シタリ隨《シタガツ》テ其財産ヲ危《アヤウ》クスルノヤウナ心配《シンパイ》ガナイトモ限リマセヌ故ニ其妻ニ於テ若《モ》シモ斯ル心配《シンパイ》アリトスルトキハ妻ハ夫ニ對《タイ》シテ相當ノ擔保《タンボ》ヲ供セシヿヲ裁判所ニ請求《セイキウ》シ裁判所ハ妻ノ請求ヲ入レテ夫ヲシテ相當《ソウタウ》ノ擔保ヲ供セシメルコトガ出來マスル

第八百四條　日常《ニチジヤウ》ノ家事《カジ》ニ付テハ妻ハ夫ノ代理人ト看做ス

夫ハ前項ノ代理權《ダイリケン》ノ全部又ハ一部ヲ否認《ヒニン》スルコトヲ得但之ヲ以テ善意ノ第三者ニ對抗スルコトヲ得ス

參看　取第四百三十四條

〔註釋〕本條ハ妻《ツマ》ヲシテ日常ノ家事《カジ》ヲ代理《ダイリ》セシメ又ハ其代理權ヲ否認《ヒニン》スルコトニ就テ規定シ

タノデアル

凡《オヨ》ソ女子ト雖モ法律上男子ト同一ノ能力《ノウリヨク》ヲ有シテ總テノ法律行爲《ホフリツカウイ》ヲナスコトヲ得ベキハ勿論《モチロン》ノコトデアルガ一タビ人ノ妻《ツマ》トナリシ以上ハ法律ハ其夫タルモノニ最上《サイジヤウ》ノ權力ヲ與《アタ》ヘントスル目的《モクテキ》ヨリ妻ヲ無能力者ト看做《ミナ》シテ取扱フノデアリマス併《シカ》シナガラ全然無能力者トスルノデハナイ所謂《イハユル》妻ハ内ヲ治《ヲサ》ムルト云フ如ク日常ノ家事《カジ》即チ衣食住《イシヨクヂウ》ノコトヨリ應《オウ》對交際《タイカウサイ》等普通人ノ妻トシテ爲シ得ベキ行爲《カウイ》ニ附テハ妻ハ夫ノ代理人ト看做《ミナ》サレテ有効ニスベテ身分位置《イチ》ニ應ジタル家事《カジ》ヲスルコトガ出來マス

然《シカ》レドモ妻ハ夫ノ代理人《ダイリニン》トシテ日常ノ家事ヲナシ得ル迄《マデ》ノコトナレバ本人タル夫ハ自由ニ其代理權ノ全部《ゼンブ》又ハ一部ヲ否認《ヒニン》スルコトガ出來ルノデアル然《シカ》レドモ第三者ガ妻ニ代理權ノアルモノト信《シン》ジテ爲シタル總《スベ》テノ取引ニ附テハ夫ハコノ第三者ニ對抗《タイコウ》スルコトハ出來ヌノデス

第八百五條　夫カ妻《ツマ》ノ財産ヲ管理シ又ハ妻《ツマ》カ夫《ヲツト》ノ代理ヲ爲ス場合ニ於テハ自己ノ爲メニスルト同一ノ注意ヲ爲スコトヲ要ス

〔註釋〕本條ハ財産ヲ管理スルニ於ケル注意ノ程度ヲ規定シタノデアリマス

夫ガ妻ノ財産《ザイサン》ヲ管理シ又ハ妻ガ夫《ヲツト》ノ代理ヲ爲ス場合ニ於テ其權利義務《ケンリギム》ハ既ニ規定シテアレドモ其注意ノ程度《テイド》ハ規定シテアリマセヌ其注意《チユイ》ハ如何ナル程度《テイド》ニスベキヤト云フニ何人デモ己レヲ愛《アイ》スルヨリ愛ノ深《フカ》キモノハナイカラ管理ノ程度《テイド》ニ就テモ己レノ爲メニスルト同一ノ注意ヲ爲スベシト定メタノデアリマス

第八百六條　第六百五十四條及ヒ第六百五十五條ノ規定ハ夫カ妻ノ財産ヲ管理シ又ハ妻カ夫ノ代理《ダイリ》ヲ爲ス場合ニ之ヲ準用《ジユンヨウ》ス

〔註釋〕本條ハ極《キハ》メテ必要《ヒツエウ》ノコトデアル第六百五十四條及ヒ第六百五十五條ハ委任《ヰニン》ニ關シテ規定シタモノデアルガ夫婦間代理ノ關係《クワンケイ》ハ委任ニ基《モトヅ》クモノデナイカラ夫婦間ノ關係《クワンケイ》ニ準用スルノデス例《タト》ヘバ夫婦離婚ヲナストキハ妻ノ財産ニ對《タイ》スル夫ノ管理權ト云フモノハ離婚ト同時ニ終了《シウレウ》スルモノデアル然レドモ此場合ニ急迫《キウハク》ノ事情ガアツテ妻及ビ其相續人ガ管理ヲスルコトノ出來《デキ》ヌトキハ管理ヲスルコトノ出來ル迄《マデ》夫ハ必要《ヒツエウ》ナル處分《シヨブン》ヲナサ子バナラヌ又夫ガ妻ニ對《タイ》シ家事日常ノ代理權《ダイリケン》ヲ否認《ヒニン》スルトキハ日常取引ヲナスモノ即チ賣買《バイバイ》取引先等ヘ通知《ツウチ》ヲセ子バナラヌ若シモ通知ヲ怠《オコタ》リテ其賣買取引先等ガ代理權否認《ヒニン》ノコトヲ知リタルニアラザレバ否認《ヒニン》ノ効ガナイモノデアルカラ相手方ニ對抗《タイコウ》スルコトハナラヌ

ノデス

第八百七條　妻又ハ入夫カ婚姻前ヨリ有セル財産及ヒ婚姻中自己ノ名ニ於テ得タル財産ハ其特有財産《トクイウザイサン》トス

夫婦ノ孰《イツ》レニ屬スルカ分明《ブンメイ》ナラサル財産ハ夫又ハ女戸主ノ財産ト推《スイ》定《テイ》ス

▲参看　取第四百二十六條

〔註釋〕本條ハ財産ノ所屬《ショゾク》ヲ明カニスル爲メニ規定《キテイ》シタモノデアリマス

夫又ハ妻ノ特有財産ハ如何ナルモノゾト云フニ婚姻前ヨリ所有シ居タル財産即チ動産物不動産物ハ勿論《モチロン》婚姻シタル後トテモ自分ノ名義《メイギ》ヲ以テ得タル動産物《ドウサンブツ》不動産物スベテノ收《シウ》入《ニウ》ヤ買得《カイエ》タル衣服手道具ノ類ニ至ル迄總《スベ》テ其者ノ特有《トクユウ》財産トスルノデス尤モ夫婦ノ内孰《イツ》レノ一方ノモノニ屬《ゾク》スベキ財産ナルヤ明《アキラ》カナラザルモノデアレバ夫又ハ女戸主タルモノヽ財産ト推定スルノデアリマス

第四節　離婚

〔註釋〕離婚《リコン》トハ如何ナルコトナリヤト云フニ夫婦ノ心情相容《シンジヤウアヒイ》レラレズシテ随《シタガツ》テ婚姻ノ目的タル共同生活《キヤウドウセイクワツ》ヲスルコトノ出來ヌトキ又ハ法律《ホフリツ》ニ違反《イハン》シタル婚姻ナルトキノ如キ場合ニ於テ一旦結《ムス》ビタル婚姻ノ離《ハナ》ルヽコトヲ云フノデアルガコノ離婚《リコン》ニハ協議上ノ離婚ト裁判上ノ離婚《リコン》トガアル今本節ニ於テハ離婚ノ効力《カウリヨク》ニ付キ離婚ノ事由ニ付キ規定《キテイ》シタノデアリマス

第一款　協議上《ケフギジヤウ》ノ離婚《リコン》

〔註釋〕婚姻ハ單《タン》ニ夫婦ノ生存間《セイソンカン》バカリデハナク死後《シゴ》マデモ離ナレヌト云フ所謂階老同穴《イハユルカイロウドウケツ》ト云フ意思《イシ》ヲ以テ結《ムス》ブモノデアレドモ月ニ叢雲《ムラクモ》花ニ嵐《アラシ》ト云フ諺《コトワザ》ノ如ク如何ニ夫婦ハ仲睦《ナカムツマ》ジクアルトモ相離《アイハ》ナレネバナラヌコトノ生ズルコトガアルモノデス此ノ場合《バアイ》ニ於テハ已ヲ得ズ離婚《リコン》ヲスルコトニナルガコレ即チ協議上ノ離婚デアッテ双方約束《ソウハウヤクソク》ノ上デ相離ナルヽノデアリマス本款ハ之ニ係ルコトヲ規定シタノデアル

第八百八條　夫婦ハ其協議《ソノケフギ》ヲ以テ離婚ヲ為スコトヲ得

参看　人第七十八條

〔註釋〕本條ハ夫婦《フウフ》ノ協議《ケフギ》ニ依リテ離婚《リコン》スルノ出來ルコトヲ定メタノデアル
離婚《リコン》ニ二種アルコト前ニ述《ノ》ベタル通リデアルガ其協議上ノ離婚ト云フハ其原因《ソノゲンイン》ハ樣々アツテ一樣ヤ二樣《ヤウ》デアリマセン結局《ツマリ》一家內ノ私事《シジ》デアルカラ固ヨリ法律ノ問《ト》フベキ所デアリマセヌガ併《シカ》シ婚姻ニ付テ色々ノ要件《エウケン》ガアルヤウニ離婚ニモ又要件ガアリマス故以下ノ各條ニ於テ說明スルデアリマセウ

第八百九條　滿《マン》二十五年ニ達セサル者カ協議上ノ離婚《リコン》ヲ爲スニハ第七百七十二條及ヒ第七百七十三條ノ規定ニ依リ其婚姻ニ付キ同意ヲ爲ス權利《ケンリ》ヲ有スル者ノ同意ヲ得ルコトヲ要《エウ》ス

▲參看　人第七十九條

〔註釋〕本條ハ離婚ニハ父母《フボ》繼母《ケイボ》嫡母《チヤクボ》若クハ親族會ノ同意ヲ得ベキ場合ヲ規定シタノデス
二十五歲未滿《ミマン》ノモノガ離婚ヲナスニハ何故ニ父母《フボ》又ハ繼母嫡母若クハ親族會《シンゾククワイ》ノ同意ヲ得ベキコトヲ要《エウ》スルカト云フニ若シ離婚《リコン》ヲ以テ夫婦双方ノ自由ニ委《マ》カセテ置キマシタナラバ若年者ノ常《ツ子》トシテ前後ノ考《カンガヘ》モナク輕《カル》々シク離婚ヲ爲シ双方ノ不利益《フリエキ》ヲ生ズルモ計ラレ

ヌ故ニ本條ニ於テコノ弊害《ヘイガイ》ヲ防《フセ》グノミナラズ二十五年未滿ノモノト婚姻《コンイン》ニモ同意ヲ得ベキコトニ規定シテアルカラ離婚ニモ同意《ドウイ》ヲ得ベキコトハ必要《ヒツエウ》デアリマス

第八百十條　第七百七十四條及ヒ第七百七十五條ノ規定ハ協議上ノ離婚ニ之ヲ準用ス

〔註釋〕本條ハ禁治《キンヂ》産者《サンシヤ》ノ離婚及ヒ離婚届出ノコトニ就キテ規定《キテイ》シタノデス

第七百七十四條ニ示《シメ》シタル如ク禁治産者ト雖ドモ離婚《リコン》ヲナスニ付キ後見人ノ同意《ドウイ》ハ要《エウ》スルニ及ビマセヌ又第七百七十五條ノ規定《キテイ》ノ如ク離婚ハ戸籍吏ヘ届出ルニ因リ効力《コウリヨク》アルコト又其届出ノ手續《テツヾキ》ハ同意ノ第二項ニ準據《ジユンキヨ》スベキモノデス

第八百十一條　戸籍吏ハ離婚《リコン》カ第七百七十五條第二項及ヒ第八百九條ノ規定其他ノ法令《ホフレイ》ニ違反《イハン》セサルコトヲ認《ミト》メタル後ニ非サレハ其届出ヲ受理スルコトヲ得ス

戸籍吏カ前項ノ規定ニ違反《イハン》シテ届出ヲ受理《ジユリ》シタルトキト雖モ離婚ハ

之カ爲メニ其效力《カウリヨク》ヲ妨ケラル丶コトナシ

參看　人第八十條

〔註釋〕本條ハ戸籍吏ガ離婚《リコン》ノ届出ヲ受理《ジユリ》スルコトニ付テ規定シタノデアリマス

戸籍吏ガ離婚《リコン》ノ届出ヲ受ケタル片ニハ父母若クハ親族會《シンゾククワイ》等ノ同意《ドウイ》アリヤ否ヤ又離婚届出ノ手續カ規定ニ違反《イハン》シテハ居ラヌカト夫々取調《トリシラベ》ヲシテ法令ニ違反《イハン》シテ居ラヌド云フコトヲ認《ミト》メテバ其届出ヲ受理《ジユリ》スルコトハ出來マセヌ

然《シカ》レドモ戸籍吏ガ前項ノ規定ニ違反《イハン》シタルニ心付カズシテ一タビ受理《ジユリ》シタルトキハタトヘ違法《イハフ》ノ廉《カド》ガアリマシテモ離婚ノ效力ヲ妨《サマタ》ゲラレルコトハアリマセヌ

第八百十二條　協議上《ケフギジヤウ》ノ離婚ヲ爲シタル者カ其協議ヲ以テ子ノ監護《カンゴ》ヲ爲スヘキ者ヲ定《サダ》メサリシトキハ其監護《カンゴ》ハ父ニ屬ス

父カ離婚ニ因リテ婚家《コンカ》ヲ去リタル場合ニ於テハ子ノ監護《カンゴ》ハ母ニ屬ス

前二項ノ規定ハ監護《カンゴ》ノ範圍外《ハンイグワイ》ニ於テ父母ノ權利義務ニ變更《ヘンカウ》ヲ生スルコトナシ

▲參看　人第九十條

〔註釋〕本條ハ離婚後ニ於《オ》ケル其子ノ監護《カンゴ》方《カタ》ニ付《ツキ》テ規定シタモノデアリマス

一タビ離婚ヲナシタル片ハ婚姻ヨリ生《シヤウ》ズル一切ノ效果《カウカ》ハ斷絕《ダンゼツ》スルモノデアルカラ夫婦間ノ權利義務ノ消滅《シヤウメツ》スルハ勿論財産契約ノ如キモ解消《カイセウ》スベキモノデアルガ茲《コヽ》ニ離婚ヲナシタル片ニ夫婦間ニ生レタ子ハ如何ニスベキヤト云フニ即チ第一項ニ定メタル如ク特ニ夫婦間ニ協議《ケフギ》ヲナセシトキハ其子ガ母ノ家ニ屬《ゾク》スルコトモアレド別段《ベツダン》ノ協議ヲナサヽルトキニ於テハ夫即チ子ノ父ニ屬《ゾク》スルモノデアリマス若《モ》シ入夫又ハ婿養子ノ場合《バアヒ》ナルトキハ別段《ベツダン》ノ協議ナキトキハ其子ハ其生家即《スナハ》チ女戸主又ハ母ノ家ニ止マルベキモノデアリマスコレ第二項ノ規定アル所以デアリマス

本條ノ規定ハ單《タン》ニ子ノ監護《カンゴ》ノミニ關スルモノデアツテ親權《シンケン》ノ他ノ效力其他親子間ノ權利義務ニ付テハ何等ノ影響《エイキヤウ》ヲモ及ボサヌモノデアルコレ第三項ノ規定ヲ設《マウ》ケタワケデアヲマス

第二款　裁判上《サイバンジヤウ》ノ離婚

〔註釋〕本欵ハ前欵ニ件《トモナ》フテ裁判上ノ離婚ニ關《クワン》スル規定《キテイ》ヲ示シタノデス此裁判上ノ離婚ト云

フコトニ付テハ離婚ノ原因《ゲン井ン》及ヒ訴権《ソケン》ノ消滅ヲ確《タシカ》メネバナラヌカラ細《コマ》カニ各條ニ附テ説明スルコトヽ致シマセウ

第八百十三條　夫婦《フウフ》ノ一方ハ左ノ場合ニ限リ離婚《リコン》ノ訴ヲ提起《テ井キ》スルコトヲ得

一　配偶者カ重婚《ヂウコン》ヲ為シタルトキ

二　妻カ姦通《カンツウ》ヲ為シタルトキ

三　夫カ姦淫罪《カン井ンザ井》ニ因リテ刑ニ処《シヨ》セラレタルトキ

四　配偶者カ偽造《ギゾウ》、賄賂《ワ井ロ》、猥褻《ワ井セツ》、竊盗《セツトウ》、強盗《ガウドウ》、詐欺《サギ》取財《シユザ井》、受寄《ジユキ》物費《ブツヒ》消《セウ》、贓物《ゾウブツ》ニ関スル罪若クハ刑法第百七十五條第二百六十條ニ掲《カヽ》ケタル罪《ツミ》ニ因リテ軽罪《ケ井ザ井》以上ノ刑ニ処セラレ又ハ其他ノ罪《ツミ》ニ因リテ重禁錮《ジウキンコ》三年以上ノ刑ニ処セラレタルトキ

五　配偶者ヨリ同居《ドウキヨ》ニ堪《タ》ヘサル虐待《ギヤクタ井》又ハ重大ナル侮辱《ブジヨク》ヲ受ケタルト

キ

六　配偶者ヨリ悪意《アク井》ヲ以テ遺棄《井キ》セラレタルトキ

七　配偶者ノ直系尊属《チヨクケ井ソンゾク》ヨリ虐待又ハ重大ナル侮辱《ブジヨク》ヲ受ケタルトキ

八　配偶者カ自己《ジコ》ノ直系尊属ニ對シテ虐待《ギヤクタ井》ヲ爲シ又ハ之ニ重大ナル侮辱ヲ加ヘタルトキ

九　配偶者ノ生死《セイシ》カ三年以上分明《ブンメイ》ナラサルトキ

十　婿《ムコ》養《ヤウ》子《シ》緣組《エングミ》ノ場合ニ於テ離緣アリタルトキ又ハ養子《ヤウシ》カ家女ト婚姻ヲ爲シタル場合ニ於テ離緣《リエン》若クハ緣組ノ取消《トリケシ》アリタルトキ

▲參看　八第八十一條

〔註釋〕本條ハ當事者《トウジシヤ》ノ同意ハナクトモ裁判所ヘ訴《ウツタ》ヘテ離婚ヲ請求シ得ベキ原因條件《ゲンインデウケン》ヲ規定シタノデアリマス

第一號第二號第三號及ビ第五號ハ夫婦ハ互《タガヒ》ニ貞實《テイジツ》ナラザルベカラズトノ義務ニ背《ソム》キ第四

號ハ夫婦ハ名譽《メイヨ》ノ連帶《レンタイ》ナリト云フ迄ナリ夫ノ不名譽《フメイヨ》ハ妻ノ不名譽トナリ妻ノ不名譽ハ夫ノ不名譽トナル義務《ギム》ガアルモノナルニ此義務ニ背《ソム》キ第六號ハ夫婦ハ互ニ扶養スベキモノナルニ惡意《アクイ》ヲ以テ遺棄《イキ》セバ其義務ニ背《ソム》キ第七號第八號ハ夫婦ノ其父母ニ於《オ》ケル父母ノ婿《ムコ》嫁《ヨメ》ニ於ケル何レモ相親愛《アイシンアイ》シテ不德義不條理《フヂヤウリ》ノコトハアルマジキモノナルベシ虐待《ギヤクタイ》若クハ重大ナル侮辱《ブジヨク》ヲナスト云フ互ニ相親愛スベシト云フ義務《ギム》ニ背《ソム》キ第九號ハ夫婦ノ一方ガ失《シツ》踪《ソウ》シテ三ケ年間モ其生死ノ不明ナルガ如《ゴト》キハ婚姻ノ目的《モクテキ》トスル夫婦同住ノ義務ニ反《ハン》シ第十號ハ婿養子緣組《エングミ》ノアリタルトキ養子ヲ離緣セバ從《シタガツ》テ婚姻ノ取消モ請求シ得ベク次《ツギ》ニ養子ガ家女ト婚姻シタル場合ニ於テ離緣《リエン》若クハ緣組ノ取消《トリケシ》アリタルトキハ婚姻ノ取消《トリケシ》ヲ請求シ得ベキコト婿《ムコ》養子緣組ノ場合ト異《コト》ナルコトナシ斯ル場合ニ於テハ何レモ裁判上離婚《リコン》ヲ請求シ得ベキモノデアル尚ホ各號ニ附テ左ニ述ベマセウ

第一號ノ重婚《ジウコン》ハ婚姻ノ取消ノ原因《ゲンイン》アリトスルコトハ既《スデ》ニ民法第七百八十條ニモ示《シメ》シテアルガ之ヲ裁判上ノ離婚《リコン》ノ第一原因トスルモノハ既《スデ》ニ甲ノ配偶者タル者ガ更《サラ》ニ乙ト夫婦ノ生活《セイクワツ》ヲ爲シタルモノヲ依然《イセン》トシテ夫トナシ妻トナスハ人情《ニンジヨ》トシテ欲セザルコトナルハ勿《モチ》論《ロン》之ニ就テ刑法ニ於テモ六ケ月以上二年以下ノ重禁錮ニ處《ジヨ》シ尚ホ罰金《バツキン》サヘ附加シテアルホドナレバ無論《ムロン》離婚ノ原因トスルコトガ出來《デキ》ルノデアル

第二號ノ妻ガ姦通《カンツウ》ヲナシタル𪜈即チ有夫《ユウフ》ノ婦ガ姦通ヲナスハ夫婦ノ義務ヲ破《ヤブ》ルコトノ尤モ重《オモ》キモノデアレバ刑法上ニ於テモ刑《ケイ》ニ處セラルヽト否トヲ問フノ必要《ヒツエウ》ハナイ以テ離婚ノ原因トスベキハ當然《タウゼン》トスルノデアル

第三號ノ夫ガ姦淫罪《カンインザイ》ニ處セラレシトキハ前第二號ト權衡《ケンコウ》ヲ保《タモ》チタルモノデアッテ斯ル夫婦間ノ義務ヲ破《ヤブ》ルモノハ離婚ヲ許《ユル》スベキモノトシテアレバ何モ有夫《ユウフ》姦《カン》ノミニ制裁《セイサイ》ヲ加フベキ謂《イ》ワレハアリマセヌ彼ノ刑法《ケイホフ》第三百四十八條及ビ第三百四十九條ノ姦淫罪《カンインザイ》ニ依ッテ處刑《ショケイ》ヲ受ケタルモノモ無論《ムロン》離婚ノ原因トスベキモノデアルカラ本號ノ如ク制裁シタモノデス

第四號ノ重禁錮《ジウキンコ》三年以上ノ刑ニ處《ショ》セラレシトキハ敢テ犯罪ノ種類《シユルイ》ニ依ッテハ區別《クベツ》ヲナサズ寧《ムシ》ロ廣ク規定シタノデアル何トナレバ輕罪デモ破廉恥罪《ハレンチザイ》ナルガアリ重罪デモ其性ノ憐《アハレ》ムベキモノガアル一概《ガイ》ニ言ヒ難《ガタ》ケレバ斯ク定メタモノデス

第五號ノ配偶者ヨリ虐待《ギヤクタイ》又ハ侮辱云々ハ殊更《コトサラ》ニ言フ迄モナク妻ガ夫ヨリ暴虐《ボウギヤク》堪ヘ得難キノ待遇《タイグウ》セラルヽカ但シハ忍《シノ》ビザル耻辱《チジヨク》ヲ與ヘラレシ𪜈ノコトデアル世間《セケン》往々アルコトデアリマス

第六號ノ配偶者ヨリ惡意《アクイ》ヲ以テ棄《ステ》ラルヽトハ例《タト》ヘバ甲ノ夫ガ乙ノ妻アルニモ拘《カヽ》ハラズ丙

ナル婦人ノ愛ニ溺《オボ》レテ豫《カネ》テヨリ甲ト丙ト約スラク必ズ結婚《ケツコン》シテ夫妻ト呼バレタキモ乙ナ、ル妻ガアル以上ハ意《イ》ノ如《ゴト》クスルコトヲ得ズ去リトテ乙ヲ故ナクシテ逐《オ》ヒ出スコトモナラヌ成ルベク乙ヲ無情《ムジヤウ》ニ取扱ヒ乙自身ヨリ出テ去ルヲ待《マ》ツニ如《シ》カズトテ故《コトサ》ラニ乙ニ對シテ給養ヲモ缺《カ》キ久シク出テ歸《カヘ》ラヌト云フガ如キ甲ノ惡意《アクイ》ヨリ乙ノ妻ヲ棄《ス》テタルトキハ無論《ムロン》裁判上ノ離婚ハ成立《セイリツ》スル原因《ゲンヰン》トナツテアルノデス

第七號ハ例《タト》ヘバ妻ガ夫ノ直系尊屬親即チ父母ヤ祖父母《ソフボ》ヨリシテ堪《タ》ヘ得ガタキ忍ビ得難キ虐待又ハ侮辱《ブジヨク》ヲ受ケタトキハ離婚ノ原因トナル是《コレ》ハ世間ニ多クアルコトデ彼ノ嫁《ヨメ》ト舅姑《シウトメ》トノ間ニ多クアルコトデス

第八號ハ前號トハ反對デ例ヘバ妻《ツマ》ガ夫ノ父母ヤ祖父母ヲ虐待《ギヤクタイ》シ又ハ侮辱《ブジヨク》ヲ加ヘタルトキノ場合ヲ云フモノデアツテ是モ世間ニ其例ガナイトハ申セヌ

第九號ハ配偶者《ハイグウシヤ》ガ失踪《シツソウ》シテ生キテアルカ將《ハ》タ既ニ死シタルカ何ノ音沙汰《オトサタ》モナク三年以上トナリシトキハ最早《モハヤ》死亡《シバウ》シタモノトスルモ差支《サシツカヘ》ハナイ故ニ是ヲ離婚ノ原因アルモノトスルノデス

第十號ハ例《タト》ヘバ甲ガ乙ト養子ノ縁組《エングミ》ヲシテ乙ヲ貰《モラ》ヒ受ケ其乙ト甲ノ娘《ムスメ》ノ丙ト婚姻ヲサセタトキ甲ガ乙ヲ離婚《リエン》シ若クハ乙トノ養子縁組ヲ取消《トリケ》シタルトキハ乙ト丙トノ婚姻モ取消

スコトガ出來ルノデス

以上十號ハ皆以テ離婚《リコン》ノ原因《ゲンイン》トスルコトガ出來ルノデアリマス

第八百十四條　前條第一號乃至第四號ノ場合ニ於テ夫婦ノ一方カ他ノ一方ノ行爲《カウイ》ニ同意《ドウイ》シタルトキハ離婚ノ訴《ウツタヘ》ヲ提起スルコトヲ得ス

前條第一號乃至第七號ノ場合《バアヒ》ニ於テ夫婦ノ一方カ他《タ》ノ一方又ハ其直《チヨク》系尊屬《ケイソンゾク》ノ行爲ヲ宥恕《ユウジヨ》シタルトキ亦同シ

〔註釋〕本條ハ前條ノ離婚《リコン》ノ原因《ゲンイン》ガ時トシテ其訴ヘヲ提起《テイキ》スルコトノ出來ヌ場合ヲ示シタノデス

前條第一號ノ夫婦《フウフ》ノ一方ガ重《カサ》ネテ婚姻ヲ爲スモ、妻ガ他ノ男ト姦通《カンツウ》ヲスルモ、夫ガ他ノ夫アル女ト姦通《カンツウ》シ又ハ十二歳未滿ノ幼女《ヤウジヨ》ト姦淫シテ處刑《シヨケイ》セラレテモ、又夫婦ノ一方ガ犯《ハン》罪《ザイ》ノ爲メ重禁錮三年以上ニ處刑《シヨケイ》セラレテモ夫婦ノ一方ガ他ノ一方ノ行爲《カウヰ》ニ同意《ドウイ》ヲナシタルモノデアルトキニハ既ニ名譽《メイヨ》ヲ拋棄《ホウキ》シタルモノトセネバナラヌカラ最早《モハヤ》之ヲ原因トシテ離婚ヲ請求スルコトハ出來ヌノデス第二項モ前項ト同一ノコトデアッテ最初《サイシヨ》ヨリ承諾《セウダク》シテ為シタルデハナクアル事項ガ在ッテ其事ガ發見《ハッケン》シタ後ニ夫婦ノ一方叉ハ其相手方ノ行爲《カウイ》ヲ宥恕《ユウジヨ》シタトキニモ亦出訴ノ効ハナイノデアル

第八百十五條　第八百十三條第四號ニ掲《カヽ》ケタル處刑ノ宣告《センコク》ヲ受ケタル者ハ其配偶者《ハイグウシヤ》ニ同一ノ事由アルコトヲ理由《リユウ》トシテ離婚ノ訴《ウツタヘ》ヲ提起スルコトヲ得ス

△參看　人第八十二條

〔註釋〕本條ハ第八百十三條ニ掲《カヽ》ゲタル夫婦ノ一方ガ犯罪《ハンザイ》ノ爲メニ處刑セラレタルトキニ他ノ一方ノモノカラ離婚《リコン》ノ訴ヲ提起シ得ルハ一方ノ處刑《シヨケイ》ガ他ノ一方ノ名譽《メイヨ》ニ損害ヲ及ボスガ爲メニ最早《モハヤ》夫婦ノ關係ヲ持續《ヂゾク》スルコトガ出來ヌカラデアル然《シカ》ルニ夫婦共ニ處刑セラレ居ルトキハ一方ニ對《タイ》シ何等ノ名譽上ノ損害《ソンガイ》ヲ及ボスコトハナイカラ斯ノ場合ニ於テハ離婚ノ訴ヘヲ提起《テイキ》スルコトガ出來ヌトシタノデアリマス

第八百十六條　第八百十三條第一號乃至第八號ノ事由ニ因ル離婚ノ訴

ハ之ヲ提起《テイキ》スル權利ヲ有スル者カ離婚ノ原因《ゲンイン》タル事實《ジジツ》ヲ知リタル時ヨリ一年ヲ經過《ケイクワ》シタル後ハ之ヲ提起スルコトヲ得ス其事實發生《ジジツハツセイ》ノ時ヨリ十年ヲ經過シタル後亦同シ

〔註釋〕本條ハ離婚ノ請求ガ時効《ジカウ》ニ因ツテ消滅《セウメツ》スルコトヲ規定シタノデアル

第八百十三條第一號乃至第八號ノ原因《ゲンイン》アリシトキハ離婚ノ訴《ウツタヘ》ヲ提起シ得ベキ權利者即チ夫婦ノ一方ガ其離婚《リコン》ヲ請求シ得ベキ原因アルニモ拘《カヽ》ハラズ其原因ヲ知ツタトキカラ一年間モ離婚ヲ請求《セイキウ》セズシテ空《ムナ》シク經過シタトキニハ既ニ其一方ノ權利者《ケンリシヤ》ハ一方ノ行爲ヲ宥《ユウ》恕《ジヨ》シタモノト看做《ミナ》スベキモノデアルカラ最早《モヘヤ》離婚ノ訴ヲ提出《テイシユツ》スルコトガ出來ヌ又離婚ヲ請求シ得ベキ原因《ゲンイン》ノアリタルニモ拘《カヽ》ハラス其時ヨリ十年間モ經過《ケイクワ》シタルトキハタトヘ原因ヲ知ラナカツタカラ離婚《リコン》ヲ請求セザリシト云フモ既《ステ》ニ十年間モ仲睦《ナカムツマ》ジク同居シナガラ今更ニ十年以前ニ斯《カヽ》ルコトガアツタナド、古キ事ヲ持出《モチダ》シテ離婚ノ訴ヲ起《オコ》スハ不當《フタウ》デアルカラ之モ亦離婚ヲ請求スルコトガ出來ヌト定メタノデアル

第八百十七條　第八百十三條第九號ノ事由ニ因ル離婚ノ訴ハ配偶者ノ

生死《セイシ》カ分明ト爲リタル後ハ之ヲ提起《テイキ》スルコトヲ得ス

〔註釋〕本條ハ第八百十三條離婚原因中《リコンゲンヰンチウ》ノ第九號ニ當ル訴權《ソケン》ノ消滅ニ就テ規定シタノデアル配偶者ガ生存《セイゾン》シ居ルヤ既ニ死亡《シバウ》シタルヤ分明ナラヌトキニ於《オイ》テハ三年ノ後ハ之ヲ離婚シテ他ニ良緣《リヤウエン》ヲ求《モト》ムベキノ必要モアリマスレドモ既ニ其配偶者ノ生死《セイシ》ガ分明トナリマシタトキハ其必要消滅《ヒツエウセウメツ》シタモノデスカラ殊更《コトサラ》ニ訴ヲ起シテマデ離婚スルニハ及バヌコトデアリマス

第八百十八條　第八百十三條第十號ノ場合ニ於テ離緣又ハ緣組取消ノ請求《セイキウ》アリタルトキハ之ニ附帶《フタイ》シテ離婚ノ請求ヲ爲スコトヲ得

第八百十三條第十號ノ事由《ジユウ》ニ因ル離婚ノ訴《ウツタヘ》ハ當事者カ離緣又ハ緣組ノ取消《トリケシ》アリタルコトヲ知リタル後三ケ月ヲ經過《ケイクワ》シ又ハ離婚請求ノ權利ヲ拋棄《ホウキ》シタルトキハ之ヲ提起スルコトヲ得ス

〔註釋〕本條ニ就テハ今殊更《コトサラ》ニ說明《セツメイ》スベキホドノコトモアリマセヌ既ニ第一項ニ就テハ前ニ

第七百八十六條及ビ第八百十三條ニ於テ說明《セツメイ》イタシマシタガ第二項ハ離緣《リエン》又ハ緣組ノ取消アリタルトキ其事實《ジジツ》ヲ知リナガラ三ケ月モ經過《ケイクワ》シタトキハ離婚ノ請求權《セイキウケン》ヲ拋棄シタルト看做《ミナ》シテ離婚ノ訴ヲ提起《テイキ》スルコトヲ許サヌノデアリマス

第八百十九條　第八百十二條ノ規定ハ裁判上《サイハンジヤウ》ノ離婚《リコン》ニ之ヲ準用ス但裁判所ハ子ノ利益《リエキ》ノ爲メ其監護ニ付キ之ニ異《コト》ナリタル處分ヲ命スルコトヲ得

▲參看　人第九十條

〔註釋〕本條ハ離婚ノ効果《カウクワ》ニ就テ規定シタノデアル

離婚ノ効果《カウクワ》ニ就テハ已《スデ》ニ第八百十二條ニ於テ說明《セツメイ》シタ通リデアルガ裁判上ノ離婚ノ場合ニ於テモ又之ト同《オナ》ジコトデアリマス唯《タヾ》、裁判所ハ子ノ利益《リエキ》トナル爲メニ其監護ニ付テ第八百十二條ト異《コト》ナリタル處分ヲ命《メイ》ジ子ノ利益ニナル樣《ヤウ》ニ取計《トリハカラ》ヒヲ爲スコトガ出來ルノデアリマス

第四章　親子

〔註釋〕本章ハ凡ソ親子《シンシ》ト名ノ付クコトハ一切網羅《モウラ》シテ規定シタモノデアッテ嫡出子モ庶子《ショシ》モ私生子モ養子《ヤウシ》モ及ビ養子ノ緣組ニ係《カヽ》ル總《スベ》テノ事モ殘ラズ揭《カヽ》ゲ盡シタノデアリマス

第一節　實《ジツ》子《シ》

〔註釋〕本節ノ實子《ジッシ》ト云フハ嫡出子ト庶子《ショシ》私生子トヲ包含《ハウガン》シタル文字デアルガ總《スベ》テ親子ノ關係ハ夫婦ノ關係《クワンケイ》ト共ニ一家搆成ノ基礎《キソ》ヲ爲スモノデアッテ其上親子ノ關係《クワンケイ》ニ依リテ大ニ權利義務ヲ異《コト》ニスルモノデアル例《タト》ヘバ子ガ嫡出子デアルカ庶子デアルカ將《ハ》タ私生子《シセイシ》デアルカ其《ソノ》區別《クベツ》ニ依テハ親權後見等一切ノ權利義務モ違《チガ》ヒマス故ニ之ヲ明ニスルハ尤モ必要デアル本節ニハ實子ノコトニ就テ規定シタノデス尚各條ニ於テ分リマス

第一款　嫡出《チヤクシユツ》子《シ》

〔註釋〕嫡出子《チヤクシユツシ》トハ婚姻ニ因リテ夫婦トナッタ男女ノ間ニ生《ウマ》レマシタ子ノコトデアルガ庶子《ショシ》ナリ私生子ナリ第八百三十六條ノ規定ニ因ッテ父母ガ認知シタルトキニハ嫡出子ノ身分ヲ取得《シユトク》スルコトモ出來ルノデス本款ニハ法律上ノ便宜《ベンギ》ニ依ッテ嫡出子ヲ定《サダ》ムルコトニ就テ規定シタノデス

第八百二十條　妻《ツマ》カ婚姻中ニ懷胎《クワイタイ》シタル子ハ夫ノ子ト推定《スイテイ》ス

婚姻成立《セイリツ》ノ日ヨリ二百日後又ハ婚姻ノ解消《カイセウ》若クハ取消ノ日ヨリ三百日內ニ生《ウマ》レタル子ハ婚姻中ニ懷胎《クワイタイ》シタルモノト推定《スイテイ》ス

▲參看　八第九十一條

〔註釋〕本條ハ嫡出子《チヤクシユツシ》ノ出生ニ於ケル原則《ゲンソク》ヲ規定シタモノデス

夫婦ハ同居ノ義務《ギム》アルモノニシテ妻ハ常ニ內ヲ守《マモ》リ夫ニ貞實《テイジツ》ヲ盡シ所謂貞女兩夫ニ見《マミ》ヘズ又男女席《セキ》ヲ同ジクシテ語《カタ》ラズナド云フ如クスベキモノナレバ其婚姻中ニ懷胎《クワイタイ》シタル子ハ無論《ムロン》夫ノ子ナリト推定《スイテイ》スベキモノデアリマス若シ姦通《カンツウ》ヨリ出來タル子デアルナゾト推定シタナラバ實《ジツ》ニ倫理《リンリ》ニ背《ソム》キ社會ノ風敎上ニ大害《タイガイ》ヲ及ボスモノデアレバ法律ハ決シテ斯《カヽ》ル推定ヲ施スコトハ出來マセヌ

第二項ハ懷胎期《クワイタイキ》ヲ定メタモノデアルガコノ懷胎期ニ就《ツイ》テハ學說《ガクセツ》モ一定シテハ居ラヌ要《エウ》スルニ懷胎ヨリ分娩《ブンベン》ニ至ルマデニハ多少ノ時日ガアルモノデ實際《ジツサイ》婚姻中ニ懷胎シタモノデアルカ否カト云フコトハ誠《マコト》ニ判斷《ハンダン》シ難イモノデス然レドモ先ヅ分娩《ブンベン》ノ早キハ懷胎《クワイタイ》ヨリ六

ケ月遲《オツ》キハ十ケ月トナセリ故ニ婚姻ガ成立《セイリツ》シタ日カラ二百日モ經過《ケイクワ》シタ後ニ生マレタ子並ニ離婚シタ後三百日以內ニ生《ウマ》レタル子ハ婚姻中ニ懷胎《クワイタイ》シタル子ト見做《ミナ》シテ前項ノ規定ニヨリ夫ノ子ト推定スルノデアリマス

第八百二十一條　第七百六十七條第一項ノ規定ニ違反シテ再婚ヲ爲シタル女カ分娩《ブンベン》シタル場合ニ於テ前條ノ規定《キテイ》ニ依リ其子ノ父ヲ定ムルコト能ハサルトキハ裁判所之ヲ定ム

〔註釋〕本條ハ離婚後六ケ月ヲ經過《ケイカ》セザル內ニ再婚《サイコン》ヲナシタル女ノ分娩《ブンベン》ニ就テ規定シタノデアリマス

第七百六十七條ニ依《ヨ》レバ前婚ノ取消又ハ解消《カイセウ》ノ日ヨリ六ケ月ヲ經《フ》ルニアラザレバ再婚スルコトハ出來ヌ規定ナルニ若二三ケ月立ツヤ立タヌ內ニ再婚シテ子ヲ產ミタル場合ニ於テハ其子ハ日數ノ計算上《カイサンジヤウ》ヨリ前婚ノ時ニ懷胎《クワイタイ》シタ樣ニモ思ハレ又再婚ノ後《ノチ》懷胎シテ生レタル樣ニモ思ハルヽ時ハ其子ノ父ヲ定《サダ》ムルコト甚ダ曖昧《アイマイ》デアル此場合ニ於テハ裁判所ハ前婚《ゼンコン》ノ父又ハ再婚ノ父デアルト云フコトヲ定《サダ》ムルト云フノデアリマス

第八百二十二條　第八百二十條ノ場合ニ於テ夫ハ子ノ嫡出ナルコトヲ否認スルコトヲ得

▲參看　人第百條

〔註釋〕本條ハ嫡出子ヲ否認《ヒニン》シ得ルコトヲ規定《キテイ》シタノデアル
第八百二十條ニ於テ婚姻中ニ懷胎シタル子ハ夫ノ子ト推定スルト云フコトガ規定シテアルノデ其條ニ於テモ述ベタ通リ公益上《コウエキジヤウ》カラ規定シタモノデアツテ法律《ホウリツ》ニ於テ若シ夫ノ子ニアラズトモ推定《スイテイ》スルコトガ出來ルト規定シタナラバ取《トリ》モ直《ナホ》サズ妻カ姦通等ノ行爲《カウイ》ヨリシテ懷胎シタモノトセ子バナラヌ果シテ此ノ如ク推定シタナラバ一家ノ不和ヲ來ス而已ナラズ實ニ社會ノ風教《フウケウ》ニ害アルモノデアル然レドモ婚姻中懷胎《クワイタイ》シタカラト云フテ夫ノ子デナイ證據《シヤウコ》ガアルニ其レデモ夫ノ子デアルト推《スイ》シツクルハ不條理《フデウリ》ト云ハ子バナラヌカラ本條ニ於テ夫ニ嫡出子デナイト云フコトノ出來ル否認權ヲ與ヘタノデアリマス

第八百二十三條　前條ノ否認《ヒニン》權《ケン》ハ子又ハ其法定《ホウテイ》代理人ニ對スル訴ニ依リテ之ヲ行フ但夫カ子ノ法定《ホフテイ》代理人ナルトキハ裁判所ハ特別《トクベツ》代理

人ヲ選任スルコトヲ要ス

〔註釋〕本條ハ前條ノ否認訴權《ヒニンソケン》ヲ行フベキ相手ニ就《ツイ》テ規定シタノデス

前條ニ規定シタ通夫ハ否認權《ヒニンケン》ヲ有スルモノデアルガ其否認權ハ何人ヲ相手《アヒテ》トシテ訴フベキヅト云フニ其ハ子ニ對シテ訴フベキモノデアル若シ其子ニ法定代理人ガアルトキハ其代理人ニ對《タイ》シテ訴ヘルコトヲ出來ル而シテ夫ガ法定《ホフテイ》代理人デアルトキハ其資格《シカク》ハ異《コト》ナルニモセヨ自分ガ自分《ジブン》ヲ訴フルト同ジ事デアリマスレバ裁判所《サイバンショ》ハ子ノ爲メニ特別代理人ヲ選《エラ》ミマシテ夫《チツト》ノ否認訴訟ノ相手方《アイテカタ》トナラセルモノトシタノデス

第八百二十四條　夫カ子ノ出生後ニ於テ其嫡出ナルコトヲ承認シタルトキハ其否認權ヲ失フ

〔註釋〕本條ハ夫《チツト》ガ否認權ヲ失《ウシナ》フ場合ヲ示シタノデス

夫ガ子ノ出生シタ後ニ於テ假ニモ一タビ自分ノ嫡出子デアルト認メマシタトキハ如何ナル事情《ジヤウ》ガ在ッテ後日彼レハ全ク自分《ジブン》ノ子デハアリマセヌト申立ツルトモ既《ステ》ニ否認權《ヒニンケン》ヲ失ナッタモノデアルカラ其効力ハナイノデス

第八百二十五條　否認《ヒニン》ノ訴ハ夫カ子ノ出生ヲ知リタル時ヨリ一年内ニ之ヲ提起スルコトヲ要ス

▲參看　人第百二條

〔註釋〕本條ハ夫ガ否認《ヒニン》ノ訴ヲ提起《テイキ》スベキ時効ヲ規定シタモノデス

本條ノ如ク否認訴權提起ノ時効ヲ一ケ年内トスルハ稍々長キヤウニ思ハレマスケレドモ全体氏《センタイウジ》ノ事タル極メテ大切ノ事デアッテ種々熟考《ジユクカウ》モシ又色々証據《シヨウコ》モ集メネバナラズ加之ナラズ夫ガ久シク他行《タギヤウ》シテ不在ナル爲メ子ガ生レタヤ否《イナ》ヤヲ知ラヌコトモナイトモ限《カギ》リマセヌ故ニ法律ハ否認訴權《ヒニンソケン》ヲ行《オコ》フニハ夫ガ子ノ生レタルコトヲ知リマシタ時ヨリ一年内ニナスベキコトヽ規定シタノデアリマス

第八百二十六條　夫カ未成年者ナルトキハ前條ノ期間ハ其成年ニ達シタル時ヨリ之ヲ起算《キサン》ス但夫カ成年ニ達《タツ》シタル後ニ子ノ出生ヲ知リタルトキハ此限ニ在ラス

夫カ禁治產者《キンヂサンシヤ》ナルトキハ前條ノ期間ハ禁治產《キンヂサン》ノ取消アリタル後夫カ

子ノ出生ヲ知リタル時ヨリ之ヲ起算ス

〔註釋〕本條ハ前條ノ補足《ホソク》トモ云フベキモノデアツテ夫ノ未成年者《ミセイチンシヤ》ナルトキ又ハ禁治産者ナルトキノ爲メニ特別ノ制ヲ設ケタノデアリマス

子ニ對《タイ》スル夫ノ否認權《ヒニンケン》ハ夫ガ未成年者ナルト否《イナ》トニ拘ハラヌモノデアリマスケレドモ其權利ヲ行フハ成年ニ達シタ上デナケレバナラヌ故ニ本條ノ如ク成年ニ達シタトキヨリ起算シテ一年内ニ行《オコナ》フベキモノトシタノデアル尤モ未成年中《ミセイチンチウ》ハ子ノ生レタルコトヲ知ラズ成年ニ達《タツ》シタ後ニ至ツテ始《ハジ》メテ子ノ生レタコトヲ知ツタトキハ本條ノ規定《キテイ》ニ依ラズ前條ニ因テ其知リタルトキカラ一年内ニ提起スベキモノトシタノデアル

本條第二項、禁治産者《キンチサンシヤ》モ否認權ヲ行フヿガ出來ルカ否《イナ》ヤト云フヿヲ規定シタノデアル抑モ禁治産者ハ心神喪失《シンシンソウシツ》ノ常況ニ在ルモノデ後見《コウケン》ニ付セラレテアルモノナレバ法律行爲《ホウリツカウイ》ヲナスコト能《アタ》ハザルハ當然《タウゼン》デアル左レバ禁治産ノ取消《トリケ》サルヽマデ待テ居ルベキモノデナケレバ此場合ニハ後見人ガ子ノ出生ヲ知リタル時ヨリ一年内ニ否認訴權ヲ行フモノデアル去リナガラ已《ステ》ニ禁治産ノ取消《トリケシ》アリタルトキハ第八百三十三條ニ因テ自ラ其子ノ出生ヲ知リタルトキヨリ起算《キサン》シテ一年内ニ行フベキコトハ無論《ムロン》ノコトデアリマス

第二款　庶子《ショシ》及ヒ私生子《シセイシ》

〔註釋〕本欵ハ嫡出子《チヤクシユツシ》ニアラザル庶子及ビ私生子ノ認知《ニンチ》ニ就テ規定シマシタモノデアル全体《ゼンタイ》本法ニ於テ妻ハ認《ミト》メヌコトデアルカラ法律上庶子ヲ認《ミト》メルハ不妥當《フオンタウ》ノヤウナレドモ從來ノ慣習上ヨリ庶子ヲ認メルコトヽシタノデアリマス

第八百二十七條　私生子《シセイシ》ハ其父又ハ母ニ於テ之ヲ認知《ニンチ》スルコトヲ得

父カ認知シタル私生子ハ之ヲ庶子トス

▲參看　人第九十八條

〔註釋〕本條ハ私生子ノ認知《ニンチ》ニ關《クワン》スルコトヲ規定シタノデス

凡ソ私生子トハ正當《セイタウ》ノ婚姻ヲナサヽル男女ノ間ニ生《ウマ》レタ子デアッテ父母ノ何人《ナンピト》ナルヤ判《ハン》然《ゼン》セヌモノヽコトデス故ニ此ノ場合ニ余《ヨ》ハ其子ノ父デアル母デアルト申出デタル時ハ即チ私生子ヲ認知シタトナルモノデアル而シテ父ガ認知シマシタ私生子ヲ之ヲ庶子ト云ヒマス

今少シク悉《クワ》シク謂ヒマスト總《スベ》テ父ナクシテ生ルヽ子ト云フモノハナイ筈《ハヅ》デアルガ父何人

デアルカ判然《ハンゼン》セヌコトハ隨分《ツイブン》アルコトデス即チ母ガ不品行ニシテ數多《アマタ》ノ男子ニ接《セツ》シタル爲メニ其母ノ懷胎《クワイタイ》シタル子ハ何人ノ胤《タネ》デアルカ判然セヌガ如キモノデアリマス而シテ母ノ知レヌ場合ハ決シテ無イヤウニ思ハレマスケレド或ハ母ガ出生子ヲ棄テ又ハ母ガ法律ニ違反《イハン》シテ出生ノ屆出ヲセズ後ニ至リテ認知《ニンチ》ヲナスベキ場合ガナイトモ限《カギ》リマセヌソコデ父又ハ母ガ認知トシタノデアリマス

第八百二十八條　私生子ノ認知《ニンチ》ヲ爲スニハ父又ハ母カ無能力者《ムノウリヨクシヤ》ナルトキト雖モ其法定代理人ノ同意ヲ得ルコトヲ要セス

▲參看　人第九十九條

〔註釋〕本條ハ前條ノ認知《ニンチ》ヲナスニハ父又ハ母ガ無能力《ムノウリヨク》デアツテモ代理人《ダイリニン》ノ同意ヲ要セヌト云フコトヲ規定シタノデアル

認知《ニンチ》ト云フコトハ何モ六ツカシイコトハナイ自分《ジブン》ノ子デアルカラ自分ノ子ナリト謂フマデナレバタトヘ無能力者《ムノウリヨクシヤ》デアレバトテ他人ノ指圖《サシヅ》ヲ受クベキモノニアラズ總テ未成年者ハ何事モ法定代理人ニ因《ヨツ》テ爲スベキモノナレドモ子ノ認知《ニンチ》バカリハ他人ガ嘴《クチバシ》ヲ容ルベキ性質《セイシツ》ノモノデアリマセヌ故ニ法定代理人ノ同意《ドウイ》ヲ要セズト定メタノテアリマス

第八百二十九條　私生子《シセイシ》ノ認知ハ戸籍吏《コセキリ》ニ屆出ツルニ依リテ之ヲ爲ス認知《ニンチ》ハ遺言《イゲン》ニ依リテモ亦之ヲ爲スコトヲ得

〔註釋〕本條ハ私生子《シセイジ》認知ノ方法ヲ規定シタモノデ通常戸籍吏《ツウジヤウコセキリ》ヘ屆出デヽナスモノデアルケレドモ又遺言ヲ以テモ認知ヲナスコトガ出來ルト云フコトヲ定メタノデアル即チ生前ニ認知ヲ爲スコトヲ欲《ホツ》セズシテ死後《シゴ》ニ於テ發表《ハツピヤウ》スルコトヲ欲スル場合アルガ爲メニ設ケタノテス

第八百三十條　成年《セイネン》ノ私生子ハ其承諾《シヤウダク》アルニ非サレハ之ヲ認知スルコトヲ得ス

〔註釋〕本條ハ既《ステ》ニ成年ニ達《タツ》シタル私生子ナルトキハ父母ガ隨意《ズイヰ》ニ己ノ子ジヤト專易ク認知《ニンチ》スルコトヲ得ヌ又其私生子ノ承諾ヲ受ケロト云フコトヲ規定シタノデス

本條ニ斯ク規定シタト云フモノハ私生子トテモ已《ステ》ニ成年ニ達《タツ》シタル以上ハ相當ノ智識《チシキ》ヲ有シ居ルモノデアレバ妄《ミダ》リニ我子デアルト云フトモ左樣然《サヤウシカ》ラバト應《オウ》ズベキモノデハナイ故ニ此場合ニハ必ズ私生子ノ同意《ドウイ》ヲ得ネバナリマセヌ何《ナン》トナレバ輕《カル》々シク人ノ身分ヲ左

右スルノ結果《ケツクワ》ヲ生ズルノミナラズ單ニ親權《シンケン》ヲ行ハント欲スルガ爲メニ不當ノ目的《モクテキ》ノミニテ認知スルヤモ計ラレヌカラデアリマス

第八百三十一條　父ハ胎內《タイナイ》ニ在ル子ト雖モ之ヲ認知《ニンチ》スルコトヲ得此場合ニ於テハ母ノ承諾ヲ得ルコトヲ要ス

父又ハ母ハ死亡《シバウ》シタル子ト雖モ其直系卑屬《チヨクケイヒゾク》アルトキニ限リ之ヲ認知スルコトヲ得此場合《コノバアヒ》ニ於テ其直系卑屬カ成年者ナルトキハ其承諾ヲ得ルコトヲ要ス

〔註釋〕本條ハ胎內《タイナイ》ニアル子又ハ死亡《シバウ》シタル子ニ就テ認知スルヲ得ベキ場合ヲ規定《キテイ》シテアルノデス

第一項ハ父ハ未タ生レ出テザル即チ母ノ胎內ニアル子トテモ我子デアルト認知《ニンチ》スルコトガ出來ルガ此場合ニ於テハ母ノ承諾ヲ得ネバナラヌト云フコトヲ規定シタノデス

第二項ハ既《スデ》ニ死亡《シバウ》シタル子ト雖モ父又ハ母ハ其子ヲ我子《ワガコ》テアルト認知スルコトモ場合ニ於テハ爲シ得ルト云フコトヲ規定シタノデス其場合トハ其子ニ直系卑屬即チ子孫アルト

キテナケレバナリマセヌ而シテ其子孫《シソン》ガ已ニ成年ニ達シタル時ナレバ相當《ソウタウ》ノ智識アルモノテスカラ妄《ミダ》リニ其先代タル親ヲ認知《ニンチ》スルコトガ出來ヌ故ニ直系卑屬タルモノノ承諾ヲ得テ認知セネバナラヌノテス

第八百三十二條　認知ハ出生ノ時ニ遡《サカノボ》リテ其效力《カウリヨク》ヲ生ス但第三者カ既ニ取得シタル權利ヲ害スルコトヲ得ス

〔註釋〕本條ハ認知《ニンチ》ノ効力ノ生スル場合ヲ規定《キテイ》シタノテス

認知ハ屆出ニ依《ヨ》リテ爲スベキモノテアレドモ其性質《セイシツ》タル之ニ依テ親子ノ關係《クワンケイ》ヲ定ムベキモノテスカラ其効力ハ其子ノ生《ウマ》レタル日ヨリ始《ハジ》マルヲ至當《シタウ》ト致シマス

然レドモ他人ガ已《スデ》ニ私生子ニ對シテ或權利ヲ取得《シユトク》シ居リタルトキハ認知シタル父母ハ其第三者ノ權利ヲ害スルコトハ出來ヌノテアリマス

第八百三十三條　認知《ニンチ》ヲ爲シタル父又ハ母ハ其認知ヲ取消《トリケ》スコトヲ得ス

〔註釋〕本條ハ一旦父母ニ於テ認知セシ以上ハ如何ナル事情ガアツテモ其認知ハ取消サレヌ

ト云フコトヲ規定シタノデス

父母ガ一タビ或ル子ヲ以テ我子《ワガコ》ナリト認知《ニンチ》シタル片ハ其子ハ生《ウマ》レタル時ヨリ其モノヽ子トナリタルモノナレバ最早《モハヤ》之ヲ取消《トリケ》シテ我子ニアラズト云フコトハ出來マセヌ若シ取消ヲ許スト云フコトニ定メタナラバ其子ハ故ナクシテ父母ナキ私生子トナルコトニナリマスカラデス

第八百三十四條　子《コ》其他ノ利害關係人ハ認知ニ對《タイ》シテ反對《ハンタイ》ノ事實ヲ主《シユ》張スルコトヲ得

〔註釋〕本條ハ認知ニ對《タイ》シテ反對ノ事實《ジジツ》ヲ主張スルニ付利益《リエキ》ヲ有スルモノニ虚僞《キヨギ》ノ認知ヨリ生ズルコトヲ避ケンガ爲メニ規定シタノデス

私生子ガ或《ア》ルモノヨリ我子ナリト認知《ニンチ》ヲ受ケタルトキ實際《ジツサイ》其者ノ子ニアラザルトキハ子又ハ其子ノ利害關係人《リガイクワンケイニン》カラ不同意ヲ申立テルコトガ出來ルノデス何トナレバ若《モ》シ實際《ジツサイ》其人ノ子デナイ事實《ジジツ》ガアルニモ拘ハラズ認知シタカラトテ甘《アマ》ンジテ其者ノ親權ニ服從《フクジウ》セネバナラヌトシテミレバ被《ヒ》認知者《ニンチシヤ》ニハ大ナル不利益《フリエキ》ガアルカラ斯《カク》ハ規定シタノデス

第八百三十五條　子其直系卑屬又ハ此等ノ者ノ法定代理人ハ父又ハ母

ニ對シテ認知ヲ求ムルコトヲ得

〔註釋〕本條ハ父又ハ母ヨリ其子ヲ認知スルデハナクテ第一、子第二、子ガ死亡シタルトキハ其子孫第三、子又ハ其子孫ガ未成年者ナルトキハ法定代理人ヨリ其父デアル又母デアルト云フコトヲ證明《シヨウメイ》シテ父又ハ母ニ對シテ認知ヲ求《モト》メ得ベキコトヲ規定シタノデス此塲合ニハ初メヨリ裁判所ヲ煩《ワツラ》ハサズ先ヅ父又ハ母ニ對《タイ》シテ認知ヲ求《モト》メテ若シ其父又ハ母ガ任意《ニンイ》ノ認知セザル塲合ニ於テ始《ハジ》メテ裁所判ヲ煩《ワツラ》ハスベキコトデアリマス

第八百三十六條　庶子ハ其父母ノ婚姻ニ因リテ嫡出子タル身分ヲ取得ス

婚姻中父母カ認知《ニンチ》シタル私生子ハ其認知ノ時《トキ》ヨリ嫡出子タル身分ヲ取得ス

前二項ノ規定《キテイ》ハ子カ既《スデ》ニ死亡シタル塲合ニ之ヲ準用ス

▲參看　人第百三條

〔註釋〕本條ハ庶子《シヨシ》ガ嫡出子《チヤクシユツシ》タル身分ヲ取得《シユトク》スル塲合ヲ規定シタノデアリマス

第一項ハ茲《ココ》ニ私生子ガアッテ其父ガ之ヲ認知《ニンチ》シテ庶子トナリタルニ其後父母ガ正當《セイタウ》ノ婚姻ヲナシタルトキハ嫡出子タルノ身分《ミブン》ヲ得ベキモノデス普通《フツウ》ト異《コト》ナルトコロハ父母ノ婚姻アリタル後ニ生レタ子デアッテ此場合ハ子ガ生レテ後ニ婚姻シタモノデアリマス

第二項ハ婚姻繼續中《ケイゾクチウ》ニ於テ父母ガ認知セシ私生子ナルトキハ其私生子ハ己レノ子ナリト認知セシ時ヨリ嫡出子タルノ身分ヲ得ルモノデス

コノ第一項及第二項ノ規定ハ庶子若クハ私生子ガ既ニ死亡スルトモ父母ガ認知シタ以上ハ嫡出子《チヤクシユツシ》トナルコトヲ規定シタノデス此場合ハ死亡《シバウ》シタ其子ニ子孫《シソン》アルトキニ初メテ認知ノ效果ヲ生ズルモノデアリマス

第二節　養子

〔註釋〕養子ハ族制主義《ゾクセイシユギ》ノ結果《ケツクワ》デアッテ他人ノ子ヲ收養《シウヨウ》シテ自己ノ子トスルコトヲ云フノデス而シテ其目的《モクテキ》ハ一家ノ祭祀《サイシ》ヲ永遠ニ持續《ヂゾク》セシメンガ爲メ若クハ老後《ラウゴ》ヲ慰《ナグサ》メンガ爲メニスルノデアル本節ハ縁組ノ要件《エウケン》、無效並ニ取消《トリケシ》、效力、離縁ノ四欵ニ分チテ其規定ヲ掲ゲタノデアリマス

第一欵　縁組《エングミ》ノ要件《ヨウケン》

〔註釋〕本欵ハ養子ヲ爲ス者及ビ養子《ヤウシ》トナル者ノ資格《シカク》其他養子縁組ノ方式《ハウシキ》等必要ノ條件ヲ規定シタノデス

第八百三十七條　成年ニ達シタル者ハ養子ヲ爲スコトヲ得

▲參看　人第百六條

〔註釋〕本條ハ成年者ハ養子《ヤウシ》ヲ貰《モラ》ヒ受クルコトノ出來ルコトヲ規定シタノデス即チ年齡《ネンレイ》ノ規定デアリマス

養子ハ成年ニ達《タツ》シタルモノニアラザレバ貰受《モラヒウ》クルコトガ出來ヌコトハ本條主文《シユブン》ノ通リデアリマス然《シカ》ラバ未成年者ハ如何ト謂フ論者《ロンシヤ》ガアリマセウガ未成年者ハ如何ニ身躰《シンタイ》ガ虚弱ナカラトテ未ダ實子ヲ擧《ア》グルノ見込《ミコ》ミガナイトハ云ハレマセヌ其レ故ニ本法ハ本條ヲ以テ成年者ニ限リ養子ヲナシ得ル旨ヲ規定シタノデアリマス

第八百三十八條　尊屬《ソンゾク》又ハ年長者ハ之ヲ養子《ヤウシ》ト爲スコトヲ得ス

〔註釋〕本條ハ養子《ヤウシ》ト爲スベキ人ノ區域《クイキ》ニ就テ規定シタモノデス

養子縁組ハ養親《ヤウシン》ト養子ノ間ニ實《ジツ》ノ親子ト同様ナル關係《クワンケイ》ヲ生ゼシムベキモノデアルガ故ニ尊屬《ソンゾク》即チ自分ヨリ目上ノモノヲ子トナストキハ倫理《リンリ》ヲ紊亂《ビンラン》スルノ恐《オソ》レナシトセズ又親ヨ

リモ年長ナルモノヲ養子トスルトキハ事理《ジリ》ニ於テ穩當《ヲンタウ》ナラヌハ當然ノコトデアルカラ尊屬又ハ年長者ヲ養子トシテ貰ヒ受クルコトヲ禁ジタノデアリマス

第八百三十九條　法定《ホフテイ》ノ推定家督《カトク》相續人タル男子アル者ハ男子ヲ養子ト爲スコトヲ得ス但女壻《ジョセイ》ト爲ス爲メニスル場合ハ此限《コノカギリ》ニ在ラス

參看　人第百七條

〔註釋〕本條ハ養子ヲ爲ス目的《モクテキ》ニ就テ規定シタモノデ第一推定《スイテイ》家督相續人ノ利益《リエキ》ヲ保護スルモノデアリマス

全体《ゼンタイ》養子ヲ貰ヒ受クル目的《モクテキ》ト云フモノハ家督相續人ヲ定《サダ》メントスルニ外ナラズ然《シカ》ラバ男子ノ推定家督相續人《カトクソウゾクニン》ガアルニ何ヲ苦《クル》シンデ更ニ男子ノ養子ヲ爲スベキ謂ハレガアルヤ夫レデ其必要ハナイモノデアル

然レドモ若《モ》シ家督相續人ガ女子デアルトキニハ男子ヲ婿《ムコ》トシテ養子ニ貰《モラ》ヒ受クル必要ガアル又男子ノ家督相續人アルモ娘《ムスメ》ノ爲メニ婿《ムコ》トシテ貰ヒ受クルナラバ家督相續人トスルノ目的ヲ以テ貰《モラ》ヒ受クルモノデナケレバ相續人ノ相續權《ソウゾクケン》ヲ害《ガイ》スルコトガアリマセヌカラ亦法律ノ禁スベキ所デハナイノデス

第八百四十條　後見人《コウケンニン》ハ被後見人ヲ養子《ヤウシ》ト爲スコトヲ得ス其任務カ終了《シユリヤウ》シタル後未タ管理ノ計算《ケイサン》ヲ終ハラサル間亦同シ

前項ノ規定ハ第八百四十八條ノ場合ニハ之ヲ適用セス

〔註釋〕本條ハ後見人ニ管理《カンリ》計算《ケイサン》ノ義務ヲ盡《ツク》サシムルノ目的ヲ以テ設《マウ》ケタノデアル即チ後見人ガ後見中ノ計算《ケイサン》ヲ免ガレ利益ヲ計《ハカ》ラントスルモノ若クハ親權ヲ楯《タテ》ニ取テ後見中ノ計算ヲ曖昧《アイマイ》ニ付セントスルモノヲ防《フセ》グ爲メニ設ケタ規定デアツテ後見人ハ己《オノ》レノ後見ノ下ニアル所ノハ養子《ヤウシ》トスルコトヲ許シマセヌタトハ後見ノ任務《ニンム》ガ終了《シユリヤウ》シタル後ト雖ドモ管理上ノ總テノ計算《ケイサン》ヲ終《ヲハ》リマセヌ内ハ矢張リ其後見ヲ受クルモノヲ養子《ヤウシ》トナスコトガ出來ヌノデス、

然《シカ》レドモ第八百四十八條ニ示シタル所ノ遺言養子《イゲンヤウシ》ニ付テハ死亡ノ後ニ於テ效力《カウリヨク》ヲ生スルモノデアリマスカラ前項ニ規定《キテイ》シタ如キ弊害《ヘイガ井》ハアリマセヌ故ニ計算ヲ終了セヌ間トテモ養子トスルコトガ出來ルノデアリマス

第八百四十一條　配偶者アル者ハ其配偶者ト共ニスルニ非サレハ縁組

ヲ為スコトヲ得ス

夫婦《フウフ》ノ一方カ他ノ一方ノ子ヲ養子《ヤウシ》ト為スニハ他ノ一方ノ同意ヲ得ルヲ以テ足ル

▲参看　人第百十條

〔註釋〕本條ハ配偶者《ハイグウシヤ》アルモノヽ縁組及ビ夫婦《フウフ》ノ一方ガ養子ヲシタイト思フトキニ於ケル手續ヲ規定シタノデアリマス

凡ソ婦ハ其夫ニ従フベキモノデアルカラ他人ノ養子トナルコトヲ得ザルハ勿論デアレドモコレト同時ニ夫ノ姓氏《セイシ》及ビ分限《ブンゲン》等ハ總《スベ》テ其婦ニモ及ブベキモノテアレバ夫モ婦ト相分《アヰブン》離《リ》シテ随意《ツヰイ》ニ他人ノ養子トナルコトハ出來ヌノテアル夫レ故ニ配偶者《ハヰグウシヤ》アルモノガ他人ノ養子トナルニハ其配偶者ト共ニスルテナケレバ法律ハ許サヌノテアリマスコレガ第一項ノ規定アル所テアル

又第二項ハ夫婦《フウフ》ノ一方ガ私生子又ハ實子《ジツシ》ヲ持《モ》チ居ルトキハ一方ノモノヽ同意ヲ得テ其子ヲ養子トスルコトガ出來《デキ》ルノテス例《タト》ヘバ妻ガ夫ノ庶子ヲ養子《ヤウシ》トナサントスルトキハ夫ノ同意ヲ得テ又夫ガ妻《ツマ》ノ私生子又ハ前夫ノ連子《ツレコ》ヲ養子トナサントスルトキハ妻ノ同意ヲ得

テ養子トナスコトヲ得トシタノテアル

第八百四十二條　前條第一項ノ場合《バアヒ》ニ於テ夫婦ノ一方カ其意思《井ジ》ヲ表示スルコト能ハサルトキハ他ノ一方ハ雙方《ソウホウ》ノ名義ヲ以テ縁組《エングミ》ヲ爲スコトヲ得

參看　人第百十條

〔註釋〕本條ハ別ニ說明《セツメ井》スルコトテモナク前條第一項ノ配偶者ノ縁組《エングミ》ニ付テ夫婦ノ一方ガ其意思ヲ表示《ヘウシ》スル能ハザルトキ即チ行衛知《ユクヘシ》レザルカ又ハ白痴《ハクチ》瘋癲《フウテン》トナリタル場合ニ於テハ他ノ一方ヨリ双方ノ名義ヲ以テ縁組スルコトガ出來ルノテス

第八百四十三條　養子ト爲ルヘキ者カ十五年未滿ナルトキハ其家ニ在ル父母之ニ代《カハ》リテ縁組ノ承諾《シヤウダク》ヲ爲スコトヲ得

繼《ケ井》父《フ》母《ボ》又ハ嫡母カ前項ノ承諾ヲ爲スニハ親族會《シンゾククワ井》ノ同意ヲ得ルコトヲ要ス

▲參看　人第百十三條

〔註釋〕本條ハ十五年未滿《ミマン》ノモノガ養子トナルベキ塲合《バアヒ》ニハ父母ガ代ツテ承諾スルコトヲ得ベク而シテ繼父母又ハ嫡母《チヤクボ》ニ於テハ子ノ利益《リエキ》ヲ圖《ハカ》ラズシテ妄《ミダ》リニ繼子又ハ庶子ヲ他人ノ養子トスルノ弊ヲ防ガンガ爲メニ規定シタノテス

凡テ養子緣組ハ養子ヲスルモノト養子トナルモノトガ同意セ子バナリマセヌケレドモ十五歳以下ノ幼者《エウシヤ》ナランニハ智識《チシキ》ガ不充分テアツテ自ラ承諾《セウダク》スベキ能力ガアリマセヌカラ是等ノ幼者《エウシヤ》ハ父母ノ其家ニ在ルモノガ代《カハ》ツテ養子緣組ノ承諾ヲスルコトガ出來ルト定メタノテス

然レドモ繼父母《ケイフボ》ト繼子《ケイシ》トノ間嫡母ト庶子トノ間ハ兎角《トカク》不和合《フワガフ》勝チノモノテアルノミナラズ得テシテ其子ノ利益《リエキ》ヲ圖《ハカ》ラヌ勝チノモノテアルカラ幼者ノ意思《イシ》如何ニ拘《カヽ》ハラズ己レ等サヘ得心《トクシン》ナレバ承諾ヲナスヤモ計《ハカ》ラレヌソレ故此塲合ハ親族會ノ同意《ドウイ》ヲ得ネバ幼者ノ養子緣組ヲ承諾スルコトガ出來ヌト定メタモノテアリマス

第八百四十四條　成年《セイチン》ノ子カ養子ヲ爲シ又ハ滿十五年以上ノ子カ養子ト爲ルニハ其家ニ在ル父母ノ同意ヲ得ルコトヲ要ス

参看　人第百十五條

〔註釋〕本條ハ別ニ六ツカシキ理由《リユウ》アルテモアリマセヌ結局《ツマリ》養子ヲ貰ヒ受ケ又ハ養子ニ行《ユ》クハ親族ノ關係及ビ家族《カゾク》ノ增減ニ重大ナル影響《エイキヤウ》ヲ及ボスモノテアルカラ鄭重《テイチヤウ》ニシタノテアリマス即チ十五歳以上ノモノハ養子トナルニ付キ既ニ承諾ヲナスノ能力ハアリマスケレドモ尚ホ養子トナルニハ父母ノ同意ヲ要スルコト又成年ノ者テモ養子ヲ貰ヒ受クルニハ父母ノ同意ヲ受クルコトガ必要ジヤト定メタノテス

第八百四十五條　緣組《エングミ》又ハ婚姻ニ因リテ他家《タケ》ニ入リタル者カ更ニ養子トシテ他家ニ入ラント欲《ホツ》スルトキハ實家ニ在ル父母ノ同意《ドウイ》ヲ得ルコトヲ要ス但妻カ夫ニ隨ヒテ他家ニ入ルハ此限ニ在ラス

〔註釋〕本條ハ第七百四十一條ト同意味《ドウイミ》テアレバ同條ニ於ケル說明《セツメイ》ヲ看タラバ自ラ會得スルコトガ出來マス

第八百四十六條　第七百七十二條第二項及ヒ第三項ノ規定ハ前三條ノ場合ニ之ヲ準用ス

第七百七十三條ノ規定ハ第二條ノ場合ニ之ヲ準用ス

〔註釋〕本條モ亦第七百七十二條及第七百七十三條ニ於テ說明セルト同ジコトテアレバ其各條ノ說明ヲ見レバ自然《シゼン》ト明瞭《メイリヤウ》ニナリマスカラ茲ニハ更ニ述《ノ》ベマセヌ

第八百四十七條　第七百七十四條及ヒ第七百七十五條ノ規定ハ緣組ニ之ヲ準用ス

▲參看　人第百十三條

〔註釋〕第七百七十四條ハ禁治《キンヂ》產者《サンシヤ》ノ婚姻ノコト第七百七十五條ハ婚姻屆出《トヾケイデ》ノコトテスガコノ兩條トモ養子緣組ニモ準用スルノテ即チ禁治產者ノ養子緣組ハ第七百七十四條ヲ養子緣組《エングミ》ノ屆出ハ第七百十五條ニ據《ヨ》ルベキコトヲ規定シタノテス

第八百四十八條　養子ヲ爲サント欲スル者ハ遺言ヲ以テ其意思ヲ表示スルコトヲ得此場合ニ於テハ遺言《イゲン》執行者《シツカウシヤ》、養子ト爲ルヘキ者又ハ第八百四十三條ノ規定《キテイ》ニ依リ之ニ代ハリテ承諾《セウダク》ヲ爲シタル者及ヒ成年ノ證人二人以上ヨリ遺言《イゲン》カ效力ヲ生シタル後遲滯《チタイ》ナク緣組ノ屆出ヲ

爲スコトヲ要ス

前項ノ届出ハ養親ノ死亡《シバウ》ノ時ニ遡《サカノボ》リテ其效力ヲ生ス

▲參看　人第百六條

〔註釋〕本條ハ遺言《イゲン》ヲ以テ養子ヲナシタル塲合ニ於テノ届出方ヲ規定シタノデアル

凡ソ遺言ハ遺言者ノ死亡ニ依リテ效力ヲ生スルモノテアルガ故ニ遺言ニ依リテ養子縁組ヲ爲シタルモノアルトキハ遺言者《イゲンシヤ》ノ死亡ト共ニ縁組ノ成立《セイリツ》シタモノテアルハ言フマテモナイコトテスサレバ成ルベク速ニ養子トナリタル者若クハ養子トナリタル者ガ未成年者ナルトキハ之ニ代《カハ》ツテ縁組ヲ承諾《セウダク》シタ父母又ハ親族會カラ縁組ノ証人《セウニン》ニ立チタルモノト共ニ戸籍吏ニ届出テネバナリマセヌ

コノ届出ハ養親《ヨウシン》ノ死亡セシ時ニ遡《サカノボ》ツテ其效力ヲ生ズルノテアリマス

第八百四十九條　戸籍吏ハ縁組カ第七百四十一條第一項、第七百四十四條第一項、第七百五十條第一項及ヒ前十二條ノ規定其他ノ法令ニ違反《井ハン》セサルコトヲ認《ミト》メタル後ニ非サレハ其届出ヲ受理《ジユリ》スルコトヲ得

ス

第七百七十六條但書ノ規定ハ前項ノ場合ニ之ヲ準用ス

〔註釋〕本條ハ戸籍《コセキ》吏ガ縁組ノ届出ヲ受理《ジユリ》シタル場合ノ規定テアッテ別《ベツ》ニ說明スルコトモアリマセヌ第七百七十六條ノ規定《キテイ》ニ於ケル說明ヲ看《ミ》タナラバ自カラ判然《ハンゼン》スルノテアリマセウ

第八百五十條　外國《グワイコク》ニ在ル日本人間ニ於テ縁組《エングミ》ヲ爲サントスルトキハ其國ニ駐在《チウザイ》スル日本ノ公使又ハ領事《リヤウジ》ニ其届出ヲ爲スコトヲ得此場合ニ於テハ第七百七十五條及ヒ前二條ノ規定ヲ準用ス

參看　人第百二十五條

〔註釋〕本條ハ外國ニ滯在《タイザイ》スル日本人同士ガ養子縁組ヲナシタル場合《バアヒ》ニ於ケル届出ノ手續《テツヾキ》ヲ規定シタモノテ第七百七十七條ト同一ノ意味テアレバ別ニ說明ハ致シマセヌカラ同條ニ就キ御覽ナサルガヨロシイ

第二款　縁組ノ無效《ムコウ》及ヒ取消《トリケシ》

〔註釋〕本欵ハ養子縁組ガ法令《ホフレイ》ノ要件ヲ缺《カ》キシ爲メニ或ハ無效《ムカフ》トナリ或ハ取消スコトヲ得ベキ場合ヲ規定シタモノデアリマスガ元來養子縁組ハ養子ト養家トノ間ニ親族ノ關係ヲ生ゼシムルモノデアレバ互《タガヒ》ニ親密《シンミツ》ニナケレバナリマセヌ且縁組ハ大抵《タイテイ》相續ヲ目的《モクテキ》トスルモノデアレバ殊更《コトサラ》養子ト養家トノ間ハ和合《ワガフ》スルガ一番デアルニ若シ和合《ワガフ》セザル𪜈ハ無論養子縁組ノ目的ヲ達《タツ》スルコトガ出來マセヌカラ早《ハヤ》ク取消シテ更ニ良縁《リヤウエン》ヲ求《モト》メネバナリマセヌ之レガ本欵ノ必要ナル理由デアリマス

第八百五十一條　縁組ハ左ノ場合ニ限リ無效トス

一　人違《ヒトチガヒ》其他ノ事由ニ因リ當事者間ニ縁組《エングミ》ヲ爲ス意思ナキトキ

二　當事者カ縁組ノ屆出ヲ爲サヽルトキ但其屆出カ第七百七十五條第二項及ヒ第八百四十八條第一項ニ掲《カヽ》ケタル條件《デフケン》ヲ缺《カ》クニ止マルトキハ縁組ハ之カ爲《タ》メニ其效力ヲ妨《サマタ》ケラルヽコトナシ

▲參看　人第百二十七條

〔註釋〕本條ハ養子縁組ノ無效《ムカウ》トナル場合ヲ規定《キテイ》シタモノデ第七百七十八條ト同一ノ意味ナ

レバ別ニ說明《セツメイ》スル必要ハアリマセヌ唯、婚姻《コンヰン》トアルヲ縁組ト改《アラタ》メタマデヽアリマス而シテ第八百四十八條第一項ノ條件トハ遺言ヲ以テ養子ヲ定ムル意思ヲ表示スルコトデス

第八百五十二條　縁組《エングミ》ハ後七條ノ規定ニ依ルニ非《アラ》サレハ之ヲ取消スコトヲ得ス

▲參看　八第百二十八條

〔註釋〕本條ニ於テモ亦同樣《マタドウヤウ》ノコトデ養子縁組ニ於テ已《スデ》ニ種々ノ要件《エウケン》アルモノナレバ取消スニモ亦種々《シユ〲》ノ條件アルベキハ至當《シタウ》ノコトデアル其條件トハ即《スナハ》チ第八百五十三條以下ノ七條ニ示シタル要件ニ因ルベシトノコトヲ規定シタノデス

第八百五十三條　第八百三十七條ノ規定《キテイ》ニ違反《イハン》シタル縁組ハ養親又ハ其法定代理人《タイリニン》ヨリ其取消ヲ裁判所ニ請求《セイキウ》スルコトヲ得但養親《ヤウシン》カ成年ニ達シタル後六ケ月ヲ經過《ケイカ》シ又ハ追認《ツイニン》ヲ爲シタルトキハ此限ニ在ラス

▲參看　八第百二十八條

〔註釋〕本條ハ未ダ成年ニ達《タツ》セザル者ガ養子ヲ爲シタル塲合《バアヒ》ニ於ケル縁組ノ取消ニ關《クワン》スルコトヲ規定シタノデス

第八百三十七條ニ示《シメ》シタル通リ未成年者ハ未ダ實子《ジツシ》ヲ設《マウ》クルコト能ハザルモノト限ルベキニアラザレバ養子ヲ貰《モラ》ヒ受クルノ必要《ヒツエウ》ガアリマセヌ故ニ若シ誤《アヤマツ》テ未成年者ガ養子ヲ貰《モラ》ヒマシタトキハ其縁組ハ養親又ハ法定《ホフテイ》代理人ヨリ裁判所ニ請求《セイキウ》シテ取消スルコトガ出來マス然レドモ成年ニ達《タツ》シテ後六ケ月ヲ過《ス》ギシカ又ハ追認《ツイニン》シタナラバ取消スコトハ出來ヌノデアリマス

第八百五十四條　第八百三十八條又ハ第八百三十九條ノ規定ニ違反シタル縁組ハ各當事者《カクタウジシヤ》其戸主又ハ親族ヨリ其取消ヲ裁判所ニ請求スルコトヲ得

〔註釋〕本條ハ年長者又ハ尊屬者《ソンゾクシヤ》ヲ養子トナシ又ハ推定《スイテイ》家督相續人ガアルニ男子ヲ養子トシタ塲合ニ於ケル縁組ノ取消ヲ規定シタモノデアル之レハ第八百三十八條及ビ第八百三十九條ニ示《シメ》シタ通リノ次第デスカラ各當事者《カクタウジシヤ》其戸主又ハ親族ヨリ裁判所ニ請求《セイキウ》シテ其縁組ヲ取消スコトガ出來ルノデス

第八百五十五條　第八百四十條ノ規定ニ違反《イハン》シタル縁組《エングミ》ハ養子又ハ其實方ノ親族《シンゾク》ヨリ其取消ヲ裁判所ニ請求《セイキウ》スルコトヲ得但管理ノ計算《ケイサン》カ終ハリタル後養子カ追認《ツイニン》ヲ爲シ又ハ六ケ月ヲ經過《ケイクワ》シタルトキハ此限ニ在ラス

追認《ツイニン》ハ養子カ成年ニ達シ又ハ能力《ノウリヨク》ヲ回復シタル後之ヲ爲スニ非サレハ其效ナシ

養子カ成年ニ達《タツ》セス又ハ能力ヲ回復《クワイフク》セサル間ニ管理ノ計算《ケイサン》カ終ハリタル場合ニ於テハ第一項但書《タヾシガキ》ノ期間ハ養子カ成年ニ達《タツ》シ又ハ能力ヲ回復《クワイフク》シタル時ヨリ之ヲ起算《キサン》ス

▲參看　人第百三十條

〔註釋〕本條ハ後見人ガ管理《カンリ》ノ計算《ケイサン》ヲ終ラヌ間ニ被後見人ヲ養子《ヤウシ》トシタ場合ニ於ケル縁組ノ取消ヲ規定シタノデアルガ之モ其本條ニ於テ説明シタ通デアルカラ取消ヲ請求スルコト

ガ出來ルノデス左リナガラ縁組《エングミ》ノ後、後見人ガ計算《ケイサン》ヲナシ養子ガコノ縁組ヲ追認《ツイニン》シタトキカ又ハ計算後《ケイサンゴ》六ケ月ヲ過ギ去ツタトキハ最早《モハヤ》取消ノ請求ヲスルコトガ出來ヌノデアリマス

追認《ツイニン》ヲ爲スニハ養子ガ成年《セイネン》トナリタル時又ハ禁治產ノ取消ヲ受ケテ能力《ノウリヨク》ヲ回復シタ後デナケレバナリマセヌ又養子ガ成年ニ達セズ又ハ能力ヲ回復セザル內ニ計算ヲ終リマシタ時ニハ第一項ノ但書ノ期間《キカン》ハ成年ニ達《タツ》シ又ハ能力回復ノ時ヨリ起算《キサン》シテ六ケ月トスルノデアリマス

第八百五十六條　第八百四十一條ノ規定ニ違反シタル縁組ハ同意ヲ爲サヽリシ配偶者ヨリ其取消《ソノトリケシ》ヲ裁判所ニ請求スルコトヲ得但其配偶者《ハイグウシヤ》カ縁組アリタルコトヲ知リタル後六ケ月ヲ經過《ケイクワ》シタルトキハ追認《ツイニン》ヲ爲シタルモノト看做ス

▲參看　人第百二十八條

〔註釋〕本條ハ配偶者《ハイグウシヤ》アルモノガ夫婦一致《チ》セズシテ爲シタル縁組ノ取消ニ關《クワン》スル規定デアリマス

第八百四十一條ニアル如ク夫婦ハ養子縁組ヲナスニハ夫婦一致ノ上デナケレバナリマセヌ故ニ一方ガ承諾《セウダク》ヲセヌトキニハ承諾セザリシ一方ノモノハ取消《トリケシ》ヲ請求スルコトガ出來ルノデス尤モ八ケ月經過ノ後《ノチ》ニ於テハ既《スデ》ニ追認シタモノト看做《ミナ》シテ取消スノ効力ハナイモノトスルノデアリマス

第八百五十七條　第八百四十四條乃至第八百四十六條ノ規定ニ違反シタル縁組ハ同意《ドウイ》ヲ爲ス權利ヲ有セシ者ヨリ其取消ヲ裁判所ニ請求《セイキウ》スルコトヲ得同意カ詐欺《サギ》又ハ强迫《キヤウハク》ニ因リタルトキ亦同シ

第七百八十四條ノ規定ハ前項ノ場合ニ之ヲ準用ス

〔註釋〕第八百四十四條及ビ第八百四十五條第八百四十六條ニ於テ説明セシ如ク養子ヲ貰ヒ受ケ又ハ他家へ養子《ヤウシ》ニ行クニハ必《カナラ》ズ父母若クハ親族會等ノ同意《ドウイ》ヲ得ナケレバナラズ然ルニ之レ等ノ同意ヲ得ズシテ縁組《エングミ》シタ𬼂ハ同意ヲナスベキモノヽ權利《ケンリ》ヲ害《ガイ》サレタモノト謂ハネバナラヌ左レバ同意スベキ權利《ケンリ》アルモノハ此縁組ノ取消《トリケシ》ヲ請求スルコトガ出來ルノデス又タトヘ同意ヲナシタリトスルモ其同意《ソノドウイ》ガ詐欺又ハ强迫《キヤウハク》ニ因ツテ據《ヨンドコロ》ナク又ハ知ラ

ズシテ同意ヲナシタルトキハ其同意ハ眞ノ同意デハナイモノデアルカラ之レモ亦取消ヲ申立テルコトガ出來ルノデス

第七百八十四條ノ取消權ノ消滅《セウメツ》スル規定ハコノ場合ニモ準用《ジユンヨウ》スルノデス

第八百五十八條　壻養子《ムコヤウシ》緣組《エングミ》ノ場合ニ於テハ各當事者ハ婚姻ノ無效《ムカウ》又ハ取消ヲ理由《リユウ》トシテ緣組ノ取消ヲ裁判所ニ請求《セイキウ》スルコトヲ得但婚姻ノ無效又ハ取消ノ請求《セイキウ》ニ附帶《フタイ》シテ緣組ノ取消ヲ請求スルコトヲ妨《サマタ》ケス

前項ノ取消權《イリケシケン》ハ當事者カ婚姻ノ無效《ムカウ》ナルコト又ハ其取消アリタルコトヲ知リタル後六ケ月ヲ經過《ケイクワ》シ又ハ其取消權ヲ拋棄《ハウキ》シタルトキハ消滅ス

參看　人第百三十三條

〔註釋〕本條ハ第七百八十六條ノ場合《バアヒ》ト同一ノコトデアツテ同條ハ緣組ノ無効《ムカウ》又ハ取消ヲ理由トシテ婚姻ノ取消ヲ請求スルモノデアレドモ本條ハ婚姻ノ無効又ハ取消ヲ理由トシテ

縁組ノ取消《トリケシ》ヲ請求スルコトヲ規定《キテイ》シタノデアル而シテ第七百八十六條ニハ三ケ月トアレドモ本條ニハ取消アリタルヲ知レルヨリ六ケ月ヲ經過スルトキトシタノデアリマス

第八百五十九條　第七百八十五條及ヒ第七百八十七條ノ規定ハ縁組ニ之ヲ準用ス但第七百八十五條第二項ハ期間ハ之ヲ六ケ月トス

▲參看　人第百三十一條

〔註釋〕本條ハ詐欺又ハ強迫《キヤウハク》ニ依リテ縁組ヲナシタルトキハ之ヲ取消シ得《ウ》ルコト並ニ縁組《エングミ》ノ取消ハ其取消シタル以後ニノミ效力アルトノコトヲ規定シタノデス其他ハ各本條ヲ見レバ自カラ明了《メイリヤウ》ニナリマスカラ茲《コヽ》ニハ重子テ説明ハ致《イタ》シマセヌ

第三款　縁組ノ效力

〔註釋〕本款ハ縁組《エングミ》ノ效方ニ就テ規定《キテイ》シタモノデアリマス

第八百六十條　養子ハ縁組《エングミ》ノ日ヨリ養親ノ嫡出子《チヤクシユツシ》タル身分ヲ取得ス

▲參看　人第百三十四條

〔註釋〕本條ハ申スマデモナク養子《ヤウシ》ノ縁組シタ當日ヨリ養親《ヤウシン》ノ嫡出子タル身分《ミブン》ヲ取得《シユトク》スルコ

トヲ規定シタノデス

第八百六十一條　養子《ヤウシ》ハ縁組ニ因リテ養親《ヤウシン》ノ家ニ入ル

〔註釋〕本條ハ別ニ説明《セツメイ》ヲ要シマセヌ我國《ワガクニ》ノ慣例ノ通《トホ》リニ養子ハ縁組ニヨリテ養親ノ家ニ入リテ其家族トナルモノヂヤト云フマデヽアリマス

第四款　離縁

〔註釋〕本款ハ養子ノ離縁《リエン》ニ關スル一切ノ規定ヲ集《アツ》メテ記載《キサイ》シタモノデアリマス尚各條ニ就テ説明スルデアリマセウ

第八百六十二條　縁組《エングミ》ノ當事者ハ其協議ヲ以テ離縁《リエン》ヲ為スコトヲ得

養子カ十五年未滿《ミマン》ナルトキハ其離縁ハ養親《ヤウシン》ト養子ニ代ハリテ縁組ノ承諾《シヤウダク》ヲ為ス權利ヲ有《イウ》スル者トノ協議ヲ以テ之ヲ為ス

養親カ死亡《シバウ》シタル後養子カ離縁《リエン》ヲ為サント欲《ホツ》スルトキハ戸主ノ同意ヲ得テ之ヲ為スコトヲ得

參看　八第百三十七條

〔註釋〕本條ハ協議上《ケフギジヤウ》ノ離緣ニ關スル本則《ホンソク》ヲ示シタモノデアリマス

第一項ハ養子緣組ハモト協議ヲ以テナスベキモノデアレバ又協議ヲ以テ離緣スルコトガ出來ルト云フコトヲ規定シタノデアル

第二項ハ十五年未滿ノ幼者《ヤウジヤ》ガ離緣《リエン》ヲナサントスルトキハ其離緣ハ養親ト及ビ養子ニ代《カハ》リテ緣組ヲ承諾シタルモノヽ承諾《セウダク》ヲ以テ離緣《リエン》ヲスルコトガ出來ルト云フコトデアル

第三項ハ甲ガ乙ヲ養子ニ貰《モラ》ヒ受ケシニ甲ガ死亡《シバウ》シテ後離緣《リエン》ヲナサントスルトキニハ甲ノ家ノ戸主ト養子《ヤウシ》トノ同意ヲ以テ離緣スルコトガ出來《デキ》ルノデアルト云フコトヲ示《シメ》シタノデアル

第八百六十三條　滿《マン》二十五年ニ達セサル者カ協議上《ケフギジヤウ》ノ離緣ヲ爲スニハ第八百四十四條ノ規定ニ依リ其緣組ニ付キ同意ヲ爲ス權利ヲ有スル者ノ同意ヲ得ルコトヲ要ス

第七百七十二條第二項、第三項及ヒ第七百七十三條ノ規定ハ前項ノ場合ニ之ヲ準用ス

▲參看　人第百三十八條

〔註釋〕本條ハ二十五歳ニ達《タツ》セザルモノガ離縁《リエン》ヲナサントスル片ハ第八百四十二條ニ依リテ縁組ノトキ同意ヲナシ得ベキ權利者即チ父母ノ同意ヲ得テ離縁スベク父若クハ母ガアラザルトキハ後見人及ビ親族會《シンゾククワヰ》ノ同意ヲ得テ離縁《リエン》スベキトノコトデアリマス又《マタ》離縁《リエン》ヲナサントスルモノヽ父母ガ繼父母若クハ嫡母《チヤクボ》ナルトキハ親族會ノ同意《ドウヰ》ヲ以テ離縁スベキコト第七百七十二條第七百七十三條ノ通ト心得ネバナリマセヌ

第八百六十四條　第七百七十四條及ヒ第七百七十五條ノ規定ハ協議上ノ離縁《リエン》ニ之ヲ準用《ジユンヨウ》ス

▲參看　人第百三十七條

〔註釋〕本條ハ協議上《ケフギジヤウ》ノ離縁ガ其効力ヲ生ズベキ時期《ジキ》ヲ定メタモノデ別ニ意味《イミ》ハアリマセヌ

第八百六十五條　戸籍吏《コセキリ》ハ離縁カ第七百七十五條第二項、第八百六十二條及ヒ第八百六十三條ノ規定其他ノ法令《ホフレイ》ニ違反《イハン》セサルコトヲ認《ミト》メタル後ニ非サレハ其屆出ヲ受理《ジユリ》スルコトヲ得ス

戸籍吏カ前項ノ規定ニ違反《イハン》シテ届出ヲ受理《ジユリ》シタルトキト雖モ離縁ハ
之カ爲メニ其效力《カウリヨク》ヲ妨ケラルヽコトナシ

〔註釋〕本條ハ協議ノ離婚《リコン》ノ屆出ニ關スル第八百十一條ト同一ノ意味《イミ》デ只離婚ト離縁トノ違《チガ》ヒアルバカリナレバ別ニ説明スルノ必要ハアリマセヌ

第八百六十六條　縁組ノ當事者《タウジシヤ》ノ一方ハ左ノ場合ニ限《カギ》リ離縁ノ訴ヲ提起スルコトヲ得

一　他ノ一方ヨリ虐待《ギヤクタイ》又ハ重大《ジウダイ》ナル侮辱《ジヨク》ヲ受ケタルトキ

二　他ノ一方ヨリ惡意《アクイ》ヲ以テ遺棄《イキ》セラレタルトキ

三　養親ノ直系尊屬《チヨクケイソンゾク》ヨリ虐待又ハ重大《ジウダイ》ナル侮辱ヲ受ケタルトキ

四　他ノ一方カ重禁錮《ジウキンコ》一年以上ノ刑《ケイ》ニ處セラレタルトキ

五　養子ニ家名ヲ瀆《ケガ》シ又ハ家産《カサン》ヲ傾《カタム》クベキ重大ナル過失《カシツ》アリタルトキ

六 養子カ逃亡《トウボウ》シテ三年以上復歸セサルトキ

七 養子ノ生死《セイシ》カ三年以上分明《ブンメイ》ナラサルトキ

八 他ノ一方カ自己ノ直系尊屬《チヨクケイソンゾク》ニ對シテ虐待《ギヤクタイ》ヲ爲シ又ハ之ニ重大ナル侮辱ヲ加ヘタルトキ

九 壻《ムコ》養子緣組《エングミ》ノ場合ニ於テ離婚《リコン》アリタルトキ又ハ養子カ家女ト婚姻ヲ爲シタル場合《バアヒ》ニ於テ離婚若《モシ》クハ婚姻ノ取消《トリケシ》アリタルトキ

參看 八第百四十條

〔註釋〕本條ハ離緣《リエン》ノ訴ヲ提規《テイキ》スベキ原因ヲ規定《キテイ》シタモノデアリマス

サテ本號第一號乃至第九號ハ大抵前《タイテイゼン》ノ第八百十三條ノ離婚《リコン》ノ訴ヲ提起《テイキ》スベキ原因ト同樣デアリマスガ其內第一號ハ同條ノ第五號ニ同ジク第二號ハ同條ノ第六號ニ同ジ第三號ハ同條ノ第七號ニ第四號ハ同條第四號ニ第六號及號七號ハ同條ノ第九號ニ第八號ハ同條第五號ニ第九號ハ同條第十號ト同樣ノ意味《イミ》デスカラ別《ベツ》ニ說明スルホドノ必要《ヒツエウ》ハアリマセヌ

唯《タヾ》、第五號デアリマス第五號ハ養子ガ養家ノ財產《ザイサン》ヲ使《ツカ》ヒ捨《ス》テ又ハ養家ノ家名ヲ瀆《ケガ》ス如キ行《オコナ》ヒノアリマシタトキハ養子ヲ貰《モテ》ヒタル精神ニ悖《モド》リテ却テ損害《ソンガイ》ヲ受クルモノデアレバ離縁スルコトガ出來ルノデス而シテ第六號ト第七號ハ多少第八百十三條トハ違ヒマスケレドモ別ニ説明《セツメイ》スルホドノ事ハナク第四號ノ重禁錮《ジウキンコ》一年以上ドセシハ同條ヨリ重《オモ》ク見タノデス是等ハ孰《イツレ》モ離縁ノ請求《セイキウ》ヲナスコトガ出來ルノデアリマス

第八百六十七條　養子《ヤウシ》カ滿十五年ニ達《タツ》セサル間ハ其縁組ニ付キ承諾《シヤウダク》權《ケン》ヲ有スル者ヨリ離縁《リエン》ノ訴ヲ提起《テイキ》スルコトヲ得

第八百四十三條第二項ノ規定ハ前項ノ場合ニ之ヲ準用ス

▲參看　人第百四十三條

〔註釋〕本條ハ幼者《エウシヤ》ガ離縁ノ訴《ウツタヘ》ヲ起《オコ》サントスルトキハ縁組ノ時ニ幼者《エウシヤ》ニ代ツテ承諾ヲ為シタル父母又ハ親族會ガ代《カハ》ツテ訴ヲ起《オコ》スベキコトヲ規定シタマデヽアリマス

第八百六十八條　第八百六十六條第一號乃至第六號ノ場合ニ於テ當事者ノ一方カ他ノ一方又ハ其直系尊屬《チヨクケイソンゾク》ノ行爲ヲ宥恕《ユウジヨ》シタルトキハ離縁ノ訴ヲ提起スルコトヲ得ス

第八百六十九條　第八百六十六條第四號ノ場合ニ於テ當事者ノ一方カ他ノ一方ノ行爲《カウヰ》ニ同意《ドウイ》シタルトキハ離縁ノ訴ヲ提起《テイキ》スルコトヲ得ス

第八百六十六條第四號ニ掲《カヽ》ケタル刑《ケイ》ニ處《ショ》セラレタル者ハ他ノ一方ニ同一ノ事由《ジイウ》アルコトヲ理由トシテ離縁《リエン》ノ訴ヲ提起《テイキ》スルコトヲ得ス

第八百七十條　第八百六十六條第一號乃至第五號及ヒ第八號ノ事由ニ因ル離縁《リエン》ノ訴ハ之ヲ提起《テイキ》スル權利ヲ有スル者カ離縁ノ原因《ゲンヰン》タル事實ヲ知リタル時ヨリ一年ヲ經過《ケイクワ》シタル後ハ之ヲ提起《テイキ》スルコトヲ得ス

其事實發生《ソノジジツハツセイ》ノ時ヨリ十年ヲ經過《ケイクワ》シタル後亦同シ

〔註釋〕以上ニ掲《カヽ》ゲタル三條ハ離婚ノ場合ニ規定《キテイ》サレタル第八百十四條乃至第八百十六條ノ意味《イミ》ト同一ノ事デアッテ唯、離婚《リコン》ト離縁トノ違《チガ》ヒガアルバカリナレバ別ニ説明スルノ必要ガアリマセヌ各本條ヲ參看セラルレバ能ク分ルノデアリマス

第八百七十一條　第八百六十六條第六號ノ事由《ジイウ》ニ因ル離縁ノ訴ハ養親

カ養子ノ復歸《フクキ》シタルコトヲ知リタル時ヨリ一年ヲ經過《ケイクワ》シタル後ハ之ヲ提起スルコトヲ得ス其復歸《フクキ》ノ時ヨリ十年ヲ經過《ケイクワ》シタル後亦同シ

〔註釋〕本條ハ離緣《リエン》ノ訴權ニ關スル時效《ジコウ》ヲ規定シタノデアリマス

第八百六十六條第六號ノ如ク養子ガ逃亡《トウボウ》シテ三年以上モ歸宅《キタク》セザルトキハ離緣《リエン》スルコト。ガ出來マスガ若シ離緣《リエン》ノ訴ヲ起《オコ》サヌ内ニ歸宅シ其歸宅《キタク》ヲ知リタル日カラ一ケ年ヲ過《ス》ギ去リ又ハ復歸《フクキ》ノ時カラ十年間モ訴ヲ提起《テイキ》セザル片ハ何レモ養子ヲナシタル目的《モクテキ》ニ背《ソム》クコトガアリマセネバ最早《モハヤ》離緣《エン》ノ訴ヲ起《カコ》スコトガ出來ヌノデアリマス

第八百七十二條　第八百六十六條第七號ノ事由ニ因ル離緣ノ訴ハ養子ノ生死《セイシ》カ分明《ブンメイ》ト爲リタル後ハ之ヲ提起《テイキ》スルコトヲ得ス

〔註釋〕本條モ前條ト同樣《ドウヤウ》デ第八百六十六條ノ第七號ニ示《シメ》シマシタ養子ノ生死《セイシ》ガ判然《ハンゼン》セザルトキハ之ヲ離緣シテ再《フタ》タビ外カラ貰《モラ》ヒ受ケネバナラヌケレドモ若シ生存《セイゾン》シテ何レニ居ルトカ又ハ既《スデ》ニ死亡シタトカ判然シタルトキハ最早《モハヤ》離緣ノ訴ヲ起《カコ》スコトハ出來ヌノデアリマス

第八百七十三條　第八百六十六條第九號ノ場合ニ於テ離縁又ハ婚姻取消ノ請求アリタルトキニ之ニ附帶《フタイ》シテ離縁ノ請求ヲ爲《ナ》スコトヲ得

第八百六十六條第九號ノ事由《ジユウ》ニ因ル離縁《リエン》ノ訴ハ當事者カ離婚又ハ婚姻ノ取消《トリケシ》アリタルコトヲ知リタル後六ケ月ヲ經過《ケイクワ》シ又ハ離縁請求ノ權利ヲ抛棄《ホウキ》シタルトキハ之ヲ提起《テイキ》スルコトヲ得ス

▲參看　人第百十八條

〔註釋〕本條ハ第八百十八條ト同一ノ意味《イミ》デアリマスレバ別ニ說明《セツメイ》スル必要《ヒツエウ》ガアリマセヌカラ茲ニ贅言《ゼイゲン》ヲ費《ツヒヤ》シマセヌ

第八百七十四條　養子カ戶主ト爲リタル後ハ離縁ヲ爲スコトヲ得ス但隱居《インキヨ》ヲ爲シタル後ハ此限ニ在ラス

▲參看　人第百四十五條

〔註釋〕本條ハ養子ガ離縁《リエン》ヲ求《モト》ムルコトノ出來ナイ場合ヲ示《シメ》シタノデス

養子ガ一タビ戸主ト爲リタルトキハ既《スデ》ニ戸主權ヲ取得《シユトク》シテ内ニハ其一家ヲ支配《シハイ》シ外ニハ其一家ヲ代表《ダイヘウ》スベキ義務ガアル計リデナク家族《カゾク》ガ婚姻又ハ養子緣組ヲナスニ同意不同意ヲ與《アタ》フルノ權サヘアルモノナレバ家族タル養親ガ戸主《コシユ》タルモノニ對《タイ》シ離緣ヲ求《モト》ムルハ不當デアツテ若シ養親ヨリ離緣《リエン》セラルヽガ如キコトアラバ戸主タル權利《ケンリ》ト撞着《ドウチヤク》スルモノデアルカラ斯ク規定シタノデアル尤《モツト》モ養子ガ家督ヲ相續人ニ讓《ユヅ》リテ隱居《インキヨ》シタ後ナラバ離緣スルコトモ出來ルノデアリマス

第八百七十五條　養子《ヤウシ》ハ離緣ニ因リ其實家《ジツカ》ニ於テ有セシ身分ヲ回復《カイフク》ス
但第三者カ既《スデ》ニ取得シタル權利ヲ害《ガイ》スルコトヲ得ス

〔註釋〕第七百三十九條ニ示シタル如ク養子ガ離緣セラレタルトキハ實家ニ復歸スベキハ當然デアルニ本條ニ實家《ジツカ》ニ於テ有セシ身分ヲ回復《カイフク》ス但第三者ガ已《スデ》ニ取得セシ權利ヲ害《ガイ》スルコトヲ得ストアルハ例《タト》ヘバ法定《ホフテイ》ノ推定家督相續人本家ノ相續《ソウゾク》ヲ爲シタル後隱居《インキヨ》ヲナシ離緣セラレ實家ニ復歸《フクキ》シタルトキハ矢張《ヤハリ》家督相續人タル身分《ミブン》ヲ得ルモノデアル然《シカ》レドモ已ニ他人ガ家督相續人トナリ居《オ》リタルトキハ離緣復歸《フクキ》シタル人ハ家督相續人タル身分《ミブン》ヲ失フト云フコトヲ規定シタノデアリマス

第八百七十六條　夫婦カ養子《ヤウシ》ト爲リ又ハ養子カ養親ノ他《タ》ノ養子ト婚姻ヲ爲シタル場合ニ於テ妻《ツマ》カ離縁ニ因リテ養家《ヤウカ》ヲ去ルヘキトキハ夫ハ其撰《ソノセン》擇《タク》ニ從ヒ離縁又ハ離婚ヲ爲スコトヲ要《エウ》ス

〔註釋〕本條ハ稍《ヤ》ヤ解《カイ》シ難キモノアレバ一例ヲ擧《ア》ゲテ之ヲ示サンニ松太郎ト梅《ウメ》トノ夫婦《フウフ》ガ某ノ養子ト爲リ又ハ松太郎ガ豫テ某ガ他ヨリ貰ヒ受ケタル養子ノ竹ナルモノト婚姻シタル場合アリトセンカ若《モ》シ梅又ハ竹ノミヲ離縁《リエン》シテ養家ヲ去《サ》ラシメントスルトキハ松太郎ハ梅又ハ竹ニ對《タイ》シテ其請求ニ應《オウ》ジテ其選ムトコロノ儘《ママ》ニ離縁又ハ離婚ヲセ子バナラヌノデアリマス

第五章　親權

〔註釋〕凡ソ家族ニ對《タイ》スル權利ハ戶主權《コシユケン》デアツテ子ニ對スル權利ハ親權《シンケン》デアルコトハ敢テ云フ迄モナイコトデス夫レ故ニ親タルモノハ戶主デアルト戶主デナイトニ拘ハラズ子ニ對シテハ親權《シンケン》ヲ有スルモノデアル蓋《ケダ》シ親トシテ其子ヲ愛育《アイイク》セザルモノハナク從テ子モ又親ヲ敬《ウヤマ》ヒ其監護教育《カンゴケウイク》ニ服セザルベカラザルハ天然自然《テンネンシゼン》ノ道理《ダウリ》デアリマス之レガ本章ヲ規定シタ理由デアル

第一節 總則

〔註釋〕本節ハ親權《シンケン》ヲ行フベキ者ヲ定メタノデス何人《ナンピト》ガ如何ナル場合ニ於テ行《オコナ》フカ又ハ如何ニシテ行フカハ各條ニ於テ說明スルデアリマセウ

第八百七十七條　子ハ其家《ソノイヘ》ニ在ル父ノ親權ニ服《フク》ス但獨立《ドクリツ》ノ生計ヲ立ツル成年者ハ此限ニ在ラス

父《チヽ》カ知レサルトキ、死亡《シバウ》シタルトキ、家《イヘ》ヲ去リタルトキ又ハ親權《シンケン》ヲ行フコト能《アタ》ハサルトキハ家ニ在ル母《ハヽ》之ヲ行《オコナ》フ

◎參看　人第百四十九條

〔註釋〕本條ハ子ガ親權《シンケン》ニ服《フク》スベキコト及ビ父ニ代《カハ》リテ母ガ親權ヲ行《オコナ》フコトヲ規定シタノデス

第一項ニハ親權《シンケン》ハ父ガ行フベキコトヲ示《シメ》シテアリマスケレドモ獨立《ドクリツ》シテ生計ヲ營《イトナ》ム成年ノ子ハ強《シヒ》テ父ノ親權ニ服《フク》スベキ限リデナイコトヲ規定シタノデス

第二項ニハ母《ハヽ》モ父親タルガ故ニ親權ヲ行《オコナ》フコトヲ得ベキコトヲ規定シタノデアツテ父ガ

知レヌトキ又ハ死亡《シバウ》ジタトキ若クハ家ヲ去ッタ時ニハ母ガ親權ヲ行《オコナ》フノデス何ガ故ニ父母同時ニ行《オコナ》ハヌカト云フト若シ父母同時《ドウジ》ニ行フトキハ權利ノ衝突《セウトツ》ヲ來タシ一家ニ風波《フウハ》ヲ起ス嫌ヒアルカラノコトデス

第八百七十八條　繼父《ケイフ》、繼母又ハ嫡母カ親權《シンケン》ヲ行フ場合ニ於テハ次章ノ規定ヲ準用ス

〔註釋〕本條ハ繼子《ケイシ》、庶子《シヨシ》ガ親權ニ服《フク》スベキ場合ヲ示シタノデアリマス繼父母《ケイフボ》、又ハ嫡母モ親タルコトニ於テハ實父母《ジツフボ》ト同樣《ドウヤウ》デアルケレドモ又全クソウデアルトモ云ヘマセヌカラコノ繼子《ケイシ》、庶子ニ繼父母《ケイフボ》又ハ嫡母《チヤクボ》ガ親權ヲ行フベキ場合《バアヒ》ニハ次章即チ第六章後見ノ規定ニ因リテ行フベキモノデアルト云フノデス

第二節　親權ノ效力

〔註釋〕本節ハ親權《シンケン》ヲ行フ父、又ハ母ハ子ノ身分《ミブン》ヤ又ハ財產ノ管理《カンリ》若クハ子ガ職業ヲ營《イトナ》ム場合ニ於テノ權限《ケンゲン》ヲ定メタノデアリマス即チ各條ニ於テ細《コマ》カニ説明《セツメイ》致シマセウ

第八百七十九條　親權ヲ行フ父又ハ母ハ未成年ノ子ノ監護及ヒ教育ヲ爲

ス權利ヲ有シ義務ヲ負フ

〔註釋〕本條ハ親權ヲ行フ《オコナ》父母ハ未成年ノ子ニ監護《カンゴ》教育《ケウイク》ヲ爲ス權利ト義務ヲ有《ユウ》スルト云フコトヲ規定シタノデアリマス

凡ソ親ハ子ヲ愛《アイ》シ善良且ツ有爲《ユウイ》ノ人物ニ爲サントスルハ情《ジヤウ》ニ於テ然《シカ》ラシムルコトデアリマス故ニ親權《シンケン》ヲ行フ父又ハ母ハ單《タン》ニ義務ヲ負《オ》フノミニ非ズシテ子ニ對《タイ》シテハ監護教育ノ權利ヲ有《イウ》スルモノデアル而シテ何ガ故ニ未成年者ニ限《カギ》リテ斯ク定メテアルカト申シマスルニ成年ノ子ハ父母ノ助《タスケ》ヲ受ケズシテ生活《セイクワツ》ヲ爲スト認《ミト》メタルニ因テ本條ノ如ク規定シタノデアリマス

第八百八十條　未成年《ミセイネン》ノ子ハ親權ヲ行フ父又ハ母カ指定《シテイ》シタル場所ニ其居所《ソノキヨシヨ》ヲ定ムルコトヲ要ス但第七百四十九條ノ適用《テキヨウ》ヲ妨ケス

▲參看　人第百五十條

〔註釋〕本條ハ未成年ノ子ハ親權《シンケン》ヲ行フ父又ハ母ノ指定《シテイ》シタ場所ニ居ラネバナラヌト云フコトヲ規定シタノデアリマス

前條ニ於テ親權ヲ行《オコナ》フベキ父又ハ母ハ子ニ對《タイ》シ監護及ビ教育ノ任務アルコトヲ説明致シ

マシタ通《トホリ》デアリマスガ子タルモノヲ自分ノ膝下《ヒザモト》ニ置クカ又ハ學校塾舍《ガクカウジユクシヤ》ニ置クカヲ指圖シテ其處ニ居ラシムル樣《ヤウ》ニセネバナリマセヌ若シ其子ガ之ニモ從《シタ》ガワザル於テハ第七百四十九條ノ規定ノ如ク監護《カンゴ》敎育《ケウイク》ノ義務ヲ免ガル丶ト但書ニ加《クハ》ヘテ定メマシタノデアリマス

第八百八十一條　未成年《ミセイネン》ノ子カ兵役ヲ出願《シユツグワン》スルニハ親權ヲ行フ父又ハ母ノ許可ヲ得ルコトヲ要ス

〔註釋〕本條モ亦親權《シンケン》ヲ行フ父又ハ母ノ權利《ケンリ》ヲ定《サダ》メタノデアリマス
未成年者ニシテ兵役《ヘイエキ》ヲ出願スルニハ親權ヲ行《オコナ》フモノ丶許可ヲ得ルコトヲ要《エウ》ストハ之レ兵役ニ服《フク》スルト否トハ其子ノ監護《カンゴ》及ビ敎育ニ關シテハ親《オヤ》ノ利害ニ影響《エイケウ》スルモノデアリマスカラ斯ク規定シタルノデアル

第八百八十二條　親權《シンケン》ヲ行フ父又ハ母ハ必要《ヒツエウ》ナル範圍内《ハンイナイ》ニ於テ自ラ其子ヲ懲戒《チヨウカイ》シ又ハ裁判所ノ許可ヲ得テ之ヲ懲戒場《チヤウカイバ》ニ入ル丶コトヲ得
子ヲ懲戒場ニ入ル丶期間《キカン》ハ六ケ月以下ノ範圍内《ハンイナイ》ニ於テ裁判所之ヲ定ム但此期間ハ父又ハ母ノ請求《セイキウ》ニ因リ何時ニテモ之ヲ短縮《タンシユク》スルコトヲ

得

▲參看 人第百五十一條

〔註釋〕本條ハ子ガ敎誨《ケウカイ》ニ從ハザルトキハ本條ノ規定《キテイ》ニ依リテ其子ヲ親權ヲ以テ懲戒《チヤウカイ》出來得ルコトヲ規定シタノデアリマス

父母ガ子ヲ敎育監護《ケウイクカンゴ》スルニハ必ズヤ愛育《アイヰク》シテ決シテ暴慢《ボウマン》ナルコトハナク懇々《コン〳〵》諭《サト》シテ監護セネバナリマセヌ然レドモ斯ク親《オヤ》ハ思《オモ》フモノヽ子ハ其敎悔《ケウカイ》ニ從ハザルコトアランカ勢《イキホ》ヒ懲戒ヲ加《クハ》ヘナケレバナリマセヌ此場合ニハ食物《シヨクモツ》ヲ給シナカツタリ衣類ヲ奪《ウバ》ヒ若クハ苛酷《カコク》ナ取扱ヒ即チ毆打《オウダ》スルガ如キハ必要《ヒツエウ》ナル範囲内デハナク不當《フタウ》デアリマスルカラ其子ヲ親類ヘ預《アツ》ケルカ又ハ外出ヲ禁《キン》ズルコトヲ命《メイ》ズルコトガ出來ルノデアリマスガ第一項ノ末文ニアル通リ裁判所ノ許可《キヨカ》ヲ得テ其子ヲ懲戒場《チヨウカイバ》ヘ入ル事モナシ得ルノデアリマス

然レドモ子ヲ懲戒場《チヨウカイバ》ニ入ルヽハ裁判所ハ六ケ月以下ノ範囲内《ハンヰナイ》ニ於テ期間ヲ定ムルノデアリマスガ父母ハ其六ケ月ノ期間《キカン》ガ長ケレバ四ケ月或ハ三ケ月ニ願出《ネガヒイデ》デヽ短カクセラレンコトヲ申立テラルヽデアリマス

第八百八十三條 未成年《ミセイネン》ノ子ハ親權ヲ行《オコナ》フ父又ハ母ノ許可《キヨカ》ヲ得ルニ非

サレハ職業《ショクゲフ》ヲ營ムコトヲ得ス

父又ハ母ハ第六條第二項ノ場合ニ於テハ前項ノ許可ヲ取消シ又ハ之ヲ制限《セイゲン》スルコトヲ得

〔註釋〕本條モ亦親權《シンケン》ヲ行フモノヽ權利ヲ規定《キテイ》シタモノデアリマス

職業ヲ營《イトナ》ムコトハ其子自身ノ將來《セウライ》ニ於ケル生計ヲ立ツル目的《モクテキ》ヨリ出デルモノデアリマスカラ親權ヲ行《オコナ》フベキ父又ハ母ハ監護上《カンゴジヤウ》ニ於テ頗《スコブ》ル注意《チウイ》ヲ要スルコトデアリマス故ニ本條ニ於テ其父母ノ許可《キヨカ》ヲ得ルニ非サレバ出來ナイコトヲ規定《キテイ》シタノデアリマス

然レドモ職業《ショクゲフ》ヲナスベキ未成年者ガ其營業《エイゲフ》ニ堪ヘザルガ如キ事跡《ジセキ》ガアリマシタトキハ許可ヲ取消スカ又ハ適當《テキタウ》ノ制限ヲナサネバナラヌト本條第二項ニ定《サダ》メテアルノデアリマス

第八百八十四條　親權ヲ行フ父又ハ母ハ未成年ノ子ノ財產ヲ管理シ又其財產ニ關《クワン》スル法律行爲ニ付キ其子ヲ代表《ダイヘウ》ス但其子ノ行爲ヲ目的《モクテキ》トスル債務《サイム》ヲ生スヘキ場合ニ於テハ本人ノ同意《ドウイ》ヲ得ルコトヲ要ス

參看　人第百五十三條

〔註釋〕本條ハ未成年者ノ財産《ザイサン》ヲ管理《カンリ》スル事ニ就テノ規定デアリマス

家族ガ個々別々ニ財産ヲ特有スルコトノ出來ルハ第七百四十八條ニ說明シタ通リデアリマスガ未成年者ノ財産管理《ザイサンカンリ》ハ元來未成年ノモノハ無能力者ナルニ因リテ親權《シンケン》ヲ行フベキ父、又ハ母ガ代リテ之ヲ管理《カンリ》スルモノデアリマス而シテ法律行爲《ハフリツカウヰ》トハ既ニ民法第四條ニ示《シメ》シテアリマスル通リ未成年者ハ單獨《タンドク》ニ法律行爲ヲ爲シ得ルコトモアルヲ以テ此塲合ニモ前ニ述ベタ通リ親權《シンケン》ヲ行フベキモノハ其子ヲ代表《ダイヘウ》セネバナラヌ譯《ワケ》デス而シテ其子ニ附テ或ル事業ヲ目的《モクテキ》トスル債務等ヲセネバナラヌトキハ其未成年者ノ同意《ドウイ》ヲ得ナケレバナラヌト本條末文ニ於テ代理權《ダイリケン》ノ濫用《ランヨウ》ヲ止メマシタ所以デアリマス

第八百八十五條　未成年ノ子カ其配偶者《ソノハイグウシヤ》ノ財産ヲ管理《カンリ》スヘキ塲合ニ於テハ親權ヲ行フ父又ハ母之《コレ》ニ代《カ》ハリテ其財産ヲ管理《クワンリ》ス

〔註釋〕本條ハ未成年者ガ管理《カンリ》スベキ其配偶者ノ財産ハ親權《シンケン》ヲ行フモノガ之ニ代ハリテ管理スルノ規定デアリマス

第八百一條ニ據《ヨ》ル夫ハ妻ノ財産ヲ管理《カンリ》スト云フ塲合ニ夫ガ未成年者ニテアレバ親權《シンケン》ヲ行フベキ父、母ノ內ニテ之ニ代リテ其財産ヲ管理スルノデアルト規定シタノデアリマス

第八百八十六條 親權《シンケン》ヲ行フ母カ未成年ノ子ニ代ハリテ左ニ揭ケタル行爲《カウイ》ヲ爲シ又ハ子ノ之ヲ爲スコトニ同意スルニハ親族會《シンゾククワイ》ノ同意ヲ得ルコトヲ要ス

一 營業ヲ爲スコト

二 借財《シヤクザイ》又ハ保證ヲ爲《ナ》スコト

三 不動產《フドウサン》又ハ重要《ジウエウ》ナル動產ニ關スル權利《ケンリ》ノ喪失ヲ目的トスル行爲ヲ爲スコト

四 不動產又ハ重要ナル動產ニ關スル和解《ワカイ》又ハ仲裁契約《チユウサイケイヤク》ヲ爲スコト

五 相續《ソウゾク》ヲ拋棄《ホウキ》スルコト

六 贈與又ハ遺贈《イソウ》ヲ拒絕《キヨゼツ》スルコト

參看 人第百五十八條

〔註釋〕本條ハ親權《シンケン》ヲ行フベキモノガ若《モ》シ母ナルトキハ母ガ親族會ノ同意《ドウイ》ヲ得ルコトヲ要ト

云フ規定《キテイ》デアリマス而シテ此ノ條項《デウカウ》ヲ設ケラレタ所以ハ總《スベ》テ第一號ヨリ六號マデ重大ノ事ニモアリ且女子ニシテ誤《アヤマ》チナキヲ保セズ一步ヲ誤《アヤマ》ラバ實ニ一家《カ》ノ浮沈《フチン》トモナル譯デスカラ事ヲ鄭重《テイチヤウ》ニセン爲メ親族會ノ同意ヲ得《エ》テ爲スコトヽ定メタノデアル各號ニ就テ看ルニ第一號ハ營業《エイゲフ》ノ撰定《センテイ》及ビ總テ斯業ニ就テ事故《ジコ》ノ起リシトキノ如シ、第二號ハ負債《フサイ》ヲ起スコト及ビ保證等《ホセウトウ》ヲ爲スヿ、第三號ハ山林田畑家屋宅地等又ハ重要《ジウヨウ》ナル金銀實物之類ヲ讓《コツ》ルカ賣却《バイキヤク》ノ場合ノ時第四號ハ同上ノ動產不動產ノ類ニシテ裁判上《サイハンジヤウ》ニ係ル和解若クハ仲裁契約ヲ爲《ナ》ストキ、第五號ハ相續上ノコトヽ、第六號ハ遺產等《イサントウ》ニ關スル贈與又ハ遺贈ヲ拒絕スルコト等ナリ

第八百八十七條　親權《シンケン》ヲ行フ母カ前條ノ規定ニ違反《イハン》シテ爲シ又ハ同意ヲ與《アタ》ヘタル行爲ハ子又ハ其法定代理人《ハフテイダイリニン》ニ於テ之ヲ取消《トリケ》スコトヲ得此場合《バアヒ》ニ於テハ第十九條ノ規定ヲ準用《ジユンヨウ》ス

前項《ゼンカウ》ノ規定ハ第百二十一條乃至第百二十六條ノ適用《テキヨウ》ヲ妨ケス

〔註釋〕本條ハ親權《シンケン》ニ就テ規定ニ違反《イハン》シタルコトニ就テハ取消《トリケシ》ヲ爲スコトヲ得ルト云フコト

ヲ示シタノデアリマス
親族會《シンゾクカイ》ノ同意ヲ得テナスベキ行爲《コウイ》又ハ前條ノ規定ニ違反シタル若《モ》クハ超權ノ所置ニ出デタル行爲ニ付《ツイ》テハ取消ガ出來ルノデアリマス而《シカ》シテ此場合ニ於《オイ》テハ其相手方ガ第十九條ノ規定《キテイ》ニ因リテ子ガ成年《セイネン》ニ達シタル後《ノチ》一ケ月内ノ期間ヲ定メテ催告《サイコク》スルコトヲ要《エウ》スルノデスカラ若シ其相手方《ソノアイテカタ》ヨリ一ケ月内ノ期間《キカン》ニ催告《サイコク》ヲシテモ確答ナケレバ既ニ追認《ツイニン》ト看做シ最早《モハヤ》取消《トリケ》スコトガ出來ヌノデアリマス
而《シカ》シテ第二項ハ取消《トリケ》シタ行爲ハ無效《ムコウ》デアル、取消權ハ追認ノ出來《デキ》ル時カラ五年間之ヲ行《オコナ》ハザルトキハ時效《ジカウ》ニ因リテ消滅スルト云フコトヲ適用《テキヨウ》スルト云フ意味《イミ》デアリマス

第八百八十八條　親權ヲ行フ父又ハ母《ハヽ》ト其未成年《ミセイネン》ノ子ト利益《リエキ》相反《アイハン》スル行爲《カウイ》ニ付テハ父又ハ母ハ其子ノ爲メニ特別《トクベツ》代理人《ダイリニン》ヲ選任スルコトヲ親族會ニ請求スルコトヲ要ス
父又ハ母カ數人ノ子ニ對《タイ》シテ親權《シンケン》ヲ行フ場合ニ於テ其一人ト他《タ》ノ子トノ利《リ》益《エキ》相反《アイハン》スル行爲ニ付テハ其一方ノ爲メ前項ノ規定ヲ準用ス

〔註釋〕本條ハ親族會ニ於テ親權《シンケン》ヲ行フ父母ト其親權ニ服《フク》スベキ子ノ爲メニ利益相反《リエキアイハン》スル場合ニハ特別代理人《トクベツダイリニン》ヲ選定スルコトヲ示シタノデス

第一項ハ親權《シンケン》ヲ行父母ト其親權ニ服《フク》スル子トノ間《アヒダ》ニ利益《リエキ》ガ若シ相反《アイハン》スルコトガ在リテ互ノ利益トナラザル場合即チ親ハ子ノ爲《タ》メニ利《リ》セントセバ自己《ジコ》ノ不利トナリ自己ヲ利セントスルニハ妥當《ダントウ》ヲ得ザル所《トコロ》アリ一人ニテ二樣ノ處置《シヨチ》ニ苦ム場合ナイトモ限《カギ》ラレネバ此場合ニ親族會《シンゾクカイ》ニ向テ子ノ爲メ特別代理人《トクベツダイリニン》ノ選定《センテイ》ヲ求ムルコトガ出來ルノデアリマス

第二項ハ例《タト》ヘバ長、次、三、男ノ三人《ニン》ノ子アリテ何《イヅ》レモ親權ニ服《フク》スルトキ長、ト次、ノ間利益相反スルトキハ之レ又親權《シンケン》ヲ行フベキ父又ハ母ハ前項《ゼンカウ》ノ規定ニ因ツテ長、若クハ次、男ノ爲《タ》メニ親族會ニ向《ムカ》ツテ特別代理人ノ選定《センテイ》ヲ請求《セイキウ》スルコトモ出來ルト定メタノデアリマス

第八百八十九條　親權ヲ行フ父又《チヽマタ》ハ母《ハヽ》ハ自己ノ爲メニスルト同一《ドウイツ》ノ注意《イ》ヲ以テ其管理權《ソノカンリケン》ヲ行フコトヲ要ス

母ハ親族會ノ同意《ドウイ》ヲ得テ爲シタル行爲ニ付テモ其責《ソノセメ》ヲ免《マヌガ》ルヽコトヲ得ス但母ニ過失《クワシツ》ナカリシトキハ此限ニ在ラス

〔註釋〕本條ハ子ノ財產管理方《ザイサンカンリカタ》ニ付テ注意《チウイ》等ヲ規定シタノデアリマス親權《シンケン》ヲ行フ父、又ハ母ハ子ノ財產管理《ザイサンカンリ》ニ付テハ自己《ジコ》ノ爲メニスルト同ジコトノ如ク管理スベキハ勿論《モチロン》ノコトデ既ニ第八百五條ニ於テハ夫婦間《フウフカン》ノ財產ノ事ニ付テ夫ガ管理スル責任ガアッテ同條ニモ詳《ツマビラ》カニ說明《セツメイ》シタ通デアリマスカラ本條ニ於テニ故《コトサ》ラニ申ス迄モナイノデアリマス唯、第二項ノ母ハ親族會《シンゾククワイ》ニ同意ヲ計《ハカ》ッタカラ此ノ損《ソン》ハ知ラヌト謂フコトハ出來ヌノデ若シ親族會ニ圖《ハカ》ッタ商業ノ取引ニ付《ツイ》テ過失《カシツ》ナカッタナラバ責《セ》メハ問《ト》ハナイノデスガ自己《ジコ》同一ノ注意《チウイ》ヲ爲サヾルトキハ義務ハ免《マヌ》ガレヌコトヲ定メタノデアリマス

第八百九十條　子ガ成年《セイネン》ニ達《タツ》シタルトキハ親權《シンケン》ヲ行ヒタル父又ハ母ハ遲滯《チタイ》ナク其管理ノ計算《ケイサン》ヲ爲スコトヲ要《エウ》ス但其子ノ養育及ヒ財產ノ管理ノ費用ハ其子ノ財產ノ收益ト之ヲ相殺《サウサツ》シタルモノト看做ス

▲參看　人第百五十六條

〔註釋〕本條ハ親權ニ服《フク》シ居リタル未成年者ノ財產《ザイサン》ハ其子ガ成年ニ達《タツ》シタトキハソノ財產管理《ザイサンカンリ》者《シヤ》即チ親權ヲ行フ處《トコロ》ノ父又ハ母ハ成ルベク速《スミヤカ》ニ管理シタル財產ノ計算《ケイサン》ヲ爲サネバナラヌ

ト規定シタノデアリマス而シテ其子ノ養育費《ヤウイクヒ》及ビ財産ノ管理《カンリ》ニ就《ツイ》テノ費用ハ其財産ヨリ生ズル收入《シウニウ》ト差引ヲスルベキモノト看做《ミナ》スト定メタモノデアルカラタトヘ一方ノ收入ノ額ガ多額《タガク》デ費用等ノ額ヲ差引テモ尚ホ殘額《ザンガク》アルトモ請求スルコトハ出來ナイノデアリマス

第八百九十一條

前條但書ノ規定《キテイ》ハ無償ニテ子ニ財産《ザイサン》ヲ與フル第三者カ反對ノ意思《イシ》ヲ表示《ヘウシ》シタルトキハ其財産ニ付テハ之ヲ適用《テキヨウ》セス

〔註釋〕本條ハ前條ノ但書ニ於テ相殺《ソウサツ》スルコトノ出來ル事ヲ規定《キテイ》シテアレドモ或ル場合ニハ適用セザル事ヲ示シタノデス

本條ヲ解《カイ》スルニ一例《レイ》ヲ以テ示サバ父甲ガ子乙ノ財産ヲ管理《カンリ》シ又ハ養育《ヤウイク》スルニ就テハ子乙ノ財産ヨリ收益《シウエキ》、タトヘバ公債証書ノ利息《リソク》又ハ家屋税ノ如キモノト相殺《ソウサツ》スベキハ其收益ガ一ケ年三百圓アリテ養育料《ヤウイクレウ》ヤ財産管理ノ費用ガ百五十圓ヨリ外ナキモ殘餘《ザンヨ》ノ百五十圓ハ別ニ子乙ノ財産ニ組入《クミイル》ルト云フコトナク相殺《ソウサツ》シテ差引出入ナシトスル譯《ワケ》デアレドモ若丙ナル第三者ガ在ツテタトヘバ子乙ニ其成長《セイチヤウ》ノ後原資《ゲンシ》トシテ一千圓ヲ與《アタ》ヘ且ツ此ノ千圓ハ返償《ヘンシヤウ》スルニハ及バヌガコレヨリ生ズル利子ハ年々積立《ツミタ》テ、十五トカ十六トカニ至迄ハ外ノコトニハ支拂《シハラ》ヒテハナラヌト云フ意思《イシ》ヲ表示セシトキニハ其財産ヨリ生ズル收入《シウニウ》ヲ以テ子ノ養育料財産《ザイサン》管理《カンリ》費用《ヒヨウ》ト差引クコトハナラヌ又此收入ニ就《ツイ》テハ收支ノ計算《ケイサン》ヲセ子バナラヌト云フコトヲ規定シタノデアリマス

第八百九十二條　無償《ムシヤウ》ニテ子ニ財産ヲ與フル第三者カ親權《シンケン》ヲ行フ父又ハ母ヲシテ之ヲ管理《クワンリ》セシメサル意思ヲ表示《ヘウシ》シタルトキハ其財産ハ父又ハ母ノ管理《カンリ》ニ屬《ゾク》セサルモノトス

前項ノ場合ニ於テ第三者カ管理者《カンリシヤ》ヲ指定《シテイ》セサリシトキハ裁判所ハ子其親族又ハ檢事《ケンジ》ノ請求《セイキウ》ニ因リ其管理者ヲ選任《センニン》ス

第三者カ管理者ヲ指定《シテイ》セシトキト雖モ其管理者《カンリシヤ》ノ權限カ消滅《シヤウメツ》シ又ハ之ヲ改任《カイニン》スル必要アル場合ニ於テ第三者カ更ニ管理者ヲ指定《シテイ》セサルトキ亦同シ

第二十七條乃至第二十九條ノ規定ハ前二項ノ場合ニ之ヲ準用ス

〔註釋〕本條ハ總《スベ》テ子ノ財産《ザイサン》ト云フモノハ親權ヲ行フ父母ノ管理ニ屬《ゾク》スベキモノデアルト云フコトハ既ニ前カラ示シタ通リデアル然レドモ前條ニ於テ述ベシ如キ其子ニ無償ニテ財産ヲ贈與《ゾウヨ》シタル第三者ガアツテ其贈與《ゾウヨ》シタル財産ニ就テハ親權ヲ行《オコナ》フ父母ニハ管理サセヌト云フ意思《イシ》ヲ示《シメ》シタトキハ其財産ハ父母ノ管理ニ屬《ゾク》セヌモノデアルカラ此規定ヲ設《マウ》ケタノデアリマス各項トモ敢《アヘ》テ説明《セツメイ》スルノ必要ハアリマセヌカラ之ヲ略シマス

第八百九十三條　第六百五十四條及ヒ第六百五十五條ノ規定ハ父又ハ母カ子ノ財産ヲ管理スル場合《バアヒ》及ヒ前條ノ場合ニ之ヲ準用《ジユンヨウ》ス

〔註釋〕本條ハ委任《ヰニン》ニ關スル規定ヲ父母ノ管理ニモ準用《ジユンヨウ》スルコトヲ規定シタノデス子ガ成年《セイネン》ニ達シ親權ヲ行フモノヽ財産《ザイサン》管理權ガ終了《シウレウ》シタルトキニ於テ尚場合ニ依リ其後ニナサヽルベカラザル事柄ハ第六百五十四條第六百五十五條ニ因テナスベシトノコトデアル

第八百九十四條　親權《シンケン》ヲ行ヒタル父若クハ母又ハ親族會員ト其子トノ間ニ財産《ザイサン》ノ管理ニ付テ生シタル債權《サイケン》ハ其管理權消滅《セウメツ》ノ時ヨリ五年間

之ヲ行ハサルトキハ時效《ジカウ》ニ因リテ消滅ス
子カ未タ成年ニ達《タツ》セサル間ニ管理權《クワンリケン》カ消滅シタルトキハ前項ノ期間ハ其子カ成年ニ達《タツ》シ又ハ後任ノ法定《ハフテイ》代理人カ就職《ジウシヨク》シタル時ヨリ之ヲ起算《キサン》ス

〔註釋〕本條ハ父又ハ母ト其子トノ間《アヒダ》ニ財産ノ管理ニ就《ツイ》テ生ジタル債權ノ時效《ジコウ》ヲ定メタノデアリマス

親權アルモノガ子ノ財産《ザイサン》ヲ管理スルハ當然《タウゼン》デアルガ之ニ伴《トモナ》フテ管理上債權ヲ有《イウ》スルコトモアルベシ一例《レイ》ヲ擧《ア》グレバ管理ニ付テ公租《コウソ》税金《ゼイキン》等ノ立換ヘヲナシタルガ如キ場合ハ往々アルベキコトナリ此場合ニコノ債權《サイケン》ハ管理終了後五年ヲ過《ス》ギ去《サ》ルトキハ請求スベキ權利ヲ失《ウシナ》フモノデアル而シテ此五ケ年間ハ何《イツ》レノ時カラ計算スルヤト云フニ子ガ成年ニ達《タツ》シタルトキヨリ又ハ未成年中ト雖《イヘド》モ新《アラ》タニ法定代理人ガ就任《ジウニン》シタレバ其時ヨリ起算《キサン》スルモノトシタノデス

第八百九十五條　親權《シンケン》ヲ行フ父又ハ母ハ其未成年《ミセイネン》ノ子ニ代ハリテ戸主

權及ヒ親權ヲ行フ

〔註釋〕本條ハ未成年ノ子ガ戶主《コシユ》ニシテ且ツ子アルトキハ其未《ソノミ》成年者《セイテン》ノ戶主權及ビ親權ハ未成年者ニ對シ親權ヲ行フ父母ガ代ッテ之ヲ行フコトヲ規定シタノデス盖シ未成年者ハ親權ニ服《フク》スベキモノデアルニ其者ガ他人ノ上ニ親權《シンケン》ヲ行フ甚ダ不都合《フツガフ》ナルヲ以テ本條ヲ規定シタニ外ハナイノデス

第三節 親權ノ喪失

〔註釋〕本節ハ親權《シンケン》ノ喪失《ソウシツ》スベキ場合ニ就テ規定シタノデアリマス

第八百九十六條 父又ハ母カ親權《シンケン》ヲ濫用《ランヨウ》シ又ハ著シク不行跡《フギヤウセキ》ナルトキハ裁判所ハ子ノ親族《シンゾク》又ハ撿事ノ請求ニ因リ其《ソノ》親權《シンケン》ノ喪失ヲ宣告《センコク》スルコトヲ得

〔註釋〕本條ハ親權《シンケン》ヲ行フ父又ハ母ガ前第八百八十二條ノ說明《セツメイ》ニモアル通《トホ》リ其子ヲ不當ノ懲戒ヲ爲シタリ或ハ父又ハ母ノ中《ウチ》ニテ德義《トクギ》ニ背《ソム》ク不良ノ行狀デモアリマシテ到底《トウテイ》其子ヲ監護敎育ノ任《ニン》ニ當《アタ》ラシムルハ不安心デアルト親族又ハ撿事《ケンジ》カラ申立ガアリマシタラバ裁判

所ハ其申立ニ因リテ親權《シンケン》ノ濫用《ランヨウ》ヲ防ギ且ツ子ノ利益ヲ保護《ホゴ》スル爲メニ親權ヲ失《ウシナ》フコトノ宣告ヲナスト云フノデアリマス

第八百九十七條　親權ヲ行《オコナ》フ父又ハ母カ管理《カンリ》ノ失當《シツタウ》ニ因リテ其子ノ財産ヲ危《アヤウ》クシタルトキハ裁判所ハ子ノ親族《シンゾク》又ハ檢事ノ請求ニ因リ其管理權ノ喪失《ソウシツ》ヲ宣告《センコク》スルコトヲ得

父《チヽ》カ前項ノ宣告《センコク》ヲ受ケタルトキハ管理權《カンリケン》ハ家ニ在ル母之ヲ行フ

〔註釋〕本條モ亦親權《シンケン》ヲ行フモノヽ管理權喪失《ソウシツ》ノ場合ヲ示《シメ》シタノデス

子ノ財産ヲ管理スル親權ヲ行フ父母ハ前第八百八十九條ニ規定シテアリマスル通リ自己ト同一ノ注意《チウイ》ヲ以テ管理《カンリ》スベキハ勿論《モチロン》ノコトデアリマスケレド若シモ不當《フタウ》ノ管理ヲ爲シ其子ノ財産《ザイサン》ニ損ヲ來《キ》タスガ如キ場合モアリマス加樣《カヤウ》ナトキニハ親權ノ喪失《ソウシツ》ハ前條ニ説明シタ如ク親族又ハ檢事《ケンジ》ノ申立ニ依ツテ裁判所ハ失權《シツケン》ノ宣告ヲ爲スベキコトデアリマス

既《ステ》ニ父ガ管理權ノ喪失《ソウシツ》ヲ宣告セラレマシタトキハ第八百七十七條第二項ト同一ノ理由《リユウ》ニ因テ母ガ親權《シンケン》ヲ行フモノデアルト定メタノデアリマス

第八百九十八條　前二條ニ定《サダ》メタル原因《ゲンイン》カ止ミタルトキハ裁判所ハ本人又ハ其親族ノ請求《セイキウ》ニ因リ失權ノ宣告《センコク》ヲ取消スコトヲ得

〔註釋〕本條ハ前二條ニ規定《キテイ》シテアリマスル親權《シンケシ》、管理權ノ喪失《ソウシツ》ヲ回復《カイフク》シタ場合ヲ規定シタノデアリマス

親權ヲ行フ父、又ハ母ノ行狀《ギヤウゼウ》ガ改マリ最早《モハヤ》其子ヲ親權ノ下《モト》ニ服サシテモ憂《ウレヒ》ナイト認《ミト》メタトキ又ハ管理權ニ就《ツイ》テハ危險《キケン》ノ恐レモナイト思意《シイ》シタルトキハ本人カ又ハ親族カラ申立テレバ裁判所ハ其申立ヲ俟《マツ》テ曩《サキ》ニ宣告シタル失權《シツケン》ヲ取消サルヽコトガ出來ルト定メタノデアリマス

第八百九十九條　親權《シンケン》ヲ行フ母ハ財産ノ管理《カンリ》ヲ辭《ジ》スルコトヲ得

▲參看　人第百五十七條

〔註釋〕本條ハ母ガ親權《シンケン》ヲ行フトキ其子ノ財産《ザイサン》ノ管理ハ辭退《ジタイ》スルコトガ出來ルト規定シタノデアリマス即チ第八百八十四條ニ規定シテアリマス通リ母モ財産ノ管理ガ出來得ルコトデアリマスケレドモ財産管理《ザイサンカンリ》ニ就テハ多少能力ト經驗《ケイケン》ガナケレバナリマセヌカラ若《モ》シ其

子ノ財産《ザイサン》ニ付テ危《アヤ》フクスルコトガナイトモ限リマセヌ故《ユヘ》ニ此場合ニハ管理《カンリ》ヲ辭退《ジタイ》スルコトモ出來ルノデアリマス

第六章 後《コウ》見《ケン》

〔註釋〕本節ニハ後見ノ開始《カイシ》ヨリ後見ノ終了《ソウレウ》ニ至ルマデニ於テ其機關トナリ其監督《カントク》トナルスベテノコトヲ規定シタノデアリマス其次第ハ各本條ニ於テ委シクシテアリマスレバ殊更ニ是ニ於テ述《ノ》ブルノ必要《ヒツエウ》モアリマセヌガ要スルニ節《セツ》ゴトニ欵毎ニ氣《キ》ヲ注《ツ》ケテ熟讀《ジユクドク》セラレタキモノデアリマス

第一節 後見ノ開始

〔註釋〕本節ニハ如何ナル場合《バアヒ》ニ後見ハ開始《カイシ》スルカヲ規定シタノデアリマス

第九百條 後見《コウケン》ハ左ノ場合ニ於テ開始《カイシ》ス

一 未成年者ニ對シテ親權《シシケン》ヲ行フ者ナキトキ又ハ親權《シンケン》ヲ行フ者カ管理權ヲ有セサルトキ

二 禁治産ノ宣告アリタルトキ

▲參看　人第百六十一條

〔註釋〕本條ハ後見《コウケン》ノ必要《ヒツエウ》ハ二個ノ塲合ニ依テ始《ハジ》マルト云フコトヲ規定シタノデアリマス

二個ノ塲合トハ第一項ノ如キハ幼少《ヨウセウ》ニシテ親權ヲ行《オコナ》フ父又ハ母ガ不行跡《フギヤウセキ》ニシテ其幼者ノ教育及ビ監護《カンゴ》ノ任ニ至當《シタウ》ト認《ミト》メナイトキ。若クハ其父母ニ財產管理《カンリ》ヲサセシガ危險《キケン》ナリト思フテ親族會《シンゾククワイ》又ハ撿事ガ失權ノ宣告《センコク》ヲナシタルトキニハ其幼者《ヤウシヤ》ニハ充分ノ能力ガナイカラ自立《ジリツ》スルコトガ出來マセヌ此塲合ニ後見《コウケン》ト云フ任ニ當《アタ》ルモノガアルノデス即チ逐條《チクデウ》後見人ニ就テハ述ベルト致シマセウ

第二號ハタトヘ成年者ナルモ禁治產者《キンヂサンシヤ》ハ後見ヲ附《フ》セラルベキモノデアルコトハ既ニ第七條ノ規定ニ因テモ明カデアリマス

第二節　後見ノ機關

〔註釋〕本節ハ後見ノ範囲《ハイヰ》ヲ規定《キテイ》シタノデアリマス

第一欵　後見人

〔註釋〕本欵ハ後見人《コウケンニン》ヲ附《フ》スベキ塲合及ビ後見人タルモノヽ資格《シカク》等ヲ集《アツ》メ示サレタルモノデアリマス

第九百一條　未成年者ニ對《タイ》シテ最後《サイコ》ニ親權ヲ行フ者カ遺言《イゲン》ヲ以テ後見人ヲ指定《シテイ》スルコトヲ得但管理權ヲ有《イウ》セサル者ハ此限ニ在ラス
親權ヲ行フ父ノ生前《セイゼン》ニ於テ母カ豫《アラカジ》メ財産ノ管理ヲ辭《ジ》シタルトキハ父ハ前項ノ規定ニ依リテ後見人《コウケンニン》ノ指定《シテイ》ヲ爲スコトヲ得

▲參看　人第百六十四條

〔註釋〕本條ハ未成年者ノ後見人《コウケンニン》ヲ指定《シテイ》スル塲合ヲ示シタノデアリマス
未成年者ハ親權ノ下ニ服シテイルモノデアリマスカラ後見人ヲ附スルコトノ必要ハナイノハ無論《ムロン》デアリマスケレドモ其親權ヲ行《オコナ》フベキ父又ハ母ガ死亡《シバウ》ノ際ニハ幼者《エウシヤ》ニ後見人ヲ附シテ保護《ホゴ》セネバナラヌコトデス如斯塲合ニハ最《モツト》モ終《オハリ》ニ親權ヲ行フ者ハ遺言《イゲン》ヲシテツノ後見人ハ誰《タレ》人ト指定《シテイ》スルコトガ出來得ルト定メテアルノデス併《シカ》シナガラ此最後ニ遺言《イゲン》ヲスル人ハ無論《ムロン》管理權テ有《ユウ》シテ居ルモノデナケレバナラヌノデス
第二項ハ親權《シンケン》ハ父母ノ中何《イツ》レカ行フモノナレドモ父ガ親權《シンケン》ヲ行フテ居タ塲合ニ其父生前ニ於テ自己《ジコ》(母ガ)ガ其子ノ財産ヲ管理《カンリ》スルコトハ甚ダ危險《キケン》ニ思フ故他ニ後見人ヲ選擇《センタク》シ

テ其子ノ父ガ死亡《シボウ》後ノ保護ヲ托《タク》セシコトヲ申出テタトキニハ前項ノ規定ニアリマス通《トホ》リ遺言ヲ以テ後見人ノ指定《シテイ》ガ出來ルコトヲ定メタノデアリマス

第九百二條　親權《シンケン》ヲ行フ父又ハ母ハ禁治産者《キンヂサンシヤ》ノ後見人ト爲ル

妻《ツマ》カ禁治産ノ宣告《センコク》ヲ受ケタルトキハ夫其後見人ト爲ル夫カ後見人《コウケンニン》タラサルトキハ前項ノ規定ニ依ル

夫カ禁治産ノ宣告《センコク》ヲ受ケタルトキハ妻其後見人ト爲ル妻《ツマ》カ後見人タラサルトキ又ハ夫《ヲツト》カ未成年者ナルトキハ第一項ノ規定《キテイ》ニ依ル

〔註釋〕本條ハ成年者ニ後見人《コウケンニン》ヲ附《フ》スル塲合ヲ示《シメ》シタノデアリマス

成年者ニ後見人ヲ附《フ》セラルヽニハ其成年者ノ心神喪失《シンシンソウシツ》ノ常況ガ在ッテ治産ヲ禁《キン》ゼラレタル塲合デアリマス此ノ塲合《バアヒ》ニ於テハ第一近《チカ》シイノハ父母デアリマス故ニ後見人ハ父母タラザルベカラズ

第一項ハ前項ニ次イデ定メタ規定《キテイ》デアリマス即チ其成年者《セイチンシヤ》ノ妻ガ禁治産者ノ宣告《センコク》ヲ受ケタトキハ夫ガ後見人トナル譯《ワケ》デス之モ亦後見人トナレナイトキニハ前項ノ通《トホ》リ親權ヲ行

フ父、又ハ母ニ於テ後見人ニナルコトヲ示シタノデアリマス
第三項モ亦前二項ト同ジ塲合ヲ示シタノデアリマス而シテ夫ガ未成年者ナルトキハ親權ヲ行フ父、又ハ母ガ後見人トナルコトデアリマス

第九百三條　前二條ノ規定《キテイ》ニ依リテ家族ノ後見人タル者《モノ》アラサルトキハ戸主其後見人ト爲ル

▲參看　人第百六十六條

〔註釋〕本條ハ戸主ノ後見人ト爲ル塲合《バアヒ》ヲ規定《キテイ》シタノデアリマス
親權《シンケン》ヲ行フモノ父、又ハ母ガ遺言《イゲン》ヲ以テ後見人ヲ定《サダ》メナイトキ若クハ家族《カゾク》ノ者ニテ後見人ニナルコトノ出來ナイ塲合ニハ戸主《コシエ》ガ後見人ト爲ルコトヲ規定《キテイ》シタノデアリマス

第九百四條　前三條ノ規定《キテイ》ニ依リテ後見人タル者《モノ》アラサルトキハ後見人ハ親族會《シンゾククワイ》之ヲ選任《センニン》ス

▲參看　人第百六十七條

〔註釋〕本條ハ親族會《シンゾククワイ》ニ依ツテ後見人ヲ選定《センテイ》スル塲合ヲ規定ス而シテ前條ニ示《シメ》シタ如ク親權

ヲ行フ父母ガ遺言《イゲン》モセズ法律上後見人トナルベキ夫、妻若《ツマモシ》クハ戸主モナキトキハ親族會ガ後見人ヲ撰《エラ》ンデ其任ニ當《アタ》ラセルト云フコトヲ規定シタノデアリマス

第九百五條　母カ財産《ザイサン》ノ管理ヲ辭《ジ》シ、後見人カ其任務《ニンム》ヲ辭《ジ》シ、親權ヲ行ヒタル父若《モシ》クハ母カ家ヲ去リ又ハ戸主《コシュ》カ隱居ヲ爲シタルニ因《ヨ》リ後見人ヲ選任《センニン》スル必要ヲ生シタルトキハ其《ソノ》父《チヽ》、母又ハ後見人ハ遲滯《チタイ》ナク親族會ヲ招集《セウシフ》シ又ハ其招集ヲ裁判所ニ請求《セイキウ》スルコトヲ要ス

▲參看　人第百六十八條

〔註釋〕本條ハ後見人《ゴウケンニン》ヲ選任《センニン》スルニ就テ親族會ヲ招集《セウシフ》シ若クハ其招集ヲ裁判所ニ請求《セイキウ》スルノ規定ヲ示シタノデアリマス即チ前段ノ事由ハ既ニ前ニ述ベマシタ通リ後見人ガナクテハナラヌ場合ニ親族會ヲ招集《セウシフ》シテ其後見人ヲ選定《センテイ》スルコトヲ計《ハカ》ルコトヲ定《サダ》メ後段ハ場合ニ依リ父母又ハ後見人ハ裁判所《サイバンショ》ヘ請求シテ其招集《セヤシフ》ヲ爲シテ選定《センテイ》スルコトヲ得ル定メデアリマス

第九百六條　後見人ハ一人タルコトヲ要ス

参看 人第百六十二條

〔註釋〕本條ハ後見人ノ人員《ジンイン》ヲ定メタノデアリマス故《コトサ》ラニ申迄モアリマセヌガ後見人數人《スニン》アツタナラバ甲乙丙議論交々《コモゴモ》意見ノ衝突《セウトツ》或ハ不和合《フワガフ》ノ恐《オソ》レアルノミナラズ被後見人ノ爲メニ不利益《フリエキ》トモナリマス故ニ必ヤ後見人ハ一人ト限《カギ》リタ譯《ワケ》デアリマス

第九百七條 後見人ハ婦女《フジヨ》ヲ除ク外《ホカ》左ノ事由アルニ非《アラ》サレハ其任務ヲ辭スルコトヲ得ス

一 軍人《グンジン》トシテ現役《ゲンエキ》ニ服スルコト

二 被後見人ノ住所《ジウシヨ》ノ市又ハ郡以外ニ於《オヒ》テ公務ニ從事《ジウジ》スルコト

三 自己《ジコ》ヨリ先ニ後見人《コウケンニン》タルヘキ者ニ付キ本條又ハ次條ニ揭《カヽ》ケタル事由《ジユウ》ノ存セシ場合ニ於テ其事由カ消滅《セウメツ》シタルコト

四 禁治產者《キンヂサンシヤ》ニ付テハ十年以上後見ヲ爲シタルコト但配偶者《ハイグウシヤ》、直系血族及ヒ戸主《コシユ》ハ此限《コノカギリ》ニ在ラス

五　此他《コノタ》正當《セイタウ》ノ事由

▲參看　人第百六十三條

〔註釋〕本條ハ後見人ガ其任務《ニンム》ヲ辭《ジ》スルトキ之塲合ヲ示《シメ》シタノデアリマス後見人ハ女子ヲ除《ノゾ》クノ外本條第五號ノ理由《リユウ》ナケレバ其任務ヲ辭退《ジタイ》スルコトハ出來ナイノデアリマス即チ、第一號ハ國家《コツカ》ニ盡《ツク》ス義務アル軍人トシテ現役《ゲンエキ》ニ服《フク》ストキ、第二號ハ例《タト》ヘバ後見人自身ガ公務《コウム》ノ爲メニ住居《ジウキヨ》ヲ轉《テン》シ被後見人ト伴《トモ》ニ從來ノ地ニ住居《ジウキヨ》爲シ能ハサルトキ、第三號ハ自分《ジブン》ヨリ先キニ後見人タルベキモノトハタトヘバ自分《ジブン》ヨリ先キニ後見人アリテ其者ガ次條ニ規定シタル事由ノアル爲メニ後見人タルヲ得ザルトキ、第四號ハ夫婦ノ一方若クハ直系血族《チヨクケイケツゾク》又ハ戸主ニアラザルモノ、禁治産者《キンジサンシヤ》ノ後見ヲナシ居リタルコト十年以上ニ渉《ワタ》リシトキ、第五號ハ前第四號ニ述《ノ》ベタル外正當《セイタウ》ノ事由ニ因テ辭任《ジニン》ヲ申出デタレバ裁判所ハ判定《ハンテイ》ノ上至當《シタウ》ト認メルト云フコトヲ規定シタノデアリマス

第九百八條　左ニ掲《カヽ》ケタル者ハ後見人タルコトヲ得《エ》ス

一　未成年者《ミセイチンシヤ》

二　禁治産者《キンジサンシヤ》及ヒ準禁治産者《ジユン》

三　剝奪《ハクダツ》公權《コウケン》者及ヒ停止《テイシ》公權者

四　裁判所ニ於テ免黜《メンチツ》セラレタル法定《ハフテイ》代理人又ハ保佐人《ホサニン》

五　破産者《ハサンシヤ》

六　被《ヒ》後見人ニ對シテ訴訟《ソセウ》ヲ爲シ又ハ爲シタル者及ヒ其配偶者《ハイグウシヤ》竝ニ直系血族

七　行方《ユクヘ》ノ知レサル者

八　裁判所《サイハンシヨ》ニ於テ後見ノ任務《ニンム》ニ堪ヘサル事跡、不正《フセイ》ノ行爲又ハ著《イチジル》シキ不行跡《フギヤウセキ》アリト認《ミト》メタル者

（參看）　人第百八十條

〔註釋〕本條ハ後見人ノ資格《シカク》ニ關スルコトヲ規定シタノデアリマス
第一號ヨリ第八號ニ至ル迄正文ニ依テ明カデアリマスカラ細カニ說明ハ致シマセヌタト

ヘ指定《シテイ》又ハ選任ヲ受クルモ之ニ該當《ガイタウ》スルモノハ即チ禁治産者ハ自ラ後見《コウケン》ヲ受クルモノ、破産者《ハサンシヤ》ハ已ニ權利ヲ奪《ウバ》ハレタルモノ、第六ノ如キハ互《タガヒ》ニ利益ノ相反《アヒハン》スルモノ等ハ申サズトモ了解《レウカイ》セラルヽナラン故ニ後見人タルコトハ出來《デキ》ヌノデアリマス

第九百九條　前七條ノ規定《キテイ》ハ保佐人ニ之ヲ準用《ジユンヨウ》ス

保佐人又ハ其代表《タイヘウ》スル者ト準禁治産者トノ利益《リエキ》相反《アイハン》スル行爲ニ付テハ保佐人ハ臨時《リンジ》保佐人ノ選任《センニン》ヲ親族會ニ請求《セイキウ》スルコトヲ要ス」

〔註釋〕本條ハ保佐人《ホサニン》ニ關スル規定ノ適用《テキヨウ》ヲ示シタノデアリマス

保佐人ハ心神耗弱者《シンシンモウジヤクシヤ》、聾者《ラウシヤ》、盲者《モウシヤ》、唖者《アシヤ》、浪費者等ヲ保佐《ホサ》スル爲メニ附セラレタルモノデ此ノ保佐人《ホサニン》ノ指定ヤ撰擇《センタク》ハ前第九百二條以下ノ規定ヲ適用《テキヨウ》スルト云フコトヲ定メタノデアリマス

コノ保佐ヲ受ク準禁治産者《ジユンキンチサンシヤ》ト保佐人トノ間利益《リエキ》ニ就テ相反《アイハン》スルコトモアルベク此場合ニ於テハ保佐人ハ臨時《リンジ》保佐人ノ撰任《センニン》ヲ親族會ニ向ツテ請求《セイキウ》スルコトガ出來ルノデアルト規定シテアリマス

第二款　後見監督人

〔註釋〕本欵ハ後見監督人ニ關《クワン》スル規定ヲ設《マウ》ケタノデアリマス後見監督人《カントクニン》トハ其名ノ如ク後見人ガ果《ハタ》シテ能ク後見タルノ任務《ニンム》ヲ盡《ツク》スヤ否ヤヲ監督スルモノデアリマス實《ジツ》ニ必要ナル規定ヲ設ケタノデアリマス

第九百十條　後見人ヲ指定《シテイ》スルコトヲ得ル者ハ遺言《イゲン》ヲ以テ後見監督人ヲ指定《シテイ》スルコトヲ得

▲參看　八第百六十九條

〔註釋〕本條ハ後見監督人ヲ指定《シテイ》爲シ得ル塲合ヲ示《シメ》シタノデアリマス

既《スデ》ニ前ニモ述《ノ》ベマシタ通リ後見監督人トハ後見人《コウケンニン》ノ管理行爲《カウイ》ニ就テ正當デアルカ否ヤヲ監督《カントク》スルモノデアリマスカラ親權ヲ行フモノハ遺言《イゲン》ヲ以テ後見人ヲ指定《シテイ》スルト同一ニ其後見監督人ヲ指定スルコトガ出來ルト定メタノデアリマス

第九百十一條　前條ノ規定《キテイ》ニ依リテ指定シタル後見《コウケン》監督人ナキトキハ法定《ホフテイ》後見人又ハ指定後見人ハ其事務《ジム》ニ著手《チヤクシユ》スル前親族會ノ招集《セウシフ》ヲ裁

判所ニ請求《セイキウ》シ後見監督人ヲ選任《センニン》セシムルコトヲ要ス若シ之ニ違反《イハン》シタルトキハ親族會ハ其後見人ヲ免黜《メンチユツ》スルコトヲ得

親族會ニ於テ後見人ヲ選任《センニン》シタルトキハ直チニ後見監督人ヲ選任《センニン》スルコトヲ要ス

〔註釋〕本條ハ後見人ガ行《オコナ》フベキ手續《テツヾキ》ヲ規定シタノデアリマス

前條ノ規定ニ依リ後見監督人ヲ指定《シテイ》スベキガ當然《タウゼン》デアリマスケレドモ若シ遺言ヲ以テ後見監督人ガ指定《シテイ》シアラザルトキハ後見人ヨリ進《スヽ》ンデ其管利權《カンリケン》ヲ行フ以前ニ親族會ニ向ツテ監督人ヲ撰定《センテイ》スルコトヲ請ハネバナリマセヌ此ノ監督人《カントクニン》ヲ撰定スルニハ親族會ノ招集《セウシフ》ヲ請求スルハ裁判所ヘ請求《セイキウ》スルコトデス若シ後見人ガ監督人《カントクニン》ガナクトモ自分勝手《ジブンカツテ》ニ着手スルヤウナヿガ在ッタ時ニハ親族會ハ其後見人ヲ免スルコトガ出來マス

第二項ハ第九百四條及ビ第九百五條ノ規定ニ依テ親族會ガ後見人ヲ撰定シタ塲合ニハ速《スミヤカ》ニ後見監督人ヲモ撰定《センテイ》セネバナラヌト規定シタノデアリマス

第九百十二條　後見人就職《ジユシヨク》ノ後後見監督人ノ缺《カ》ケタルトキハ後見人ハ

遲滯《チタイ》ナク親族會ヲ招集《セウシフ》シ後見監督人ヲ選任《センニン》セシムルコトヲ要ス此場合ニ於テハ前條第一項ノ規定ヲ準用ス

〔註釋〕本條モ亦後見監督人撰定《センテイ》ニ關スル規定デアリマス

前條ハ最初《サイシヨ》ヨリ後見監督人ノナキトキノ場合ヲ規定《キテイ》シタノデアリマスガ本條ハ中途《チウト》ニシテ事故アツテ其後見監督人ノ缺《カ》ケタルトキニ付テ定メタノデス即此場合《コノバアヒ》ニハ前條第一項ノ規定ニ依テ後見人ヨリ裁判所ニ親族會《シンゾククワイ》ノ招集ヲ請求シタ上デ後見《コウケン》監督人ヲ定《サダ》メネバナラヌト規定シタノデアリマス

第九百十三條　後見人ノ更迭《カウテツ》アリタルトキハ親族會ハ後見監督人ヲ改《カイ》選《セン》スルコトヲ要ス但前後見監督人ヲ再選《サイセン》スルコトヲ妨《サマタ》ケス

新後見人カ親族會ニ於テ選任《センニン》シタル者ニ非サルトキハ後見監督《カントク》人ハ遲滯《チタイ》ナク親族會ヲ招集《セウシフ》シ前項ノ規定ニ依リテ改撰《カイセン》ヲ為サシムルコトヲ要ス若シ之ニ違反《イハン》シタルトキハ後見人ノ行爲《カウヰ》ニ付キ之ト連帶《レンタイ》シテ

其責ニ任ス

〔註釋〕本條ハ後見人ノ更迭《カウテツ》ノ場合ニ為スベキ手續《テツヽキ》ヲ定メタモノデアリマス

後見人甲某ナルモノガ死亡《シバウ》シマシタトキカ又ハ第九百七條ノ規定《キテイ》ニ依テ辭退《ジタイ》スルトキハ後見人ガナクナリマスカラ其後任者ヲ親族會ニ於テ定メナケレバナリマセヌ而シテ又之レト同時ニ今迄就職《ジウシヨク》シ居ッタ後見監督人モ同様ニ改撰《カイセン》ヲセネバナラヌ恰《アタカ》モ一人ノ後見人ノ為メ前ノ後見監督人ノ身《ミ》ニモ及ボス道理《ダウリ》デアリマスガ此場合ニモ必ヤ新《アラ》タノ後見監督人デナクバナラヌト定メタノデハナク前《マヘ》ノ後見監督人デモ再撰《サイセン》ガ出來得ルノデス

新後見人ガ親族會《シンゾククワイ》デ撰《エラ》マレタモノデナクバ後見監督人ハ速《スミヤカ》ニ親族會ヲ招集《セウシフ》シテ後見監督人ノ改撰《カイセン》ヲ申立ツルモノデアリマス若シモ之ニ違《タガ》フトキハ後見人ガ為シタ行為《カウヰ》ニ付テハ後見監督人モ同様《ドウヤウ》ノ責任ヲ持《モ》タネバナラヌト定《サダ》メタノデアリマス

第九百十四條　後見人ノ配偶者《ハイグウシヤ》、直系血族又ハ兄弟姉妹《ケイテイシマイ》ハ後見監督人タルコトヲ得ス

〔註釋〕本條ハ後見監督人《カントク》ニナルモノハ近親ノ間柄《アヒダガラ》ニ於テハ監督ノ任務《ニンム》ニ充分ナル職務ヲ盡《ツク》スコト能ハサルヤノ恐《オソ》レガアリマスカラ後見人ノ夫、又ハ婦、直系血族《チヨクケイケツゾク》又ハ兄弟姉妹ハ

後見監督人ニハ撰ムコトハ出來マセヌト規定シタノデアリマス

第九百十五條　後見監督人ノ職務《ショクム》左ノ如シ

一　後見人ノ事務《ジム》ヲ監督《カントク》スルコト

二　後見人ノ欠《カ》ケタル場合ニ於テ遲滯《チタイ》ナク其後任者ノ任務《ニンム》ニ就クコトヲ促《ウナガ》シ若シ後任者ナキトキハ親族會ヲ招集《セウシフ》シテ其撰任ヲ爲サシムルコト

三　急迫《キウハク》ノ事情アル場合ニ於テ必要《ヒツエウ》ナル處分ヲ爲スコト

四　後見人又ハ其代表《タイヘウ》スル者ト被後見人トノ利益相反《リエキアイハン》スル行爲ニ付キ被後見人ヲ代表スルコト

▲參看　人第百九十八條

〔註釋〕本條ハ後見監督人ノ職務《ショクム》ヲ規定シタモノデアッテ各項目共《カクカウモク》ニ明瞭《メイレウ》デアリマスカラ茲ニ贅言《ゼイゲン》ヲ費シマセヌ

第九百十六條　第六百四十四條、第九百七條及ヒ第九百八條ノ規定ハ後見監督人ニ之ヲ準用ス

◎參看　人第百六十九條

〔註釋〕本條ハ各條目ニ就《ツイ》テ適用《テキヨウ》ヲ示シタモノデアッテ細《コマ》カニ之レヲ分ケテ說明《セツメイ》ヲ致シマセウ即チ左ニ

第六百四十四條ハ、後見監督人ハ管理者《カンリシヤ》タルノ注意ヲ以テヾテ善良ニ事務《ジム》ヲ處《シヨ》スルコト

第九百七條ハ、後見監督人ハ正當《セイタウ》ノ理由ナクシテ辭任《ジニン》スルコトハ出來ヌコト

第九百八條ハ、後見監督人ハ禁治產者《キンヂサンシヤ》及準禁治產者、公權《コウケン》ヲ奪《ウバ》ハレタルモノ又後見人ニ對《タイ》シ訴訟ヲ為シ又ハ裁判所ニ於テ後見監督ノ任務《ニンム》ニ堪《タ》ヘザル事跡《ジセキ》不正ノ行為アリタルモノ等ナリ

右ハ何レモ後見監督人ノ資格《シカク》ニ缺《カ》ケタルモノユヘニ其任ニ撰《エラ》ムコトハ出來ヌト定メラレタルナリ

第三節　後見ノ事務

〔註釋〕本節ニハ後見人ノ事務《ジム》ニ關《クワン》スル一切ノ規定ヲ集《アツ》メタルモノデアリマス尚ホ逐條說明

致シマセウ

第九百十七條　後見人ハ遅滞《チタイ》ナク被後見人ノ財産《ザイサン》ノ調査ニ著手《チヤクシユ》シ一个月内ニ其調査《テウサ》ヲ終ハリ且其目錄ヲ調製《テウセイ》スルコトヲ要ス但此期間《キカン》ハ親族會ニ於テ之ヲ伸長《シンチヤウ》スルコトヲ得

財産《ザイサン》ノ調査及ヒ其目錄ノ調製《テウセイ》ハ後見監督人ノ立會《タチアヒ》ヲ以テ之ヲ為スニ非サレハ其效ナシ

後見人カ前二項ノ規定ニ從ヒ財産《ザイサン》ノ目錄ヲ調製《テウセイ》セサルトキハ親族會ハ之ヲ免黜《メンチユツ》スルコトヲ得

▲參看　人第百八十七條

〔註釋〕本條ハ後見人ガ財産目錄《ザイサンモクロク》ノ調査テ為スコトヲ規定《キテイ》シタノデアリマス

後見人ハ自己ガ管理シタル財産ノ調査《テウサ》ハ必ズ一ケ月内ニ整理《セイリ》シテ其目錄ヲ親族會ニ差出サ子バナリマセヌ併《シカ》シ此ノ一ケ月ト云フ期間ハ親族會ノ決定《ケツテイ》デ或ハ長ク或ハ短《ミジ》カクスル

コトガ出來マスケレドモ第二項ニ示《シメ》シテアル通リ必ズ財産《ザイサン》ノ調査及ビ其目錄等ヲ調製《テイセイ》スルニハ後見監督人ノ立會《タチアヒ》ヲ請ハネバ其効ガアリマセヌカラ立會《タチアヒ》ノ上デ總テノ事務ヲ處理《シヨリ》スルコトヽ定メテアルノデス

第三項ハ後見人ガ前項《ゼンカウ》ニ違反《イハン》シタ即チ後見人ノ自分勝手《ジブンカツテ》ニ財産ヲ調査《テウサ》シタリ又ハ其調査ニ付テ期間ヲ誤《アヤマ》ラシタリシタトキハ親族會ハ後見人ニ向《ムカ》ツテ免職《メンシヨク》ヲサセルコトガ出來ルト云フコトデアリマス

第九百十八條　後見人ハ目錄《モクロク》ノ調製ヲ終《ヲ》ハルマテハ急迫ノ必要《ヒツエウ》アル行爲ノミヲ爲ス權限《ケンゲン》ヲ有ス但之ヲ以テ善意《ゼンヰ》ノ第三者ニ對抗《タイカウ》スルコトヲ得ス

▲參看　人第百八十九條

〔註釋〕本條ハ後見人ガ被《ヒ》後見人ノ財産ヲ調査《テウサ》シ目錄ヲ作《ツク》ラザレバ自分ノ職務《シヨクム》即チ後見人ノ事務ニ着手《チヤクシユ》スルコトガ出來ヌノデアリマス而シテ打捨《ウチステ》テ置クコトノ出來ナイ差迫《サシセマ》ツタ事柄ニ付テハ爲スベキ權利《ケンリ》ヲ有《イウ》シテ居リマスルカラ必要《ヒツエウ》ナル事業ハシテイヽガ例ヘバ第三

者ガ相手方ノ後見人タルコトヲ知ツテ通常《ツウゼウ》有スル權利《ケンリ》アルモノト信《シン》ジテ爲シタ取引ナシタ後ニ至ツテ其當時取引《トリヒキ》ノ目錄ヲ造《ツク》ラナカツタ故ニ之ハ無效《ムカウ》デアル又ハ取消デアルト第三者ニ對シテ答《コタ》ヘタナラバ頗《スコブ》ル第三者ハ迷惑《メイワク》ヲ爲ス場合モアルニ依テ第三者ヲ保護《ホゴ》スル爲メニ此ノ場合ニ於テハ其ノ事ヲ理由《リユウ》トシテ對抗《タイカウ》スルコトハ出來ヌト定メタノデアリマス

第九百十九條　後見人カ被後見人ニ對《タイ》シ債權《サイケン》ヲ有シ又ハ債務ヲ負フトキハ財產ノ調査《テウサ》ニ著手スル前ニ之ヲ後見監督人ニ申出《マウシイツ》ルコトヲ要ス

後見人カ被後見人ニ對《タイ》シ債權ヲ有《イウ》スルコトヲ知リテ之ヲ申出テサルトキハ其債權《ソノサイケン》ヲ失フ

後見人カ被後見人ニ對シ債務《サイム》ヲ負《オ》フコトヲ知リテ之ヲ申出テサルトキハ親族會ハ其後見人ヲ免黜《メンチユツ》スルコトヲ得

▲參看　人第百八十八條

〔註釋〕本條モ亦後見人ガ財産調査《ザイサンテウサ》ニ就テノ規定デアリマス

後見人ガ被後見人ニ對《タイ》シ債務者又ハ債權者《サイケンシャ》デアッタナラバ後見人ハ就任《シュニン》ノ前ニ後見監督人ニ其事ヲ申立テ置キ利害《リガイ》ノ衝突ヲ爲サヽル樣確《タシ》カニ爲サ子バナラヌノデス

若シ後見人ガ被後見人ニ對《タイ》シテ自分ハ何程《ナニホド》被後見人ノ爲メニ債權《サイケン》ヲ有シテ居ルト申立テナイトキハ此規定ニ依テ其債權ハ失フノデス

之ニ反《ハン》シテ被後見人ヨリ後見人ガ債務《サイム》ヲ負《オ》フコトヲ知リナガラ之《コレ》ヲ申立テナカッタトキニハ後見人ハ親族會ヨリ免セラルヽモノデアリマス

コノ説明《セツメイ》中後見人ヨリ申立ルト云フノハ總《スベ》テ何事ニ依ラズ債務債權ニ附《ツイ》テ被後見人ノ權利義務《ギム》ハ後見監督人ニ申立ツルコトデアリマス後見人ト被後見人《ヒコウケンニン》トノ間利益相反《リエキアイハン》スル塲合ニハ後見監督人ハ被後見人ヲ代表《ダイヘウ》スルカラデアリマス參考《サンカウ》ノ爲メ茲ニ一言申シテ置マス

第九百二十條　前三條ノ規定《キテイ》ハ後見人就職《シウショク》ノ後被後見人カ包括《ハウクワツ》財産ヲ取得シタル塲合ニ之ヲ準用ス

〔註釋〕本條ハ被後見人ガ包括《ハウカツ》財産ヲ取得《シュトク》シタル塲合ニ於テモ前三條ノ規定ヲ準用スベキコ

トヲ規定シタノデアリマス

被後見人ガ權利義務《ケンリギム》ニ付テ之ヲ包括《ハウカツ》シタ財產ニ付テハ如何ナル手續《テツヾキ》ニスベキヤト云フニ債權ト債務トニヨリ夫々目錄《モクロク》ヲ調製シマシテ明カニ區別《クベツ》ヲナサ子バナラヌ然《シカ》レドモ若シ其權利義務ガ後見タル人ニ關係《クワンケイ》スルトキハ後見監督人《カントクニン》ニ申出デネバナラヌノデス

第九百二十一條　未成年者《ミセイネンシヤ》ノ後見人ハ第八百七十九條乃至第八百八十三條及ヒ第八百八十五條ニ定《サダ》メタル事項ニ付キ親權《シンケン》ヲ行フ父又ハ母ト同一ノ權利義務ヲ有《イウ》ス但親權ヲ行フ父又ハ母カ定《サダ》メタル教育《ケウイク》ノ方法及ヒ居所《キヨシヨ》ヲ變更シ、未成年者ヲ懲戒場《チヤウカイバ》ニ入レ、營業ヲ許可《キヨカ》シ、其許可ヲ取消《トリケ》シ又ハ之ヲ制限《セイゲン》スルニハ親族會ノ同意《ドウイ》ヲ得ルコトヲ要ス

▲參看　人第百八十四條

（註釋）本條ハ未成年者ノ後見人《コウケンニン》ハ親權ヲ行フ父、又ハ母ト同一ノ權利義務《ケンリギム》ヲ有《ユウ》スルモノデアルト云フコトヲ規定シタノデアリマス

未成年者ノ後見人ノ權利義務《ケンリギム》ハ前ニモ述《ノ》ベテアリマスルガ其未成年者ノ監護《カンゴ》及ビ教育等

ニ付テ總テ《スベ》親權ヲ行《オコナ》フベキモノト同一ノコトデアリマスルガ其中教育《ケウイク》之方法ヲ變更《ヘンカウ》セントスルトキ又ハ其子ヲ學校塾舍《ガクカウジユクシヤ》等ヘ寄留《キリウ》ノ爲メ居所ヲ移《ウツ》サ子バナラヌカ又ハ其子ヲ必要《ヒツエウ》ナル懲戒場ヘ入ルヽカ若クハ營業《エイゲフ》ヲ許可シ其制限《ソノセイゲン》等ヲ立ツル等ノ如キハ其子ノ爲メニ重《ヂウ》大《ダイ》ナル利害《リガイ》ノアルコトデアルカラ斯クノ如キ場合ニハ先ヅ親族會《シンゾククワイ》ノ同意ヲ得テセ子バナラヌト規定シタノデアリマス

第九百二十二條　禁治產者《キンチサンシヤ》ノ後見人ハ禁治產者ノ資力《シリヨク》ニ應シテ其療養看護《カンゴ》ヲ力《ツト》ムルコトヲ要ス

禁治產者ヲ瘋癲《フウテン》病院《ビヤウイン》ニ入レ又ハ私宅ニ監置《カンチ》スルト否トハ親族會ノ同意ヲ得テ後見人之ヲ定ム

〔註釋〕本條モ後見人ノ行《オコナ》フベキ事柄ニ付テ親族會ノ同意《ドウイ》ヲ要《エウ》スル規定ヲ示シタノデアリマス

禁治產者ハ心神喪失《シンシンソウシツ》ノモノデアルカラ其禁治產者ノ病氣療養《レウヤウ》ニ付テハ其者ノ身分相應《ミブンサウオウ》ニシテ其看護《カンゴ》ヲスルコトハ後見人ノ力《ツト》メデアリマス而シテ第二項ノ如ク禁治產者《キンヂサンジヤ》ガ瘋癲《フウテン》デ

アッテ病院《ビヤウヰン》ヘ入レナケレバナラヌ場合ニ於テハ自宅《ジタク》ニ監置《カンチ》スルト否トハ親族會ノ同意ヲ得テ極メネバナラヌト規定シタノテアリマス

第九百二十三條　後見人《コウケンニン》ハ被後見人ノ財産《ザイサン》ヲ管理シ又其財産ニ關スル法律《ハフリツ》行爲《カウヰ》ニ付キ被後見人ヲ代表《タイヘウ》ス

第八百八十四條但書《タヾシガキ》ノ規定ハ前項ノ場合ニ之ヲ準用《ジユンヨウ》ス

㊀參看　人第百九十六條

〔註釋〕本條ハ後見人ガ被後見人《ヒコウケンニン》ノ財産ニ關《クワン》スルコトヲ規定シタモノテアリマス

本條ハ別ニ説明セズトモ法文ニ依テ明白ナルコトテアリマス故ニ説明ハ略シマス要スルニ第二項但書ニモアル通《トホ》リ既ニ前第八百八十四條ノ規定《キテイ》ト同一ノ意味《イミ》テアリマス

第九百二十四條　後見人ハ其就職ノ初ニ於テ親族會ノ同意ヲ得テ被後見人ノ生活《セイクワツ》、教育又ハ療養《レウヤウ》看護及ヒ財産ノ管理《クワンリ》ノ爲メ毎年費スヘキ金額ヲ豫定《ヨテイ》スルコトヲ要ス前項ノ豫定額《ヨテイカク》ハ親族會ノ同意ヲ得ルニ非《アラ》サレハ之ヲ變更《ヘンカウ》スルコトヲ得ス但已《ヤ》ムコトヲ得サル塲合ニ於テ豫定額《ヨテイカク》ヲ超ユル金額ヲ支出《シシユツ》スルコトヲ妨ケス

△參看 人第百九十條

〔註釋〕本條ハ後見人ガ被後見人ニ要《エウ》スル一ケ年間ノ費用《ヒヨウ》ニ付キ豫算《ヨサン》スルコトヲ規定シタノテアリマス

他人ノ財産ヲ預《アツ》カル以上ハ經濟《ケイザイ》ニ關スル出納《スイタウ》ハタトヘ私消ノ恐《オソ》レガナクトモ正確《セイクワク》ニ豫算ヲ立テザルベカラザルハ其人ノ責務《セキム》テアリマス況《マ》シテ本條ニ於ケル後見人ハ幼者《エウシヤ》ノ財産ヲ管理《クワンリ》スルト云フ重大ナル職務《シヨクム》テアリマスルカラ其後見人ハ就職ノ以前《イゼン》ニ於テ被後見人ノ教育費ハ一ケ年何程《ナニホド》生活ニ係ル費用ハ一ケ年何程《ナニホド》、若シ禁治産テアレバ病氣療養ニ就テ醫藥《イヤク》其他ノ入費何程若クハ財産管理ニ付《ツイ》テノ費用例《タト》ヘバ不動産物件中ノモノニテ家屋《カヲク》ニ付テハ修繕費《シウゼンヒ》ノ類等毎年費スベキ費額之豫算《ヨサン》ヲ立テヽ之ヲ親族會ニ計《ハ》カリ同意ヲ得テ豫定スルコトヲセネバナラヌコトテアリマス

第九百二十五條 親族會ハ後見人及ヒ被後見人《ヒコウケンニン》ノ資力其他ノ事情《ジジヤウ》ニ依

リ被後見人ノ財産《ザイサン》中《チウ》ヨリ相當ノ報酬《ハウシウ》ヲ後見人ニ與《アタ》フルコトヲ得但後見人カ被後見人ノ配偶者《ハイグウシヤ》、直系血族又ハ戸主《コシユ》ナルトキハ此限ニ在ラス

〔註釋〕本條ハ後見人ニハ報酬《ホウシウ》ヲ與《アタ》フベキヤ否《イナ》ヤ若シ與《アタ》フルトセバ如何ニシテ與フルカト謂フコトニ就テ規定シタノデアリマス

凡《スベ》テ後見人タルモノハ其後見事務即チ債權債務《サイケンサイム》ノ爲メニ必要《ヒツエウ》ナル費用ヲ要《エウ》スルトキ又ハ財産管理處分《シヨブン》ノ爲メ即チ他ノ地方ニアル山林田圃《サンリンデンバタ》ナドノ事務ニ依リテ旅行《リヨカウ》セシガ如キ其事務處辨《シヨベン》ノ爲メニ要スル所ノ費用ハ當然《タウゼン》被後見人ニ向テ請求《セイキウ》シ得ベキモノデアレド其勞力ニ就テハ報酬《ホウシウ》ハ受クベキモノデハアリマセヌ然《シカ》レドモ後見人ガ其後見事務ガ餘程《ヨホド》繁劇《ハンゲキ》ナリシカ又ハ被後見者ガ財産《ザイサン》甚ダ裕《ユタカ》ニアリテ後見人ニ對シテ報酬《ハウシウ》スベキ事由アリ又報酬スルニ足《タ》ルノ財産ヲ有《イウ》スルトキハ親族會ハ之ヲ會議《クワイギ》ニ付シテ報酬ヲ與《アタ》フベキカ其額ハ何程トスベキカヲ熟議《ジユクギ》シ之ヲ後見人ニ與《アタ》ヘ後見人ハ之ヲ受クルコトガ出來ルノデス尤《モツト》モ其後見人タル人ガ被《ヒ》後見人ノ配偶者《ハイグウシヤ》デアルカ直系血族《チヨクケイケツゾク》ノ人デアルカ又ハ戸主デアルカノトキハ之ヲ與ヘ之ヲ受クベキノ限リデアリマセヌ

第九百二十六條　後見人ハ親族會《シンゾククワイ》ノ同意ヲ得テ有給《イウキウ》ノ財産管理者ヲ使用スルコトヲ得但第百六條ノ適用ヲ妨ケス

參看　人第百九十條

〔註釋〕本條ハ場合《バアヒ》ニヨリテ有給ノ財産管理者ヲ使用《シヨウ》シ得ベキコトヲ規定シタノデス

後見人ハ後見事務ヲ執《ト》ルニ當《アタ》リテ頗《スコブ》ル忙《イソガ》ハシク己レ一人ニテハ爲シ得《エ》ザルコトアルトキハ親族會ト相談《ソウダン》シテ給料ヲ與《アタ》ヘテ被後見人ノ財産管理人ヲ使用《シヨウ》シ又ハ己レノ責任《セキニン》ヲ以テ自己《ジコ》獨斷《ドクダン》ニ使用スルコトガ出來ルノデス

第九百二十七條　親族會ハ後見人就職《シウシヨク》ノ初ニ於テ後見人カ被後見人《ヒコウケンニン》ノ爲メニ受取《ウケト》リタル金錢カ何程ノ額《カク》ニ達セハ之ヲ寄託《キタク》スヘキカヲ定ムルコトヲ要ス

後見人カ被後見人ノ爲メニ受取《ウケト》リタル金錢カ親族會《シンゾククワイ》ノ定メタル額ニ達スルモ相當《サウタウ》ノ期間内ニ之ヲ寄託《キタク》セサルトキハ其法定利息ヲ拂《ハラ》フコ

トヲ要ス

金錢ヲ寄託《キタク》スヘキ場所ハ親族會ノ同意《ドウイ》ヲ得テ後見人之ヲ定《サダ》ム

▲參看　人第百九十一條

〔註釋〕本條ハ後見人ガ被後見人ノ財產《ザイサン》管理ニ關《クワン》シテ寄託《キタク》シ又ハ利息ヲ支拂《シハラ》フベキコトニ就キ規定シタノデス

後見人ガ自己《ジコ》ノ管理スル被後見人ノ財產ノ收益《シウエキ》トハ例ヘバ家賃ノ收入《シウニウ》又ハ公債ノ利子等ノ如キモノハ就職ノ際《サイ》ニ何程ノ高ニ爲リタレバ之ヲ寄託《キタク》スルコトヲ豫《アラカジ》メ定メテ置カネバナラヌノデス何トナレバ後見人ノ管理《クワンリ》スベキ財產ノ額《ガク》ニ付テハ法律《ホフリツ》ニ一定ガアリマセヌカラ之ヲ親族會ノ意見《イケン》ニ依テ定メルコトシタル譯《ワケ》デス若シモ第二項ノ場合ノ如ク最初《サイシヨ》就職ノ際《サイ》其金高ハ何程ニ爲リタレバ之ヲ銀行《ギンカウ》カ又ハ貯蓄銀行ヘ預《アツ》ケル方法ヲ親族會ガ定メ後見人ニ於テモ之レヲ了承《リヨウシヨウ》シテ置キナガラ預《アツ》ケザルトキニ於テハ後見人ハ法定《ホフテイ》ノ利息ヲ即チ年六分ノ利息ヲ拂《ハラ》ハネバナラヌト規定シタノデアル而シテ第三項ノ金錢《キンセン》ヲ寄託《キタク》スベキ場所トハ前ニ述《ノ》ベマシタ通リ官ニ預《アツ》ケルハ確實《カクジツ》デアルガ利息ノ額《タカ》ニ於テ少ナキコトモアリ其他確實ト認《ミト》ムル銀行ノ如キモノデアルケレドモ何《イヅ》レニ預《アツ》クルカハ親族會ノ同意ヲ

得テ後見人ガ之ヲ定ムルトシテアルノデス

第九百二十八條　指定《シテイ》後見人及ヒ選定《センテイ》後見人ハ毎年少クトモ一回被後見人ノ財産ノ狀況《ゼウケウ》ヲ親族會ニ報告《ハウコク》スルコトヲ要ス

▲參看　人第百九十二條

〔註釋〕本條ハ後見人ガ財産《ザイサン》ノ狀況ヲ報告《ハウコク》スルコトヲ規定シタノデアリマス

指定後見人トハ遺言《イゲン》ニ依リテ指定《シテイ》セラレタルモノ、選定後見人トハ親族會ニ於テ選任《センニン》セラレタルモノデアリマヌ此《コ》ノ後見人ハ自己ノ管理《カンリ》スル被後見人ノ財産ノ狀況《ゼウケウ》ヲ少ナクトモ一ケ年ニ一回親族會ニ報告《ハウコク》スベキモノト定メタノデス此《コ》ノ狀況《ジヤウキヤウ》トハ例ヘバ金錢之出納財産ノ運用《ウンヨウ》方法等デアリマス何ガ故ニ親族會ハ之レヲ必要《ヒツエウ》トスルカト云ヘバ彼ノ團体《ダンタイ》ノ會社銀行デスラ年二回ニ株主《カブヌシ》ニ向ツテ營業ノ狀況役員ノ改選《カイセン》等ノ如キコトガアリマスカラ後見人ニ就テモ此ノ法律《ホフリツ》ト同一デ財産ノ管理《カンリ》ニ付テハ如何ニ處理《ショリ》ナスカ營業、家計ノ方針ハ如何ニ整理《セイリ》シ居ルカヲ監査《カンサ》スル上ニ於テ必要ガアルノデス

第九百二十九條　後見人カ被後見人ニ代《カ》ハリテ營業《エイゲフ》若クハ第十二條第

一項ニ掲《カヽ》ケタル行爲ヲ爲シ又ハ未成年者ノ之ヲ爲《ナ》スコトニ同意《ドウイ》スルニハ親族會ノ同意《ドウイ》ヲ得ルコトヲ要ス但元本《ゲンホン》ノ領收ニ付テハ此限ニ在ラス

▲參看 人第百九十四條

〔註釋〕本條ハ後見人ガ親族會《シンゾククワイ》ノ許可ヲ得テ被後見人ニ代《カ》ハリ營業ヲ爲サントスルコトニ付《ツイ》テ規定シタノデアリマス

被後見人ニ代《カ》ハリテ後見人ガ營業《エイゲフ》ヲ爲スコトハ被後見人ノ財産《ザイサン》ニ重大ナル利害《リガイ》ヲ及ボスコトニ付キ此場合ハ親族會《シンゾククワイ》ノ同意ヲ得テセネバナラヌト規定《キテイ》シテアルノデス而シテ未成年者ニモ營業《エイゲフ》ヲナサシムル場合ニモ同樣《ドウヤウ》デアリマス何トナレバ後見人ハ元來《グワンライ》後見人ノ後見事務ハ管理行爲《カンリカウイ》ニ屬《ゾク》スル事項ノミデアリマスカラ自分一量見《レウケン》ニテハ出來ヌコトデアリマス

第二項ハ第十二條第一項ニ規定《キテイ》シテアル事ト同一ノ意味《イミ》デアリマス要《エウ》スルニ貸金ノ返濟《ヘンサイ》ヲ受ケ或ハ資本《シホン》ヲ事業ニ投《トウ》ズル等ノ如キハ後見人ノ職務《ショクム》トシテ行フノハ此限リデナイト云フコトデス

第九百三十條　後見人カ被後見人ノ財産又ハ被後見人ニ對スル第三者ノ權利ヲ讓受《ユヅリウ》ケタルトキハ被後見人ハ之ヲ取消《トリケ》スコトヲ得此場合ニ於テハ第十九條ノ規定ヲ準用《ジユンヨウ》ス

前項《ゼンコウ》ノ規定ハ第百二十一條乃至第百二十六條ノ適用《テキヨウ》ヲ妨ケス

▲參看　人第百九十五條

〔註釋〕本條ハ後見人ガ被後見人ノ權利《ケンリ》ヲ讓《ユヅ》リ受ケルコトヲ得ザル規定《キテイ》ヲ示《シメ》シタノデアリマス

後見人ハ被後見人ノ財産《ザイサン》ノ一部ヲ讓受《ユヅリウ》ケ又ハ被後見人ノ債權ヲ讓《ユヅ》リ受ケルコトハ出來ヌノデアリマス若《モ》シ之ヲ許《ユル》ストシマシタナラバ後見人ハ私利《シリ》ヲ營《イトナ》ムガ如キコトナイトモ限リマセヌカラ此ノ規定ヲ設《マウ》ケタノデス併《シカ》シナガラ知ラズ識《シ》ラズ權利ノ移《ウツ》ツタ場合モアリマセウ其時ニハ被後見人ハ之ヲ取消《トリケ》スコトガ出來ルノデス尤後見人ハ讓受《ユヅリウ》ケタ債權等ノ事ニ付キマシテハ被後見人ガ無能力者《ムノウリヨクシヤ》ナル場合ニハ獨立《ドクリツ》シテ完全ナル能力者トナリタル後ニ一ケ月ノ期間内ニ追認《ツイニン》スルヤ否ヲ後見人カラ被後見人ニ催告《サイコク》スルベキモノデ本法第

十九條第一項ノ規定ニモアリマスカラ對照《タイセウ》シテ會得《ヱトク》セラレルナラン又効力追認《ツイニン》ノ事ハ第百二十一條乃至第百二十六條ヲ適用スルコトガ出來ルノデアリマス

第九百三十一條　後見人ハ親族會《シンゾククワイ》ノ同意ヲ得ルニ非《アラ》サレハ被後見人ノ財産ヲ賃借《チンカリ》スルコトヲ得ス

參看　人第百九十六條

〔註釋〕本條ハ後見人ガ賃借《チンカリ》ヲ爲ストキノ塲合ヲ規定《キテイ》シタノデアリマス後見人ハ被後見人ノ財産中ノ建物《タテモノ》ヤ地所ヲ借入《カリイ》ルヽニハ必ズ親族會ノ同意《ドウイ》ヲ得ナケレバナラヌト規定シタノデアリマス此《コ》ノ故《ユヘ》ハ地所家屋等テ低廉《テイレン》ニ借入レテ後見人自己《ジコ》ノ利《リ》ヲ得ソトスルヤモ計《ハカ》ラレヌバ前ニモ述《ノ》ベマシタ通リ親族會ノ認許《ニンキヨ》ヲ俟《マツ》テ賃借スベキコトヽ定メテアルノデス

第九百三十二條　後見人カ其任務《ニンム》ヲ曠《ムナシ》クスルトキハ親族會ハ臨時《リンジ》管理人ヲ選任《センニン》シ後見人ノ責任《セキニン》ヲ以テ被後見人ノ財産ヲ管理《クワンリ》セシムルコトヲ得

〔註釋〕本條ハ臨時《リンジ》管理人ヲ選定《センテイ》スル塲合ヲ示シタノデアリマス

後見人ガ後見事務ヲ疎漏《ソロウ》ニ爲シタルトキハ親族會ニ於テ臨時《リンジ》管理人ヲ選定《センテイ》シテ後見人同樣ノ責任《セキニン》ヲ以テ被後見人ノ財產ヲ管理《カンリ》サスコトガ出來ルノデアリマス

第九百三十三條　親族會《シンゾククワイ》ハ後見人ヲシテ被後見人ノ財產《ザイサン》ノ管理及ヒ返《ヘン》還《クワン》ニ付キ相當《ソウタウ》ノ擔保ヲ供《キヤウ》セシムルコトヲ得

〔註釋〕本條ハ後見人ニ付《ツイ》テ擔保《タンポ》ヲ要《エウ》スル塲合ヲ規定シタノデアリマス

後見人ハ被後見人ノ財產ヲ管理スルニ付テハ自己ト同一ノ注意ヲ以テ管理セネバナリマセヌマタ後見終了《シウレウ》セシトキハ一切ノ財產ヲ返償《ヘンシヤウ》スルニ付親族會ハ之レ等ノ義務《ギム》トシテ後見人ニ被後見人財產ニ相當《ソウタウ》スル擔保《タンポ》ヲ出サシムルコトガ出來ルノデアリマス

第九百三十四條　被後見人《ヒコウケンニン》カ戸主ナルトキハ後見人ハ之ニ代《カ》ハリテ其權利ヲ行《オコナ》フ但家族ヲ離籍《リセキ》シ、其復籍ヲ拒《コバ》ミ又ハ家族カ分家ヲ爲シ若クハ廢絕家《ハイゼツカ》ヲ再興《サイカウ》スルコトニ同意スルニハ親族會ノ同意ヲ得ルコトヲ要ス

後見人ハ未成年者ニ代ハリテ親權ヲ行フ但第九百十七條乃至第九百二十一條及ヒ前十條ノ規定ヲ準用ス

〔註釋〕本條ハ後見人ガ行《オコナ》フベキ戸主權《コシユケン》ニ付規定シテアルノデス

被後見者ガ戸主ナルトキカ又ハ未成年者デアツタナラバ後見人ハ戸主ノ權利ヲ行フベキコトヽ定メテアル而シテ其戸主權《コシユケン》ニ付テ重大《ジウダイ》ナル即チ家族ノ離籍《リセキ》、又ハ復籍ヲ拒《コバ》ミ、分家ヲ爲サシメタリ廢絶家《ハイゼツカ》ノ再興《サイカウ》等ハ獨《ヒト》リ後見人ノ權利ヲ行フモノトセバ甚タシキ弊害《ヘイガイ》ヲ生ズルヤモ計難《ハカリガタ》ケレバ之等ノ塲合ニハ親族會ニ同意《ドウイ》ヲ計《ハカ》リテ而シテ後行フベキコトヽ定メテアルノデス

第二項ハ後見人ハ未成年者《ミセイ子ンシヤ》ニ代ツテ親權ヲ行《オコナ》ハレルコトヲ定メテアルノデス以下第九百十七條乃至第九百二十一條及ビ前十條ノ規定ヲ準用ストハ例ヘバ未成年者ノ親ガ親權ヲ行フニ子ノ財産ヲ調査《テウサ》シテ目錄ヲ調製《テウセイ》スルノ要ハナイノニ後見人ハ幼者《エウシヤ》ト親トノ關係ト自《オノヅ》カラ性質ヲ異《コト》ニシテ居ルモノデアルカラ目錄《モクロク》ノ調製《テウセイ》等ハセ子バナラヌコトハ前第九百十七條ノ規定ノ通《トホ》リデアルカラタトヘ親權《シンケン》ヲ行フモノニモセヨ後見人ハ矢張《ヤハリ》後見人ノ職務ヲ爲スベシトノ意味デアリマス

第九百三十五條　親權《シンケン》ヲ行フ者カ管理權ヲ有《イウ》セサル場合ニ於テハ後見人ハ財產《ザイサン》ニ關スル權限《ケンゲン》ノミヲ有ス

〔註釋〕本條ハ親權《シンケン》ヲ行フ父、又ハ母ガ管理權ヲ失《ウシナ》ヒ又ハ管理權ヲ辭退《ジタイ》シタトキハ後見人ノ必要《ヒツエウ》ガ起《オコ》ルノデアリマスガ此ノ場合ニ於テハ其後見人ニ就任《ジユニン》シタモノハ財產ノ管理權《クワンリケン》ノミヲ有スルノデ其他ノ權限《ケンゲン》ハナキモノデアルト定メタノデアリマス

第九百三十六條　第八百四十四條、第八百八十七條、第八百八十九條第二項及ヒ第八百九十二條ノ規定ハ後見ニ之ヲ準用ス

〔註釋〕本條ハ法文《ホフブン》ノ規定ヲ準用《ジユンヨウ》スルコトヲ定《サダ》メタノデアリマス即前ニ說明《セツメイ》シタ通リデアリマスカラ大略ヲ示シマセウ

後見人ハ善良《ゼンリヤウ》ナル管理者ノ注意《チウイ》ヲ以テ事務ヲ處理《シヨリ》スベキコト、其後見人ガ爲シタル權利ニ付テ越權《エツケン》ノ處置ニ出デタルコトハ取消《トリケ》サルヽコト、幷ニ第三者ガ無償《ムシヤウ》ニテ被後見人ニ財產ヲ贈與《ゾウヨ》シタル場合ニ第三者ガ後見人ノ管理《クワンリ》ニ附セザルコトノ意思《イシ》ヲ表示《ヘウシ》シタルトキニハ後見人ハ夫レニ與カルコトハ出來ヌトノコト等ナリ

第四節　後見ノ終了

〔註釋〕本節ニハ後見人ノ財産管理權《ザイサンカンリ》及ビ財産ノ返還等《ヘンクワン》ニ就キ規定シテ其終了《シウレウ》ノトキハ如何處務スベキカヲ定メタノデアリマス尚詳細ハ條ニ於テ説明致シマス

第九百三十七條　後見人ノ任務《ニンム》カ終了《シウレウ》シタルトキハ後見人又ハ其相續人ハ二个月內ニ其管理《クワンリ》ノ計算《ケイサン》ヲ爲スコトヲ要《エウ》ス但此期間ハ親族會ニ於テ之ヲ伸長《シンチヤウ》スルコトヲ得

〔註釋〕本條ハ後見人ノ財産管理《ザヰサンカンリ》ノ計算《ケヰサン》ヲナスベキコトヲ規定シタノデアリマス後見人ノ任務《ニンム》ノ終了《シウレウ》シタルトキトハ例ヘバ禁治産者《キンヂサンシヤ》ハ禁ヲ取消サレ未成年者ハ成年ニ達《タツ》シ又ハ被後見人ノ死亡《シバウ》シタル時ナドヲ以テ後見ノ終了《シウレウ》ヲ爲スモノデアリマス而シテ後見人ハ前ニ述《ノ》ベマシタ正當《セヰタウ》ノ事由ガアツテ辭退《ジタヰ》シタリ又ハ親族會ニ於テ免《メン》セラルヽカノ二樣《ヤウ》デナケレバ其相續人ニ承《ウ》ケ繼《ツ》カスベキモノデハアリマセヌガ後見任務《ニンム》中死亡スルカ計算中《ケヰサンチウ》死亡ノ塲合ナキトモ限ラヌカラ相續人《ソウゾクニン》ト本條ニ故《コトサ》ラニ定メテアルノデス後見任務終了《シウレウ》ノ上ハ管理ノ財産ニ就テ精算《セヰサン》ヲ爲スベキハ此ノ規定ニ依テ定《サダ》メテアルカラ

説明スル迄《マデ》モアリマセヌ而シテ其期間《ソノキカン》ハ二ケ月間内トシテアリマスガ若モ立會《タチア》フベキ後見監督人ニ事故《ジコ》ガアツテ立會ガ出來ヌ爲メカ或《アルヒ》ハ後見人ガ病氣等ノ爲メニ時日《ジヽツ》ヲ費ス等ノ如キ場合ニハ親族會《シンゾククワ井》ニ申出テヽ期間ノ猶豫期日ヲ伸バスコトモ出來或ハ短《ミジカ》クスルコトモ出來ルト定メラレテアルノデス

第九百三十八條　後見ノ計算《ケ井サン》ハ後見監督人ノ立會《タチアヒ》ヲ以テ之ヲ爲ス
後見人ノ更迭《カウテツ》アリタル場合ニ於テハ後見ノ計算《ケ井サン》ハ親族會ノ認可《ニンカ》ヲ得ルコトヲ要ス

▲參看　人第二百六條

〔註釋〕本條ハ後見人ノ計算《ケ井サン》ニ就テハ後見監督人ノ立會《タチアヒ》ヲ要《エウ》スル等ヲ規定シタノデアリマス後見人ガ財産管理ノ計算スルニ當リテハ必ス後見監督人ノ立會ヲ得ネバナラヌコトヲ定メテアリマス之レハ前ニ財産調査目録《テウサモクロク》ノ調製ニ後見監督人ガ立會《タチアヒ》ヲ爲スコトヽ同一デ其條ニ述ベテモアリマスガ後見人ノ私《ワタクシ》ヲ恐《オソ》レ若シモ被後見人ト相反《アヒハン》スルト雖モ一方ハ幼者《ヤウジヤ》ニシテ後見人ノ威權《井ケン》ノ下ニアリテ當不當《トウフトウ》ヲ申立ツル勇氣《ユウキ》ガナキ故ニ監督人ガ立會ヲセザレバ計算モ出來ヌト定メタノデアリマス

第二項ハ後見人ガ更迭《カウテツ》ノ場合ニ於ケル計算《ケ井サン》ニ付テハ親族會ノ許可ヲ受《ウ》クベキコトヲ規定シタノデアリマス

第九百三十九條　未成年者《ミセ井ネンシヤ》カ成年ニ達シタル後後見ノ計算《ケ井サン》ノ終了前ニ其者ト後見人又ハ其相續人《ソウゾクニン》トノ間ニ爲シタル契約《ケイヤク》ハ其者ニ於テ之ヲ取消《トリケ》スコトヲ得其者カ後見人又ハ其相續人ニ對《タイ》シテ爲シタル單獨行爲《タンドクカウ井》亦同シ

第十九條及ヒ第百二十一條乃至第百二十六條ノ規定ハ前項ノ場合ニ之ヲ準用ス

▲參看　人第二百八條

〔註釋〕本條ハ未成年者ガ成年《セイネン》ニ達シ後見人又ハ相續人ニ契約《ケイヤク》ヲ爲シタル行爲ハ取消《トリ》ガ出來ルコトヲ規定シタノデアリマス

被後見人ガ後見人ノ任務《ニンム》終《オ》ハル前ニ最早成年ニ達《タツ》シタ故ニ自己《ジコ》ノ財産ヲ早《ヘヤ》ク引渡シヲ受ケンガ爲メニ其後見人又ハ相續人《ソウゾクニン》トノ間ニ自己ノ不利益《フリエキ》ヲモ顧《カヘリ》ミザル契約タトヘバ安價

ニテ不動産《フドウサン》又ハ動産ヲ賣却《バイキヤク》スル行爲ヲナシタトキ被後見人ハ後日《コジツ》此契約ハ取消《トリケ》スコトガ出來ルノデス又單獨《タンドク》ノ行爲トハ例ヘバ贈與《ゾウヨ》ヲナスコトヲ約《ヤク》スルモ同一ニシテコレ又取消《トリケ》スコトガデキルノデス

被後見人ガ後見人ノ任務《ニンム》終了《シウレウ》スルトキ其終了ト計算《ケイサン》ヲスルマデノ日數ハ前條ニ規定《キテイ》シテアル通リ大低《タイテイ》二ケ月モカヽルノデスカラ其間ニ被後見人ハ自分ノ勝手氣儘《カツテキマヽ》ノ行爲《カウヰ》ヲスルヤ計ラレヌ此場合ハ第十九條第百二十一條乃至第百二十六條ノ規定ヲ準用スルト云フ定メデアリマス

第九百四十條　後見人カ被後見人ニ返還《ヘンクワン》スヘキ金額及ヒ被後見人《ヒカウケンニン》カ後見人ニ返還《ヘンクワン》スヘキ金額ニハ後見ノ計算《ケイサン》終了《シユリヤウ》ノ時ヨリ利息《リソク》ヲ附スルコトヲ要ス

後見人カ自己ノ爲メニ被後見人ノ金錢《キンセン》ヲ消費《セウヒ》シタルトキハ其消費ノ時ヨリ之ニ利息《リソク》ヲ附スルコトヲ要ス尚ホ損害《ソンガイ》アリタルトキハ其賠償《バイセウ》ノ責ニ任ス

▲參看　人第二百十條

〔註釋〕本條ハ後見人ガ計算終了《ケイサンシウレウ》ノトキ管理スル金錢ニ就《ツイ》テハ利息ヲ附スベキコトヲ規定《キテイ》シタノデアリマス

本條第一項ハ後見人ガ後見ノ計算終了《ケイサンシウレウ》ノ時ニ後見人ガ被後見人ニ返還《ヘンクワン》ヲナスベキ金額又ハ被後見人ガ後見人ヘ返還《ヘンクワン》ヲスベキ金額ニハ其後見計算終了《ケイサンシウレウ》ノ時ヨリ利息ヲ付ケナケレバナラヌト規定シテアリマス故ニ計算終了《ケイサンシウレウ》ノ後直チニ返還ヲ爲サバ其金額ニハ利息《リソク》ヲ附スルニ及バヌコトデアリマス

第二項ハ後見人ガ後見ノ事務《ジム》ヲ行《オコ》ナイツヽアル時ニ自己《ジコ》ノ爲メニ被後見人ノ金錢ヲ消費《セウヒ》シタルトキハ利息ヲ附シテ返還《ヘンクワン》シナケレバナラヌ又夫レガ爲メニ其財産《ザイサン》ニ損害等ヲ醸《カモ》シタル場合ニハ其損害《ソンガイ》ノ責メニ任《ニン》スルモノデアルコトヲ規定シタノデアリマス

第九百四十一條　第六百五十四條及ヒ第六百五十五條ノ規定ハ後見ニ之ヲ準用ス

▲參看　人第二百二條

〔註釋〕本條ハ第六百五十四條及第六百五十五條ノ規定《キテイ》ヲ後見ニモ準用《ジユンヨウ》スルコトヲ示シタノ

デアリマス其條ヲ適用《テキヨウ》スルニ後見人ハ其任務終了《ニンムシウレウ》後ト雖モ尚ホ急迫必要ノ場合ニハ被後見人ノ爲メニ後見事務《ジム》ヲ執ルニト並ニ任務終了ノ事實《ジジツ》ハ財産管理上相手方《アイテカタ》トナルモノニ通知スベキモノデアルト云フコトヲ示シタノデス

第九百四十二條　第八百九十四條ニ定《サダ》メタル時效《ジカウ》ハ後見人ト後見監督人又ハ親族會員ト被後見人《ヒコウケンニン》トノ間ニ於テ後見ニ關《クワン》シテ生シタル債權ニ之ヲ準用ス

前項ノ時效《ジカウ》ハ第九百三十九條ノ規定《キテイ》ニ依リテ法律《ハフリツ》行爲ヲ取消シタル場合ニ於テハ其取消《ソノトリケシ》ノ時ヨリ之ヲ起算《キサン》ス

▲參看　人第二百十一條

〔註釋〕本條ハ後見人ト後見監督人《カントクニン》又ハ親族會員トハ被後見人ニ對《タイ》シテ債權ノ生《シヤウ》ジタル場合ニ若クハ債務《サイム》ヲ生ジタトキニハ其債權債務《サイム》ニ就テハ後見任務ガ終《オ》ハリタル後《ノチ》五ケ年ヲ經《ケイ》過《クワ》セバ互ニ請求ヲ爲スベキ權利《ケンリ》若クハ義務ヲ失フト云フコトヲ規定《キテイ》シタノデアリマス

第二項ハ後見人ガ任務《ニンム》ノ終了後ト計算前《ケイサンゼン》トニ於テ被後見人トナシタル契約《ケイヤク》ハ前第九百三

十六條ニ説明《セツメイ》シタ通リ取消サルヽコトガ出來ルノデアルカラ斯《カヽ》ル契約《ケイヤク》ハ其被後見人ガ取消シタルトキカラ起算《キサン》シテ五ケ年經過セバ時効《ジカウ》ニ依テ其權利ハ消滅《セウメツ》スルモノデアルト云フコトヲ規定シタノデアリマス

第九百四十三條　前條第一項ノ規定《キテイ》ハ保佐人又ハ親族《シンゾク》會員ト準禁治産者トノ間ニ之ヲ準用ス

〔註釋〕本條ハ前條第一項ノ規定ヲ保佐人《ホサニン》又ハ親族會員ト準禁治産者トノ間ニ適用《テキヨウ》スルト云フコトヲ規定シタノデアリマス

保佐人ガ準禁治産者ニ對《タイ》スル關係《クワンケイ》ハ後見人ガ被後見人ニ對《タイ》スル關係ト同樣《ドウヤウ》ノ意味デアリマス其間ニ於テ行《オコナ》ハレタル權利ニ屬《ゾク》スルモノ若《モシ》クハ義務アルモノ等ノ關係《クワンケイ》ハ前ノ條第一項ノ規定ヲ準用スルト云フコトヲ定メタノデアリマス

第七章　親族會

〔註釋〕本章ニハ親族會ノ任務《ニンム》等ヲ集《アツ》メテ此ノ親族會ハ何人ガ如何ナルトキニ其任務《ソノニンム》ヲ爲スカ如何ニシテ其會ヲ成立サスルカヲ規定シタモノデアリマス尚各條ニ於テ説明致シマセ

ウ

第九百四十四條　本法《ホンハフ》其他ノ法令ノ規定ニ依リ親族會《シンゾククワイ》ヲ開クヘキ場合ニ於テハ會議《クワイギ》ヲ要スル事件ノ本人、戸主《コシユ》、親族、後見人、後見《コウケン》監督人、保佐人《ホサニン》、檢事又ハ利害《リガイ》關係人ノ請求《セイキウ》ニ因リ裁判所之ヲ招集《セウシウ》ス

▲參看　人第百七十二條

〔註釋〕本條ハ親族會員ノ招集《セウシフ》ニ就テ規定シタモノデアリマス

親族會ノ必要《ヒツエウ》ハ前各條ニ主要《シユヨウ》ヲ說明致シマシタカラ了解《レウカイ》セラルヽナラン此親族會招集《セウシフ》トハ繼子庶子又ハ被後見人ノ爲メニ其利益《リエキ》ヲ保護シ必要《ヒツエウ》ノ事柄ガ起《オコ》ツタ時ニ招集スルモノデ決シテ自己《ジコ》ノ宅デ開ク相談會《サウダンクワイ》如キモノデハナイ故ニ其必要ガ起《オコ》リタル毎ニ利害ノ關係ヲ有スルモノヽ請求《セイキウ》ニ依テ裁判所ガ之ヲ招集《セウシフ》スルノデス

第九百四十五條　親族會員ハ三人以上トシ親族其他本人又ハ其家ニ緣故アル者ノ中ヨリ裁判所之ヲ選定《センテイ》ス

後見人ヲ指定《シテイ》スルコトヲ得ル者ハ遺言《イゲン》ヲ以テ親族會員ヲ選《セン》定スルコ

トヲ得

▲參看　人第百七十一條

〔註釋〕本條ハ親族會員ノ人員及ビ遺言《ユイゲン》ヲ以テ親族會員ヲ選定《センテイ》スルコトノ出來ルコトヲ規定シタノデアリマス

親族會ハ繼子《ケイシ》、庶子《ショシ》又ハ被後見人ノ爲メ其利益《ソノリエキ》ヲ保護シ之等ノモノニ最モ利益《リエキ》ヲ與フベキモノヲ選定《センテイ》シナケレバナラヌハ當然《タウゼン》ノコデアリマス故ニ裁判所ハ三人以上本人又ハ其家ニ縁故《エンコ》アルモノヽ中《ウチ》ヨリ命ゼラルヽモノデアリマス

第二項ハ親權ヲ行《オコナ》フ父、又ハ母ハ後見人ヲ遺言《ユイゲン》ヲ以テ指定《シテイ》スルコトガ出來ルノハ前ニ既ニ述ベタ如クデアリマス親族會員ノ選定《センテイ》モ後見人ト同ジク遺言《ユイゴン》ニテ定メテ置イテモ差支ヘナイト云フ規定デアリマス

第九百四十六條　遠隔《エンカク》ノ地ニ居住《キヨジウ》スル者其他正當ノ事由アル者ハ親族會員タルコトヲ辭《ジ》スルコトヲ得

後見人、後見監督人《カントクニン》及ヒ保佐人《ホサニン》ハ親族會員タルコトヲ得ス

第九百八條ノ規定ハ親族會員ニ之ヲ準用ス

〔註釋〕本條ハ親族會員ノ辭《ジ》スル場合及ヒ其資格等《シカクトウ》ニ付キ規定シタルノデアリマス

親族會員ニ選定《センテイ》サレテモ繼子、庶子又ハ被後見人ノ住所《ジウシヨ》ト甚ハダシク隔《ヘダ》タヽリ居ル場合ニハ其相談《サウダン》ヤ又ハ監督上ニ充分ナル任務《ニンム》ヲ盡《ツク》スコトガ出來ヌト思ツタトキハ辭《ジ》スル事ガ出來ルノデアリマス其他辭《ジ》スルニ正當《ゼイタウ》ノ事由アル者トハ其事ヲ處理《シヨリ》スル時ニ當テ判斷《ハンダン》スルヨリ外ハナイノデス

後見人、後見監督人、及保佐人《ホサニン》ハ親族會員ニナル事ハ出來《デキ》ヌノデス一人ニテ二樣ノ職務《シヨクム》ハ執レマセヌ且ツ後見人ナリ監督人《カントクニン》ナリ保佐人ハ自己《ジコ》ノ意思ヲ親族會ニ向ツテ述《ノ》ベテ而シテ親族會ハ是非《ゼヒ》ヲ決定スルモノニテ素《モ》ト權利ハ親族會員ニ在ルモノナル故自己《ジコ》ノ職務ト親族會員タルノ職務ト相反スルカラデアリマス

第三項ハ第九百八條ニ規定《キテイ》シテアリマス後見人ノ資格《シカク》デアリマシテ之モ親族會員ニ準用シテ加樣《カヤウ》ナ行ノアルモノハ親族會員《シンゾククワイヰン》トナルコトハ出來ヌト規定《キテイ》シテアルノデス

第九百四十七條　親族會ノ議事《ギジ》ハ會員ノ過半數《クワハンスウ》ヲ以テ之ヲ決ス

會員ハ自己ノ利害《リガイ》ニ關スル議事ニ付キ表決《ヘウケツ》ノ數ニ加《クハ》ハルコトヲ得ス

▲參看　人第百七十五條

〔註釋〕本條ハ親族會ノ議事《ギジ》ニ關《クワン》スルコトヲ規定シタノデアリマス

第九百四十五條ニ於テ親族會員ノ人員ヲ選定シマスルニハ三人以上トシテアリマス之ハ過半數《クワハンスウ》ト云ヘルヲ以テ選定人員五人アルトシマシタトキ或事件《アルジケン》ニ就テ決議スル場合ニ其中三人ハ同意《ドウイ》シマシタ決議《ケツギ》ハ即チ多數トシテ表決《ヘウケツ》スルコトデアリマス

第二項ハ自己ノ利害《リガイ》ニ關スル事柄ハ人情自然《ニンジヤウシゼン》ノ道理デアリマスカラ自己ノ利益《リエキ》ヲ述べ若クハ表決《ヘウケツ》ノ場合ニ自己ノ思想通《シソウドウ》リ利益ナル方ノ數ニ加ハルコトデアリマスカラ此場合ニハ表決ノ數《スウ》ニ加ハラヌガ當然《タウゼン》デアリマスソレ故ニ本項ニ於テモ加《クハ》ハルコトハ出來ヌト定メタ譯デアリマス

第九百四十八條　本人、戸主《コシユ》、家ニ在ル父母、配偶者《ハイグウシヤ》、本家並ニ分家ノ戸主、後見人、後見監督人《カントクニン》及ヒ保佐人ハ親族會《シンゾクワイ》ニ於テ其意見ヲ述フルコトヲ得

親族會ノ招集《セフシフ》ハ前項ニ掲《カヽ》ケタル者ニ之ヲ通知《ツウチ》スルコトヲ要ス

〔註釋〕本條ハ親族會ノ議事《ギジ》ニ就テ列席《レツセキ》シテ意見ヲ述《ノ》ブルコトノ出來ルモノヲ定メタノデア

リマス別段《ベツダン》ニ第一項ニ就テハ説明《セツメイ》スルホドノ事モアリマセヌ故ニ略シマス

前項ノ規定ノ通《トホ》リ此ノ事件ニ關シテ意見《イケン》ヲ述ブルコトヲ得ル本人ハ勿論《モチロン》戸主ノ家ニ在ル父母若クハ配偶者及ヒ後見人、後見監督人、保佐人ヘハ親族會招集セラレタルコトヲ裁判所ガ通知スルモノト定《サダ》メテアル蓋《ケダ》シ之ハ關係者ニ意見ヲ述ブル機會《キクワイ》ヲ與《アタ》フル手續テアリマス

第九百四十九條　無能力者《ムノウリヨクシヤ》ノ爲メニ設《マフ》ケタル親族會ハ其者ノ無能力ノ止ムマテ繼續《ケイゾク》ス此親族會ハ最初《サイシヨ》ノ招集ノ場合ヲ除《ノゾ》ク外本人、其法定代理人、後見監督《カントク》人、保佐人又ハ會員之ヲ招集《セフシフ》ス

〔註釋〕本條ハ親族會ノ繼續《ケイゾク》ニ關スル事ヲ規定《キテイ》シタノデアリマス

親族會ハ最初必要《サイシヨヒツエウ》ナル場合ニ裁判所カ之ヲ選定《センテイ》シテ招集ヲスルコトデアリマスガ一旦親族會ガ組織《ソシヨク》サレタル以上ハ未成年者禁治産者又ハ準禁治産者《ジユンキンヂサンシヤ》ノ爲メニ設ケラレテアル故ニ其モノ等ガ成年ニ達《タツ》シ或ハ治産ノ禁ヲ取消《トリケ》サレル迄ハ何時マデモ存立《ソンザイ》シ居ルモノデアルカラ最初《サイシヨ》ノ招集ノ場合ノ外何時デモ必要《ヒツエウ》ニ應シテ本人ハ申ニ及ハス本人ノ法定代理人後見監督人若クハ保佐人親族會員ハ親族會ヲ招集スルコトカ出來ルノデアリマス

第九百五十條　親族會ニ缺員《ケツイン》ヲ生シタルトキハ會員ハ補欠員《ホケツイン》ノ選定ヲ裁判所ニ請求スルコトヲ要ス

〔註釋〕本條ハ親族會ノ會員ニ缺員《ケツイン》ノ生シタルトキ裁判所ニ請求《セイキウ》シテ補缺員《ホケツヰン》ノ撰定ニ關スルコトヲ規定シテアルノデス云フ迄モナク會員ガ死亡シ又ハ辭任スルカ第九百八條ニ當ル事實ガ起《オコ》ッタ場合ニハ親族會員ノ資格《シカク》カ消滅スルノデスカラ此場合ニハ殘《ノコ》ル親族會員ガ補缺ノ撰定《センテイ》ヲ裁判所ニ請《コ》フコトヽ定メタノデス

第九百五十一條　親族會ノ決議《ケツギ》ニ對《タイ》シテハ一ケ月内ニ會員又ハ第九百四十四條ニ揭ケタル者ヨリ其不服ヲ裁判所ニ訴フルコトヲ得

〔註釋〕本條ハ親族會ノ決議《ケツギ》ニ對シテ關係者ノ訴權《ソケン》ニ關スルコトヲ定メタノデアリマス親族會ノ決議ハ正當《セイタウ》ナリト服スルモノヽ其中ニハ多數《タスウ》ノ勢力ヲ以テ不當《フタウ》ノ決議ヲナス哉モ計《ハカ》ラレズ之ニ因テ關係者ニ訴權《ソケン》ヲ與《アタ》フルコトヲ本條ニ示シテアリマス如此場合ニハ決議《ケツギ》ニ反對《ハンタイ》ヲナシタル親族會員、本人、戸主、後見人、後見監督人、保佐人、撿事、又ハ其利害《リガイ》ニ關係ヲ及ボスモノヨリ一ケ月内ニ裁判所ニ不服《フフク》ノ申立ヲスルコトカ出來ルノデア

リマス

第九百五十二條　親族會カ決議ヲ爲スコト能ハサルトキハ會員ハ其決議ニ代《カ》ハルヘキ裁判ヲ爲スコトヲ裁判所ニ請求《セイキウ》スルコトヲ得

〔註釋〕本條ハ決議ノ事項重大《ジウダイ》ニシテ親族會員ガ決《ケツ》スルコトノ出來ヌ場合ニハ裁判所《サイハンシヨ》ニ向ツテ其決議《ケツギ》ニ就テ判斷ヲ請求《セイキウ》スルコトガ出來ルト規定シタノデアリマス

第九百五十三條　第六百四十四條ノ規定《キテイ》ハ親族會員ニ之ヲ準用《ジユンヨウ》ス

〔註釋〕本條ハ第六百四十四條ノ規定《キテイ》ニ依テ親族會員タルモノハ善良《ゼンリヤウ》ナル管理者ト同一ノ注意ヲ以テ總《スベ》テノコトニ處務《シヨム》スベキコトヲ規定サレタルノデアリマス

第八章　扶養《フヤウ》ノ義務

〔註釋〕本章ニハ扶養《フヤウ》ノ義務ニ付《ツイ》テノ規定ヲ揭《カヽ》ク凡ソ親族ハ相互《ソウゴ》ニ扶助《フジヨ》スルノ義務ガアルモノデコノ義務《ギム》ハ人ノ生ヲ此ノ世ニ禀《ウ》ケタル以上ハ必《カナラ》ス爲サヽルベカラザルノ義務デアル然ラバ故《コトサ》ラニ規定スル迄《マデ》モ無イヤウニアルケレドモ所謂《イハユル》人情ハ紙《カミ》ノ如シナド云フ程ニテ中ニハ往々《ホウヽヽ》薄情《ハクジヤウ》ノ人モアリ此義務ヲ盡《ツク》サヽルモノモ無イトモ限《カギ》ラヌ否ナ實ニ間々《マヽ》アルコ

トデス若シ此場合ニ捨《ス》テ置《オ》イタナラバ扶養《フヤウ》ノコトハ擧《ア》ケテ社會ノ負擔《フタン》トセネバナラヌト云フコトニナル故ニ法律《ハフリツ》ハ親族カ相互《サウゴ》ニ扶養スヘキ義務カアルコトヲ規定シタノデス

第九百五十四條　直系血族《チヨクケイケツゾク》及ヒ兄弟姉妹《ケイテイシマイ》ハ互ニ扶養ヲ爲ス義務ヲ負フ
夫婦ノ一方ト他《タ》ノ一方ノ直系尊屬《チヨクケイソンゾク》ニシテ其家ニ在ル者トノ間亦同シ

▲參看　人第二十六條

〔註釋〕本條ハ何人ノ間ニ扶養《フヤウ》ノ義務ノ存《ソン》スルカヲ規定シタノデス
扶養ノ義務ハ前ニモ謂《イ》ヒシガ如ク親族相互《ソウゴ》ノ負擔《フタン》スベキモノデ固ヨリ他人ニ負《オ》ハシムヘキモノデハナイガ親族ニモ親疎遠近《シンソヱンキン》アルコトハ已ニ是レ迄ニ於テ説明《セツメイ》シタ通リデアルカラ一概ニ親族相互《サウゴ》ニ扶養セヨト言フコトハ出來ヌ然《シカ》ラバ之ヲ如何ニスベキヤト云フニ最モ親《シタ》シクシテ親族關係ノ近《チカ》キモノニ負《オ》ハセ子バナラヌ是レ本條第一項ニ直系ノ血族《ケツゾク》即チ父母子孫繼父母《ケイソボ》及ヒ嫡母又傍系ノ親族《シンゾク》ニ於テハ兄弟姉妹互《タガヒ》ニ扶養《フヤウ》スベキ義務アルトシタ譯《ワケ》デス又第二項ハ夫婦相互《ソウゴ》ハ勿論《モチロン》弁ニ其家ニ在ル直系尊屬親ハ互《タガヒ》ニ扶養《フヤウ》ノ義務カアルコトヲ示シタノデアル

第九百五十五條　扶養《フヤウ》ノ義務ヲ負《オ》フ者數人アル場合ニ於テハ其義務ヲ履行《リカウ》スヘキ者ノ順序《ジユンジヨ》左ノ如シ

第一　配偶者《ハイグウシヤ》

第二　直系卑屬《チヨクケイヒゾク》

第三　直系尊屬《チヨクケイソンゾク》

第四　戸主

第五　前條第二項ニ掲《カヽ》ケタル者

第六　兄弟姉妹《ケイテイシマイ》

直系卑屬又ハ直系尊屬ノ間《アヒダ》ニ於テハ其親等《シントウ》ノ最モ近キ者ヲ先《サキ》ニス前條第二項ニ掲《カヽ》ケタル直系尊屬間亦同《マタオナ》シ

▲參看　八第二十八條

〔註釋〕本條ニハ扶養《フヤウ》ノ義務ヲ負《オ》フベキモノヽ順序《ジユンジヨ》ヲ定メタノデス

本條ヲ解《カイ》スルニ當リテハ扶養ノ義務ヲ負《オ》フモノガ數人アルトキニハ其數人ハ同時《ドウジ》ニ之ヲ負《オ》フベキモノカ又ハ其内ノ一人ガ之ヲ負《オ》フベキモノカヲ吟味《ギンミ》スルガ必要デアル若《モ》シ同時ニ負《オ》フベキモノトカ又ハ何人デモ隨意《ツイヽ》ニ負《オ》フベキモノトシタナラバ最モ親近《シンキン》ノモノガ或ハ捨《ス》テ置《オ》クコトモアルベク最モ疎遠《ソエン》ナモノデモ其家ガ富裕《フユウ》テラバ常ニ扶養ノ責ニ任スル等ノコトアルベシ是ハ扶養《フヤウ》ノ性質ニ悖《モド》ルモノデアルカヲ本條ニ於テ之ヲ規定《キテイ》シ決シテ同時ニスベキモノデハナイト其《ソノ》順序《ジュンジョ》ヲ明カニシタノデアリマス

今本條第一號以下ノ順序《ジュンジョ》ニ就キ例ヲ學《ア》ゲテ示サンニ茲ニ夫ガ扶養《フヤウ》ヲ受クベキ必要アリトセンカ第一ニ妻《ツマ》ガ之レヲ扶養セネバナラヌ若《モ》シ妻ガナイトキハ第二ニ直系卑屬即チ子又ハ孫第三ニ直系尊屬即チ父母又ハ祖父母《ソフボ》第四ニ戸主第五ニハ妻ノ直系尊屬即チ舅姑《シウト》ニシテ第六ハ傍系ノ兄弟姉妹《ケイテイシマイ》ト云フ順デアル本條ニ於テ漫然《マンゼン》ト思ヒ來ルトキハ直系尊屬ガ第三ニアルコト是ナリ親子ノ間ニ相互《サウゴ》ニ親愛スル情ガ頗《スコブ》ル濃厚《ノウカウ》ナルモノデアレバ第二ニアルベキガ如シト雖モ元來親《オヤ》ハ其子ノ保育《ホイク》ニ日夜辛苦シテ建全《ケンゼン》ニ成長スルヲ望《ノゾ》ミ子ハ生長ノ後親ニ對シ孝養《カウヤウ》ヲ盡《ツク》スベキモノナレバ子ヨリ親ガ先キニ扶養《フヤウ》スルト云フコトハ家族制《カゾクセイ》ノ上ヨリ見テモ不順序タルヲ免《マヌガ》レズ其他ハ敢《アヘ》テ言フ迄《マデ》モナキコトデアル

第二項ハ例《タト》ヘバ子ニ對シテ扶養ノ義務《ギム》アルモノ祖父母、父母ナルトキハ親等ノ最《モット》モ近キ父母ガ一番ニ子ニ對《タイ》シテ扶養シ又扶養ノ義務アルモノガ子孫《シソン》ナルトキハ親ニ對シテ子ハ最モ親等《シンソウ》ガ近ケレバ子ガ一番ニ扶養ノ義務アルモノデス姻族《インゾク》ノ直系尊屬ニ對《タイ》スル扶養ノ義務ノ順序モコレト同ジコトデアリマス

第九百五十六條　同順位《ドウジユンイ》ノ扶養義務者數人《スウニン》アルトキハ各其資力ニ應《オフ》シテ其義務ヲ分擔《ブンタン》ス但家ニ在ル者ト家《イヘ》ニ在ラサル者トノ間ニ於テハ家ニ在ル者先ツ扶養ヲ爲スコトヲ要ス

〔註釋〕本條ハ同順位《ドウジユンイ》ノ扶養義務者ガ數人アルトキハ如何ニシテ其義務《ソノギム》ヲ負擔《フタン》スベキヤト云フコトヲ規定シタノデス

例《タト》ヘバ茲ニ扶養ヲ受クベキ親《オヤ》ガアッテ之レヲ扶養スベキ義務《ギム》アル甲乙丙丁ノ四人ノ子アリシトキハ甲乙丙丁ハ各其資産《シサン》之割合ニ應《オヽ》ジテ其親ヲ扶養《フヨフ》スベキモノデアル即チ一年ニ千圓ヲ費ストスルトキハ甲ノ收入ガ壹萬圓乙ハ貳萬圓丙ハ五千圓丁ハ千圓ト云フ如キ資力ナルトキハ扶養費千圓ヲ其資力《ソノシリヨク》ニ應ジテ按分《アンブン》シテ負擔《フタン》スルノデス然レドモ甲ト丙ハ家ニ在リ乙ト丁トハ外ニアルトキハ家ニ在ル甲ト丙トガ其資力ニ應ジテ先ヅ乙ト丁トノ力ヲ假ラズ扶養スベキモノデアリマス

第九百五十七條　扶養ヲ受クル權利《ケンリ》ヲ有スル者數人アル場合《バアヒ》ニ於テ扶養義務者ノ資力《シリヨク》カ其全員ヲ扶養《フヤフ》スルニ足《タ》ラサルトキハ扶養義務者ハ左ノ順序ニ從ヒ扶養ヲ爲スコトヲ要ス

第一　直系尊屬《チヨクケイソンゾク》

第二　直系卑屬《チヨクケイヒゾク》

第三　配偶者《ハイグフシヤ》

第四　第九百五十四條第二項ニ掲ケタル者

第五　兄弟姉妹

第六　前五號ニ掲ケタル者ニ非サル家族

第九百五十五條第二項ノ規定《キテイ》ハ前項ノ場合《バアヒ》ニ之ヲ準用ス

〔註釋〕本條ハ扶養權利者《ケンリシヤ》ノ順序ヲ定メタノデス

前條ハ扶養ノ義務《ギム》アル者ガ數人アル場合ニ就テ順序《ジユンジヨ》ヲ定メシカ本條ハ扶養ヲ受クル權利アルモノガ數人アル場合デス此如キ場合《バアヒ》ニ於テ扶養ノ義務アルモノガ一人ノ資力《シリヨク》ニテ扶養シ得ラレタナラバ何ヲ言フコトモナケレド若シ一人ノ資力ガ一々全員ヲ扶養スルニ足ラヌコトモ無イトモ申サレヌ此場合《コノバアヒ》ニ於テ甲ヲ扶養シ乙ヲ扶養セヌト云フトキハ大《オホイ》ニ倫《リン》理道徳ニ悖《モド》ルガ如ク思ハル然レドモ實際《ジツサイ》其力ガ足ラヌ時ハ尤モ縁故《エンコ》近キモノヨリ扶養セネバナラヌ其順序ハ如何《イカ》ニト云フニ第一ニ直系尊屬即《スナハ》チ祖父母、父母ヲ扶養《フヨフ》シ其餘財《ヨザイ》ヲ以テ第二ニ直系卑屬即チ子孫ヲ扶養スベシ第三ガ配偶者第四ガ配偶者ノ直系尊屬第五ガ傍系親族《ボウケイシンゾク》即チ兄弟姉妹第六ガ以上ノ外ノ家族ト次第ニ其餘財《ヨザイ》ヲ以テ扶養スベキモノデアリマス

第二項ハ第九百五十五條ノ條文ニ於テ説明シタ通リデス

第九百五十八條　同順位《ドウジユンイ》ノ扶養權利者數人《スウニン》アルトキハ各其需要ニ應シテ扶養ヲ受クルコトヲ得

第九百五十六條但書ノ規定ハ前項ノ場合ニ之ヲ準用ス

〔註釋〕本條ハ第九百五十六條ト權衡上《ケンカウジヤウ》規定セネバナラヌノデス

同順位ノ扶養權利者トハ前條ノ第一ニアル直系尊屬《チヨクケイソンゾク》即チ祖父母又ハ父母ノ如キヲ指《サ》スコトデスガ若《モ》シ祖父母及ビ父母ノ同順位《ドウジユン井》ニアルモノガ同時扶養ヲ要《エウ》スルトキハ何レヲ扶養シ何レヲ扶養セスシテ可ナリトハ云ハレマセヌ故ニ彼是《カレコレ》區別《ベツ》セズシテ扶養ノ義務アルモノハ其需用《ジユヨウ》ニ應ジ其資力ニ應ジテ一カラ十マデ其需要《ソノジユヨウ》ヲ滿《ミ》タスコトヲ得ザルトモ例《タト》ヘバ祖父ガ羽織《ハオリ》モ二枚袷モ二枚必要ナリト云ヒ父ガ綿入《ワタイレ》二枚ト帶トヲ要《エウ》スト云フトキノ如キハ祖父ニハ羽織《ハオリ》ト袷ト一枚宛父ニハ綿入一枚ト帶《オビ》トヲ供スルノ類デス尤モ義務者ニシテ充分ノ資力《シリヨク》ガアツタトシテ要スルニ供給《キヤウキウ》スルコトガ出來レバ何ノ云フベキコトモ無イノデス

第二項ハタトヘ同順位《ドウジユン井》ニアリテ扶養ヲ受クルノ權利《ケンリ》ガアルトモ扶養ヲナスベキ義務アルモノヽ家ニ同居《ドウキヨ》スルモノト同居セザルモノトアルトキハ其家《ソノイヘ》ニ在ル者ガ先ヅ第一ニ扶養ノ受クルコトガ出來ルト云フノデス

第九百五十九條　扶養《フヨウ》ノ義務ハ扶養ヲ受クヘキ者カ自己《ジコ》ノ資產又ハ勞《ラウ》務《ム》ニ依リテ生活《ゼイクワツ》ヲ爲スコト能ハサルトキニノミ存在《ソンザイ》ス自己ノ資產《シサン》ニ依リテ教育《ケウイク》ヲ受クルコト能《アタ》ハサルトキ亦同シ

兄弟姉妹間《ケイテイシマイカン》ニ在リテハ扶養ノ義務ハ扶養《フヤウ》ヲ受クル必要カ之ヲ受クヘキ者ノ過失《カシツ》ニ因ラスシテ生《シヤウ》シタルトキニノミ存在ス但扶養義務者カ戸主ナルトキハ此限ニ在ラス

〔註釋〕本條ハ扶養ノ義務《ギム》ハ如何ナルトキニ存《ソン》スルカヲ規定シタノデス
扶養ナルモノハ父母タルガ故ニ子孫《シソン》タルガ故ニ若クハ兄弟姉妹《ケイテイシマイ》タルガ故ニ之ヲ受クベキ權利《ケンリ》アリト云フベキモノデハ無イ畢竟《ヒツケウ》自分ニ財產ナキガ爲メニ又ハ老衰《ロウスイ》若クハ疾病ノ爲メニ自ラ勞務ニ服《フク》シテ生活《セイクワツ》スルコトガ出來ヌ爲メニ之ヲ受クルモノデアル故ニ自ラ勞務ヲ爲シ得ベキモノ又ハ財產《ザイサン》ガアツテ自活《ジクワツ》シ得ベキモノヲ扶養スベキ譯《ワケ》デハアリマセヌ又自分ノ費用デ教育ヲ受ケルコトノ出來ヌトキモ亦同ジコトデス
第二項ハ兄弟姉妹ハ傍系親《ボウケイシン》デアツテ直系親ヨリハ愛情《アイジヤウ》モ薄《ウス》イモノデアルカラ徒《イタヅ》ラニ財產ヲ費消シ又ハ何ノ職業《シヨクゲフ》ヲモ爲サズシテ遊惰《ユウダ》ニノミ日ヲ送リ而シテ兄弟ノ扶養《フヤウ》ヲ受ケントスル所謂兄ノ臑《スネ》カヂリノ如キハ自ラ好《コノ》ンデ自活《ジクワツ》スルコトヲ得ザルモノト云フモ不可ナシ即チ自己ノ過失《カシツ》ヨリ出テヽ自活スルコトヲ得《エ》ザルモノヲ扶養スベキモノデ無イト云フコトヲ規定シタノデス

第九百六十條　扶養ノ程度《テイド》ハ扶養權利者ノ需要《ジヨウ》ト扶養義務者ノ身分《ミブン》及ヒ資力《シリヨク》トニ依リテ之ヲ定ム

▲參看　人第二十九條

〔註釋〕本條ハ扶養ノ程度《テイド》ハ扶養權利者ノ需要《ジエヨウ》ト義務者ノ資力《シリヨク》トヲ斟酌《シンシヤク》シテ定ムベキコトヲ規定シタノデアル

扶養ハ別條ニ示《シメ》シタル如ク自ラ生計《セイケイ》ヲ立ツルコト能ハザルモノヽ爲メニナスベキモノデアレバ衣食住《イシヨクヂウ》ノ入費ヤ養育料ヤ醫藥料《イヤクレウ》ヤハ供給セネバナラヌケレドモ扶養《フヤウ》ノ養務アルモノハ自分相應資力相應《シリヨクソウヲウ》ニスレバヨイノデス固ヨリ親疎《シンソ》ニヨツテ區別ハアリマスケレド必ズシモ己レハ食《ク》ハズ衣《キ》セズシテマデ扶養セネバナラヌトハ申シマセヌ又扶養ヲ受クルモノモ一度扶養ヲ受ケタレバトテ一生涯《シヤウガイ》扶養ヲ受クベキモノデハ無イ例《タト》ヘバ病氣中ハ扶養ヲ受ケタルモ全快《ゼンクワイ》シテ後職業ニ就《ツ》クトキハ生計ノ費用モ醫藥《イヤク》ノ費用モ之ヲ受クベキ必要《ヒツエウ》ハアリマセヌ故ニ其需要《ジユヨウ》ニ應ジテ扶養ヲ受クベキモノデアリマス

第九百六十一條　扶養義務者《ギムシヤ》ハ其選擇ニ從《シタガ》ヒ扶養權利者ヲ引取《ヒキト》リテ之

ヲ養ヒ又ハ之ヲ引取《ヒキト》ラスシテ生活ノ資料《シレウ》ヲ給付スルコトヲ要ス但正當ノ事由アルトキハ裁判所《サイハンショ》ハ扶養權利者ノ請求《セイキウ》ニ因リ扶養ノ方法ヲ定ムルコトヲ得

〔註釋〕本條ハ扶養ノ方法《ハウハフ》ヲ定メタルモノデアリマス

本條ハ單純《タンジュン》ナル法文デ別ニ說明スル程《ホド》デモナイガ扶養ノ義務アル者《モノ》ハ扶養ヲ受クルモノヲ自分ノ家ニ引取《ヒキト》リ養育《ヤウイク》スルトモ又ハ生活ノ費用ヲ與《アタ》フルモ勝手《カツテ》デアル然レドモ正當《セイタウ》ノ事由アル場合ニハ權利者ノ請求ニ依テ裁判所ガ扶養ノ方法ヲ定ムルコトモ出來ルトノコトデス

第九百六十二條　扶養ノ程度《テイド》又ハ方法カ判決《ハンケツ》ニ因リテ定マリタル場合《バアヒ》ニ於テ其判決《ソノハンケツ》ノ根據ト爲リタル事情《ジゼウ》ニ變更ヲ生《シヤウ》シタルトキハ當事者ハ其判決ノ變更《ヘンカウ》又ハ取消《トリケシ》ヲ請求スルコトヲ得

〔註釋〕本條ハ扶養ノ程度《テイド》又ハ方法ガ判決《ハンケツ》ニ因リテ定マリタル場合ニ就《ツイ》テノ規定デアル

裁判所ノ判決《ハンケツ》ヲ以テ扶養ノ程度《テイド》ヤ又ハ扶養ノ方法ヲ定《サダ》メラレタル塲合ニ於テハ扶養ノ義務アルモノハ其判決《ハンケツ》ノ通リ實行《ジツカウ》スベキハ無論《ムロン》ノコトデアルガ若シ其義養ヲ受クル權利者ガ判決ヲ受ケタル當時《タウジ》ノ事情ト變更《ヘンカウ》ヲ生ジタルトキハ權利者又ハ義務者ハ其事情《ジジヤウ》ニ基《モトツ》キ其判決ヲ變更《ヘンカウ》又ハ取消ヲ請求スルコトガ出來ルノデス例《タト》ヘバ病氣《ビヤウキ》ノ爲メ自活スルコトガ出來ヌカラ其生活料《セイクワツレウ》及ビ醫藥料《イヤクレウ》ノ扶養ヲナスベシト判決アリタルモ其後病氣全快《ビヤウキゼンクワイ》セバ最早醫藥料ヲ給スベキ必要《ヒツエウ》ナキモノナレバ判決ノ取消《トリケシ》ヲ請求スルコトガ得ベク又既《スデ》ニ職業ニ就キ幾分ノ賃金《チンギン》ヲ得ルニ至レバ生活《セイクワツ》ノ費用ヲ給スルノ必要《ヒツヨウ》ガ無イカラ其程度ニ應ジテ前判決ノ變更ヲ請求スルコトガ出來ルノデス

第九百六十三條　扶養ヲ受《ウ》クル權利《ケンリ》ハ之ヲ處分《シヨブン》スルコトヲ得ス

〔註釋〕本條ハ扶養テ受クル權利《ケンリ》ニ就《ツイ》テ處分《シヨブン》シ得ラレヌコトヲ規定シタノデス

扶養ノ權利《ケンリ》ハ何ガ故ニ之ヲ處分《シヨブン》スルコトガ出來ヌゾト云フニコノ扶養ト云フモノハ前《サキ》ニモ示《シメ》シテアル通リ又説明シタ通リ必要缺《ヒツエウカ》クベカラザル生活上ノ目的《モクテキ》ニテ與フルモノデアル左レバ之ヲ讓與《ジヤウヨ》スルカ又ハ處分《シヨブン》スルカノ如キコトハ當然爲シ得ベカラザルコトナリ何

トナレバ扶養ヲ受《ウ》ケツヽアルモノガ之ヲ人ニ讓渡《ユヅリワタ》スニ於テハ扶養ヲ受クベキ必要《ヒツエウ》ノ無イノデアルカラデス且ツ民事訴訟法《ミンジソセウハフ》第六百十八條ニハ法律上養育料《ヤウイクレウ》ハ之ヲ差押フルコトヲ得ズトシテアリマス何《ナン》トナレバ扶養ハ生活上缺《カ》クベカラザル費用《ヒヨウ》デアレバ若シ之ヲ差押《サツパサ》フルトキハ是迄《コレマデ》扶養ニ因リテ生活《セイクワツ》セシモノハ忽チ飢餓《キガ》ニ陷《オチヰ》リ更ニ扶養セ子バナラヌコトニナルカラデアリマス

第五編

相《ソウ》續《ゾク》

〔註釋〕凡ソ相續法《ソウゾクハフ》ノ立法例《リツパフレイ》ハ各國自カラ多少ノ風俗《フウゾク》ニヨリ殊《コト》ナルベキコトアリテ固ヨリ彼ヲ推《オ》シテ是ヲ規《キ》シ是ヲ以テ彼ヲ定ムルコトハ出來ヌモノデアル他國《タコク》ノ例ハ今敢《イマアヘ》テ言フベキノ要ナシ我カ國ノ相續《ソウゾク》テルモノハ決シテ單純《タンジユン》ナル財産《ザイサン》相續デハナクテ別ニ家督《カトク》相續ト云フモノガアル殊《コト》ニ家督相續ハ我國古來《コライ》ノ風習《フウシフ》トシテ却テ財産相續ヨリモ重《オモ》ンゼラレテアルモノナレバ從テ相續法ヲ規定《キテイ》セントスルニ所謂包括主義《ハウクワツシユギ》ト見做《ミナ》シテ定メ子バナラヌサレバ相續ニ關《クワン》スル規定ハ之ヲ財産取得編中《シユトクヘンチウ》ニ入ルヽコトモナラズ又之レヲ親族編中《シンゾクヘンチウ》ニ入ルヽコトモナラ子バ之ヲ一編トシテ相續編《ソウゾクヘン》トナシ財産上及ヒ親族上ノ關係《クワンケイ》ヲ明カナラシメタル後即チ第五編ニ於《オヒ》テ規定シタノデアル其詳細《セウサイ》ニ至テハ各章條ニ就テ說明《セツメイ》スルコトニ致シマセウ

第一章　家督《カトク》相續《ソウゾク》

〔註釋〕本章ハ前ニ述《ノ》ヘタル如キ關係《クワンケイ》ヨリシテ我カ國ノ風習《フウシフ》ニ依リ先ツ家督相續ニ關《クワン》スル規

定ヲ示シタノデス即チ三節ニ區分《クブン》シテ第一節ニハ家督相續ノ總則《ソウソク》ヲ掲《カヽ》ケ第二節ニハ家督相續人ノ資格《シカク》及ヒ順位《ジユンイ》ヲ規定シ第三節ニハ家督相續ノ効力《カウリヨク》ヲ規定シタノデス

第一節　總則

〔註釋〕本節《ホンセツ》ニハ家督相續ニ關シテ遵守《ジユンシユ》スベキ總則ヲ示《シメ》シタノデアル各條ニ於テ之ヲ說明スルデアリマセウ

第九百六十四條　家督《カトク》相續ハ左ノ事由《ジイウ》ニ因リテ開始《カイシ》ス

一　戸主ノ死亡《シボフ》、隱居《インキヨ》又ハ國籍《コクセキ》喪失《ソウシツ》

二　戸主カ婚姻又ハ養子《ヤフシ》緣組《エングミ》ノ取消ニ因リテ其家《ソノイヘ》ヲ去リタルトキ

三　女戸主ノ入夫《ニフフ》婚姻又ハ入夫ノ離婚《リコン》

参看　取第二百八十七條

〔註釋〕本條ハ家督相續開始《カトクソウゾクカイシ》ノ原因ヲ規定シタモノデス

第一號ハ一家ノ戸主カ死亡《シボウ》シタリ又ハ隱居《インキヨ》シタナラハ其戸主權ハ何人ガ之ヲ承繼《セウケイ》セ子バナラヌ又一家ノ戸主カ國籍《コクセキ》ヲ失ヒタルトキハ其戸主權モ亦同ジク何人ガ相續《ソウゾク》セネバナラ

ヌ此場合ニ於テハ乃《スナハ》チ家督相續ガ開始《カイシ》スルモノデアル今茲ニ國籍喪失《コクセキソウシツ》ト云フハ日本ノ國民タルモノガ國籍《コクセキ》ヲ失フコトヲ謂《イ》ヒシモノデ即チ外國人トナルニ因テ國籍《コクセキ》ヲ喪《ウシナ》フカ又ハ日本ノ婦人カ外國人《グワイコクジン》ト婚姻シ若《モシ》クハ夫カ日本人タル國籍ヲ失《ウシナ》ヒシトキ其妻及ヒ未成年ノ子カ引續《ヒキツヾ》キ日本ニ住居《ジウキヨ》セサルトキヲ謂フノデス其詳細《セウサイ》ハ國籍法第十八條以下ヲ見タナラバ能ク分リマス

第二號ハ養子カ戶主タル場合《バアヒ》ニ於テ婚姻又ハ養子縁組ヲ取消《トリケ》シタル場合ニ於テハ養家《ヤウカ》ヲ去リタル養子ハ最早《モハヤ》養方ノ戶主デナケレバ相續モ從テ開始《カイシ》スルノデス

第三號ハ女戶主カ入夫婚姻《ニウフコンイン》ヲナストキハ入夫ハ其家《ソノイヘ》ノ戶主トナルベキコトハ本法第七百三十六條ニ規定《キテイ》シテアル通リデスカラ女戶主ト入夫トノ間ニ家督相續《カトクソウゾク》ハ開始《カイシ》スルモノデス而シテ又其入夫婚姻ヲ取消《トリケ》シ若クハ協議ノ上離婚《リコン》スルトキハ元ノ女戶主ニ回復《カイフク》スルモノナレバ是又家督相續ガ開始《カイシ》スルモノデス尤モ當事者ノ意思《イシ》ニ因リテ第七百三十六條但書ノ規定ニ從《シタガ》ヒ入夫ガ戶主トナラザルトキ入夫婚姻ニヨリテ別《ベツ》ニ家督相續ハ開始《カイシ》セラレザルハ勿論ノコトデス

第九百六十五條　家督相續《カトクソウゾク》ハ被相續人ノ住所ニ於テ開始ス

〔註釋〕本條ハ家督相續《カトクサウゾク》ヲ開始《カイシ》スベキ場所ヲ規定シタノデス

若シ相續開始《カイシ》ノ地ガ確定《カクテイ》セザルトキハ家督相續ニ關スル裁判管轄《カンカツ》ガ確定セヌガ本條ヲ要スル次第デ即チ被相續人ガ死亡《シバウ》シ隱居シ若クハ國籍《コクセキ》ヲ失ヒ又ハ入夫婚姻ヲナシ爲メニ相續ノ開始《カイシ》シタルトキハ其死亡シタルモノ隱居《インキヨ》シタルモノ又ハ女戸主ノ住所《ジウシヨ》ニ於テ開始スルモノデアルトノコトデアリマス

第九百六十六條 家督《カトク》相續回復《クワイフク》ノ請求權ハ家督相續人又ハ其法定《ハフテイ》代理人カ相續權侵害《シンガイ》ノ事實ヲ知リタル時ヨリ五年間《ネンカン》之ヲ行ハサルトキハ時效ニ因リテ消滅《セウメツ》ス相續開始《カイシ》ノ時ヨリ二十年ヲ經過《ケイクワ》シタルトキ亦同シ

〔註釋〕本條ハ家督《カトク》相續回復ノ請求權《セイキウケン》ニ關スル特別《トクベツ》時效ヲ規定シタノデス

總《スベ》テ相續ハ種々ノ權利義務ヲ包括《ハウクワツ》スルモノデアレバ相續權侵害ニ對《タイ》シ回復請求權ハ長《ナガ》スベキ樣ナモノデアレドモ一家《カ》一族《ゾク》ノ爲メ並ニ第三者ニ對シテ種々ノ關係《クワンケイ》アルモノナレバ永《ナガ》ク捨テ置クベキモノデハナイ故《ユヘ》ニ家督相續人又ハ法定《ハフテイ》代理人ハ相續權ヲ侵害《シンガイ》セラレ

タコトヲ知リシトキヨリ五ケ年以内若《モ》シクハ其侵害《シンガイ》セラレタルコトヲ知ラザリシトスルモ相續ノ在リタルトキヨリ二十年以内ニ請求《セイキウ》セヲバナラヌ若シ此期間ヲ過《ス》キ去《サ》リシトキハ最早回復《クワイフク》ヲ請求スルノ權利ハ無イモノデス今茲《イマコヽ》ニ回復權ト云フハ例《タト》ヘバ甲ガ家督相續人デアルニモ不拘《カヽハラズ》乙ナルモノガ甲ノ相續權ヲ害《ガイ》シテ相續ヲナシタルガ如キヲ云フノデス

第九百六十七條　相續財產ニ關《クワン》スル費用《ヒヨウ》ハ其財產中ヨリ之ヲ支辨《シベン》ス但家督相續人ノ過失《カシツ》ニ因ルモノハ此限《コノカギリ》ニ在ラス

前項ニ掲《カヽ》ケタル費用ハ遺留分《ヰリウブン》權利者カ贈與ノ減殺《ゲンサツ》ニ因リテ得タル財產ヲ以テ之ヲ支辨《シベン》スルコトヲ要《エウ》セス

〔註釋〕本條ハ相續ノ財產《ザイサン》ニ關スル費用ノ支辨方《シベンカタ》ニ就テ規定《キテイ》シタノデス

第一項ハ相續開始《ソウゾクカイシ》ノ場合ニ於テ其相續スヘキ財產《ザイサン》ニ關シテハ種々ナ費用《ヒヨウ》ヲ要スルコトガアルモノデアリマセウ此場合《コノバアイ》ニハ其費用ハ其財產《ソノザイサン》ノ內ヨリ支拂《シハラ》フベキコトデアル然レドモ相續人ガ過失《カシツ》ノ所爲《シヨイ》ニ基《モト》キテ生シタル費用デアリシナラバ之ヲ其財產中カラハ支拂《シハラ》ハズシテ相續者ガ自己《ジコ》ノ財產ヲ以テ支拂《シハラ》ハネバナラヌノデアル

第二項ハ相續財産ニ關スル費用《ヒヨウ》デモ遺留分《イリウブン》權利者カ贈與《ゾウヨ》ヲ受ケタルモノカラ減殺《ゲンサツ》シテ得タル財産《ザイサン》ナラバタトヘ相續財産ノ一分デアツテモ此財産《コノザイサン》カラ其費用ヲ支拂《シハラ》フコトハ入ラヌトノコトデス此遺留分《イリウブン》及ヒ遺留分權利者ト云フコトハ第千百三十條以下ニ明文《メイブン》ガアリマスレバ其時ニ於テ說明スルノデアリマセウ

第二節　家督相續人

〔註釋〕本節ニハ家督《カトク》相續人トハ如何《イカ》ナルモノヲ云フカトノコトヲ規定シタノデス

第九百六十八條　胎兒《タイジ》ハ家督相續ニ付テハ既《ステ》ニ生マレタルモノト看做《ミナ》ス

前項ノ規定ハ胎兒《タイジ》カ死體《シタイ》ニテ生マレタルトキハ之ヲ適用セス

〔註釋〕本條ハ胎兒《タイジ》ヲ家督《カトク》相續人トスルコトニ就テノ規定デス

▲參看　人第二條

本法ノ第一條ニ明記《メイキ》セラレタ通リ私權ノ享有《キヤウイウ》ハ出生ニ始《ハジ》マルモノデアルケレドモ家督相續ハ人カ未《イマ》タ生マレサル前即チ未タ母ノ胎內《タイナイ》ニ在ルトキデモ巳ニ生《ウマ》レタルモノト看做シ

テ相續權ヲ與《アタ》ヘテアルコレ實《ジツ》ニ胎兒ノ利益《リエキ》ヲ保護スル至當《シタウ》ノ法デアリマス然レドモ胎兒トシテ相續權カアル譯《ワケ》デハナクテ既《スデ》ニ生《ウマ》レタモノト看做スカラ始《ハジ》メテ相續權カアルモノナレバ其胎兒死躰《シタイ》ニテ生レタトキハ最初《サイシヨ》ヨリ特別ノ利益ヲ受クコトカ出來《デキ》ザリシモノト看做サ子バナラヌカラ相續權ノナキコト勿論デアリマス

第九百六十九條　左ニ掲《カヽ》ケタル者ハ家督《カトク》相續人タルコトヲ得ス

一　故意《コイ》ニ被相續人又ハ家督相續ニ付キ先順位《センジユンイ》ニ在ル者ヲ死《シ》ニ致《イタ》シ又ハ死《シ》ニ致《イタ》サントシタル爲メ刑《ケイ》ニ處セラレタル者

二　被相續人《ヒソウゾクニン》ノ殺害《セツガイ》セラレタルコトヲ知リテ之ヲ告發《コクハツ》又ハ告訴《コクソ》セサリシ者但其者ニ是非《ゼヒ》ノ辨別《ベンベツ》ナキトキ又ハ殺害者《セツガイシヤ》カ自己ノ配偶者若《モシ》クハ直系血族ナリシトキハ此限《コノカギリ》ニ在ラス

三　詐欺《サギ》又ハ強迫《キヤウハク》ニ因リ被相續人カ相續ニ關《クワン》スル遺言《ユイゴン》ヲ爲シ、之ヲ取消《ヘンカウ》シ又ハ之ヲ變更スルコトヲ妨ケタル者

四　詐欺《サギ》又ハ強迫《キヤウハク》ニ因リ被相續人ヲシテ相續ニ關《クワン》スル遺言ヲ爲サシメ、之ヲ取消《トリケ》サシメ又ハ之ヲ變更《ヘンカウ》セシメタル者

五　相續ニ關スル被《ヒ》相續人ノ遺言書《ユイゴンシヨ》ヲ僞造、變造《ヘンザウ》、毀滅《キメツ》又ハ藏匿《ソウトク》シタル者

▲參看　八第二百八十八條

〔註釋〕本條ハ家督相續人《カトクサウゾクニン》トナルノ資格《シカク》ナキモノヲ規定シタノデアル

第一號ハ己レガ戶主トナリタイト云フ希望《キボウ》ガアル爲メニ被相續人タル例《タト》ヘバ父ノ如キ又ハ家督相續ヲナスベキ先順位《センジユンヰ》ニ在ル例ヘバ兄ノ如キモノヲ殺《コロ》シタルカ又ハ殺《コロ》サントシテ刑罰《ケイバツ》ニ處分セラレタルモノハ家督相續人トナルコトハ出來《デキ》ヌ何トナレバ斯カルモノヲモ尙ホ相續人《ソウゾクニン》トスルコトガ出來ルトセバ自分《ジブン》ガ戶主トナリタイカ爲メニ殺人罪《サツジンザイ》ヲ犯スモノガアルニ至ルカラノコトデス

第二號ハ被相續人例《タト》ヘバ父ノ如キガ殺《コロ》サレタルコトヲ知リナガラ之ヲ告發《コクハツ》又ハ告訴《コクソ》セサリシ者ハ家督相續人タルコトガ得ラレヌノデアル尤《モツト》モ殺害《セツガイ》シタモノカ是非ヲモ辨別《ベンベツ》セサ

ルトキカ又ハ殺害者《セツガイシヤ》ガ自分ノ配偶者若クハ直系血族《ケツゾク》ノ人デアリシトキハ告發《コクハツ》又ハ告訴セヌトモ爲メニ相續人ヨリ除《ノゾ》カルヽコトハ無イ何トナレバ愛情《アイジヤウ》ノ上ニ於テ告發又ハ告訴スルニ忍ビヌ關係ガアルカラデス

第三號ハ詐欺《サギ》又ハ强迫《キヤウハク》ヲシテ被相續人カ相續ニ就《ツイ》テナシタル遺言ヲ取消《トリケ》シタリ又ハ變更スルコトヲ妨害シタルモノハ相續人ヨリ除カルヽノデス

第四號ハ前ニ反《ハン》シテ遺言《ユイゴン》ヲサセタモノハ相續人ヨリ除《ノゾ》カルヽモノデス

第五號ハ已《ステ》ニ出來タル遺言書《ユイゴンショ》ニ筆ヲ入レテ變更シタリ又ハ其遺言書ヲ破《ヤブ》リタリ燒《ヤイ》タリ又ハ隱《カク》シタルモノ幷ニ不實ノ遺言書ヲ僞造《ギゾウ》シタリシタモノハ何レモ相續人ヨリ除カルヽモノデアリマス

第九百七十條　被相續人ノ家族《カゾク》タル直系卑屬ハ左ノ規定《キテイ》ニ從ヒ家督相續人ト爲ル

一　親等ノ異《コト》ナリタル者ノ間ニ在リテハ其近《チカ》キ者ヲ先ニス

二　親等ノ同《オナ》シキ者ノ間ニ在リテハ男ヲ先《サキ》ニス

三　親等ノ同シキ男又ハ女ノ間ニ在リテハ嫡出子ヲ先ニス

四　親等ノ同シキ嫡出子《チヤクシユツシ》、庶子及ヒ私生子ノ間《アヒダ》ニ在リテハ嫡出子及ヒ庶子ハ女ト雖モ之ヲ私生子ヨリ先ニス

五　前四號ニ掲《カヽ》ケタル事項ニ付キ相同《アヒオナ》シキ者ノ間ニ在リテハ年長《ネンチヤウ》者ヲ先ニス

第八百三十六條ノ規定《キテイ》ニ依リ又ハ養子縁組ニ因リテ嫡出子《チヤクシユツシ》タル身分ヲ取得《シユトク》シタル者ハ家督相續ニ付テハ其嫡出子《チヤクシユツシ》タル身分ヲ取得《シユトク》シタル時ニ生マレタルモノト看做ス

參看　取第二百九十五條

〔註釋〕本條ハ被相續人ノ家族《カゾク》タル直系卑屬カ家督相續人トナルコトヲ規定《キテイ》シタノデス直系卑屬ニ一親等ト二親等ト即チ子ト孫《マゴ》トアリタルトキハ其近《ソノチカ》キ一親等ノ子カ先ツ相續ヲ爲スベシ（第一號）若シ同シ親等ノ間ニ男女アルトキ男カ先ツ相續ヲ爲シ（第二號）又同親等

ニ男又ハ女ノアリシトキハ嫡出子ヵ先ツ相續人ト爲ルベキデアル即チ男子三人アリテ末子ヵ嫡出子デ長子ハ庶子《ショシ》デアルトセンカ末子ト雖モ長子《チヤウシ》ヨリ先キニ相續スルノデ女子モ亦コノ理ト同《オナ》ジデアル(第三號)又嫡出子《チヤクシユツシ》若クハ庶子ノ女ト私生子《シセイシ》ノ男子トアリタルトキニ於テハ第二號ノ例ニ依ラズシテ私生ノ男ハ女子ノ後ナリデアル(第四號)又前四號ノ事項ガ同ジキトキハ年上ノモノガ第一ニ相續ヲスル(第五號)ノ順序デアルコトヲ示シテアリマス

第八百三十六條ノ如ク父母ノ婚姻ノ爲メニ庶子ガ嫡出子タル身分ヲ取得シタル場合又ハ養子《ヤウシ》縁組《エングミ》ニ因リ嫡出子トナリタルモノハ其縁組《ソノエングミ》ノトキニ生マレタルモノト看做サルトノコトデス例ヘバ松井縁ナルモノヵ其子一郎ヵ十歳ノトキニ清吉ト云フ十五歳ノ男子ヲ養子ニ貰《モラ》ヒ受ケタリトセヨ清吉ハ一郎ヨリハ年長《ネンチヤウ》デアレトモ養子ニ貰《モラ》ハレタトキニ生《ウ》マレタルモノト看做《ミナ》サルヽカ故ニ家督相續ノ場合《バアヒ》ニハ清吉ヨリ年下ノ道理《ダウリ》デアルカラ清吉ヨリ先キニ相續スルコトハ出來ヌノデアリマス

第九百七十一條　前條ノ規定ハ第七百三十六條ノ適用ヲ妨ケス

(註釋)前條ニ定タル相續ノ順位《ジユンヰ》ハ女戸主ノ入夫婚姻ニヨリ家督相續ガ開始《カイシ》スル場合ニハ當

ラヌモノデアレドモ前條ハ概括的《ガ井カツテキ》デアルカラ本條ヲ規定シタノデス即《スナハ》チ女戸主ガ家督相續人アルモ入夫婚姻シテ入夫ニ家督《カトク》相續ヲナサシメ戸主ヲ讓《ユヅ》ルモ妨《サマタ》ケナイトノコトデス

第九百七十二條　第七百三十七條及ヒ第七百三十八條ノ規定ニ依リテ家族ト爲リタル直系卑屬ハ嫡出子《チヤクシユツシ》又ハ庶子《シヨシ》タル他ノ直系卑屬ナキ場合ニ限リ第九百七十條ニ定《サダ》メタル順序ニ從《シタガ》ヒテ家督相續人ト爲ル

〔註釋〕本條ハ例《タト》ヘバ甲ノ家カラ來タリテ乙ノ家ノ家族《カゾク》トナリタルモノハ乙ノ家ニ相續ノ開《カイ》始《シ》アルモ元カラ乙ノ家ニアル即チ家付《イヘツ》キノ家族《カゾク》ヨリ先キニ相續スルコトハ出來ヌケレドモ若シ家付キノ家族タル直系卑屬《チヨクケイヒゾク》即チ嫡出子又ハ庶子《シヨシ》ノ無イトキニ限テ第九百七十條ノ順序ニ因テ家督ヲ相續スルコトガ出來ルトノコトデス

第九百七十三條　法定《ハフテイ》ノ推定家督相續人ハ其姉妹《シマイ》ノ爲メニスル養子緣組ニ因リテ其相續權ヲ害セラルヽコトナシ

〔註釋〕本條ハ推定《スイテイ》家督相續人ヲ保護《ホゴ》スル爲メニ規定シタノデス
推定家督相續人タル男子アルモノモ婿養子ヲナスコトヲ得ベキコトハ第八百三十九條ノ

但書ニ於テ明記《メイキ》セラレテアルガ相續人ノ姉妹《シマイ》ノ婿《ムコ》トシテ男子ヲ養子ニ貰ヒ受クルモ其養子ハ姉妹《シマイ》ノ婿タルマデヽ相續ニハ關係《クワンケイ》ノナイモノナレハ法定ノ推定《スイテイ》家督相續人ノ相續權ヲ害スルコトハナイトノコトヲ明ニシタモノデス

第九百七十四條　第九百七十條及ヒ第九百七十二條ノ規定ニ依リテ家督相續人タルヘキ者カ家督相續ノ開始前《カイシゼン》ニ死亡シ又ハ其相續權ヲ失《ウシナ》ヒタル場合ニ於テ其者ニ直系卑屬アルトキハ其直系卑屬ハ第九百七十條及ヒ第九百七十二條ニ定メタル順序《ジユンジヨ》ニ從ヒ其者ト同順位《ドウジユンイ》ニ於テ家督相續人ト爲ル

〔註釋〕本條ハ家督相續人カ死亡《シバウ》シタル爲メ其次ニ家督相續人タルベキモノヽ爲メニ規定《キテイ》シタモノデ第九百七十條及ヒ第九百七十二條ニヨリ家督相續人タルベキモノガ相續ノ開始前ニ死亡《シバウ》シ又ハ第九百六十九條ニ觸《フ》レテ相續權ヲ失《ウシナ》ヒタル場合ニハ其者ノ直系卑屬モ同シク相續權ヲ失《ウシナ》フヤト云フニ決シテ然《シカ》ラスシテ其直系卑属ハ相續人カ有《イウ》シ居リタルト同一ノ順位ニテ家督相續人タルノ資格ヲ有スルト云フコトヲ明ニシタノデス

第九百七十五條　法定《ハフテイ》ノ推定家督相續人ニ付キ左ノ事由《ジユウ》アルトキハ被相續人ハ其推定家督相續人ノ廢除《ハイジヨ》ヲ裁判所ニ請求《セイキウ》スルコトヲ得

一　被相續人ニ對《タイ》シテ虐待《ギヤクタイ》ヲ爲シ又ハ之ニ重大《ジウタイ》ナル侮辱《ブジヨク》ヲ加ヘタルコト

二　疾病《シツペイ》其他身體又ハ精神《セイシン》ノ狀況ニ因リ家政《カセイ》ヲ執ルニ堪ヘサルヘキコト

三　家名《カメイ》ニ汚辱《チジヨク》ヲ及ホスヘキ罪《ツミ》ニ因リテ刑ニ處セラレタルコト

四　浪費者《ラウヒシヤ》トシテ準禁治產ノ宣告《センコク》ヲ受ケ改悛《カイシユン》ノ望《ノゾミ》ナキコト

此他《コノタ》正當《セイタウ》ノ事由アルトキハ被相續人ハ親族會《シンゾククワイ》ノ同意ヲ得テ其廢除《ハイジヨ》ヲ請求スルコトヲ得

〔註釋〕本條ハ廢嫡《ハイチヤク》ニ關スル規定デアリマス

相續人ノ相續權ハ被相續人ガ勝手《カツテ》ニ奪《ウバ》フコトハ出來ヌケレドモ若シ正當《セイタウ》ノ原因ガアレバ奪《ウバ》フコトヲ出來マス尤モ幾《イク》ラ原因ハアツテモ被相續人ノ一量見《リヤウケン》ニテハナラヌ必ス裁判所ヘ請求シテ判決ヲ待タネバナリマセヌ

第一號ハ相續人ハ被相續人ニ對シテ孝養《カウヨウ》ヲ盡スヘキ筈《ハズ》ナルニ之ヲ虐待シ又ハ侮辱《ブジヨク》スルトキハ被相續人ハ何ノ樂《タノシ》ミ甲斐モナキコトナリ固《モト》ヨリ倫理道理ニ悖《モド》ツタモノデアレバ廢除ノ請求ガ出來マス

第二號ハ相續人ハ一家ノ家政《カセイ》ヲ執《ト》ルベキモノデアルニ病氣又ハ身體不具《シンタイフグ》若クハ精神錯亂《サクラン》白痴《ハクチ》瘋癲《フウテン》等ノ爲メ家政ヲ執ルニ堪《タ》ヘサルトキハ家督ヲ相續《ソウゾク》サセルコトガ出來ヌカラ廢除ヲ請求シ得ラレマス

第三號ハ家督相續人カ家名《カメイ》ヲ辱《ハヅ》カシムベキ罪ヲ犯カシ罰《バツ》ヲ受ケタトキハ所謂祖先《ソセン》ノ位牌ニ瑕《キヅ》ヲ付ケ子孫ヲ耻《ハヅ》カシムルモノデアレバ廢除《ハイジヨ》ヲ請求スルコトガ出來マス

第四號ハ家督相續人カ家財《カザイ》ヲ浪費《ロウヒ》スルトキハ一家ノ爲メニハ實ニ不幸《フカウ》ナコトデ其家ハ益々衰《オトロ》フルワケナレバ民法上準禁治産者トシテ保佐人《ホサニン》ニ付セラルヽコトデアルガ斯《カ》ク處分《シヨブン》セラレテモ未タ改心《カイシン》ノ望ミナキモノハ到低《トウテイ》一家相續ノ望ガナイカラ廢除ヲ請求スルコトガ出來マス

其《ソノ》他《タ》推定家督相續人ヲ廢除《ハイジョ》スヘキ正當ノ理由カアルトキハ親族會ノ同意《ドウイ》ヲ得テ裁判所ヘ廢除ヲ請求スルコトガ出來マス其廢除ノ事由ガ正當ナルヤ否ヤハ裁判所カ判斷スルノデス

第九百七十六條　被相續人カ遺言《ユイゴン》ヲ以テ推定家督相續人ヲ廢除《ハイジョ》スル意思ヲ表示《ヘウシ》シタルトキハ遺言《ユイゴン》執行者ハ其遺言カ效力《カウリヨク》ヲ生シタル後遲滯《チタイ》ナク裁判所ニ廢除《ハイジョ》ノ請求ヲ爲スコトヲ要《エウ》ス此場合ニ於テ廢除《ハイジョ》ハ被相續人ノ死亡ノ時ニ遡リテ其効力ヲ生ス

▲參看　取第二百九十八條

〔註釋〕本條ハ遺言ヲ以テ廢除スルノ規定デアル

被相續人カ遺言《イゲン》ヲ以テ推定家督相續人ヲ廢除《ハイジョ》スル意思ヲ表示《ヘウシ》スルトキハ被相續人カ死亡《シバウ》セハ遺言ノ効力ガ生スル譯《ワケ》デアルカラ其死亡シタ後ニ遺言執行者《ユイゴンシツカウシヤ》ハ可成速ニ裁判所ヘ廢除ノ請求ヲセ子バナリマセヌ此場合ニ於テ万一被相續人ノ死亡ト廢除ノ判決アルマデトノ間ニ日數ヲ費《ツヒヤ》スコトアルモ其廢除ハ死亡《シバウ》ノ時ニ遡《サカノ》ホリテ廢除ノ効力ヲ生スルモノデス

第九百七十七條　推定《スイテイ》家督相續人廢除《ハイジヨ》ノ原因止ミタルトキハ被相續人又ハ推定家督相續人ハ廢除《ハイジヨ》ノ取消《トリケシ》ヲ裁判所ニ請求スルコトヲ得
第九百七十五條第一項第一號ノ場合ニ於テ被相續人ハ何時ニテモ廢除ノ取消ヲ請求スルコトヲ得
前二項ノ規定ハ相續《ソウゾク》開始《カイシ》ノ後ハ之ヲ適用《テキヨウ》セス
前條ノ規定ハ廢除《ハイジヨ》ノ取消ニ之ヲ準用《ジユンヨウ》ス

▲參看　取第二百九十八條

〔註釋〕本條ハ廢嫡《ハイチヤク》ノ取消ニ就《ツイ》テ規定シタノデス
第一項ハ一度推定《スイテイ》家督相續人タルコトヲ廢除《ハイジヨ》セラルヽモ其後其廢除ノ原因《ゲンイン》カ止ミマシテ例ヘハ病氣カ全快《ゼンクワイ》シテ家政《カセイ》ヲ執ルコトガ出來ルカ又ハ改心《カイシン》シテ準禁治産ノ取消ヲ受ケタルトキノ如キニ於テハ被相續人又ハ推定家督相續人ハ相續廢除ノ取消ヲ裁判所ヘ請求スルコトガ出來ルノデス
第二項ハ相續人カ心ヲ改《アラタ》メテ被相續人ニ孝養《カウヤウ》スル樣ニ成タル𪜈ハ被相續人ハ何時デモ廢《ハイ》

除《ジヨ》ノ取消ヲ請求《セイキウ》スルコトガ出來ルノデアリマス
第三項ハ前ノ第一項及ヒ第二項ハ已《スデ》ニ相續ガ開始《カイシ》シテ相續ヲナシタルモノアルトキハ其者ノ權利《ケンリ》ヲ害《ガイ》スル譯デアルカラ取消ヲ請求《セイキウ》スルコトハ出來マセヌ
第四項ハ被相續人ガ遺言《ユイゴン》ヲ以テ相續廢除《ハイジヨ》ノ取消ヲナシタル𪜈ハ遺言執行者《シツカウシヤ》ハ被相續人カ死亡スルト同時ニ廢除ノ取消ヲ裁判所ヘ請求スルコトガ出來ルトノコトデス

第九百七十八條　推定《スイテイ》家督相續人ノ廢除《ハイジヨ》又ハ其取消ノ請求アリタル後其裁判確定前《カクテイゼン》ニ相續カ開始《カイシ》シタルトキハ裁判所ハ親族利害《シンゾクリガイ》關係人又ハ撿事ノ請求《セイキウ》ニ因リ戸主權ノ行使及ヒ遺産《イサン》ノ管理ニ付キ必要《ヒツエウ》ナル處分ヲ命《メイ》スルコトヲ得廢除ノ遺言《ユイゴン》アリタルトキ亦同シ
裁判所カ管理人ヲ選任《センニン》シタル塲合ニ於《オヒ》テハ第二十七條乃至第二十九條ノ規定ヲ準用ス

〔註釋〕本條ハ家督相續人ハ廢除《ハイジヨ》又ハ取消ノ請求後《セイキウゴ》未タ裁判ガ決定セズ前ニ相續ヲ開始《カイシ》セシ塲合ニ於ケル規定デス

第一項ハ裁判所ガ推定《スイテイ》家督相續人ノ廢除又ハ廢除《ハイジョ》ノ取消請求ヲ受ケ若クハ遺言ニヨリ廢除ノ請求アリタル後ニ於テ其事實《ソノジジツ》審理中即チ裁判確定前ニ被相續人《ヒソウゾクニン》カ死亡スルカ又ハ他ノ原因《ゲンヰン》ノ爲メニ相續ガ開始《カイシ》シタル塲合ニハ未ダ何人《ナンピト》ガ相續人タルベキカ不確定デアルカラ戶主權ノ行使《カウシ》ヤ遺産ノ管理ニハ當惑《タウワク》スルコトハ必然ノ勢《イキホヒ》デアル故ニ此ノ塲合ニハ裁判所ハ親族ヤ利害《リガイ》關係人ヤ又ハ檢事ノ請求ニ依テ戶主權ノ行使《カウシ》及ビ遺産ノ管理ニ付テ人ヲ撰擇《センタク》シテ必要ナル處分《ショブン》ヲ命ズルコトガアリマスルノデス

第二項ハ裁判所ガ遺産《イサン》ノ爲メニ管理人ヲ撰定《センテイ》シタ塲合ニハ本法第二十七條乃至第二十九條ノ規定ニ依ルベキコトデス其ハ各條ノ説明ニ就テ看レバ分リマス

第九百七十九條　法定《ハフテイ》ノ推定家督相續人ナキトキハ被相續人《ヒソウゾクニン》ハ家督相續人ヲ指定《シテイ》スルコトヲ得此指定ハ法定《ハフテイ》ノ推定家督相續人アルニ至《イタ》リタルトキハ其效力ヲ失フ

家督相續人ノ指定《シテイ》ハ之ヲ取消《トリケ》スコトヲ得

前二項ノ規定ハ死亡又ハ隱居ニ因ル家督相續ノ塲合ニノミ之ヲ適用

ス

▲參看　取第二百九十九條

〔註釋〕本條ハ家督相續人ノ指定及ビ其取消ニ關スル規定デアリマス

家督相續人ナキ被相續人ハ己《オノ》レガ思フ儘《マヽ》ニ何人ナリトモ勝手《カツテ》ニ相續人タルベキモノヲ指定スルコトガ出來マス尤モ其《ソノ》指定後《シテイゴ》ニ推定家督相續人ガ出來タトキハ前《マヘ》ノ指定相續人ハ無効トナリマス

第二項ハ一旦相續人ヲ指定《シテイ》スルモ其指定ハ取消《トリケ》スコトヲ得ルトノコトデス

此第一項第二項ノ規定ハ死亡《シバウ》又ハ隱居《インキヨ》ノ爲メニスル家督相續人ノ場合ニバカリ適用スベキモノデ其他ノ女戶主ノ入夫婚姻等ノ場合ニハ適用セヌノデス

第九百八十條　家督相續人ノ指定《シテイ》及ヒ其取消《トリケシ》ハ之ヲ戶籍吏ニ屆出ツルニ因リテ其效力ヲ生ス

〔註釋〕本條ハ家督《カトク》相續人ノ指定《シテイ》及ビ取消ノ効力ガ生《セウ》スル時期《ジキ》ヲ規定シタノデス

被相續人ノ家族タル直系卑屬モ他家《タケ》ヨリ來リテ家族トナリタル直系卑屬《ヒゾク》モナクシテ被相續人ガ家督相續人ヲ指定《シテイ》シ又ハ其指定相續人ヲ取消《トリケ》シタルトキハ戶籍吏ヘ其旨《ソノムネ》ヲ屆出デ

ネバナラヌ其効力《カウリヨク》ハ届出テタルトキニ於テ初《ハジ》メテ生スルモノデアル

第九百八十一條　被相續人カ遺言《ユイゴン》ヲ以テ家督相續人ノ指定《シテイ》又ハ其取消ヲ為ス意思《イシ》ヲ表示《ヘウシ》シタルトキハ遺言《ユイゴン》執行者ハ其遺言カ效力《カウリヨク》ヲ生シタル後遲滯《チタイ》ナク之ヲ戸籍吏ニ届出ツルコトヲ要《エウ》ス此場合ニ於テ指定又ハ其取消ハ被相續人ノ死亡《シバウ》ノ時ニ遡《サカノボ》リテ其效力ヲ生ス

参看　取第三百條

〔註釋〕本條ハ遺言《ユイゴン》ヲ以テ家督相續人ヲ指定《シテイ》シ又ハ指定ヲ取消《トリケ》ストキノ規定デアツテ其意ハ第九百七十六條ト同樣《ドウヤウ》デアルカラ重子テ説明《セツメイ》スルノ必要ガアリマセヌ唯《タヾ》前ニハ裁判所ノ判決ヲ經《ヘ》ベキ旨ヲ示シテアルニ本條ハ届出ルマデトシタノハ彼ハ推定《スイテイ》家督相續人ナリ是ハ指定家督相續人ナリ彼ハ血族《ケツゾク》ナリ是ハ血族而已《ノミ》デハナク彼ハ重《オモ》ク是ハ輕イカラノコトデス

第九百八十二條　法定又ハ指定ノ家督相續人ナキ場合ニ於テ其家ニ被相續人ノ父アルトキハ父、父アラサルトキ又ハ父カ其意思ヲ表示スルコト能ハサルトキハ母、父母《フボ》共ニアラサルトキ又ハ其意思《イシ》ヲ表示スルコト能《アタ》ハサルトキハ親族會ハ左ノ順序《ジユンジヨ》ニ從ヒ家族中ヨリ家督相續人ヲ選定ス

第一　配偶者《ハイグウシヤ》但家女ナルトキ」

第二　兄弟《ケイテイ》

第三　姊妹《シマイ》

第四　第一號ニ該當《ガイタウ》セサル配偶者《ハイグウシヤ》

第五　兄弟姊妹《ケイテイシマ井》ノ直系卑屬

▲參看　取第三百一條

（註釋）本條ハ家督相續人ノ撰定《センテ井》ニ關スル規定《キテイ》デアリマス

第九百七十條ノ法定《ハフテ井》ノ相續人第九百七十九條ノ指定《シテ井》ノ相續人ナキトキハ其家ニ在ル被相續人ノ父若クハ母又ハ親族會《シンゾククワイ》ハ第一號以下ノ順序《ジユンジヨ》ニ因リテ家督相續人ヲ撰ムベキモノデ

アリマス
第一號ノ配偶者《ハイグウシヤ》ノ家女ナルトキトハ例《タト》ヘバ甲ナル家付キノ女ニ婿養子《ムコヤウシ》ヲ爲シ其養子ガ戸主タリシニ其後養子ガ死亡《シバウ》シ家族タル直系卑屬ノ家督《カトク》相續人タルモノナク又養子ガ指定シタル家督《カトク》相續人モナキトキハ其家付《イヘツ》キノ女ガ第一ニ相續人トシテ撰定《センテイ》ヲ受タベキモノデアル
第二號ハ兄《アニ》又ハ被相續人ノ傍系親《ボウケイシン》デハアルガ近親《キンシン》ノモノデアレバ第二ニ家督相續人ニ撰定セラルベキモノデス
第三號ハ姉妹《シマイ》ハ被相續人ノ傍系親《ボウケイシン》デ前號ト同樣デアルガ女デアルカラ第三ニ家督相續人ニ撰定セラルベキモノデス
第四號ハ家付《イヘツ》キノ女ニアラザル被相續人ノ妻《サイ》ガ家督相續人ニ撰定《センテイ》セラルヽコトデス
第五號ハ被相續人ノ兄弟姉妹《ケイテイシマイ》ノ直系卑屬即チ被相續人ヨリ見《ミ》レバ甥《ガイ》又ハ姪等ニ當《アタ》ルモノアルトキハ家督相續人ニ撰定セラルヽコトデス

第九百八十三條　家督相續人ヲ選定《センテイ》スヘキ者ハ正當《セイタウ》ノ事由アル場合ニ限リ裁判所ノ許可《キヨカ》ヲ得テ前條ニ掲《カヽ》ケタル順序ヲ變更《ヘンカウ》シ又ハ選定ヲ爲

サヽルコトヲ得

〔註釋〕本條ハ家督相續人ヲ撰定《センテイ》スベキ場合ニ於テ其順位《ジユンヰ》ヲ變更《ヘンカウ》シ得ベキ爲メニ規定シタノデス

法定ノ家督相續人指定《シテイ》ノ家督相續人モナキトキハ前條第一號以下ノ順序《ジユンジヨ》ニ因リテ被相續人ノ父若クハ母又ハ父母《フボ》トモアラザルトキハ撰定權《センテイケン》ヲ有スル者ガ家督相續人ヲ撰定スルノデアリマス其撰定權ヲ有スルモノトハ親族會デアリマスガ前條ノ家督相續人ノ撰定ハ相當《ソウタウ》ノ範圍及ビ一般ノ順序《ジユンジヨ》ヲ指定《シテイ》サレタルモノデ之ヲ以テ絕体的《ゼツタイテキ》ニ規定トハ爲サナイデアルカラ親族會ト雖モ右ノ順序《ジユンジヨ》ヲ變更シ又ハ撰定《センテイ》ノ權ヲ有スルモノトシテアル左スレバ其撰定權ヲ有《ユウ》スル者ガ濫《ミダ》リニ本條ノ權利ヲ行フト云フ弊《ヘイ》モアリマスルト立法ニ悖《モド》ル譯デアリマスカラ正當《セイタウ》ノ事由アル限リハ裁判所ノ許可《キヨカ》ヲ得テ順序ノ變更ヤ撰定《センテイ》ヲスルコトガ出來ルト定メタノデアリマス要スルニ本條ハ前條ノ例外ノ規定ト看テ可ナランカ

第九百八十四條 第九百八十二條ノ規定《キテイ》ニ依リテ家督《カトク》相續人タル者ナキトキハ家ニ在《ア》ル直系尊屬中親等ノ最《モツト》モ近《チカ》キ者家督相續人ト爲ル但親等ノ同シキ者ノ間ニ在リテハ男ヲ先ニス

▲參看　取第三百三條

〔註釋〕本條ハ家督相續人ガ第九百八十二條ノ規定《キテイ》ニ依リテ選定《センテイ》セラルベキモノナキトキノ場合ニ於ケル規定ヲ示シタノデス

第九百八十二條ニ家督相續人ノ選定順序《センテイジユンジヨ》ヲ規定シテアリマスガ若《モ》シ被相續人ノ兄弟姉妹又ハ直系卑屬等ナク家督相續人ニ選定《センテイ》セラルベキモノナキトキニハ被相續人ノ家《イヽ》ニ在ル直系ノ尊屬《ソンゾク》ガ家督相續人トナルコトデス元來直系尊屬ガ家督相續《カトクソウゾク》ヲ爲スハ頗《スコブ》ル異テッテ居ル樣ニ思《オモ》フケレドモ家ヲ重《オモ》ンズル趣意ヨリ他ノ親《シタ》シキ中ノ相續人ナキトキハ直系尊屬ガ再相續スルノモ蓋《ケダ》シ我國ニ從來《ジウライ》行ハレテイル慣例《クワンレイ》モアルカラノコトデ尊屬親ヲ選定《センテイ》相續人ノ次キニ置《オ》クハ相當《サウタウ》ノコトデアリマスカラ本條ノ規定サレタル所以《ユエン》デアリマス直系尊屬中ニテモ父母ト祖父母《ソフボ》トアリマストキハ父母ハ被相續人ニ對《タイ》シテ最モ親近デ即チ一親等ノモノデアリマスカラ祖父母ヨリ先キニ相續シ又父母ノ中ニテモ男タル父ガ母ヨリ先キニ相續ヲスルコトヲ定メタノデアルノデス

第九百八十五條　前條《ゼンデウ》ノ規定ニ依リテ家督《カトク》相續人タルヘキ者《モノ》ナキトキハ親族會ハ被相續人ノ親族《シンゾク》家族《カゾク》分家ノ戸主又ハ本家若クハ分家ノ家

族中ヨリ家督相續人ヲ選定ス
前項ニ掲《カヽ》ケタル者ノ中ニ家督《カトク》相續人タルヘキ者ナキトキハ親族《シンゾク》會ハ
他人《タニン》ノ中ヨリ之ヲ選定《センテイ》ス
親族會ハ正當《セイタウ》ノ事由アル場合ニ限《カギ》リ前二項ノ規定ニ拘《カヽ》ハラス裁判所ノ許可ヲ得テ他人ヲ選定スルコトヲ得

△參看　取第三百五條

〔註釋〕本條ハ前條ノ規定ニ依《ヨツ》テ家督相續人タル直系尊屬《チヨクケイソンゾク》モナキ場合ニハ如何ニナスベキヤヲ規定シタノデアリマス

第一項ハ親族會《シンゾククハイ》ハ被相續人ノ親類ノ家族又ハ分家《ブンケ》ノ戸主カ若クハ本家分家ノ家族《カゾク》ノ中ヨリ選定スルコトデス

第二項ハ被相續人ハ前《ゼン》第一項ニ示《シメ》シタ通リノ相續人ニ該當《ガイタウ》スベキモノナキトキハ親族會ハ不得已《ヤムヲエズ》他人ノ中ヨリ家督相續人ヲ選定《センテイ》スルコトデス

第三項ハ第九百三十八條ノ說明シテアリマス通リ裁判所ヘ其事由ヲ申立テ許可ヲ受ケタ

ナラバ何人ト雖モ家督相續人ニ選定スルコトガ出來ルノデアリマス

第三節　家督相續ノ效力

（註釋）本節ニハ家督相續《カトクソウゾク》ニ就テノ効力ヲ規定シタノデアリマス元來《グワンライ》此ノ家督相續ハ其目的トスルハ主トシテ一家ノ戸主タル權利ヲ承繼スルモノデアリマス今本節ニハ其家督其相續トハ隱居《インキヨ》、入夫婚姻又ハ國籍喪失《コクセキソウシツ》ニ因ル家督相續ノ塲合《バアヒ》ニ於ケル効力ヲ示シテアルノデス各條ニ於テ説明ヲ致シマセウ

第九百八十六條　家督相續人ハ相續開始《ソウゾクカイシ》ノ時ヨリ前戸主ノ有セシ權利義務ヲ承繼《シヤウケイ》ス但前戸主ノ一身ニ專屬《センゾク》セルモノハ此限ニ在ラス

▲參看　取第二百九十四條

（註釋）本條ハ家督相續人ハ相續開始《ソウゾクカイシ》ノ時ヨリ前戸主ノ權利義務ヲ承繼《シヤウケイ》スルコトノ規定デアリマス

元來《グワンライ》家督相續トハ戸主ガ隱居《インキヨ》ヲナスカ又ハ入夫婚姻、國籍喪失《コクセキソウシツ》ナドノ事アル塲合ニ相續人ヲ選定シテ其家ノ戸主トナルハ前ノ説明ニ因リテモ明カデアリマス左レバ其相續者ハ

相續ノ開始《カイシ》アル時カラ其戸主權ガ移《ウツ》ツタモノデアツテ即前戸主ノ權利義務《ケンリギム》ヲ承ケ繼《ツ》ガネバナリマセヌ故ニ本條ニ於テ家督《カトク》相續人ハ相續開始ノ時ヨリ前戸主ノ債權《サイケン》ヤ債務ヲ承繼《セウケイ》スルモノデアルト云フコトヲ規定サレテアルノデ即チ効力ノ生ズル時ヲ示シタ譯デアリマス

然《シカ》レドモ前戸主ノ一身ニ專屬《センゾク》シタルモノ例ヘバ恩給年金《オンキウチンキン》ノ如キハ被相續人ガ死亡《シバウ》シタナラバ權利モ消滅《セウメツ》スル義デアリマスカラ相續人ニハ承繼《シヤウケイ》スルコトデハアリマセヌ又被相續人ガ隱居《インキヨ》、入夫婚姻《ニフフコンイン》ナドノ塲合ニハ其人一身ニ附屬《フゾク》シテ居ルモノデアルカラ是又前例ト同ジク相續人ガ承繼スルコトデハアリマセヌ

第九百八十七條　系譜《ケイフ》、祭具《サイグ》及ヒ墳墓《フンボ》ノ所有權ハ家督相續ノ特權ニ屬ス

▲參看　取第二百九十四條

〔註釋〕本條ハ家督相續人ノ特權《トクケン》トシテ相續スル物件《ブツケン》ニ關スルモノヲ規定シタノデアリマス家督《カトク》相續ノ必要アルモノハ唯、財産《ザイサン》ヤ商號《シヤウガウ》ヲ相續サセルコトデハアリマセヌ即一家祖先ノ祭祀《サイシ》ノ絕《タ》ヘザル目的トシテ相續人ヲ立《タ》テルノデアリマス故ニ其祭祀《サイシ》ニ必要《ヒツエウ》ナル祭具例

へバ佛壇《ブツダン》ヤ位牌ノ類《タグ》ニ及ビ祖先代々ノ系圖《ケイヅ》又ハ祖先《ソセン》代々ヨリノ墳墓《フンボ》等ノ如キモノハ家督相續人ノ特權《トクケン》トシテ之レ等ノ物件ヲ相續《ソウゾク》スルコトヲ規定シタノデアリマス

第九百八十八條　隱居者《インキヨシヤ》及ヒ入夫婚姻ヲ爲ス女戸主ハ確定《カクテイ》日附アル證書ニ依リテ其財產《ザイサン》ヲ留保《リウホ》スルコトヲ得但家督相續人ノ遺留分《イリウブン》ニ關スル規定ニ違反スルコトヲ得ス

（註釋）本條ハ被相續人ガ財產《ザイサン》ヲ留保《リウホ》スルコトヲ得ル場合ヲ規定シタノデアリマス被相續人ガ隱居ヲ爲スカ又ハ女戸主ガ入夫婚姻ヲナシタル爲メニ相續ヲ開始シテ其相續人ニ一切ノ財產ヲ承繼《シヤウケイ》セ子バナラヌト云フコトハ無イノデス即チ本條ニ規定《キテイ》シテアリマス通リ被相續人ハ財產《ザイサン》ノ一部ヲ公正《コウセイ》證書ニシテ置クカ又ハ合意《ガフイ》ノ上確定日附アル證書テ作クリテ隱居スルモノハ隱居料《インキヨレウ》トカ小使費トカ若クハ後條ノ如キ債務《サイム》アラバ其辨債ニ充《ア》ツル爲メ女戸主入夫婚姻ノ同上ノ如キ場合ニハ自己《ジコ》ノ特有財產《トクイウザイサン》トシテ取リ置クコトガ出來ルノデアリマス

然《シカ》レドモ此家督相續人ガ相續開始《ソウゾクカイシ》ニ因リテ戸主ニナリ戸主權ノ行使《カウシ》上及ビ其家ノ維持《イジ》ニ必要ナル財產ノ半額ニハ遺留《イリウ》分ノ規定ニ因テ手ヲ附《ツ》ケルコトハ出來ヌト但書ニ示《シメ》サレテ

アリマスカラ隱居、入夫婚姻等ヲ爲ス前戶主ノ留保スル金額ハ此遺留分ノ額ヨリ上ボッテハナリマセヌ

第九百八十九條　隱居《インキヨ》者又ハ入夫婚姻ニ因ル家督《カトク》相續ノ場合ニ於《オヒ》テハ前戶主ノ債權者《サイケンシヤ》ハ其前戶主ニ對シテ辨濟《ベンサイ》ノ請求ヲ爲スコトヲ得

入夫《ニウフ》婚姻ノ取消又ハ入夫ノ離《リ》婚《コン》ニ因ル家督相續ノ場合《バアヒ》ニ於テハ入夫カ戶主タリシ間《アヒダ》ニ負擔《フタン》シタル債務ノ辨濟《ベンサイ》ハ其入夫ニ對シテ之ヲ請求《セイキウ》スルコトヲ得

前二項ノ規定ハ家督《カトク》相續人ニ對《タイ》スル請求ヲ妨《サマタ》ケス

〔註釋〕本條ハ相續開始《ソウゾクカイシ》ニ依テ義務ヲ承繼《シヤウケイ》シタル家督相續人ハ必ズシモ前戶主ノ債務《サイム》ヲ引受クルモノニアラザルコトヲ規定シタノデアリマス

第一項ハ相續開始ガ隱居ヲ爲シテ開始《カイシ》シタルトキ又ハ入夫婚姻《コンヰン》ニ因テ開始《カイシ》サレタルトキ前戶主ニ對《タイ》シテ債權ノアルモノハ必ズシモ新戶主ニ辨濟《ベンサイ》ヲ請求《セイキウ》スルコトハ無イノデアリマス依テ被相續人ガ死亡《シバウ》シテ相續ヲ開始《カイシ》シタル家督相續人ハ一切ノ義務《ギム》ガアルコトハ前

條ニ述ベタ通リデアリマスガ隠居《インキヨ》又ハ入夫婚姻ニ因リテ開始《カイシ》サレタル相續ハ第九百八十八條ニモ規定《キテイ》シテアル前戸主ノ財産ノ留保《リウホ》ガアリマスカラ第三者ニ對《タイ》シテ前戸主ハ辨濟ヲ履行《リカウ》セネバナラヌト云フコトデス

第二項ハ入夫婚姻ニ因リテ相續《ソウゾク》ガ開始シタルトキ其入夫婚姻ヲ協議上《ケフギジヤウ》離婚スルカ又ハ裁判上ニヨリ取消《トリケ》シタル場合ニ再ビ元ノ戸主ガ相續ヲ回復《クワイフク》スル節《セツ》ニ入夫ガ戸主デアツタ時分ノ債務《サイム》モ前項ト同ジ意味《イミ》デ其入夫ガタトヘ他ニ養子《ヤウシ》縁組《エングミ》テリ又ハ他ニ入夫婚姻ヲナシタカラトテモ其債權者ハ入夫ニ向ツテ辨濟ノ請求ガ出來ルトノコトヲ示シテアルノデス

第三項ハ前ノ二項ニ斯《カ》ク示《シメ》シテアルガ債權者ノ選《エラ》ム所ニ隨テ家督相續人ニモ請求《セイキウ》ガ出來得ルコトヲ定メタノデアリマス

第九百九十條　國籍《コクセキ》喪失《ソウシツ》者ノ家督相續人ハ戸主權及ヒ家督相續ノ特權《トクケン》ニ屬スル權利ノミヲ承繼《シヤウケイ》ス但遺留分及ヒ前戸主カ特《トク》ニ指定《シテイ》シタル相續財産ヲ承繼スルコトヲ妨ケス

國籍《コクセキ》喪失《ソウシツ》者《シヤ》カ日本人ニ非サレハ享有《キヤウイウ》スルコトヲ得サル權利ヲ有スル

場合ニ於テ一年内ニ之ヲ日本人ニ讓渡サヽルトキハ其權利ハ家督相續人ニ歸屬ス

〔註釋〕本條ハ國籍喪失者《コクセキソウシツシヤ》ノ爲メニ相續開始《カイシ》ガアリタルトキ家督相續人ノ承繼《セウケイ》スベキ權利ニ關スルコトヲ規定シタノデアリマス

第九百八十六條ニ因《ヨツ》テ家督相續人ガ承繼《セウケイ》スル權利義務ハ前戸主一身ニ附屬《フゾク》スルモノヽ外ハ一切承繼《セウケイ》スルコトハ已ニ說明致シマシタ通《トホ》リデアリマスガ是ハ國籍喪失《コクセキソウシツ》ニ因リテ相續開始アリタル場合デアリマス結局《ケツキヨク》本條ハ第九百八十六條ノ例外《レイグワイ》デアリマス國籍喪失者ハ必ズシモ自己ノ諸種《シヨシユ》ノ財產ヤ凡テノ義務ヲモ抛棄《ホウキ》シヤウト思《オモ》フ者デハアリマセヌ却テ之等ノ私權ヲ保有《ホユウ》セント欲《ホツ》スルモノデアリマスカラ國籍《コクセキ》喪失ニ因リ家督相續ノ場合若シモ之レ等ノ權利等ヲ承繼《シヤウケイ》シタナラバ其國籍喪失者ノ意思《イシ》ニモ反シ利害《リガイ》ニモ及ボス譯デアリマスカラ本條ニ於テハ此場合《コノバアヒ》ニ於ケル家督相續人ハ第九百八十七條ノ特《トク》ニ相續スベキ權利アル系圖《ケイヅ》、祭具《サイグ》、墳墓《フンボ》等ノ權利ノミヲ承繼《シヤウケイ》スベキコトヲ定ム併ナガラ被相續人ノ遺留分タル總財產ノ半額《ハンガク》幷ニ被相續人ガ特ニ指定《シテイ》シタル財產ガアツタナラバ右ニ不拘《カヽハラズ》相續ガ出來ルトノコトヲ規定シタノデアリマス第二項ハ國籍喪失者《コクセキソウシツシヤ》ガ日本ニアラザレバ享有《キヤウユウ》スルコトノ出來ヌ例ヘバ土地ノ類《ルイ》ハ所有主タル國籍喪失者ガ一ケ年内ニ日本人ノ誰々ニ讓渡サ子バ本條ノ規定ニ依テ其土地ハ當然《タウゼン》家督相續人ノ權利《ケンリ》ニ移《ウ》ツルモノデアルト云フコトヲ定メタノデアリマス

第九百九十一條　國籍喪失《コクセキソウシツ》ニ因ル家督相續ノ場合ニ於テハ前戸主ノ債權者ハ家督相續人《カトクソウゾクニン》ニ對シテハ其受ケタル財産ノ限度《ゲンド》ニ於テノミ辨濟《ベンサイ》ノ請求ヲ爲スコトヲ得

〔註釋〕本條ハ國籍《コクセキ》喪失者ノ債務ニ對《タイ》シテハ其家督相續人ガ爲スベキ辨濟《ベンサイ》ノ限度《ゲンド》ニ關スルコトヲ規定シタノデアリマス

國籍喪失ニ因リテ開始《カイシ》シタル相續人ハ遺留分《イリウブン》弁ニ第九百八十七條ノ特權《トクケン》ノ外ハ相續ヲ致シマセヌコトハ前《マヘ》カラ述ベタ通《トホ》リデアリマスガ本條ハ若シ國籍喪失者ガ特別《トクベツ》ニ財産ノ或ル部分ヲ即チ土地《トチ》ノ如キモノハ自己ガ指定《シテイ》シテ其家督相續人ニ相續《ソウゾク》ヲ承繼シタルカ又ハ他ノ財産ヲ頒《ワカ》チタルトキハ相續人ハ國籍《コクセキ》喪失者ノ債務ハ其限度《ゲンド》ニ於テ債權者ニ辨濟《ベンサイ》ヲセネバナラヌト規定シテアルノデス

第二章　遺産相續

〔註釋〕遺産《イサン》相續ハ一定ノ主義《シユギ》ニヨルモノデハナク各國ノ制度《セイド》ニヨリテ自《ヂノヅカ》ラ差異《サイ》アルモノナルガ我ガ國ニデハ財産分割主義ヲ採リタルニ因リ之レガ規定ヲ爲スニハ遺産相續人ノ順位ハ勿論《モチロン》遺産相續ノ効力ヨリ及ビ各相續人ノ相續分《ソウゾクブン》其他遺産ノ分割《ブンクワツ》等ニ關シテ夫々ノ規定ヲ爲サネバナラヌ故ニ本章ハ之レヲ總則《ソウソク》ト遺産相續人及ビ遺産相遺《イサンソウゾク》ノ効力ノ三ツニ分チ其定義ト制裁《セイサイ》トヲ示《シメ》シタモノデアリマス其委《クワ》シキハ次ニ條ヲ逐フテ述ベルデアリマス

第一節　總則

〔註釋〕本節ハ遺産《イサン》相續ノ開始《カイシ》ノ原因《ゲンイン》、時期及ビ場所幷ニ遺産《イサン》相續ノ請求權等一般ノ通則《ソウソク》ヲ掲ゲタモノデス

第九百九十二條　遺産《イサン》相續《ソウゾク》ハ家族ノ死亡ニ因リテ開始《カイシ》ス

▲參看　取第三百十二條

〔註釋〕本條ハ家族ガ死亡《シバウ》シタルトキニ其遺産ニ就テ相續《ソウゾク》ノ開始スルコトヲ規定シタノデアリマス

家族ハ一家ヲ治《オ》サムルノ責任《セキニン》アルモノデナク老衰《ロウスイ》シタガ為メニ隱居スルノ必要《ヒツエウ》モナク又死亡《シバウ》シタレバトテ戸主權ヲ讓《ユヅ》ル等ノコトハアリマセヌガ唯、已《スデ》ニ親族編ニモ説明致シマシタガ其家族ノ特有財産《トクイウザイサン》ガアリシトキニハ其財産ハ遺産《イサン》トシテ相續スルモノデアル即チ本條ニハ其遺産相續ノ原因ヲ示メスニ止マルノミデアリマス

第九百九十三條　第九百六十五條乃至第九百六十八條ノ規定ハ遺産相續ニ之ヲ準用ス

〔註釋〕本條ハ遺産《イサン》相續ハ何レノ場合ニ於テ開始《カイシ》スルモノデアルカ及ビ其遺産相續回復《クワイフク》ノ權ノ時效又ハ相續財産ニ關スル費用ノ支辨方幷ニ胎兒ハ遺産相續ニ付テ權利ヲ得ルモノナルヤ否《イヤ》ヤヲ規定シタノデアリマス即《スナハチ》第九百六十五條乃至第九百六十八條ノ家督相續ノ規定ヲ準用スルトノコトヲ定メタノデアリマス

第二節　遺産相續人

〔註釋〕本節ニハ遺産《イサン》相續人ハ何人ヲ以テ相續《ソウゾク》サスルカ及ビ其遺産相續人ノ廢除《ハイジョ》ニ關スルコトヲ規定シタノデアリマス

第九百九十四條　被相續人《ヒソウゾクニン》ノ直系卑屬ハ左ノ規定ニ從ヒ遺產《イサン》相續人ト爲ル

一　親等《シントウ》ノ異《コト》ナリタル者ノ間ニ在リテハ其近《チカ》キ者ヲ先ニス

二　親等ノ同ジキ者ハ同順位《ドウジユンイ》ニ於テ遺產《イサン》相續人ト爲ル

参看　取第三百十三條

〔註釋〕本條ハ遺產《イサン》相續人ノ順序《ジユンジヨ》ニ關スルコトヲ規定シタノデアリマス
遺產相續人ハ被相續人ノ直系卑屬《チヨクケイヒゾク》即チ子孫ガ相續スルモノデ其順序《ジユンジヨ》ハ一等親ノモノト二等親ノモノトアレバ先ヅ一等親ノモノヲ先キニシテ相續ヲサセルト云フコトデス
第二號ハ例《タト》ヘバ前一號ノ如キ一等親《トウシン》ノモノヽ中ニ子ガ三人アリトスレバ同順位《ドウジユンイ》ノモノ即チ第一ノ子ヲ以テ相續ヲ爲スコトヽ規定シタノデアリマス

第九百九十五條　前條《ゼンデウ》ノ規定ニ依リテ遺產相續人タルヘキ者カ相續ノ開始前《カイシゼン》ニ死亡シ又ハ其相續權ヲ失《ウシナ》ヒタル場合ニ於テ其者ニ直系卑屬《チヨクケイヒゾク》アルトキハ其直系卑屬ハ前條《ゼンデウ》ノ規定《キテイ》ニ從ヒ其者ト同順位《ドウジユンイ》ニ於テ遺產

相續人ト爲ル

▲參看　取第九百九十五條

〔註釋〕本條ハ相續開始前《カイシゼン》ニ遺産相續人ガ死亡《シバウ》シタルカ又ハ相續權ヲ失《ウシナ》ヒタル塲合ニ相續トナルモノヽ順序ヲ定メテアルノデス

例《タト》ヘバ甲ナルモノガ相續人タルベキ資格《シカク》ノアツタモノデアルニ其相續ノ開始前《カイシゼン》ニ死亡シタルカ第九百六十九條ノ項目ニ違反シタル爲メニ相續權ヲ失ヒタルトセバ被相續人ノ遺産ハ前條ノ規定ニ依《ヨツ》テ其者即チ甲ナルモノヽ直系卑属《チヨクケイ》ガ相續スルトノ意《イ》ニテ被相續人ノ子ガ相續ヲスル筈《ハズ》デアルケレドモ斯ノ如キ事故《ジコ》ニ因リテ被相續人ノ孫《マゴ》ニ當ルモノガ相續ヲスルコトデアリマス而シテ其孫《マゴ》ノ中ニ相續者ニナルベキ順位《ジユンイ》ハ前條ノ規定ニ因ルコトデス

第九百九十六條　前二條ノ規定ニ依リテ遺産相續人タルヘキ者ナキ塲合ニ於テ遺産《イサン》相續ヲ爲スヘキ者ノ順位《ジユンイ》左ノ如シ

第一　配偶者《ハイグウシヤ》

第二　直系尊屬

第三　戸主

前項第二號ノ場合《バアヒ》ニ於テハ第九百九十四條ノ規定ヲ準用《ジユンヨウ》ス

〔註釋〕本條ハ相續人《ソウゾクニン》タルベキモノナキ場合ニ相續ヲ爲スモノヽ順序《ジユンジヨ》ヲ示シタノデアリマス前二條ノ規定ニ依テモ尚ホ遺産スベキモノナキ場合ニハ本條第一號以下ノ順序ニ依テ配偶者ヲ第一位ニ置《オ》イテ其レモナキトキニハ直系尊屬《チヨクケイソンゾク》、戸主ト段々ニ順《ジユン》ヲ逐《オ》フテ相續ヲナサシムルコトヲ定《サダ》メテアルノデス而シテ第二號ノ直系尊屬ガ相續《ソウゾク》ヲ爲ス場合ニハ例《タト》ヘバ一親等ノ父母ト二親等ノ祖父母《ソフボ》アルトキハ被相續人ニ最《モツト》モ親等ノ近《チカ》キ父母ガ第一ニ相續ノ順位《ジユン井》ニ當《アタ》ルコトヲ規定シタノデアリマス又一親等ノ中ニテモ父ガ先キニ相續スルモノデス

第九百九十七條　左ニ掲《カヽ》ケタル者ハ遺産《井サン》相續人タルコトヲ得ス

一　故意《コ井》ニ被相續人又ハ遺産《井サン》相續《ソウゾク》ニ付キ先順位若クハ同順位《ドウジユン井》ニ在ル者ヲ死ニ致シ又ハ死ニ致サントシタル爲メ刑ニ處セラレタル

者

二　第九百六十九條第二號乃至第五號ニ掲ケタル者

〔註釋〕本條ハ遺産相續人《ヰサンソウゾクニン》タルコトヲ得ザルモノヲ規定《キテヰ》シタノデアリマス即チ第九百六十九條ノ家督相續ノ塲合ニ於ケルト同ジ意味デアリマスカラ別ニ説明スルノ必要ハナキコト茲《コヽ》ニ贅《ゼヰ》セズ

第九百九十八條　遺留分《ヰリウブン》ヲ有スル推定遺産相續人カ被相續人《ヒソウゾクニン》ニ對シテ虐待《ギヤクタヰ》ヲ爲シ又ハ之ニ重大《ジウタヰ》ナル侮辱《ブジヨク》ヲ加ヘタルトキハ被相續人ハ其推定遺産相續人ノ廢除《ハヰジヨ》ヲ裁判所ニ請求《セヰキウ》スルコトヲ得

〔註釋〕本條ハ推定遺産相續人ガ不法《フホフ》ノ行爲《カウヰ》ヲナシタルトキハ被相續人ハ裁判所ニ請求《セヰキウ》シテ其推定遺産相續人ヲ廢除スルコトガ出來ルトノ規定デアリマス

第九百九十四條ニ規定《キテヰ》シタルモノガ遺留分《ヰリウブン》ヲ有スル推定ノ遺産相續人《ソウゾクニン》トナリ其被相續人ニ對シテ恣《ホシヒマヽ》ナル行爲《カウヰ》ヲ爲シ或ハ虐待シ若クハ重大ナル侮辱《ブジヨク》ヲ被相續人ニ與《アタ》ヘタルコトアリシトキハ被相續人ハ裁判所ニ推定《スヰテヰ》遺産相續人廢除《ハヰジヨ》ノ請求ガ出來ルトノコトヲ規定シ

タノデアリマス何ガ故ニ裁判所ニ廢除《ハ井ジヨ》ノ請求ヲ爲《ナ》スカト云フニ相續人ハ之ニ依《ヨ》リテ遺留《井リウ》分《ブン》ノ利益ヲ失フガ故ニ廢除ハ裁判所ニ請求《セ井キウ》スルコトヽ定メテアル譯《ワケ》デス

第九百九十九條　被相續人ハ何時《ナンドキ》ニテモ推定遺產相續人廢除《ハ井ジヨ》ノ取消ヲ裁判所ニ請求スルコトヲ得

〔註釋〕本條《ホンデウ》ハ推定遺產相續人ノ廢除《ハ井ジヨ》ノ取消《トリケシ》ヲ請求出來得ルトノコトヲ規定シタノデアリマス

一旦《タン》被相續人ハ自己《ジコ》ノ意ニ反《ハン》スル例《タト》ヘバ虐待サレタルカ又ハ侮辱《ブジヨク》ヲ蒙リタル爲メニ其推定遺產相續人ヲ廢除《ハ井ジヨ》スルコトヲ裁判所ニ向《ムカ》ッテ請求シ廢除ヲナシタレドモ此者ノ惡行《アクゲウ》ヲ宥恕《ユウジヨ》シテ第九百七十七條ノ家督《カトク》相續ニ於ケル例ニ倣《ナラ》ヒ被相續人ヲシテ何時《ナンドキ》ニテモ推定遺產相續人ノ廢除テ取消スコトヲ裁判所ニ請求ナシ得ルコトデアリマス

第千條　第九百七十六條及ヒ第九百七十八條ノ規定ハ推定遺產相續人ノ廢除及ヒ其取消ニ之ヲ準用ス

〔註釋〕本條ハ前第九百七十六條及ビ第九百七十八條ノ規定ヲモ推定遺產相續人ニモ準用ス

ルコトヲ規定シタノデアリマス

遺言《ユ井ゴン》ヲ以テ推定遺産相續人ヲ廢除《ハイジヨ》ナシタルトキハ被相續人ガ死亡《シバウ》セバ遺言ノ効力ガ生ズル譯《ワケ》デアリマスカラ其死亡シタ後ニ遺言《ユ井ゴン》執行者ハ速ニ裁判所ニ廢除《ハ井ジヨ》ノ請求ヲセ子バナリマセヌ若《モ》シ被相續人ノ死亡《シバウ》ト推定遺産相續人ノ廢除《ハ井ジヨ》ノ請求ガ判決《ハンケツ》日數ニ數日モ費ストモ其廢除ノ効力《カウリヨク》ハ被相續人死亡ノ時ニ遡《サカノ》ボリテ效力ヲ生ズトノ意味《井ミ》デアリマス而シテ取消ノ塲合ニ於テモ前條ト同一ノ手續ニ依ルトノコトヲ規定シテアリマス

而シテ推定遺産相續人ノ廢除《ハ井ジヨ》又ハ廢除ノ取消ニ關シテ裁判《サイバン》確定スルマデノ間ハ裁判所ハ親族利害《リガイ》關係人又ハ撿事ノ請求ニ因《ヨ》リ戸主權ノ行使《カウシ》遺産ノ管理等ハ必要《ヒツエウ》ナル處分ヲ爲スコトヲ定メテアルノデス

第三節　遺産相續ノ效力

〔註釋〕本節ニハ遺産相續ニ關《クワン》スル效力《カウリヨク》ハ如何ナルモノナルヤヲ規定シタルノデアリマス

第一款　總則

〔註釋〕本欵ハ遺産《井サン》相續ニ因リテ相續人ハ如何ナル範圍《ハン井》ニ於テ被相續人ノ權利義務《ギム》ヲ承繼《シヤウケ井》ス

ルカ又數人ノ相續人《ソウゾクニン》アルトキハ其間ノ財産ノ關係《クワンケイ》ハ如何ニ定ムベキカニ付一般《ハン》ノ通則ヲ示シタルモノデアリマス

第千一條　遺産《井サン》相續人ハ相續開始《カイシ》ノ時ヨリ被相續人ノ財産ニ屬《ゾク》セシ一切ノ權利義務《ギム》ヲ承繼《シヤウケイ》ス但被相續人ノ一身ニ專屬《センゾク》セシモノハ此限ニ在ラス

〔註釋〕本條ハ遺産《イサン》相續人ガ承繼《シヤウケイ》スベキ權利義務《ケンリギム》ノコトヲ規定シタノデアリマスガ第九百八十六條家督相續人ノ權限《ケンゲン》ト同一ノ趣旨《シユシ》ニ外ナラズ同條ニ説明シタレバ別ニ異《コト》ナル点ヲ看ズ故ニ茲ニ贅セズ

第千二條　遺産相續人數人《スウニン》アルトキハ相續財産ハ其共有《ゾノキヤウイウ》ニ屬ス

〔註釋〕本條《ホンデウ》ハ遺産相續人タルベキモノ數人《スウニン》アル場合ニ如何ニスベキヤヲ規定《キテイ》シタノデアリマス即チ第九百九十四條第二號ノ場合《バアヒ》ノ如ク同順位《ドウジユンイ》ノ相續人數人アル場合ニシテ如斯《カクノゴトキ》場合ニ於テハ相續財産ハ之レ等數人《スウニン》ノ共有《キヤウユウ》財産トスルコトヽ定メテアルノデス

第千三條　各共同相續人ハ其相續分ニ應シテ被相續人ノ權利義務ヲ承

繼ス

（註釋）本條ハ前條ニ於《オ》ケル共有《キヤウユウ》財產相續人ハ其相續分ニ應《オウ》ジテ被相續人ノ權利義務《ケンリギム》ヲ承繼《シヤウケイ》スルモノデアルト云フコトヲ規定シタノデアリマス

各相續人ガ承《ウ》ケ繼《ツ》クベキ財產ハ共同ナリト雖モ同順位《ドウジユンイ》ノ相續人ニ嫡出子庶子及ビ私生子ナルトキハ庶子《シヨシ》及ビ私生子ハ嫡出子ノ相續分ノ割合《ワリアヒ》ヨリ二分ノ一トシテアリマスルカラ共有シテ相續《サウゾク》スル以上ハ其權利ノ持分《モチブン》モ義務ノ負擔額《フタンガク》モ總テ此ノ割合ヲ以テ承繼《シヤウケイ》スルモノデアルト云フコトヲ定メタノデアリマス

第二款　相續分

（註釋）本欵ハ共同《キヤウドウ》相續人ノ相續分《ソウゾクブン》ハ公平ヲ保《タモ》ツ爲メ分割ノ方法《ホフハフ》等ヲ規定シタノデアリマス

第千四條　同順位《ドウジユンヰ》ノ相續人數人《スウニン》アルトキハ其各自ノ相續分ハ相均《アイヒト》シキモノトス但直系卑屬數人《スウニン》アルトキハ庶子《シヨシ》及ヒ私生子ノ相續分ハ嫡出子ノ相續分ノ二分ノ一トス

（註釋）本條ハ財產ノ分割ニ就テ規定シタノデアリマス

本條ニアル同順位《ドフジユンイ》トハ例ヘバ被相續人ノ傍系親《ボフケイシン》ヲ謂フモノニシテ兄弟姉妹甥姪《ケイテイシマイオイメイ》ノ類相續人數人アルトキハ其遺《ソノイ》産《サン》ヲ受クベキ各自ノ相續分ハ平等《ベフトフ》デアッテ即チ同ジ額ニ分割《ブンクワツ》スルモノデアル乍併被相續人ノ直系卑屬ガ相續ヲ爲シタル場合ニハ假ニ庶子及ビ私生子而シテ嫡出子ノ三人アリトセンカ此ノ時《トキ》ニ分割《ブンクワツ》スル相續分ハ庶子及ビ私生子ハ嫡出子ノ二分ノ一デアルト定メテアルノデス

第千五條　第九百九十五條ノ規定《キテイ》ニ依リテ相續人タル直系《チヨクケイ》卑屬ノ相續分ハ其直系尊屬カ受クヘカリシモノニ同シ但直系卑屬數人アルトキハ其各自《カクジ》ノ直系尊屬カ受クヘカリシ部分《ブブン》ニ付キ前條ノ規定ニ從ヒテ其相續分ヲ定ム

（註釋）本條ハ第九百九十五條ノ規定《キテイ》ニ依ル直系卑屬ノ相續分《サフゾクブン》ニ關スル規定デアリマス第九百九十五條ニ於テ説明致シマシタ通リ遺産相續人タルベキ者ガ其資格ヲ失ヒタル爲メニ其者ノ直系卑屬ニ相續《ソフゾク》ヲ致《イタ》サセマス場合ノ相續分ハ其者ノ親《オヤ》ガ受クベカリシモノトハ前示《ゼンシメ》シテアル相續權利ヲ失ヒタル親《オヤ》ガ受ケ得ルモノヲ相續スベキモノデアルト定メテアルノデス而シテ其者《ソノモノ》ノ直系卑屬ガ數人《スフニン》アルトキハ前條ノ規定《キテイ》ニ從ヒ各共有財産トスル

譯デアリマス

第千六條　被相續人ハ前二條ノ規定《キテイ》ニ拘《カヽ》ハラス遺言《ユイゴン》ヲ以テ共同相續人ノ相續分ヲ定《サダ》メ又ハ之ヲ定ムルコトヲ第三者ニ委託《イタク》スルコトヲ得但被相續人又ハ第三者ハ遺留分《イリウブン》ニ關スル規定ニ違反《イハン》スルコトヲ得ス

被相續人カ共同《キヤウドウ》相續人中ノ一人若クハ數人《スウニン》ノ相續分ノミヲ定《サダ》メ又ハ之ヲ定《サダ》メシメタルトキハ他《タ》ノ共同相續人ノ相續分ハ前二條ノ規定《キテイ》ニ依リテ之ヲ定ム

（註釋）本條ハ被相續人ハ遺言《ユイゴン》ヲ以テ相續分ヲ定《サダ》ムルコトヲ得ルトノ規定デアリマス第千四條及ビ第千五條ノ說明ノ如ク遺產相續人ノ相續分ハ定マツテ居リマスガ之レ等ハ法律《ハフリツ》ノ定ムル所デアリマスカラ被相續人ハ自己ノ權利《ケンリ》ヲ以テ遺言《ユイゴン》ヲシテ相續分ヲ定ムルコトガ出來ルノデアリマス而シテ本條《ホンデウ》ニ第三者ニ委託《イタク》スルコトヲ得ト云フハ遺言執行者《シツカウシヤ》ニ共同相續人ノ各相續分ヲ委託《イタク》スルコトデアリマスガ遺言《ユイゴン》ヲスルモノト此ノ遺言執行者《シツカウシヤ》ハ相續人ノ特權《トクケン》トシテ法律ガ定メタル相續分ニ屬《ゾク》スル遺留分ニマデ干涉《カンセフ》スルコトハナラ

ヌコトヲ規定シタノデアリマス

然《シカ》レドモ若被相續人ガ其中ノアルモノニノミ相續ヲ定《サダ》メタルカ又ハ遺言執行者《シッカウシャ》ニ定メルコトヲ依頼《イライ》シタルカノ場合ニ其他《ソノタ》ノ定メヲ受ケザリシ共同相續人ハ如何《イカ》ニト云フニ之レ等ノモノガ相續分トシテ承《ウ》ケ繼《ツ》グコトハ法律ノ定《サダ》ムル所即チ前二條ノ規定ニ因テ各々相續分ヲ定メラレル譯デアリマス

第千七條　共同相續人中被《ヒ》相續人《サウゾクニン》ヨリ遺贈《イゾウ》ヲ受ケ又ハ婚姻、養子《ヤウシ》縁組《エングミ》、分家、廢絶家《ハイゼツカ》再興《サイカウ》ノ爲メ若クハ生計《セイケイ》ノ資本トシテ贈與《ゾウヨ》ヲ受ケタル者アルトキハ被相續人カ相續開始《サウゾクカイシ》ノ時ニ於テ有セシ財産ノ價額《カガク》ニ其贈與ノ價額ヲ加《クハ》ヘタルモノヲ相續財産ト看做《ミナ》シ前三條ノ規定ニ依リテ算定《サンテイ》シタル相續分ノ中ヨリ其遺贈《イゾウ》又ハ贈與ノ價額《カカク》ヲ控除《カウジヨ》シ其殘額ヲ以テ其者ノ相續分トス

遺贈又ハ贈與《ゾウヨ》ノ價額カ相續分ノ價額《カカク》ニ等《ヒト》シク又ハ之ニ超《コ》ユルトキハ

受遺者又ハ受贈者ハ其相續分ヲ受クルコトヲ得ス
被相續人カ前二項ノ規定ニ異《コト》ナリタル意思《イシ》ヲ表示《ヘウシ》シタルトキハ其意思表示ハ遺留分《イリウブン》ニ關スル規定ニ反《ハン》セサル範圍内《ハンイナイ》ニ於テ其效力ヲ有ス

〔註釋〕本條ハ共同《キヤウドウ》相續人中被相續人ヨリ財産ノ遺贈《イゾウ》ヲ受ケ若クハ贈與ヲ受ケタル額《カク》ニ就テ相續分ノ算定ヲ規定シタノデアリマス

サテ本條ヲ解《カイ》シマスルニ一例ヲ以テ示《シメ》サンニ例《タト》ヘバ茲ニ甲ナル被相續人ガアリマシテ死《シ》亡《バウ》シタトキニ甲ノ遺産ハ總体《ソウタイ》デ遺留財産ヲ殘《ノコ》シテ二萬圓所有シテ居ッタトセンカ而シテ乙丙丁ノ三人ガ其遺産《イサン》ヲ相續スルトキニ乙ハ已ニ被相續人ガ存生中《ゾンジヤウチウ》ニ生計《セイケイ》ノ資本トカ又ハ養子緣組ヲ爲サシメンガ爲メニ若クハ廢絶家再興《ハイゼツカサイカウ》ノ爲メニ被相續人カラ四千圓ノ價格《カカク》アルモノヲ贈與《ゾウヨ》ヲ受ケテ居ッタ場合ニハ被相續人ノ財産《ザイサン》ト云フモノハ總高デ二万四千圓デアルカラ之レヲ相續財産ト看做《ミナ》シテ三人ノ子ノ乃チ乙丙丁ニ分割《ブンクワツ》スルトキハ一人ノ持《モチ》分《ブン》ガ八千圓デアルノデス然ルニ乙ハ前ニ申シテ置《オ》キマシタ通リ四千圓ノ價格《カカク》アル公債《カウサイ》ナリ或ハ土地《トチ》、家屋《カオク》、若クハ現金デ贈與ヲ受ケテ居ッタ故《ユヘ》ニ其四千圓ヲ差引《サシヒイ》テ其殘リ額四千圓ヲ乙ノ所得トシテ丙丁各々八千圓宛ノ持分トスル譯デアリマス第二項ハ前述《ゼンノ》ベマシタ乙ノ相續分ガ遺産《イサン》ヲ三人ニ分割《ブンクワツ》シタ高ト被相續人カラ已《スデ》ニ贈與ヲ受ケタル高ト同額《ドウガク》デアルガ例《タト》ヘバ一人ノ持分前例ニ依ル八千圓トスルトキニ贈與《ゾウヨ》サレタ財産ノ價格モ八千圓デアレバ最早乙ノ相續分トスル者ハ無キワケデアリマス又遺産ノ總体ノ價格ヲ三人ニ分割《ブンクワツ》シテ乙ノ已ニ贈與《ゾウヨ》ヲ受ケタルモノヽ額ガ超《コ》ヘテ居テモ返還《ヘンクワン》スルニハ及バヌコトヲ定メテアルノデス

第三項ハ前二項ニ規定《キテイ》シテアル通リ强《シヒ》テ行フベキ法律ノ精神《セイシン》デハナイノデスカラ被相續人ガ乙丙丁ノ各持分《カクモチブン》ヲ定メル意思ヲ示シ遺留分《イリウブン》ニ關スル規定ニ違カハナケレバ其意示ニ就テモ效力ガアルト云フコトヲ定メタノデアリマス

第千八條 前條ニ揭《カヽ》ケタル贈與ノ價額《カカク》ハ受贈者ノ行爲《カウヰ》ニ因リ其目的《モクテキ》タル財産カ滅失《メツシツ》シ又ハ其價格ノ增減《ゾウゲン》アリタルトキト雖モ相續開始《カイシ》ノ當時仍ホ原狀《ゲンジヤウ》ニテ存《ソン》スルモノト看做《ミナ》シテ之ヲ定ム

〔註釋〕本條ハ前條ノ相續人《ソウソクニン》ガ既ニ贈與《ゾウヨ》若クハ遺贈《イゾウ》ニ係ル財産ノ價格ハ滅失《メツシツ》シタルト雖モ相續開始ノ當時ニハ原狀《ゲンジヤウ》ノ儘ト看做シテ算定《サンテイ》スルコトヲ定メテアルノデス

前例ニ依テ說明《セツメイ》センニ乙ガ被相續人カラ四千圓ノ贈與《ゾウヨ》ヲ受ケタ財産ヲ質物《シチモツ》トナシタリ或

ハ賣却《バイキヤク》ヲシタリシテ其財産ヲ消費《セウヒ》スルカ又ハ土地ノ如キ公債《コウサイ》ノ如キモノハ時價ニ因リテ價格ニ増減《ゾウゲン》ヲ來タスモノデアルケレドモ其ハ相續開始《ソウゾクカイシ》ノ當時《タウジ》四千圓ノ價格トシタ以上ハタトヘ減損《ゲンソン》シヤウガ失ナフトモ増加《ゾウカ》シタルトテモ四千圓トシテ算定《サンテイ》ヲスルト云フコトヲ定メテアルノデス

第千九條　共同《キヤウドウ》相續人ノ一人カ分割前《ブンクワツゼン》ニ其相續分ヲ第三者ニ讓渡《ユヅリワタ》シタルトキハ他ノ共同《キヤウドウ》相續人《ソウゾクニン》ハ其價額及ヒ費用ヲ償還《セウカン》シテ其相續分ヲ讓受クルコトヲ得

前項ニ定《サダ》メタル權利ハ一ケ月內ニ之ヲ行使《カウシ》スルコトヲ要ス

〔註釋〕本條ハ共同《ケウドウ》相續人ガ其相續分ニ關スル權利《ケンリ》ヲ第三者ニ讓《ユヅ》ル、トキノ場合ヲ規定シタノデアリマス

遺産ノ分割後《ブンクワツゴ》ニ於テ共同相續人ガ其讓受《ユヅリウ》ケタル財産ヲ他ニ讓渡スハ固《モト》ヨリ禁《キン》シテハアリマセヌガ本條ハ分割前《ブンカツゼン》ニ相續人ノ一人ガ他ニ讓渡《ユヅリワタ》シタトキノ場合ヲ規定シテアリマスルノデ例《タト》ヘバ甲乙丙ノ三人ニテ共同相續人ガ成立《セイリツ》シタトセンニ甲ナル相續人ガ承《ウ》クベキ相續分ヲ他人ニ讓《ユヅ》ツタトキハ乙丙ノ相續分ハ甲ガ讓渡《ユヅリワタ》シタル相續分ハ被相續人ノ財産殊ニ

祖先傳來《ソセンデンライ》ノ土地トカ又ハ秘藏《ヒゾウ》ノモノニシテ他人ノ手ニ渡スハ忍《シノ》ビヌコトデアルカラ保有シテ置キタイ意《イ》ニテ他人即チ第三者ニ向ツテ其價格《ソノカカク》ト費用ヲ出シテ之ヲ償《ツグナ》ヒ自分等ノ相續分ニ讓受《ユヅリウク》ルコトガ出來ルノデアリマス而シテ第三者ヨリ其財産ヲ讓受ケ權利ヲ得ルニハ乙丙ハ一ケ月ノ期間内ニ價格及ヒ費用ヲ償還セネバナラヌト規定シタノデアリマス

第三款　遺産ノ分割

〔註釋〕本欵ニハ遺産《イサン》ノ分割方《ブンクワツ》ニ就テ規定シタノデアリマス

遺産ノ分割トハ共同財産ニ付テ最後ノ處分デアリマシテ其方法。效力等必要ノ規定ヲ集メテ示シタモノデアリマス即各本條ニ説明致シマセウ

第千十條　被相續人ハ遺言《ユイゴン》ヲ以テ分割《ブンクワツ》ノ方法ヲ定メ又ハ之ヲ定ムルコトヲ第三者ニ委託《イタク》スルコトヲ得

〔註釋〕本條ハ被相續人ハ遺産《ユイゴン》ヲ以テ分割《ブンクワツ》ノ方法ヲ定ムルコトニ關《クワン》スル規定ヲ示シタノデアリマス

被相續人ハ遺言ヲ以テ相續分ヲ定メ又ハ定メシムルコトヲ得ルコトハ第千六條ニ規定シ

テアリ即チ同條ニ付テ説明《セツメイ》シタコトデアリマスガ本條ハ共同《ケウドウ》相續人ニ對《タイ》シ遺產ノ分割ヲ遺言ヲ以テ定《サダ》ムコト又ハ第三者即チ遺言執行者ニ依賴《イライ》スルコトガ出來ルトノコトヲ規定シタノデアリマス

第千十一條　被《ヒ》相續人《ソウゾクニン》ハ遺言ヲ以テ相續開始《カイシ》ノ時ヨリ五年ヲ超エサル期間內分割《ブンクワツ》ヲ禁《キン》スルコトヲ得

〔註釋〕本條ハ相續開始《カイシ》ノ時ヨリ分割ヲ禁《キン》ズル時効《ジカウ》ヲ規定シタノデアリマス

遺產相續人數人アルトキハ共有ニ屬スルモノデアッテ且ツ持分等ハ皆同ジキモノデアルト云フコトハ前ニ説明《セツメイ》シタ如クデアリマスガ財產《ザイサン》ノ共有ハ其物ニ因リテ利用《リヨウ》又ハ改良ニ就《ツイ》テ害ヲ及ボスコトナキモ計ラレネバ分割《ブンクワツ》スルヿハ須《スベカラ》ク被相續人ノ思考《シカウ》ヲ要スルワケデアリマス故《ユヘ》ニ被相續人ハ遺言ヲ以テ分割《ブンクワツ》ヲ五ケ年ノ期間ニ三年或ハ四年ノ間ニ分割《ブンクワツ》スベキ旨《ムネ》ヲ遺言ヲ爲スコトヲ得ルトシテアルノデス而シテ其期間《ソノキカン》ノ計算方《ケイサンカタ》ハ相續開始ノ時ヨリ起算《キサン》スベキモノデアリマス參考《サンカウ》ノ爲メ茲ニ附記《フキ》シテ置キマス

第千十二條　遺產ノ分割《ブンクワツ》ハ相續開始ノ時ニ遡《サカノボ》リテ其效力ヲ生ス

▲參看　取第四百十七條

〔註釋〕本條ハ遺産ノ分割《ブンカツ》ハ開始ノ時ニ遡《サカノボ》リテ効力ヲ生スルモノデアルト云フコトヲ規定シタノデ法文ニ因ッテ明白デアリマス故ニ一言申シ述ベマセウ要スルニ本條ハ相續開始ノ後ニ至リ遺産《イサン》ヲ分割スルモ其分割ハ相續開始《カイシ》ノ時分割セラレタモノト同ジ効力《カウリヨク》ガアルモノデアルト云フコトデス

第千十三條　各共同相續人ハ相續開始前《カイシゼン》ヨリ存《ソン》スル事由ニ付キ他ノ共同相續人ニ對《タイ》シ賣主ト同シク其相續分ニ應《オウ》シテ擔保《タンホ》ノ責ニ任ス

▲參看　取第四百十八條

〔註釋〕本條ハ遺産分割《イサンブンカツ》ノ場合ニ於ケル共同相續人相互《ソウゴ》ノ擔保《タンポ》義務ニ就テノ規定デアリマス被相續人ガ相續開始前《カイシゼン》ニ相續財産ヲ第三者ニ讓渡《ユヅリワタ》シテアッテ死亡《シバウ》シタ場合各相續人ハ現存シテ居ル儘《マヽ》ニ相續財産ニ加ヘラレタトキ分割ノ後《ゴ》其部分ヲ受《ウ》ケタル各共同相續中ノ一人ガ前ノ第三者ヨリ追奪《ツイダツ》セラルヽカ又ハ幾分《イクブン》カノ減失《ゲンシツ》ヲ其分割サレタル相續財産ニ來タシタトキニハ他ノ共同相續人即チ其損害ヲ蒙ラザル共同相續人ハ已ニ本法第二百六十一條ニ規定シアル通リ賣主《ウリヌシ》ト同ジク領收《レウシフ》シタル割合ニ依リ不平均《フヘイキン》ヲ生ジタル者ノ部分ヲ補フコトヽ規定シタノデアリマス

第千十四條　各共同《カクケウドウ》相續人ハ其相續分ニ應《オウ》シ他ノ共同相續人カ分割《ブンクワツ》ニ因リテ受ケタル債權《サイケン》ニ付キ分割ノ當時《タウジ》ニ於ケル債務者ノ資力《シリヨク》ヲ擔保ス

辨濟期《ベンサイキ》ニ在ラサル債權及ヒ停止《テイシ》條件《デウケン》附《ツキ》債權ニ付テハ各共同相續人ハ辨濟《ベンサイ》ヲ爲スヘキ時ニ於ケル債務者ノ資力《シリヨク》ヲ擔保ス

▲參看　取第四百十九條

〔註釋〕本條ハ共同遺産相續人中《ソウゾクニンチウ》ノ一人ガ受ケタル相續分ノ或《ア》ル一部ニ債權《サイケン》アルトキハ他ノ共同相續人等ハ債務者ガ辨濟ヲナシ得ルトノ擔保《タンポ》ヲナスベキコトヲ規定シタノデス

第一項ハ擔保ノ責任《セキニン》ハ各共同相續人ノ相續分ニ應《オウ》ズベキコトヲ明《アキラカ》ニスルノ主意デアルガ全体《ゼンタイ》分割ハ極メテ公平《コウヘイ》ナラザルベカラザルニ拘《カヽ》ワラズ債權ヲ割當《ワリアテ》ラレタモノハ債務者ガ無資力《ムシリヨク》ダカラトテ債權ノ實益《ジツエキ》ヲ收《オサ》ムルコトハ出來ヌ從テ分割ノ不公平《フコウヘイ》ヲ生ズルコトガアルカラ他ノ共同人ニ債務者ノ資力ヲ擔保サセルコトハ至當ノコトデアル即チ若シ資力ナカリシトキハ他ノ相續人ハ自己《ジコ》ノ受ケタル分割部分ノ割合《ワリアヒ》ニ應《オウ》ジテ其不平均ヲ補《オギナ》フベキ

コトヲ明ニシタノデス
第二項ハ辨濟《ベンサイ》期限《キゲン》ノ至ラザル場合ノ爲メニ特《トク》ニ條件ヲ具《ソナ》ヘテ示シタモノデ第五百六十九條第二項ノ例《レイ》ニ依リテ前項ト同一ニ辨濟《ベンサイ》期日《キジツ》ニ於ケル債務者ノ資力《シリヨク》ヲ擔保スルコトヲ示シタノデス

第千十五條　擔保《タンポ》ノ責ニ任《ニン》スル共同相續人中償還《シヤウクワン》ヲ爲ス資力ナキ者アルトキハ其償還スルコト能《アタ》ハサル部分ハ求償者《キウシヤウシヤ》及ヒ他ノ資力アル者各其相續分ニ應《オウ》シテ之ヲ分擔《ブンタン》ス但求償者ニ過失《カシツ》アルトキハ他ノ共同相續人ニ對《タイ》シテ分擔《ブンタン》ヲ請求《セイキウ》スルコトヲ得ス

〔註釋〕本條ハ共同相續人ノ擔保義務《タンポギム》ニ關スル前第二條ノ規定ノ結果《ケツクワ》ヨリ生ジタモノデス前ヨリ規定セシガ如ク債務者ガ無資力ナルガ爲メ或者ノ相續分ガ減少シタトキハ其平均ハ他ノ共同相續人ヨリ償《ツクノ》ハネバナラヌコトデアルガ其擔保《タンホ》ノ責任《セキニン》アル相續人中ノ或者ガ無資力《ムシリヨク》トナリタルトキハ求償者即チ減少《ゲンセウ》ノ部分ヲ受取《ウケト》リタルモノト資力アル他ノ共同相續人ガ自分《ジブン》ノ受ケタ相續分ノ割合《ワリアヒ》ニ應ジテ分擔《ブンタン》セネバナラヌ然レドモ其減少シタコトガ

求償者《キウシヤウシヤ》ノ過《アヤマ》チヨリ起リタルトキハ其責メハ他《タ》ノ共同相續人ニハ關係《クワンケイ》スベキ道理ハ無イモノデアルカラ其分擔ヲ請求スルコトハ出來ヌノデス

第千十六條　前三條ノ規定《キテイ》ハ被相續人カ遺言《ユイゴン》ヲ以テ別段ノ意思《イシ》ヲ表示シタルトキハ之ヲ適用セス

〔註釋〕本條ハ前三條ノ規定《キテイ》ハ被相續人ガ遺言《ユイゴン》ヲ以テ別段ノ意思トハ例《タト》ヘバ第千十三條ノ規定シアル相續財産ニ瑕疵《カシ》アルヲ被相續人ガ知リテ共同相續人ニ公平《コウヘイ》ナル分割ノ旨ヲ示スカ第千十四條ノ擔保《タンポ》ニ就《ツイ》テハ共同相續人中ノ或ル一人ニ責任《セキニン》ヲ負ハスルコトヲ指定《シテイ》スル等ノ類デアリマス素《モト》ヨリ前三條ハ勉《ツト》メテ分割ノ公平ヲ保《タモ》タントシテ設ケタ立法ノ趣旨《シユシ》デアリマスカラ強《シ》ヒテ此ノ規定ニ因ルコトハ無《ナ》イト本條ニ定メテ結局《ツマリ》ハ被相續人ノ任意トシテアルノデス

第三章　相續ノ承認及ヒ拋棄

第一節　總則

〔註釋〕本章ハ相續《ソウゾク》ノ承認《シヤウニン》及ビ拋棄《ホウキ》ニ關スルコトヲ規定シタノデアリマス

〔註釋〕本節ハ相續人《ソウゾクニン》ノ承認ニ關《クワン》スルコトヲ定メテ而シテ承認ニハ限定《ゲンテイ》、單純《タンジュン》承認ノ二欵ニ分ケテ其効力ハ如何ナルモノナルヤヲ規定シテアルノデス

第千十七條　相續人ハ自己《ジコ》ノ爲メニ相續ノ開始《カイシ》アリタルコトヲ知リタル時ヨリ三ケ月內ニ單純《タンジュン》若クハ限定《ゲンテイ》ノ承認又ハ拋棄《ホウキ》ヲ爲スコトヲ要ス但此期間《ゴノキカン》ハ利害關係人又ハ撿事《ケンジ》ノ請求ニ因リ裁判所《サイハンショ》ニ於テ之ヲ伸長《シンチヤウ》スルコトヲ得

相續人ハ承認《シヤウニン》又ハ拋棄《ハウキ》ヲ爲ス前ニ相續財産ノ調査ヲ爲スコトヲ得

▲參看　取第三百十七條

〔註釋〕本條ハ相續人ガ相續《ソウゾク》ノ承認《シヤウニン》ニ就テ限定《ゲンテイ》又ハ拋棄スルコトヲ定ムル期間《キカン》ヲ示シタノデアリマス

相續權ノ起《オコ》ルトキハ相續人ハ之レガ相續《ソウゾク》ヲナスベキヤ否《イナ》ヤヲ決定シナケレバナリマセヌ又此ノ相續ヲ爲スニ付テモ單純《タンジュン》相續ヲナスカ限定《ゲンテイ》相續ニナスカ極《キハ》メテ重大ナルコトデアリマスカラ所謂深慮《イハニルシンリヨ》熟考シテ極《キ》メネバナラヌコトデアリマス而シテ何《イツ》レヲ執《トル》モ其相續

ノ發生《ハッセイ》チ知リタルトキヨリ起算《キサン》シテ三ケ月以內ノ期間《キカン》ニ承認デ爲スカ又ハ相續チ抛棄スルカヲ極《キ》メルコトヲ規定《キテイ》シタノデアリマス而シテ第二項ニ規定《キテイ》シテアリマス通相續人ハ被相續人ノ財産《ザイサン》ヲ調査《テウサ》スルコトガ出來ル權利《ケンリ》ガアリマスルカラ財産ノ多少《タセウ》ニ依リ債權又ハ債務ノ取調《トリシラベ》チ爲スニ付テモ到低《トウテイ》三ケ月以內ニテハ調査《テウサ》ガ出來ヌト豫想《ヨソウ》チシタナラバ其趣ヲ申立テ、裁判所ノ許可チ得テ三ケ月以上ニ其期間チ伸スコトガ出來ルノデアリマス

茲ニ單純相續《タンジユン》、限定《ゲンテイ》相續トハ如何ナル範囲《ハンイ》チ云フモノナルヤハ極《キハ》メテ必要デアロウト考ヘマス左ニ說明チ致シマセウ

單純相續トハ所謂無限責任《ムゲンセキニン》ト云フ意味デアリマス例《タト》ヘバ被相續人ノ借財《シヤクザイ》ガ十萬圓アルトセンカ此場合ニ於ケル相續財産《ソウゾク》ハ五萬圓アルトシテ殘五萬圓ハ相續人ガ債務《サイム》チ引受クルコトデアリマス

限定相續トハ所謂有限責任《ユウゲンセキニン》ト云フ意味デアリマス前例トハ大ニ異《コト》ニシテヲル譯デアリマス之レハ被相續人ヨリ受ケタル相續財産ノ額《タカ》マデ債務《サイム》ノ辨濟《ベンサイ》チ爲スコトデアリマス

其外抛棄《ハウキ》トハ相續權チ抛棄《ハウキ》スルワケデアリマスカラ相續ニ就テハ何等ノ權利義務《ケンリギム》ヲ承繼シナイコトデアリマス

第千十八條　相續人カ承認《シヤウニン》又ハ抛棄《ハウキ》ヲ爲サスシテ死亡シタルトキハ前

條第一項ノ期間《キカン》ハ其者ノ相續人カ自己ノ爲メニ相續ノ開始《カイシ》アリタルコトヲ知リタル時ヨリ之ヲ起算ス

〔註釋〕本條ハ承認《シヤウニン》又ハ抛棄《ハウキ》ノ意思ヲ表示セサル内相續人ガ死亡《シバウ》シタル場合ニ於テ如何ニスベキヤヲ規定シテアリマス

前條ニ述《ノ》ベマシタ相續權ノ發生《ハツセイ》シタル時ヨリ三ケ月以内ニ相續人ガ承認《シヤウニン》又ハ抛棄《ハウキ》ヲ爲スカハ極《キ》メネバナラヌコトデアリマスガ其相續人ガ死亡《シバウ》スルコトモアルベク加樣《カヤウ》ナ場合ニハ相續人ノ相續人ガ相續スルモノデアリマス故ニ其第二次ノ相續人ハ直ニ承認又ハ抛棄ヲ決定セントカト云フニ左樣《サウ》デハアリマセヌ矢張《ヤハ》リ三ケ月以内ノ期間ニ調査等《テウサトウ》ヲ爲ス期間ヲ與《アタ》ヘテ而シテ後去就《キヨジウ》ヲ決スルモノト定メテアルノデス而シテ第二次ノ相續人ハ自己《ジコ》ノ相續トナルコトヲ知《シ》ツタトキヨリ起算《キサン》シテ三ケ月以内ニ決定スルト云フ意味デ決シテ前相續人死亡ノトキカラ起算スルノデハアリマセヌ參考ノ爲メ一言申シテ置マス

第千十九條　相續人カ無能力者《ムノウリヨクシヤ》ナルトキハ第千十七條第一項ノ期間ハ其法定代理人《ダイリニン》カ無能力者ノ爲メニ相續ノ開始《カイシ》アリタルコトヲ知リタ

ル時ヨリ之ヲ起算ス

〔註釋〕本條ハ相續人ガ無能力者《ムノウリヨクシヤ》ナルトキノ場合ヲ規定《キテイ》シタルモノデアリマス能力者ニアラザルモノ例《タト》ヘバ未成年者又ハ治産ヲ禁《キン》ゼラレタルモノハ法律上ノ行爲《カウヰ》ハ總テ法定代理人《ダイリニン》ニ依リテ行ハレルモノデアリマスコトハ前《マヘ》ニ述ベタ通リデアリマス此ノ無能力者ガ相續ノ承認《シヤウニン》又ハ拋棄ニ關《クワン》スル決定ハ如何ニスベキカト云フニ其法定《ハフテイ》代理人ガ第千十七條ノ規定ニ從ヒ承認《シヤウニン》又ハ拋棄《ホウキ》ノ權《ケン》ヲ行フモノト定メテアル而シテ其期間《キカン》モ前ヨリ述ベタ通リ相續ノ發生《ハツセイ》ヲ知リタル時カラ起算《キサン》スルコトハ云フ迄モナイコトデアリマス

第千二十條　法定家督《カトク》相續人ハ拋棄《ホウキ》ヲ爲スコトヲ得ス但第九百八十四條ニ掲ケタル者ハ此限ニ在ラス

△參看　取第三百十七條

〔註釋〕本條ハ法定家督《カトク》相續人ノ相續拋棄《ソウゾクホウキ》ニ關シテ規定シテアルノデス
法定《ホフテイ》ノ家督相續人ハ何ガ故ニ相續ヲ拋棄《ホウキ》スルコトハ出來《デキ》ヌカト云フニ申ス迄モナク法定家督相續人ハ被相續人ノ家ニ生レタモノデアッテ云ハバ生レナガラ其家ノ家督ヲ相續ス

ルノ義務《ギム》ヲ負擔《フタン》シテ居ルト云ッテモ敢《アヘ》テ不可デハナイノデアリマス左スレバ此ノ法律ハ相續拋棄ヲ許《ユル》サヌト定メタノハ當然《タウゼン》ノコトデアル若シモ之レ等ノ制裁《セイサイ》ガ無イトキニハ被相續人ノ直系卑屬《チヨクケイヒゾク》ニシテ既ニ拒《コ》バンダ以上ト云フモノハ其他《ソノタ》ノモノ誰レガ進《ス》ンデ其衝《セウ》ニ當《アタ》ルト云フモノガ出マセウカ必ズ紛亂《フンラン》ヲ來《キ》タスコトモアリマセウ且ツハ其家ハ斷絶《ダンゼツ》シテ祭祀《サイシ》等《トウ》ノ絶ユルヤ必然《ヒツゼン》デアリマス故ニ法定家督相續人タルモノハ相續ノ拋棄《ホウキ》ハ許《ユル》サザルモ限定《ゲンテイ》承認ハナサネバナラヌ何ゼ單純《タンジユン》承認ヲ為サシメヌカト云フニ單純承認《シヤウニン》デアッテ見レバ自分ノ親ガ遺産ノ額《カク》ヨリ多キ債務ヲ負《オ》ヒ死亡シタルトセンカ茲《コヽ》ニ至テ相續人ハ自己ノ財產ヲ出シテ辨償《ベンセフ》シ尚ホ不足《フソク》ヲ告ゲ終ニハ破產《ハサン》スルノ止ムヲ得ザル場合トナリ實《ジツ》ニ酷《コク》ニ過グルヲ以テ限定承認ハ之ヲ許スベキモノデアルトシタリ

法定家督相續人ノ相續拋棄《ソフゾクハフキ》ハ前ニ述《ノ》ベタ通リ出來ヌコトデアリマスガ又直系卑屬《チヨクケイヒゾク》ノミニ適用ハセヌコトヲ但書ニ加ヘテ示シテアリマス

第九百八十四條ニハ法定《ハフテイ》家督相續人直系卑屬ナキトキハ家ニ在ル直系《チヨクケイ》尊屬中親等《シントウ》ノ最モ近《チカ》キモノヲ法定家督相續人トナルコトデアリマス此ノ直系尊屬《ソンゾク》ニ相續ヲサセルハ他《タ》ノ法定家督相續ノ場合ト異《コト》ナリ從來我ガ國慣習《クワンシフ》ニ依ルモ任意《ニンイ》デ相續スルモノデアルカラ相續拋棄ヲモ許《ユ》ルスト云フコトデアリマス之ハ前ノ説明《セツメイ》ニモアリマスガ直系親《チヨクケイシン》ノモノガ家督

相續ヲ拋棄《ホフキ》スルモ別ニ一家ノ絶《タ》ユル虞モナク他ニ相續人ナキトキハ親族會ハ親族《シンゾク》ノ家族又ハ分家《ブンケ》ノ戸主若クハ本家分家ノ家族中《カゾクチウ》ヨリ相續人ヲ撰定《センテイ》スルコトガアルカラデアリマス

第千二十一條　相續人ハ其固有《コユウ》財産ニ於《オ》ケルト同一ノ注意《チウイ》ヲ以テ相續財産ヲ管理《カンリ》スルコトヲ要ス但承認《セウニン》又ハ拋棄《ホウキ》ヲ爲シタルトキハ此限ニ在ラス

裁判所ハ利害《リガイ》關係人又ハ檢事《ケンジ》ノ請求ニ因リ何時ニテモ相續財産ノ保存《ホソン》ニ必要《ヒツエウ》ナル處分ヲ命《メイ》スルコトヲ得

裁判所カ管理人《カンリニン》ヲ選任シタル場合《バアヒ》ニ於テハ第二十七條乃至第二十九條ノ規定ヲ準用ス

〔註釋〕本條ハ相續財産ニ就《ツイ》テ相續人ガ承認《セウニン》又ハ拋棄《ホウキ》ヲ爲ス間ノ所分方《ショブンカタ》ニ付規定シタノデアリマス

第一項ハ相續人ハ承認《シヤウニン》又ハ抛棄《ホウキ》ヲ決定《ケツテイ》シ又ハ財産ノ調査《テウサ》ニ第千十七條ニ於テ與《アタ》ヘラレテアル期間即チ三ケ月ノ日數ヲ要《エウ》スルモノデアリマスカラ其間《ソノアヒダ》ノ被相續人ノ財産ハ自分ノ所有財産ト同ジ注意《チウイ》ヲ以テ相續財産ヲ管理《カンリ》セ子バナラヌト定メテアルノデス然《シカ》レドモ其相續ガ承認《セウニン》シタルカ抛棄《ホウキ》ヲナシタトキハ管理ノ責任ハ免《マヌ》ガレルモノデアルト云フコトヲ示シタノデアリマス

第二項ハ第一項ノ相續人ガ管理中《カンリチウ》ニ其財産ニ對シ不當《フタウ》ナル管理ヲシテ居ツテ危險《キケン》デアルト云フコトヲ利害《リガイ》關係人ガ認《ミト》メタナラバ裁判所ニ請求ヲスレバ裁判所ハ財産《ザイサン》ノ保存方《ホゾンカタ》ニ付相當《ソウタウ》ナル處分《シヨブン》ヲ命スルコトガアルト定メタノデアリマス

第三項ハ前項ニ依テ裁判所ガ財産《ザイサン》管理人ヲ撰定《センテイ》シタルトキハ其財産管理《カンリ》ニ付テハ第二十七條ヨリ第二十九條迄ノ規定ニ因ルコトヲ示シタノデアリマス

第千二十二條　承認《シヤウニン》及ヒ抛棄《ホフキ》ハ第千十七條第一項ノ期間內ト雖モ之ヲ取消スコトヲ得ス

前項ノ規定《キテイ》ハ第一編及ヒ前編ノ規定《キテイ》ニ依リテ承認《セウニン》又ハ抛棄ノ取消《トリケシ》ヲ爲スコトヲ妨《サマタ》ケス但其取消權ハ追認《ツイニン》ヲ爲スコトヲ得ル時ヨリ六ケ月

間之ヲ行《オコナ》ハサルトキハ時效《ジカウ》ニ因リテ消滅ス承認《セフニン》又ハ拋棄ノ時ヨリ十年ヲ經過シタルトキ亦同シ

▲參看　取第三百二十四條

〔註釋〕本條ハ相續ノ承認《セフニン》又ハ拋棄ハ取消《トリケ》スコトヲ得ザルモノトシ其時効《ジカウ》等ニ關シ規定シテアルノデス

第千十七條ニ規定《キテヰ》シアル相續ノ承認又ハ拋棄《ホウキ》ハ三ヶ月內ニ決定《ケッテイ》スルモノデアル而シテ相續人ハ該法文《ガイハフブン》ニ從テ相續スルコトヲ承認《セフニン》シタルトセンカ此場合ニハ最早確定不動《モハヤカクテイフドウ》ト云フモノデアッテ最早《モハヤ》取消スコトハ出來ヌノデアリマスタトヘ期間內《キカンナヰ》ニ取消スト雖モ其効ハナイノデアリマス若《モ》シ相續人ガ相續ノ承認ヲナシテ不利益《フリエキ》ナルヲ見テ直《タヾ》チニ取消スカ其餘波《ヨハ》ハ家族ノ迷惑《メイワク》ヤ且ハ債權者ニ害《ガイ》ヲ與《アタ》ヘルコトナシトモ限ラネバ否往々《イナマヽ》如斯弊ハアルモノデ例《タト》ヘバ我ガ國ニハ從來《ジウライ》慣習デ其家ノ家法ニ因テ家督《カトク》相續人ノ氣儘《キマヽ》ニ出來ヌモノモアリ之レ等ノ所謂窮屈《キウクツ》ヲ見テ取ルヤ相續スルヲ厭《イト》フテ取消スコトガアル又ハ拋棄《ホウキ》スル場合トハ即《スナハ》チ三ヶ月以內ニ此ノ相續ハ拋棄《ホウキ》シヤウト思ッテ其旨申立テヽ他人ニ相續《ソウゾク》ヲサセルコトニナッタトキ前日ノ思想《シソウ》トハ變リ俄《カハ》ニ相續スル意ニナリ前拋棄《ゼンホウキ》ヲ申立テタコトヲ

取消シテ相續ニ就《ツ》クガ如キハ實ニ我儘勝手《ワガマヽカツテ》ノ所爲《シヨ井》トスルカラ之レ等ノ取消ハ一旦三ケ月以内ニナシタルコトデモ既《ステ》ニ承認、抛棄ノ二ツノ中ニ決定《ケツテイ》ヲシタナラバ確定不動《カクテイフドウ》トシテ取消シハ許サヌト定メテアルノデアリマス

第三項ハ一旦《タン》ナシタル相續ノ承認又ハ抛棄《ホウキ》ハ確定《カクテイ》不動ニシテ取消スコトハ出來ヌモノデアルト云フコトハ第一項ニ述ベタ通リデアリマスガ若シモ其相續ノ承認又ハ抛棄ガ詐欺又ハ強迫《キヤウハク》デアツテ其相續人ノ意思《イシ》カラ出タコトデナクバ取消スコトガ出來ルト定メテアルノデス而シテ此ノ取消《トリケシ》ノ出來ル期間ハ其取消ヲ追認《ツイニン》シタルトキヨリ六ケ月以内ニセネバナラヌコトデアリマス又相續《ソウゾク》ノ承認若クハ抛棄《ホウキ》シタルトキヨリ十ケ年トシテアレバ此ノ期間ヲ過《ス》グレバタトヘ其相續ノ承認《セウニン》又ハ抛棄《ホウキ》ガ自分ノ意《イ》デ取消シタノデハナク詐欺《サギ》或ハ強迫《キヤウハク》ニ因ツテナシタカラトテ此ノ期間ヲ時効《ジカウ》トシテ消滅スルモノデアルト云フコトヲ規定シタノデアリマス

第二節　承認

〔註釋〕本節ニハ承認《セウニン》ニ關スルコトヲ規定シタノデアリマス承認《セウニン》ニハ一ハ單純《タンジユン》承認二ハ限定承認ト分チ各其効力等ヲ明ニス各條ニ就テ看ラルベシ

第一欵　單純承認《タンジユンセウニン》

〔註釋〕本欵ハ承認《セウニン》ノ一ナル單純承認ニ就《ツイ》テノヿヲ規定セリ

第千二十三條　相續人《ソウゾクニン》カ單純承認ヲ爲シタルトキハ無限《ムゲン》ニ被相續人ノ權利義務ヲ承繼ス

〔註釋〕本條ハ單純承認《セウニン》トハ財產ノ無限《ムゲン》ニ權利義務ヲ承繼《セウケイ》スルモノデアルト云フコトヲ示シタノデアリマス

第九百八十六條ニ於テ既《スデ》ニ說明致シマシタ通《トホ》リ相續開始《カイシ》ニ因ッテ前戶主ノ有セシ權利義務ヲ承繼《セウケイ》スベキモノデアリマスガ單純承認ヲナサバ相續人《ソウゾクニン》ハ如何ナル限《カギ》リ迄《マデ》其權利義務ヲ承《ウ》ケ繼《ツ》グカト云フニ單純承認トハ即前第千十七條ニ於《オヒ》テ說明《セツメイ》シマシタ如ク無限《ムゲン》デ被相續人ノ所有《シヨイウ》セシ權利ハ全部之ヲ相續《ソウゾク》シテ又被相續人ガ負《オ》フ所《トコロ》ノ負債ヤ其他ノ負擔《フタン》等ハ擧ゲテ之ヲ承繼《セウケイ》セネバナラヌト定メテアルノデス負債《フサイ》ニ付相續人ガ自分ノ固有《コイウ》財產ヲ以テ辨償スルコトハ勿論《モチロン》無限《ムゲン》ニ就テハ第千十七條ノ說明ニ委《クハ》シク述ベマシタカラ彼是《ヒガ》參照《サンセウ》ヲシタナラバ能ク了解ヲスルデアリマセウ

第千二十四條　左《サ》ニ掲《カヽ》ケタル場合ニ於《オイ》テハ相續人ハ單純《タンジユン》承認《セウニン》ヲ爲シタルモノト看做ス

一　相續人カ相續《ソウゾク》財産ノ全部《ゼンブ》又ハ一部ヲ處分《シヨブン》シタルトキ但保存《ホゾン》行《カツ》爲《イ》及ヒ第六百二條ニ定《サダ》メタル期間ヲ超《コ》エサル賃貸《チンカシ》ヲ爲スハ此限ニ在ラス

二、相續人《ソウゾクニン》カ第千十七條第一項ノ期間内ニ限定《ゲンテイ》承認又ハ拋棄ヲ爲サヽリシトキ

三　相續人カ限定《ゲンテイ》承認又ハ拋棄《ホウキ》ヲ爲シタル後ト雖モ相續財産ノ全《ゼン》部《ブ》若クハ一部ヲ隱匿《イントク》シ、私《ヒソカ》ニ之ヲ消費シ又ハ惡意《アクイ》ヲ以テ之ヲ財産目錄《モクロク》中《チウ》ニ記載セサリシトキ但其相續人カ拋棄ヲ爲《ナ》シタルニ因《ヨ》リテ相續人ト爲リタル者カ承認ヲ爲シタル後ハ此限ニ在ラス

◎參看　取第三百二十二條

〔註釋〕本條ハ相續人ガ單純承認《タンジユンセウニン》ヲ爲シタモノト看做《ミナ》ストキノ場合ヲ規定シタモノデアリマス

第一號ハ相續人ガ相續權ノ發生《ハッセイ》ヲ知リタルヨリ後《ノチ》ニ於テ其相續スベキ被相續人ノ財産《ザイサン》ノ全部若クハ一部ヲ他人《タニン》ニ讓渡シヲ爲スカ質權抵當《シチケンテイタウ》ヲ爲スカノ行爲《カウヰ》ヲシタナラバ單純承認ヲナスノ意《イ》デアッタト推定《スイテイ》スルコトデアルト定メタノデアリマス然《シカ》レドモ相續財産ヲ保《ホ》存《ソン》スル目的デアッテ質貸ヲ爲ス管理者《カンリシヤ》ノ範囲《ハンイ》デナシタルコトナラバ單純承認トハ看做《ミナ》サヌコトデアルト規定シタノデアリマス

第二號ハ相續人ガ相續ノ發生《ハッセイ》ヲ知リタルトキヨリ三ケ月ノ期間モ經《ヘ》タニモ不拘《カヽハラズ》限定承認又ハ抛棄ノ決定《ケッテイ》ヲ爲サヾルトキハ當然《タウゼン》單純承認ヲナスモノト看做スコトヲ定メテアルノデス

第三號ハ相續人ガ一旦《タン》限定承認若《モシ》クハ相續ノ抛棄ヲシテ其後《ソノノチ》ニ至リ相續財産ノ全部又ハ一部ヲ隱《カ》クシ或ハ消費《セウヒ》シ若クハ故意《ゴイ》ニ財産目錄ニ脫漏《タツロウ》ヲ圖《ハカ》リタルトキハ相續人自身ノ利益ヲ得ントシタルコトデ一方《ハウ》ヨリ見ルトキハ處分行爲《ショブンカウイ》ト同ジコトデアリマスカラ單純承認ヲナスノ意ト看做シテ相當デアルノデス然レドモ其相續人ガ相續ヲ抛棄シタトキニ其

事跡《ジセキ》ガアッテ其後《ソノノチ》ニ相續人トナリタルモノガ之レヲシモ承認《セウニン》ヲナシタルトキハ此限リデ無イト云フコトヲ但書ニ規定シテアルノデス

第二款　限定承認《ゲンテイシヤウニン》

〔註釋〕本欵ハ承認《ゼウニン》ノ一ナル限定承認ニ關《クワン》スルコトヲ規定シタノデアリマス

第千二十五條　相續人ハ相續ニ因《ヨ》リテ得タル財產《ザイサン》ノ限度《ゲンド》ニ於テノミ被相續人ノ債務《サイム》及ヒ遺贈ヲ辨濟《ベンサイ》スヘキコトヲ留保《リウホ》シテ承認ヲ為スコトヲ得

〔註釋〕本條ハ限定承認《ゲンテイ》トハ財產ノ有限《ユウゲン》ニ義務ヲ承繼スルモノデアルト云フコトヲ規定《キテイ》シタノデアリマス

法律《ハフリツ》ハ何ガ故ニ限定承認ト云フモノヲ設《マウ》ケテアルカト云フニ第千二十條ノ說明《セツメイ》ニモ申シテアリマス通リ單純承認ヲ為《ナ》スコトハ相續スベキ權利義務《ケンリギム》ニシテ財產多ク負債《フサイ》少キトキハ相續人ニ最利益《モツトモリエキ》デアルケレドモ之レニ反シテ債務《サイム》多ク財產ノ比較平均《ヒカクヘイキン》ヲ保タヌトキハ相續人ハ自己ノ固有《コイウ》財產迄モ辨濟《ベンサイ》ニ充テネバナラヌニ至ルノデ結局《ツマリ》相續ヲ抛棄《ホウキ》ヲナスカ

但シハ此ノ限定《ゲンテイ》承認ヲ為スニ若《シ》クハナイノデアリマス故《カルガユヘ》ニ相續人ガ相續ヲ為シ得ル場合ハ云フマデモナキコトナレド彼ノ法定《ハフテイ》家督相續人ノ如キハ拋棄《ホウキ》ヲ許《ユル》サザルモノデアリマスカラ他ニ保護《ホゴ》スベキ道《ミチ》ヲ與ヘネバナラヌカラ此ノ限定承認ヲ設《マウ》ケタル譯デアリマス故ニ本條ハ相續人ハ被相續人ガ負擔《フタン》セル債務《サイム》及ビ遺言《イゴン》ヲ以テ贈與サレタル債務ハ相續人ハ相續シタル財産ノ額迄《タカマデ》ヲ限リテ保有《ホイウ》シテ辨濟スル約束《ヤクソク》デ相續權ヲ承認スルトノ義ヲ規定シタノデアリマス

第千二十六條　相續人カ限定《ゲンテイ》承認《セウニン》ヲ為サント欲スルトキハ第千十七條第一項ノ期間内《キカンナイ》ニ財産目錄ヲ調製《テウセイ》シテ之ヲ裁判所ニ提出《テイシュツ》シ限定承認ヲ為ス旨ヲ申述スルコトヲ要ス

▲參看　取第三百二十六條

〔註釋〕本條ハ限定《ゲンテイ》承認ヲ為ス方式《ハウシキ》ヲ規定シタノデアリマス

前條ニ因リテ相續シタル財産ト相續人自身ノ財産トハ區別シテ置カネバナラヌコトハ申迄モアリマセヌガ尚《ナ》ホ限定《ゲンテイ》承認ニ對シテ債務ヲ辨濟《ベンサイ》スベキニ必要ナル財産目錄《モクロク》ヲ調製シテ之ヲ被相續人住所地ナル裁判所ニ提出シテ限定承認ヲ為ス旨ヲ申述ベネバナラヌト定

メテアルノデス而シテ此ノ手續ヲ爲スニハ第千十七條第一項ノ期間內卽チ三ケ月以內ト定メテアルノデス

第千二十七條　相續人カ限定承認《ゲンテイシヤウニン》ヲ爲シタルトキハ其被相續人ニ對《タイ》シテ有《ユウ》セシ權利義務ハ消滅《シヤウメツ》セサリシモノト看做ス

〔註釋〕本條ハ財産分離《ブンリ》ノ目的《モクテキ》トシテ相續人ノ債權債務ハ被相續人ニ對《タイ》シテ消滅セサルコトヲ規定シタノデアリマス

限定承認トハ前ニ說明致《セツメイイタ》シマシタ通《トホ》リ相續財産ト相續人財産トノ混同《コンドウ》セザランコトヲ規定シテ從テ被相續人ノ負債辨濟《フサイベンサイ》ハ相續財産ヨリ超《コ》ヘヌ爲メニ裁判所ニ申述《シンジユツ》シタルコトデアリマスカラ超過《テウカ》シタ債務ニ就テハ責任《セキニン》ハ無イノデアル乍併本條ハ財産ノ分離《ブンリ》ノ目的ヲ達《タツ》センガ爲メニ設《マウ》ケラレタル條規デアリマスカラ相續人ガタトヘ限定《ゲンテイ》承認ヲ爲シタカラトテ其前《ソノマヘ》ニ被相續人トノ間《アヒダ》ニ行ハレテアツタ債權或ハ債務ハ消滅《セウメツ》ハセヌト看做ス定メデアリマス

第千二十八條　限定《ゲンテイ》承認者ハ其固有《コイウ》財産ニ於ケルト同一ノ注意《チウイ》ヲ以テ相續財産ノ管理ヲ繼續スルコトヲ要ス

第六百四十五條、第六百四十六條、第六百五十條第一項、第二項及ヒ第千二十一條第二項、第三項ノ規定ハ前項ノ場合ニ之ヲ準用ス

參看　取第三百二十八條

〔註釋〕本條ハ限定承認者ハ自己固有《ジココイウ》ノ財產ニ於ケルト同一ノ注意《チウイ》ヲ以テ相續財產ヲ管理スベキ責任アルコトヲ規定シタノデス

凡《オヨ》ソ限定承認者ハ相續債權者及ビ受遺者《ジユイシヤ》ノ利益ノ爲メニ相續財產ヲ管理《カンリ》スルノ責任《セキニン》アルモノナレバ相續財產ハ畢竟《ヒツキヤウ》相續人ノ財產デアレバ思《オモ》フ儘《マヽ》ニ管理ヲ行キ屆《トヾ》カセルコトハ六ツカ敷コトデアル故ニ限定《ゲンテイ》承認ヲナシタル相續人ハ相續《ソウゾク》財產ヲ以テ被相續人ノ負擔《フタン》シタル債務及被相續人ガ遺言《ユイゴン》ヲ以テ贈與《ゾウヨ》シタル債務ヲ辨濟シ尙ホ餘《アマ》リアレバ自由ニ處分《シヨブン》スルコトヲ得ベキモノデアル左レバ被相續人ノ債權者《サイケンシヤ》若クハ受贈者《ジユゾウシヤ》ヨリ見ルトキハ財產管理人ノ地位《チイ》ニ相當《ソウタウ》シ又自分ヨリ見レバ自分ノ相續財產デアレバ一切ノ計算《ケイサン》ヲスルマデハ從來所有シ來《キタ》リタル財產ト同一ノ注意《チウイ》ヲ以テ管理スベキガ當然《タウゼン》デアル是第一項ノ規定アル所以デス

第二項ハ利害《リガイ》關係人カ又ハ撿事ヨリ請求《セイキウ》アリシトキハ裁判所ハ相續財產ニ對《タイ》シテ限定承

認ヲナシタル相續人ニ管理《カンリ》ヲサセズシテ自《ミヅカ》ラ相當ノ保存處分《ホゾンシヨブン》ヲナスカ又ハ裁判所ガ相當ト認《ミト》ムル財産管理人ヲ命《メイ》ジタルトキハ前項ノ規定ヲ準用《ジユンヨウ》スベク又限定承認ヲナシタル相續人ハ被相續人ノ債權者《サイケンシヤ》及ビ受遺者《ジユイシヤ》ヨリ請求アルトキハ何時《ナンドキ》テモ相續財産管理ノ狀況ヲ報告《ハウコク》シ又ハ管理終了ノ後ハ遲滯《チタイ》ナク其顚末《テンマツ》ヲ報告スベク又限定承認ノ相續人ハ相續財産管理中ニ受取《ウケト》リシ金錢若クハ收取《シウシフ》シタル果實《クワジツ》アルトキハ債權者又ハ受遺者ニ引渡《ヒキワタ》スベク又限定承認ヲナシタル相續人ガ相續財産ヲ處理《シヨリ》スル中《ウチ》ニ必要《ヒツエウ》ナル費用ヲ出シ又ハ必要ト認《ミト》ムベキ債務ヲ負擔《フタン》シタルトキハ債權者又ハ受遺者《ジユイシヤ》ヲシテ辨濟《ベンサイ》ヲナサシメ又其債務ガ辨濟ノ期《キ》ニアラザルトキハ相當ノ擔保《タンポ》ヲ供セシムルコトヲ得ルトノコトヲ云フタノデス其詳細ハ各條ニ就テ看レバ能ク了解スルコトガ出來マス

第千二十九條　限定《ゲンテイ》承認者ハ限定承認ヲ爲《ナ》シタル後《ノチ》五日內ニ一切ノ相續債權者及ヒ受遺者《ジユイシヤ》ニ對シ限定承認ヲ爲《ナ》シタルコト及ヒ一定ノ期間《キカン》內ニ其請求《セイキウ》ノ申出ヲ爲スヘキ旨ヲ公告《コウコク》スルコトヲ要ス但其期間ハ二ケ月ヲ下ルコトヲ得ス

第七十九條第二項及ヒ第三項ノ規定ハ前項ノ場合ニ之ヲ準用ス

〔註釋〕本條以下ノ規定《キテイ》ハ限定承認者ガ相續財産ヲ以《モツ》テ相續債權者及ビ受遺者《ジユイシヤ》ニ辨濟ヲ爲ス方法ヲ定メタノデス

第一ハ相續人ガ限定《ゲンテイ》承認ヲナシタルトキハ相續債權者《サイケンジヤ》及ビ受遺者ハ相續人ノ相續セザル債務ト相續シタル債務《サイム》トノ限度ヲ知ルベキコトガ必要《ヒツエウ》デアリマス若シ之レヲ知《シ》ラザルトキハ債權者ハ何人ニ幾許《イクバク》ノ辨濟ヲ請求シテ然《シカ》ル可キヤヲ知ルコトガ出來ヌカラデス夫レ故ニ相續債權者及ビ受遺者《ジユイシヤ》ニ便宜ヲ與《アタ》ヘシメシガ爲メ其承認ヲナシタル日ヨリ五日内ニ其限定承認ヲナシタルコト及ビ一定《テイ》ノ期間内ニ請求《セイキウ》スベキコトヲ公告《コウコク》スベキ義務ヲ負ハセネバナヲヌ而シテ公告《コウコク》スベキ場所ハ相續開始《カイシ》ノ地デアリマス而シテ相續債權者及ビ受遺者ハ限定承認ノ公告《コウコク》アリタルヨリ二ケ月以内即チ一定ノ期間《キカン》ニ於テ其額ヲ請求スル旨申出デ子バナリマセヌ

第二ハ第七十九條第二項ニヨリ限定《ゲンテ井》承認ノ公告《コウコク》ニハ公告期間内ニ債權ノ申出ヲナサザルトキハ其計算ヨリ除斥《ジヨセキ》スル旨附記《フキ》スベク又同條ノ第三項ニヨリ相續債權者及《オヨ》ビ受遺者ノ何人デアルカ明白《メイハク》ナルトキハ各別ニ其申出ヲナスベヤコトヲ催告《サイコク》セ子バナリマセヌ

第千三十條　限定《ゲンテイ》承認者ハ前條第一項ノ期間《キカン》滿了《マンレウ》前《ゼン》ニハ相續債權者及ヒ受遺者《ジユヰシヤ》ニ對シテ辨濟ヲ拒《コバ》ムコトヲ得

參看　取第三百三十一條

〔註釋〕本條ハ前條ニ連《ツラ》ナル規定デアツテ限定承認者ハ各債權者ガ債權申出《サヰケン》デノ期間滿了後《キカンマンレウゴ》ニアラザレバ債權ノ總額辨濟ノ順位等ヲ知ルコトハ爲シ得難キモノデアルカラ公告期間滿了前《マンレウゼン》ニハ相續債權者及ビ受遺者《ジユヰシヤ》ノ辨濟請求ヲ拒《コバ》ムコトヲ得ルトシタモノデス若シ然ラズシテ期間滿了前《マンレウゼン》ニ支拂《シハラヒ》ヲ爲サンカ相續債權者ノ中ニハ優先權《ユウセンケン》ヲ有スル債權者モアルベク隨テ債權ノ順位《ジユンヰ》ハ顚倒《テンドウ》セラレ辨濟額ニ不公平《フコフヘヰ》ヲ生ズルニ至ルベシ故ニ斯ク制限シタノデアリマス

第千三十一條　第千二十九條第一項ノ期間滿了ノ後ハ限定承認者ハ相續財産ヲ以テ其期間內《キカンナイ》ニ申出テタル債權者其他《ソノタ》知《シ》レタル債權者ニ各其債權額ノ割合《ワリアヒ》ニ應シテ辨濟《ベンサイ》ヲ爲スコトヲ要ス但優先權《ユウセンケン》ヲ有スル債權者ノ權利ヲ害スルコトヲ得ス

〔註釋〕第千二十九條第一項ニヨリ限定《ゲンテイ》承認ノ期間ガ滿了《マンレフ》セシ後ハ相續財產ニ對《ダイ》スル債權額及ビ受遺《ジユヰ》額《カク》幷ニ其順位等モ夫々既ニ明白《メイハク》ニナリタルモノト看做サ子バナラヌ其處デ限定承認者ハ公告《コフコク》期間滿了後ハ債權ノ總額及ビ受遺ノ總額ヲ計算《ケイサン》シテ相續財產ヲ以テ債務《サイケン》ノ全部ヲ支拂《シハラ》ヒ得ルトキハ何ヲ云フコトモナケレド若《モ》シ相續財產ヲ以テ支拂《シハラ》ヒ得ザルコトガアルベシ故ニ期間內《キカンナイ》ニ申出デタル債權者及ビタトヘ申出デザルモ既《ステ》ニ知レ居ル債權者ノ債權額ヲ計算《ケヰサン》シテ足《タ》ル足ラヌトヲ見定メ而シテ其足ルト足ラヌトニ拘《カヽ》ハラズ其相續財產ヨリ優先權アル債權ヲ辨濟《ベンサイ》シ殘餘ハ相續財產ヲ以テ債權額ニ按分《アンブン》シテ辨濟スベキモノデアリマス

第千三十二條　限定承認者ハ辨《ベン》濟《サヰ》期《キ》ニ至ラサル債權ト雖《イヘド》モ前條ノ規定ニ依リテ之ヲ辨濟スルコトヲ要ス

條《デウ》件附《ケンツキ》債權又ハ存續期間ノ不確定《フカクテイ》ナル債權ハ裁判所ニ於《オヒ》テ選任シタル鑑定人《カンテイニン》ノ評價ニ從ヒテ之ヲ辨濟《ベンサイ》スルコトヲ要ス

〔註釋〕本條ハ限定承認者ガ相續《ソウゾク》財產ヲ以テ相續債權者及ビ受遺者《ジユヰシヤ》ニ辨濟ヲ爲ス手續ヲ速《スミヤ》カ

ニ完了センガ爲メニ設ケタモノデアリマス

第一項ハ相續財産ニ對《タイ》スル債權デアッテ未ダ辨濟期間《ベンサイキゲン》ニハナラザルモノデアレドモ一度ハ之レヲ辨濟《ベンサイ》セ子バナラヌカラ計算ノ際是等《コレラ》ノ債權モ辨濟スルコトガ必要《ヒツエウ》デアル

第二項ハ條件附《デウケンツキ》債權又ハ存續期間ノ不確定《フカクテイ》ナル債權ハ條件成就《ゼウジユ》ノ後カ又ハ存續期間ガ確定シタ後デナケレバ其債權額ハ定マラヌモノデアル、然レドモ前項ノ規定ニヨリ計算ノ際一時ニ辨濟スベキ必要《ヒツエウ》アル爲メ裁判所ニ請求シテ鑑定人《カンテ井ニン》ノ撰任ヲ得タル上其價格ヲ評定《ヘウテ井》セシメテ其價格ニ從テ辨濟スルコトガ必要デアルトノコトデス

第千三十三條　限定承認者ハ前二條ノ規定ニ依リテ各債權者ニ辨濟ヲ爲シタル後ニ非サレハ受遺者ニ辨濟ヲ爲スコトヲ得ス

〔註釋〕本條ハ相續《ソウゾク》債權者ト受遺者トノ順位《ジユン井》ノ前後ヲ規定《キテ井》シタモノデス

本條ヲ說明スルノ前ニ於テ辨スベキコトハ受遺者ト債權者トノ輕重デアル本條ニ依ルトキハ受遺者ハ輕《カル》クシテ債權者ハ重《オモ》イヤウニアルガ其故《ソノユヘ》如何トナレバ受遺者《ジユ井シヤ》ト云フハ被相續人ト愛情《ア井ジヤウ》若クハ恩義ナドノ關係ヨリ遺言《ユ井ゴン》ニ因リテ無償ニテ被相續人ヨリ財産ノ贈與《ゾウヨ》ヲ受ケタルモノデアル而シテ相續債權者ハ有償《ユウセウ》ニテ取得《シユトク》シタルモノデアルカラ前者ハ輕《カル》ク

後者ハ重《オモ》キモノナルコト勿論《モチロン》デアル故ニ相續財産ガ澤山《タクサン》アッテ而シテ債務ノ少《スクナ》キトキニハ別ニ彼是云《カレコレイ》フコトハナケレド若シ債務《サイム》ガ多クシテ相續財産ガ少《スクナ》シトセンカ先ヅ優先權《ユウセンケン》アル債權ヲ辨償《ベンシャウ》シ次ニ一般ノ債權ヲ辨濟《ベンサイ》セネバナラヌ若モ一般債權ノ辨濟《ベンサイ》ニ不足ナル場合ニ於テハ其債權ノ割合《ワリアヒ》ニ應シテ幾分《イクブン》ナリトモ按分《アンブン》シテ辨濟ヲ受クベキモ受遺者ハ一モ辨濟ヲ受クルコトヲ得ヌモノデアル若《モ》シ斯《カ》クマデニ至ラズシテ多少ノ餘《アマ》リアルモ受遺者ノ得ベキモノハ餘《アマ》リノ財産ニ就テ辨濟ヲ受《ウ》クルマデヽアリマス

第千三十四條　前三條ノ規定《キテイ》ニ從ヒテ辨濟ヲ爲《ナ》スニ付キ相續財産ノ賣《バイ》却《キヤク》ヲ必要トスルトキハ限定《ゲンテイ》承認者ハ之ヲ競賣《キヤウバイ》ニ付スルコトヲ要ス但裁判所ニ於テ選任《センニン》シタル鑑定人ノ評價《ヒヤウカ》ニ從ヒ相續財産ノ全部《ゼンブ》又ハ一部ノ價額ヲ辨濟《ベンサイ》シテ其競賣《ケウバイ》ヲ止ムルコトヲ得

〔註釋〕本條ハ相續財産ノ賣却方《バイキヤクカタ》ニ付テノ規定デアリマス
限定承認ノ相續財産ガ金錢ナルトキハ本條ノ必要ハナケレド若シモ物件若クハ債權デアッテ其儘《ソノマヽ》デハ辨濟ノ用ニ供《キヤウ》スルコトノ出來ヌトキニハ已《ヤ》ムヲ得ズ之レヲ賣却シテ金錢ニ

換《カ》ヘ辨濟《ベンサイ》セネバナラヌ其時ニ限定承認者ハ競賣《キヤウバイ》ニ附スベキモノデアル尤モ裁判所カ撰任《センニン》シタル鑑定人ノ評價《ヒヤウカ》ニヨリテ競賣ニナスノ手續《テツヽキ》ヲ取ラス其評價額ニテ辨濟シテ計算《ケイサン》スルコトモ出來ルノデス

第千三十五條　相續債權《サイケン》者《シヤ》及ヒ受遺者《ジユヰシヤ》ハ自己ノ費用ヲ以テ相續財產ノ競賣《キヤウバイ》又ハ鑑定ニ參加《サンカ》スルコトヲ得此場合ニ於テハ第二百六十條第二項ノ規定ヲ準用ス

〔註釋〕本條ハ相續債權者及ビ受遺者《ジユヰシヤ》ノ利益《リエキ》ノ爲メニ規定シタモノデアル前條ノ規定ノ如ク競賣ニ附シテ金錢ニ換ヘ辨濟スルカ若クハ裁判所ノ撰任シタル鑑定人ノ評價ニヨリ其評價額《ヒヤウカガク》ヲ以テ辨濟ニ供《キヤウ》スルコトガ出來ルモノナレド此ノ競賣《キヤウバイ》若クハ評價ノコトハ其手續《テツヾ》キニ不都合《フツガフ》ノアルデハナケレド債權者及ビ受遺者《ジユヰシヤ》ハ利害關係ヲ有《ユウ》スルモノデアレバ自費《ジヒ》ヲ以テ其競賣又ハ鑑定《カンテイ》ニ加ハルコトガ出來ルコトニシタノデアル此場合《コノバアヒ》ニ於テハ第二百六十條第二項ノ規定《キテイ》ニ依リ相續債權者又ハ受遺者《ジユヰシヤ》カ相續財產ノ競賣若《モシ》クハ鑑定《カンテイ》ニ加ハルコトヲ請求シタルトキハ必ス參加《サンカ》サセネバナラヌ若シ參加《サンカ》ヲサセスシテ競賣若クハ鑑定《カンテイ》ヲナシタルトキハ其換價額若《モシ》クハ評價額ヲ以テ參加《サンカ》ヲ請求シタルモノニ

對抗スルコトガ出來ルノデス

第千三十六條　限定《ゲンテイ》承認者カ第千二十九條ニ定《サダ》メタル公告《コウコク》若クハ催告ヲ爲スコトヲ怠《オコタ》リ又ハ同條第一項ノ期間《キカン》内《ナイ》ニ或債權者若クハ受遺者《ジユイシヤ》ニ辨濟《ベンサイ》ヲ爲シタルニ因リ他ノ債權者《サイケンシヤ》若クハ受遺者ニ辨濟《ベンサイ》ヲ爲スコト能ハサルニ至《イタ》リタルトキハ之ニ因《ヨ》リテ生シタル損害ヲ賠償《バイシヤウ》スル責ニ任ス第千三十條乃至第千三十三條ノ規定《キテイ》ニ違反シテ辨濟《ベンサイ》ヲ爲シタルトキ亦同シ

前項ノ規定ハ情《ジヤウ》ヲ知リテ不當《フタウ》ニ辨濟ヲ受ケタル債權者又ハ受遺者《ジユヰシヤ》ニ對スル他ノ債權者《サイケンシヤ》又ハ受遺者ノ求償ヲ妨《サマタ》ケス

第七百二十四條ノ規定ハ前二項ノ場合ニモ亦之ヲ適用ス

參看　取第三百三十三條

〔註釋〕本條ハ限定《ゲンテイ》承認者ガ損害賠償ノ責《セメ》ニ任スヘキ場合ノ規定デアリマス

限定承認《ゲンテイセウニン》ノ相續人ハ第千二十九條ニヨリ其承認ヲナシタル日ヨリ五日内ニ一定《テイ》ノ期間ヲ指定《シテイ》シテ一切ノ相續債權者及ヒ受遺者《ジユヰシヤ》ニ限定承認ヲナシタルコト及ヒ債權《サイケン》ノ請求ヲ申出ツベキ旨ヲ公告シ且ツ能ク知レタル債權者ニハ各別ニ請求ノ申出ヲナスベキ旨ヲ催告セヲバナラヌノニ此ノ公告《コウコク》又ハ催告ヲ怠《オコタ》リ爲メニ債權者又ハ受遺者ニ損害《ソンガイ》ヲ與《アタ》ヘシトキハ限定承認ノ相續者ハ其損害《ソノソンガイ》ヲ賠償セネバナラヌ又其期間滿了前《マンレウゼン》ニ或債權者若クハ受遺者ニ辨濟シ爲メニ其他ノ債權者《サイケンシヤ》若クハ受遺者ニ辨濟《ベンサイ》スルコトガ出來ヌ樣ニナリテ損害《ソンガイ》ヲ與ヘシトキハ是ハ限定《ゲンテイ》承認者ノ過失《カシツ》ヨリ起リタル損害《ソンガイ》デアルコト勿論ナレバ是モ亦其損害ヲ賠償セネバナラヌ且《カ》ツ又第千三十條以下ノ規定ニ違反《イハン》シテ限定承認者ガ各債權額ノ割合ヲ誤《アヤマ》リ又ハ辨濟期ニ至ラズトテ辨濟ヲ拒《コバ》ミ若クハ條件附《デウケンツキ》債權又ハ存續期間ノ不確定《フカクテイ》ナル債權ヲ裁判所ノ撰任《センニン》シタル鑑定人《カンテイニン》ニ評價セサセズ其他相續債權者ニ先《サキ》タツテ受遺者ニ辨濟スル等ノ不取扱《フトリアツカヒ》ヨリシテ爲メニ相續債權者若クハ受遺者《ジユヰシヤ》ニ損害ヲ與《アタ》ヘシトキハコレ亦過失ヨリ起《オコ》リタル損害ト云フベキモノナレバ之ヲ賠償《バイシヤウ》セネバナラヌノデス

前項ノ場合ニ於テ辨濟《ベンサイ》ヲ受ケタ債權者又ハ受遺者ガ限定《ゲンテイ》承認ノ相續者ノ辨濟方法《ハウハフ》ニ誤リテ辨濟シタルモノナルコトヲ知《シ》リナガラ之ヲ默《モク》シテ辨濟ヲ受ケタルモノナルトキハ夫レガ爲メニ損害《ソンガイ》ヲ受ケタル他ノ債權者又ハ受遺者《ジユイシヤ》ハ辨濟ヲ受ケタルモノニ向ツテ求償《キウシヤウ》スル

コトガ出來ルノデス
第七百二十四條第二項ノ規定ハ不法行為《フハフカウヰ》ニ因ル損害賠償ノ請求權ノ時効《ジカウ》ニ關スル規定デアツテ當然《タウゼン》本條ニ適用スベキモノデス即チ第一項ノ損害《ソンガイ》賠償ノ請求權幷ニ第二項ノ求償權ハ被害者《ヒガイシヤ》又ハ其法定代理人カ損害《ソンガイ》ヲ知リシ時ヨリ三年間之ヲ行《オコナ》ハ子バ時効ニ因リテ消滅シ加害《カガイ》行為《カウヰ》ノアリタル時ヨリ二十年ヲ經過《ケイカ》シタルトキハ要償權求償權ヲ失フモノデアルトノコトデス

第千三十七條　第千二十九條第一項ノ期間內ニ申出テサリシ債權者及ヒ受遺者ニシテ限定《ゲンテイ》承認者ニ知レサリシ者ハ殘餘《ザンヨ》財產《ザイサン》ニ付テノミ其權利ヲ行フコトヲ得但相續財產ニ付キ特別擔保ヲ有スル者ハ此限ニ在ラス

▲參看　取第三百三十四條

〔註釋〕本條ハ期間內《キカンナイ》ニ請求セズ又ハ債權者ノ知《シ》レザルモノニ就《ツイ》テノ規定ヲ示シタノデス
第千二十九條ノ規定ニ依テ限定承認ノ相續者ハ一定ノ期間ヲ定メテ一般ノ相續債權者及

ヒ受遺者ニ公告《コウコク》シ又公告セザルトモ既《スデ》ニ明白《メイハク》ナル債權者ニハ通知《ツウチ》スベキコト勿論デアルガ其申出期間ニ申出デザリシ債權者《サイケンシヤ》及ビ受遺者ハ其請求權ヲ失《ウシナ》フモノデアルカ但シハ尚ホ請求シ得ベキ道《ミチ》アルヤト云フニ一旦《タン》請求者ニ辨濟《ベンサイ》シテ尚ホ餘財《ヨザイ》ガアレバ辨濟ヲ受クベキモ殘餘《ザンヨ》ノナキトキハ辨濟ヲ受クルコトハナラヌノデアル然《シカ》レドモ其申出ヲナサヽリシ債權者ガ特別擔保《トクベツタンポ》ヲ有シ居リタルトキニハ其擔保物《タンホブツ》ニ就テ價額ニ應《オウ》ジ辨濟ヲ受クルコトヲ得ベキモノデアリマス

第三節　拋棄

〔註釋〕本節ハ相續《ソウゾク》ノ拋棄《ハウキ》ヲ爲スコト又ハ爲スコトヲ得ザルコトニ就《ツイ》テ規定シタノデス

第千三十八條　相續《ソウゾク》ノ拋棄ヲ爲サント欲《ホツ》スル者ハ其旨ヲ裁判所ニ申述《シンジユツ》スルコトヲ要ス

▲參看　取第三百三十六條

〔註釋〕本條ハ相續ノ拋棄《ホウキ》モ限定《ゲンテイ》承認ト同ジコトデ之ヲ明白《メイハク》ニセネバナラヌカラ規定シタノデアルガ何ガ故ニ明白ニセネバナラヌカト云フト相續ノ拋棄ハ相續債權者及ビ受遺者ニ取テハ其相手《アイテ》タルベキ人ヲ變更《ヘンカウ》スル最大關係ガアルカラデス夫レ故ニ相續《ソウゾク》ノ拋棄ヲ爲サ

ントスルモノハ其旨ヲ被相續人ノ住所ノ裁判所ヘ申出テネバナリマセヌ

第千三十九條　拋棄《ホウキ》ハ相續開始《カイシ》ノ時ニ遡《サカノ》リテ其效力ヲ生ス
數人《スウニン》ノ遺産相續人アル場合《バアヒ》ニ於テ其一人カ拋棄《ホウキ》ヲ爲シタルトキハ其相續分ハ他ノ相續人ノ相續分《ソウゾクブン》ニ應《オウ》シテ之ニ歸屬《キゾク》ス

〔註釋〕本條ハ拋棄《ホウキ》ノ効力ニ就テ期間《キカン》ヲ定メタノデス
第一項ハ相續ノ拋棄ヲ爲セシトキガ相續開始セシトキト多少ノ時間ヲ隔ツルトモ其効力ハ相續開始《カイシ》ノ時ニ遡《サカノボ》リテ生ズルモノヂヤトノコトヲ示《シメ》シタノデス
第二項ハ被《ヒ》遺産《イサン》相續人ニ假《カリ》ニ四人ノ遺産相續人アリトセンカ若シ其遺産《ソノイサン》相續人ノ一人ガ拋棄セシトキハ其相續分ハ一人ヲ除《ノゾ》キテ他ノ三人ニ割當《ワリアテ》テ歸屬スルトノコトデス

第千四十條　相續ノ拋棄《ホウキ》ヲ爲シタル者ハ其拋棄《ホウキ》ニ因リテ相續人ト爲リタル者カ相續財産ノ管理《カンリ》ヲ始《ハジ》ムルコトヲ得ルマテ自己《ジコ》ノ財産ニ於ケルト同一ノ注意《チウイ》ヲ以テ其財産ノ管理ヲ繼續《ケイゾク》スルコトヲ要ス
第六百四十五條、第六百四十六條、第六百五十條第一項、第二項及

ヒ第千二十一條第二項、第三項ノ規定ハ前項ノ場合ニ之ヲ準用ス

〔註釋〕本條ハ相續權ヲ拋棄《ホウキ》シタモノ、アリシ時次ノ相續人ガ相續財産《ソウゾクザイサン》ノ管理ヲ始《ハジ》ムル迄ニ於ケル取扱ヲ規定シタノデス

第一項ハ例《タト》ヘバ甲乙丙三人ノ相續者《ソウゾクシヤ》アリトセンカ甲ガ相續ヲ拋棄《ホウキ》シタル時ハ其拋棄ニ因リ乙又ハ丙ガ相續人トナルベキモ其乙又ハ丙ガ未ダ相續財産ヲ管理ヲ始メザルマデハ甲ハ自己ノ財産《ザイサン》ヲ管理スルト同一ノ注意《チユイ》ヲ以テ其相續財産ノ管理ヲ繼續《ケイゾク》セ子バナラヌトノコトデス

第二項ハ第千二十八條ノ第二項ニ於テ説明セシト同ジコトデアレバ其條下ニ就テ看ラルレバ自ラ明白ニアリマス

第四章　財産ノ分離

〔註釋〕本章ハ既《スデ》ニ限定承認ノ規定ヲ設《マウ》ケテ相續人ヲ保護《ホゴ》スル以上ハ一方ニハ被相續人ノ債權者及ビ相續人ノ債權者ヲ保護セ子バナラヌカラ特ニ財産分離ト云フ一章ヲ規定シタノデス詳細《セウサイ》ハ各條ニ就《ツイ》テ説明《セツメイ》スルデアリマセウ

第千四十一條　相續債權者《サイケンシヤ》又ハ受遺者ハ相續開始《カイシ》ノ時ヨリ三ケ月内ニ

相續人ノ財産《ザイサン》中《チウ》ヨリ相續財産ヲ分離《ブンリ》センコトヲ裁判所ニ請求《セイキウ》スルコトヲ得其期間滿了《セイレウ》ノ後ト雖モ相續財産カ相續人ノ固有《コイウ》財産《ザイサン》ト混合セサル間亦同シ

裁判所カ前項《ゼンカウ》ノ請求ニ因リテ財産ノ分離《ブンリ》ヲ命《メイ》シタルトキハ其請求ヲ爲シタル者ハ五日内ニ他《タ》ノ相續債權者及ヒ受遺者《ジユヰジヤ》ニ對シ財産分離《ブンリ》ノ命令《メイレイ》アリタルコト及ヒ一定ノ期間内《キカンナイ》ニ配當加入《カニフ》ノ申出ヲ爲スヘキ旨ヲ公告スルコトヲ要ス但其期間ハ二ケ月ヲ下ルコトヲ得ス

〔註釋〕本條ハ何人ガ財産分離《ザイサンブンリ》ヲ請求スルコトヲ得ルヤ及ヒ分離請求《セイキウ》ノ期間《キカン》ハ如何ニヤト云フコトヲ規定シタノデス

本條ハ單純《タンジユン》ナル法文《ホフブン》ナレバ別ニ說明ヲ要《エウ》スルマデモナク一讀《ドク》ノ下ニ了解シ得ラレルコトデスカラ茲《コヽ》ニ贅辯《ゼイベン》ハ費シマセヌ

第千四十二條　財産分離《ブンリ》ノ請求《セイキウ》ヲ爲シタル者及ヒ前條第二項ノ規定《キテイ》ニ

依リテ配當《ハイタウ》加入ノ申出ヲ爲シタル者ハ相續《ソウゾク》財産ニ付キ相續人ノ債權者ニ先《サキダ》チテ辨濟《ベンザイ》ヲ受ク

〔註釋〕本條ハ財産分離《ブンリ》ノ効力結果《ケツクワ》ヲ規定シタノデアル即チ言換《コトバカ》ヘテ謂ハバ相續財産ト相續人ノ財産ト分離セラレタルトキ何人ガ相續財産ニ對シ優先權アルヤヲ規定シタノデスサテ何人ガ優先權《ユウセンケン》アリヤト云フニ財産ノ分離《ブンリ》ヲ請求シタモノ及ビ財産分離《ブンリ》ノ後二ケ月以内ニ於テ定《サダ》メラレタル期間内ニ分離財産ニ向ヒ配當加入《ハイタウカニフ》ヲ申込ンダモノガ優先權《ユウセンケン》ガアルモノデス是ハ先取特權《センシユトクケン》ノ効力トハ異《コト》ナツタモノデアリマス何故ニ此優先權《ユウセンケン》ヲ定メタカト云フ若シ相續人ガ自己《ジコ》所有《シヨイウ》ノ財産ヨリ負債《フサイ》ノ多キトキニハ被相續人ノ債權者《サイケンシヤ》ハ相續人ノ債權者ト平等《ベウドウ》ニ配當《ハイタウ》ヲ受ケネハナラヌト云フ不利益《フリエキ》ガアルカラノコトデス

第千四十三條　財産《ザイサン》分離ノ請求《セイキウ》アリタルトキハ裁判所ハ相續財産ノ管理ニ付キ必要《ヒツエウ》ナル處分ヲ命《メイ》スルコトヲ得

裁判所カ管理人ヲ選任シタル場合ニ於テハ第二十七條乃至第二十九條ノ規定ヲ準用ス

〔註釋〕本條第一項ハ相續《ソウゾク》財產ト相續人ノ財產トノ分離《ブンリ》ヲ請求《セイキウ》スルモノガアリシトキニハ裁判所ハ此ノ二者ノ財產混合ヲ防ガネバナラヌカラ相續財產ノ管理方ニ就テ必要ナル處分方ヲ命令《メイレイ》スルコトガ出來《デキ》ルトノコトデス

第二項ハ前項ニ依リ裁判所《サイハンショ》ガ相續財產管理ノ爲メニ管理人《カンリニン》ヲ撰任《センニン》シタトキニハ管理人ハ第二十七條乃至第二十九條ノ規定ニヨリテ夫々取扱ヲセ子バナラヌノデス

第千四十四條　相續人ハ單純承認《タンジユンシヤウニン》ヲ爲シタル後ト雖モ財產分離《ブンリ》ノ請求アリタルトキハ爾後《ジゴ》其固有財產ニ於《オ》ケルト同一ノ注意《チユイ》ヲ以テ相續財產ノ管理《カンリ》ヲ爲スコトヲ要《エウ》ス但裁判所ニ於テ管理人ヲ選任《センニン》シタルトキハ此限ニ在ラス

第六百四十五條乃至第六百四十七條及ヒ第六百五十條第一項、第二項ノ規定ハ前項ノ場合ニ之ヲ準用ス

〔註釋〕本條ハ說明《セツメイ》ヲ要スルマデモナク明了《メイレウ》ナルコトデアルガ要《エウ》スルニ相續財產ニ付キ分離ノ請求ガアリタルトキカラ裁判所ガ管理人ヲ撰定スルマデハ相續人ハ其相續財產ニ付キ

テ自己《ジコ》ノ財産ニ於ケルト同一ノ注意《チウイ》ヲ以テ管理《カンリ》セネバナラヌコトデス

第二項ハ相續人ガ他人《タニン》ノ爲メニ相續財産ヲ管理《カンリ》スル以上ハ必要《ヒツエウ》ナルコトデ各條ニ明ニ示シテアル如ク委任者《井ニンシャ》受任者ノ規定ヲ適用《テキヨウ》スベキモノデアルトノコトデス

第千四十五條　財産《ザイサン》ノ分離ハ不動産《フドウサン》ニ付テハ其登記ヲ爲スニ非サレハ之ヲ以テ第三者ニ對抗スルコトヲ得ス

〔註釋〕本條ハ分離《ブンリ》スル不動産《フドウサン》ニ就テハ登記《トウキ》セザレバ第三者ニ對抗《タイコウ》爲シ得ザルノ規定デアリマス

總《スベ》テ相續財産ハ相續人ニ屬《ゾク》スルモノデアリマスカラ相續財産分離《ブンリ》ノ請求《セイキウ》ガアリタル後デモ相續人ハ安全《アンゼン》ニ其相續財産ヲ處分《ショブン》スルコトガ出來ルモノデアリマス若《モ》シ之ニ反シ相續人ガ財産ニ付テ爲シタル處分《ショブン》ハ之ヲ以テ相續債權者及ビ受遺者《ジュ井シャ》ニ向テ對抗《タイカウ》スルコトガ出來ルナラバ財産ノ分離《ブンリ》ト云フ制度《セイド》ヲ立テナイデモ宜《ヨ》ロシイモノデアル故ニ民法ハ此ノ規定ヲ設《マウ》ケタノデス即チ財産ノ分離《ブンリ》ハ不動産《フドウサン》ニ限リ登記ヲ爲サヽルニ於テハ債權者及ビ受遺者ニ對抗《タイカウ》スルコトハ出來ヌ譯《ワケ》デアリマス若シモ此ノ債權者及ビ受遺者ガ財産ノ分離《ブンリ》ニ付テ請求《セイキウ》ガアツタコトヲ知ラザルガ爲メニ不測《フソク》ノ損害ヲ蒙《カウ》ムルコトヲ避《サ》ケンガ爲メ不動

産ニ付テハ登記ヲ要スルコトデアリマス

第千四十六條　第三百四條ノ規定ハ財産分離ノ場合ニ之ヲ準用ス

〔註釋〕本條ハ相續債權者及ビ受遺者《ジユヰシヤ》ヲ保護《ホゴ》スルニ必要《ヒツエウ》ナル規定デアリマス
第三百四條ノ法文ニヨリテ相續財産ヲ分離シタル場合ニ於テ分離ヲ請求シタモノ幷ニ一定ノ期限内ニ配當《ハイタウ》ヲ申出デタルモノヽ優先權《ユウセンケン》ハタトヘ相續財産ガ賣却《バイキヤク》セラレテ代金ニ變《ヘン》シタリトモ又ハ賃借《チンカリ》セラレテ借賃《カリチン》トナリシトモ若クハ滅失毀損《メツシツキソン》セラレテ賠償額ニ變ジタリトモ總テ優先權ガアルコトヲ示シタノデス

第千四十七條　相續人《ソウゾクニン》ハ第千四十一條第一項及ヒ第二項ノ期間満了前《キカンマンレウゼン》ニハ相續債權者及ヒ受遺者《ジユヰシヤ》ニ對シテ辨濟《ベンサイ》ヲ拒ムコトヲ得
財産分離ノ請求《セイキウ》アリタルトキハ相續人《ソウゾクニン》ハ第千四十一條第二項ノ期間満了ノ後《ノチ》相續財産ヲ以テ財産分離《ブンリ》ノ請求又ハ配當《ハイタウ》加入ノ申出ヲ爲シタル債權者及ヒ受遺者《ジユイシヤ》ニ各其債權ノ割合《ワリアヒ》ニ應シテ辨濟《ベンサイ》ヲ爲スコトヲ要ス但優先權《ユウセンケン》ヲ有スル債權者ノ權利《ケンリ》ヲ害《ガイ》スルコトヲ得ス

第千三十二條乃至第千三十六條ノ規定ハ前項ノ場合ニ之ヲ準用ス

〔註釋〕本條ハ第一項ハ相續人《ソウゾクニン》ハ第千四十二條第一項及ビ第二項ニヨリ相續開始《カイシ》ノ時ヨリ三ケ月以内並ニ財産分離ノ命令アリシ時ヨリ一定ノ期限内ハ相續債權者及ビ受遺者ニ對シ辨濟《ベンサイ》ヲ拒《コバ》ムコトガ出來ルトノコトデス

第二項ハ第千三十一條ト同意味《ドウイミ》デアレバ別ニ說明《セツメイ》スルノ必要《ヒツエウ》ハアリマセヌ

第三項ハ第千三十二條乃至第千三十六條ノ規定ヲ準用スルコトヲ定メタノデアルカラ各條ノ說明ヲ看レバ自ラ明白デアリマス

第千四十八條　財産《ザイサン》分離ノ請求《セイキウ》ヲ爲シタル者及ヒ配當《ハイタウ》加入ノ申出ヲ爲シタル者ハ相續財産《ザイサン》ヲ以テ全部ノ辨濟《ベンサイ》ヲ受クルコト能ハサリシ場合ニ限リ相續人ノ固有《コイウ》財産ニ付キ其權利ヲ行《オコナ》フコトヲ得此場合ニ於テハ相續人ノ債權者《サイケンシヤ》ハ其者ニ先チテ辨濟《ベンサイ》ヲ受クルコトヲ得

〔註釋〕本條ハ相續財産《ザイサン》ノ債權者タル分離請求者並ニ配當加入者《ハイタウカニウシヤ》ハ相續財産ヲ以テ先ヅ辨濟ヲ受ケ若シ不足額《フソクガク》アリシトキハ相續人ノ財産ニ向テ辨濟《ベンサイ》ヲ請求スルコトヲ得ルトノコト

ヲ規定シタノデアル
今財産分離ノ請求《セイキウ》ヲ為シタル者及ビ配當《ハイタウ》加入ノ申出ヲ為シタル者ハ相續人ノ固有《コイウ》財産ニ付キ權利《ケンリ》ヲ有《イウ》スルヤ否ヤト云フニ相續人ハ相續債權者《サイケンシヤ》及ヒ受遺者ノ債務者ニ相違《サウヰ》ハナケレド相續債權者及ビ受遺者《ジユヰシヤ》ハ相續財産ノミヲ目的《モクテキ》トシ又相續人ノ債權者ハ相續人ノ固有《コイウ》財産ヲ目的《モツテキ》トスルモノデアルカヲ此二者ヲシテ平等《ベウドウ》ニ相續人ノ固有財産ニ付ラ辨償《ベンセウ》ヲ受ケシムベキ道理ハナイ夫レ故ニ本條ヲ規定シテ其區分ヲ明ニシタモノデアリマス

第千四十九條　相續人ハ其固有《ゴユウ》財産《ザイサン》ヲ以テ相續債權者若クハ受遺者ニ辨濟《ベンサイ》ヲ為シ又ハ之ニ相當《ソウトウ》ノ擔保ヲ供シテ財産分離《ブンリ》ノ請求ヲ防止《ボウシ》シ又ハ其效力ヲ消滅《セウメツ》セシムルコトヲ得但相續人ノ債權者《サイケンシヤ》カ之ニ因リテ損害ヲ受クヘキコトヲ證明《シヨウメイ》シテ異議《イギ》ヲ述ヘタルトキハ此限ニ在ラス

〔註釋〕本條ハ相續人ヲシテ相續《ソウゾク》債權者及ビ受遺者ノ利益《リエキ》ヲ害《ガイ》スルコトナクシテ祖先傳來《ソセンデンライ》ノ財産ヲ維持《ヰジ》スルコトヲ得セシムル為メニ規定《キテイ》シタモノデアル其詳細ハ別ニ説明《セツメイ》ヲ要セズシテ本文ニテ明瞭デアリマス

第千五十條　相續人カ限定《ゲンテイ》承認《シヤウニン》ヲ爲スコトヲ得ル間又ハ相續財産カ相續人ノ固《コ》有《イウ》財産ト混合《コンガウ》セサル間ハ其債權者ハ財産分離《ブンリ》ノ請求ヲ爲スコトヲ得

第三百四條、第千二十七條、第千二十九條乃至第千三十六條、第千四十三條乃至第千四十五條及ヒ第千四十八條ノ規定ハ前項ノ場合ニ之ヲ準用ス但第千二十九條ニ定《サダ》メタル公告及ヒ催告《サイコク》ハ財産分離ノ請求ヲ爲シタル債權者之ヲ爲スコトヲ要ス

〔註釋〕本條モ亦明瞭《メイレウ》ニアレバ別ニ説明ヲ要《エウ》シマセヌ元來本章ノ初《ハジ》メニモ述《ノ》ベシガ如ク相續債權者及ビ受遺者ヲ保護スルガ爲メニ財産分離ノ請求ヲ爲スコトヲ得セシメタルモノナレバ權衡上《ケンカウジヤウ》トシテ相續人ノ債權者ニモ財産分離《ブンリ》ノ請求ヲナスコトヲ得サセネバナラヌカヲ本條ヲ規定シタノデアリマス

第五章　相續《ソウゾク》人《ニン》ノ曠缺《コウケツ》

〔註釋〕本章ハ相續人ノ全《マツタ》ク缺ケテ無キトキニハ其財産ノ處分方《シヨブンカタ》ハ如何ニスベキヤヲ規定シタノデアル曠缺《コウケツ》トハ曠《ムナシ》ク缺《カ》ケルトノ意義デアリマス

第千五十一條　相續人アルコト分明《フンメイ》ナラサルトキハ相續財産ハ之《コレ》ヲ法人トス

▲參看　取第三百四十二條

〔註釋〕本條ハ相續人ノアルコトガ分明《ブンメイ》セズ又ハ相續人ガ現出《ゲンシユツ》セザルトキハ即チ相續人ノ曠缺セシモノデアルカラ其相續財産ハ之ヲ一箇ノ法人ト看做スベキモノタルコトヲ規定シタノデアリマス勿論《モチロン》世ニハ相續人ノ分明《ブンメイ》ナラヌコトモアルベシ然ルニ其財産ハ之ヲ拋棄《ホウキ》シ置クベキモノデナケレバ之《コレ》ヲ法人ト看做《ミナ》シテ管理及ビ保存《ホゾン》ノ處分ヲセネバナラヌノデアリマス其方法ハ次條以下ノ規定デ分リマス

第千五十二條　前條《ゼンデウ》ノ場合ニ於テハ裁判所ハ利害《リガイ》關係人又ハ檢事《ケンジ》ノ請求ニ因リ相續財産ノ管理人《クワンリニン》ヲ選任《センニン》スルコトヲ要ス

裁判所ハ遲滯ナク管理人ノ選任ヲ公告スルコトヲ要ス

▲參看　取第三百四十三條

〔註釋〕本條ハ相續財産管理人《カンリニン》ノ撰任《センニン》ニ關スル事柄《コトガラ》ヲ規定シタモノデス

第一項ハ管理人ヲ撰任スルコトヲ請求シ得ベキ人ヲ示メシ第二項ハソノ撰任ヲ公告スベキコトヲ示《シ》メシタモノナルガ前條ニ於テ利害《リガイ》關係人即チ相續財産ニ付權利《ケンリ》ヲ行《オコナ》ハントスル債權者及ビ受遺者ハ其請求《ソノセイキウ》ニ就テ場合ニ依リテハ反對《ハンタイ》ノ位地ニ立ツベキモノアルガ爲メ相續地ノ裁判所ニ管理人《カンリニン》ノ撰任ヲ請求《セイキウ》スルコトガ出來又撿事《ケンジ》ハ相續人ノナキコトガ確《カク》實《ジツ》ナルトキハ第千五十九條ニ依リ國庫《コクコ》ニ歸屬《キゾク》スベキモノナレバ相續人ノ曠缺《コウケツ》スル場合ニ於テハ公益《コウエキ》ニ關係スルコト尠《スクナ》カラザルノミナラズ相續人ノ曠缺《コウケツ》セル相續財産ノ管理及ビ保存等《ホゾントウ》ハ不在者ノ保護ニ必要《ヒツエウ》ガアルモノデアルカラ利害《リガイ》關係人ヨリ請求セヌトキハ撿事《ケンジ》カラ請求ヲ爲スベキモノジヤト云フコトデアリマス又管理人ヲ撰任シマシタトキハ裁判所ハ遲滯ナク之ヲ公告セネバナラヌノデス

第千五十三條　第二十七條乃至第二十九條ノ規定ハ相續財産ノ管理人ニ之ヲ準用ス

▲參看　取第三百四十四條

〔註釋〕本條ハ本法第一編第一章第四節ノ失踪《シツソウ》ノ條ナル第二十七條ノ財産《ザイサン》目錄調製《テウセイ》ノ義務第二十八條ノ管理人行爲《カウヰ》ノ權限《ケンゲン》第二十九條ノ擔保供出《タンポキヤウシユツ》ノ義務報酬《ホウシウ》ヲ受クルノ權利等ノ規定ハ本章ノ相續財産ノ管理人ニモ準用スベキコトヲ定メタノデアリマス

第千五十四條　管理人《カンリニン》ハ相續債權者又ハ受遺者《ジユヰシヤ》ノ請求アルトキハ之ニ相續財産ノ狀況《ジヤウキヤウ》ヲ報告《ハウコク》スルコトヲ要ス

▲參看　取第三百四十五條

〔註釋〕本條ハ相續人債權者《サイケンシヤ》及ビ受遺者ヲ保護《ホゴ》スル爲メニ設《マウ》ケタモノデアリマス
相續債權者及ビ受遺者ハ何《イツ》レモ相續財産ニ付テハ利害《リガイ》ノ關係ヲ有《ユウ》スルモノデアレバ其相續財産ノ狀況ヲ知ルノ必要アルモノデアレバ若シ此ノ利害關係人ヨリ請求アリシトキハ管理人ハ其財産《ソノザイサン》ノ模樣《モヤウ》ヲ報告《ハウコク》セネバナラヌ義務ガアルモノデス

第千五十五條　相續人アルコト分明《ブンメイ》ナルニ至《イタ》リタルトキハ法人ハ存立《ソンリツ》セサリシモノト看做《ミナ》ス但管理人カ其權限內《ケンゲンナイ》ニ於テ爲シタル行爲《カウヰ》ノ效力ヲ妨ケス

▲參看　取第三百四十七條

〔註釋〕本條ハ相續人ガ分明《ブンメイ》トナリシトキノ效果《カウクワ》ヲ規定シタモノデス

下文ニアル卽チ第千五十七條及ビ第千五十八條ノ期間內ニ相續人アルコトガ分明ニナリシトキハ相續財産ヲ法人《ハフジン》トスルト云フ第千五十一條ノ推定《スイテイ》ハ破《ヤブ》レテ法人ハ初メヨリ存立《ソンリツ》セザリシモノト看做《ミナ》サルヽモノデス然レドモ其公告《コウコク》期間內《カンナイ》管理人ガ正當《セイタウ》ニ撰任セラレテ其權限內ニ於テ爲シタル行爲《カウ井》ノ效力マデモ妨《サマタ》ケルモノデハアリマセヌ

第千五十六條　管理人《クワンリニン》ノ代理權ハ相續人カ相續ノ承認《シヤウニン》ヲ爲シタル時ニ於テ消滅ス

前項ノ場合ニ於《オイ》テハ管理人ハ遲滯《チタイ》ナク相續人ニ對《タイ》シテ管理ノ計算ヲ爲スコトヲ要ス

〔註釋〕本條ハ管理人《カンリニン》ノ代理權ノ消滅《セウメツ》スル時期《シキ》ヲ規定《キテイ》シタモノデアル

相續人ガ現出《ゲンシユツ》シテ相續ノ承認ヲ爲シタル場合《バアヒ》ニ於テハ管理人ノ代理權ハ自《オノツカ》ラ消滅スルモノデアルカラ其後總《スベ》テ其承認シタル相續人ニ於テ處理《シヨリ》スベキモノデス

前項ニ因リテ管理人《カンリニン》ノ代理權ガ消滅《セウメツ》スルモノデアルカラ管理人ハ相續《ソウゾク》ノ債權ヲ取立《トリタ》テ又ハ其財產ヲ賣却《バイキヤク》シテ得タル金錢及ビ相續財產中ニ存スル金額《キンガク》ヲ以テ債權者ニ辨濟《ベンサイ》シ又受遺者ニ金錢若クハ現物《ゲンブツ》ヲ以テ辨濟ヲ爲シ其他必要《ヒツエウ》ナル管理ヲ爲セシ職務《シヨクム》ヲ詳カニシテ遲《チ》滯《タイ》ナク相續人ニ計算《ケイサン》ヲセ子バナラヌモノデアリマス

第千五十七條　第千五十二條第二項ニ定メタル公告アリタル後二ケ月內ニ相續人アルコト分明《ブンメイ》ナルニ至《イタ》ラサルトキハ管理人ハ遲滯《チタイ》ナク一切ノ相續債權者及ヒ受遺者《ジユヰシヤ》ニ對シ一定ノ期間內ニ其請求《ソノセイキウ》ノ申出ヲ爲スヘキ旨ヲ公告スルコトヲ要ス但其期間ハ二ケ月ヲ下ルコトヲ得ス

第七十九條第二項、第三項及ヒ第千三十條乃至第千三十七條ノ規定ハ前項ノ場合ニ之ヲ準用ス但第千三十四條但書ノ規定ハ此限ニ在ラス

〔註釋〕本條ハ相續財產ノ管理人《カンリニン》ノ爲スベキ精算《セイサン》ノ手續ヲ定《サダ》メタノデアル

第千五十二條第二項ニ依リ遲滯ナク爲シタル裁判所ノ管理人ノ撰任ノ公告アリタル後二

ケ月內ニ相續人ノアルコトガ分明《ブンメイ》ナラザル時ニハ管理人ハ遲滯《チタイ》ナク相續開始地《カイシチ》ニ於テ一切ノ相續債權者《サイケンシヤ》及ビ受遺者ニ對《タイ》シテ一定ノ期間內ニ其請求《ソノセイキウ》ノ申出ヲ爲スベキ旨ヲ公告スルコトヲ要スルトノコトデアル而シテ其期間ハ公告アリタルヨリ二ケ月ヲ下ルコトハ出來ヌノデス

第二項ハ別ニ說明《セツメイ》スルマデモナク各條ヲ參看《サンクワン》セバ自カラ分明《ブンメイ》ニナルコトデアル

第千五十八條　前條第一項ノ期間滿了《キカンマンレウ》ノ後仍《ナ》ホ相續人アルコト分明ナラサルトキハ裁判所ハ管理人《カンリニン》又ハ檢事ノ請求ニ因《ヨ》リ相續人アラハ一定ノ期間內ニ其權利《ソノケンリ》ヲ主張《シユチヤウ》スヘキ旨ヲ公告スルコトヲ要ス但其期間ハ一年ヲ下ルコトヲ得ス

〔註釋〕本條ハ相續財產ガ國庫《コクコ》ニ歸屬《キゾク》スル前ニ尙ホ相續人ノ有無《ウム》ヲ撿《ケン》スルハ必要デアルカラ規定シタノデス

前條第一項ノ規定《キテイ》ニ依リテ定《サダ》メタル一定ノ期間《キカン》ガ既ニ滿了《マンレウ》セシ後仍ホ相續人アルコトガ分明《ブンメイ》ナラザルトキニハ裁判所ハ管理人《カンリニン》又ハ撿事《ケンジ》ノ請求《セイキウ》ニヨリテ相續權ヲ有《ユウ》スル者ガアル

ナラバ或一定ノ期間內《キカンナイ》ニ其權利ヲ主張《シユチヤウ》シテ申出ヅベキ旨ヲ公告《コウコク》セネバナラヌ而シテ其期間ヲ定ムルハ少クトモ一年ヲ下《クダ》ルコトハ出來ヌ蓋《ケダ》シ一年以下デハ洽《アマネ》ク公告ノ行屆カヌ恐《オソレ》レガアルカラデス

第千五十九條　前條ノ期間內《キカンナイ》ニ相續人タル權利《ケンリ》ヲ主張《シユチヤウ》スル者ナキトキハ相續財產ハ國庫《コクコ》ニ歸屬《キゾク》ス此場合ニ於テハ第千五十六條第二項ノ規定ヲ準用ス

相續債權者及ヒ受遺者《ジユヰシヤ》ハ國庫《コクコ》ニ對シテ其權利ヲ行フコトヲ得ス

▲參看　取第三百四十八條

〔註釋〕本條ハ相續人タル權利《ケンリ》ヲ主張《シユチヤウ》スルモノナキ場合ニ於テハ相續財產ハ何者《ナニモノ》ノ所有《シヨイウ》ニ歸屬スルヤヲ規定シタモノデアリマス

サテ前條ノ期間內《キカンナイ》ニ於テ私ハ相續權ヲ有《ユウ》シテ居ルト主張シテ申出ル者ガナキトキハ其相續財產ハ國庫《コクコ》ノ所有ニ歸屬《キゾク》スベキモノデアル何トナレバ相續人ナキ財產《ザイサン》ハ所有者ナキ財產ノ國庫《コクコ》ニ歸屬《キゾク》スルト同一ノ理《リ》デアッテ若シ其財產ヲ無主物《ムシユブツ》トシテ捨置キ何人ニモ屬セ

ヌトスルトキニハ實際上《ジツサイジヤウ》社會ニ紛擾《フンジヤウ》ヲ生ズル原因トナルモノデアルカラノコトデス而シテ此場合ニ於《オイ》テハ第千五十六條ノ規定《キテイ》ニヨリ管理人ハ遲滯《チタイ》ナク相續人ニ對シテ管理《カンリ》ノ計算ヲ爲スコトヲ要スルト同樣ニ國庫ニ對シテ管理ノ計算ヲナスベキモノデアル

旣ニ相續財產ガ國庫《コクコ》ニ歸屬《キゾク》シタル以上ハ相續債權者及ビ受遺者《ジユヰシヤ》ハ國庫ニ對《タイ》シテハ其權利ヲ行フコトヲ得ヌモノデアル何《ナン》トナレバ若《モ》シ國庫《コクコ》ヲシテ是等ノモノニ對《タイ》シテ義務ヲ負擔《フタン》スベキモノトスルトキハ實際煩雜《ジツサイハンザツ》ヲ來タス而已ナラズ債權者ヲ保護《ホゴ》スルガ爲メニ鄭重《テイテウ》ナル手續ヲナシタルニ拘《カヽ》ハラズ債權者ハ其債權ノ申出《マヲシイデ》ヲ爲サザリシモノナレバ其怠慢《タイマン》ノ結果トシテ其權利ヲ失《ウシナ》ハセルモ决シテ不都合《フツガフ》デハアリマセヌカラ斯クハ規定シタノデアリマス

第六章　遺言

〔註釋〕遺言《ユヰゴン》トハ如何ナルコトデアルカ舊法典《キウハフテン》ニハ遺言ヲ以テ遺贈《イゾウ》ヲ爲ス方法デアルト認《ミト》メテ立法セシガ爲メニ財產取得編第三百五十一條ニ「遺贈トハ當事者ノ一方ガ他ノ一方ニ無償《ムシヤウ》ニテ自己《ジコ》ノ財產ヲ遺言ニ因リテ死亡《シバウ》ノ時ニ移轉《イテン》スル行爲ヲ謂フ」ト規定シタルモ斯クテハ贈遺《ゾウヰ》ニ關セザル遺言《ユイユン》卽チ相續人ヲ指定《シテイ》シ又ハ養子緣組ヲナシ又ハ後見人等ヲ指定《シテイ》

スルガ如キハ從《ジウ》フベキノ正條ガナイ故ニ本法《ホンホフ》ニハ本章ヲ設ケテ各種ノ遺言《ユヰゴン》ニ關スル規定ヲ掲《カヽ》ゲタノデアル而シテ遺言《ユヰゴン》ニハ數種ノ意ヲ含有《ガンユウ》スルモノデアルガ其要ヲ謂ハバ遺言《ユヰゴン》ハ一ノ權利行爲デアッテ遺言者《ユイゴンシヤ》一人ノ意思ニテ受遺者ノ利益《リエキ》ノ爲メニ財産ヲ處分《シヨブン》スルモノデアル又其要件《ソノエウケン》トシテハ第一遺言ハ財産ヲ目的《モクテキ》トセネバナラヌ、第二無償行爲《ムシヤウカウヰ》デナケレバナラヌ、第三要式《エウシキ》ノ行爲デアル即チ法定《ハフテイ》ノ方式ニ從ッテ爲セシモノデナケレバ効力ノナイモノデアル、第四遺言者《ユヰゴンシヤ》ノ死亡ト同時ニ其効果《カウクワ》ヲ生ズ可キ行爲デアル今一歩《ボ》進《スヽ》ンデ謂フトキハ遺言《ユヰゴン》ハ必ズシモ遺言者ノ臨終《リンジウ》ニ爲スベキモノデハナイ其健全《ケンゼン》ナル時ニ爲スガ通例《ツウレイ》デアル此ノ如ク種々ノ原因《ゲンイン》アルモノデスカラ其詳細ハ次ヲ逐《オ》フテ述ベルデアリマセ

第一節　總則

〔註釋〕本節ニハ遺言《ユヰゴン》ノ總体《ソウタイ》ニ於テ遵從《ジユンジウ》スベキ要件ヲ規定シタノデアル

第千六十條　遺《ユヰ》言《ゴン》ハ本法ニ定メタル方式《ホウシキ》ニ從フニ非サレハ之ヲ爲スコトヲ得ス

〔註釋〕本條ハ遺言《ユヰゴン》ノ要式《ヨウシキ》ノ行爲《カウヰ》タルコトヲ示シタモノデス
本法ニ定《サダ》メタル方式トハ卽チ普通《フツウ》方式若クハ特別《トクベツ》方式ノコトデ此方式ニ從《シタガ》フモノデナケレバ遺言《ユヰゴン》ヲ爲スコトガ出來ヌノデアル卽チ遺言《ユヰゴン》ヲナストモ眞《シン》ノ遺言デハナイトノコトデス

第千六十一條　滿《マン》十五年ニ達《タツ》シタル者ハ遺言《ユヰゴン》ヲ爲スコトヲ得

〔註釋〕本條ハ遺言《ユヰゴン》ヲ爲スコトヲ得ベキ年齡《ネンレイ》ヲ規定シタモノデス
總テ遺言ハ滿十五年ニ達シタルトキハ何人ト雖ドモ之レヲ爲スコトガ出來ルノデス如此成年《セイネン》ニ至ラザルモノデモ遺言《ユヰゴン》ヲ爲スコトガ出來ルト云フハ他《タ》ノ法律《ハフリツ》ト支吾《シゴ》スルコトハナキ歟トノ疑《ウタガヒ》モアルベケレド遺言ハ法定《ハフテイ》代理人トテモ代《カハ》リテ爲スコトノ出來ヌモノナル而已ナラズ遺言者《ユヰゴンシャ》ノ死亡ノ時ニ於テ始《ハジ》メテ其効力ヲ生《シャウ》ズルモノデアルカラ少シモ差支ハナイノデス

第千六十二條　第四條、第九條、第十二條及ヒ第十四條ノ規定ハ遺言ニハ之ヲ適用セス

▲參看　取第三百五十七條

〔註釋〕遺言《ユヰゴン》ハ一個ノ法律行爲《ホフリツカウヰ》デアルカラ本條ノ明文《メイブン》ガナイ限リハ行爲能力ニ關スル總則編《ソウソクヘン》ノ規定ハ當然《タウゼン》遺言ニ適用《テキヨウ》セラレ爲メニ不當《フタウ》ノ結果ヲ生ズベキ恐《オソ》レガアルカラ適用スベカラザルモノヲ擧ゲテ特ニ規定シタノデス

第四條ノ未成年者《ミセイネンシヤ》ノ能力ノコト、第九條ノ禁治産者《キンジサンシヤ》ノ行爲ハ取消《トリケ》スコトヲ得ルトノヿ、第十二條ノ準禁治産者《ジユンキンジサンシヤ》ノ能力《ノウリヨク》ノコト、及ビ第十四條ノ妻ノ能力ノコト、等ノ規定《キテイ》ハ遺言ニハ之レヲ適用《テキヨウ》セヌコトデアル其詳細ハ各本條ヲ參看《サンカン》セバ自カラ明白《メイハク》ニナリマス

第千六十三條　遺言者ハ遺言ヲ爲《ナ》ス時《トキ》ニ於《オイ》テ其能力ヲ有スルコトヲ要ス

〔註釋〕本條ハ遺言者ガ遺言《ユヰゴン》ヲ爲ス時ニハ遺言ヲ爲《ナ》シ得ベキ能力《ノウリヨク》ヲ有セネバナラヌト云フコトヲ規定《キテイ》シタモノデス單《タン》ニ考《カンガ》フルトキハ無用ノ條文ノ樣ナレド遺言ハ死亡《シボウ》ノ時ニ成立スルモノデアルカラ遺言《ユヰゴン》ヲ爲《ナ》ストキニ能力ヲ有《イウ》シテモ死亡ノ時《トキ》ニ能力ヲ失《ウシナ》ヒシトキハ無効デアルト云フ如キ誤解《ゴカイ》ヲナスモノモ莫《ナ》キニアラザレバ斯クハ規定シタノデアル

第千六十四條　遺言者《ユイゴンシヤ》ハ包括《ハウクワツ》又ハ特定ノ名義ヲ以テ其財産ノ全部又ハ

一部ヲ處分《シヨブン》スルコトヲ得但遺留分《イリウブン》ニ關スル規定ニ違反《イハン》スルコトヲ得ス

〔註釋〕本條ハ遺言《ユイゴン》ヲ以テ處分《シヨブン》シ得ル財産ノ事ヲ規定《キテイ》シタモノデアリマス

本條ヲ說明スル前ニ一言スベキハ包括財産ト特定財産トノコトデアル包括名義ノ財産トハ或ル一物件《ブツケン》又ハ數物件ヲ言フデハナク全部《ゼンブ》又ハ全部中ノ幾分《イクブン》ヲ指シテ謂フコトデス例ヘバ自分ノ死亡後ニ存在《ソンザイ》スル動産不動産ノ全部ハ長男誰《タレ》又ハ妻誰ニ與《アタ》フベシト遺言スル如キハ所謂《イハユル》包括名義ニテ財産ヲ處分《シヨブン》セシモノデアル又特定《トクテイ》名義ノ財産トハ特ニ指定《シテイ》シタル物ノコトデ甲ノ物件《ブツケン》又ハ乙ノ物件ト定メタノデアルサテ遺言者《ユヰゴンシヤ》ハ包括名義又ハ特定名《トクテイ》義ヲ以テ其財産ノ全部《ゼンブ》ナリ又ハ其一部ナリヲ處分《シヨブン》スルコトハ出來ルガ唯《タヾ》遺留分《イリウブン》ニ關スル規定ニ反《ソム》クコトハ出來ヌノデス此制限ハ實《ジツ》ニ相續人ヲ保護《ホゴ》スル爲メニ設ケタルモノデ極メテ有用《ユウヨウ》ナル制裁《セイサイ》デアリマス其遺留分《イリウブン》ノコトハ第七章ノ遺留分ニ關スル規定ノ場合ニ於テ詳カニ說明スルコトニ致シマス

第千六十五條　第九百六十八條及ヒ第九百六十九條ノ規定ハ受遺者ニ之ヲ準用ス

〔註釋〕本條ハ遺贈《イゾウ》ヲ受クルモノ即チ受遺者《ジユイシヤ》ノ資格《シカク》ニ關スル規定デアリマス

第九百六十八條ノ胎兒モ受遺者トナリテ遺言ノ利益ヲ得ベク又第九百六十九條ノ第一項乃至第五項ニ揭《カヽ》ゲタル者ハ受遺者《ジユイシヤ》タルコトヲ得ヌハ至當《シタウ》ノコトデスカラ別ニ說明スルマデモアリマセヌ

第千六十六條　被《ヒ》後見人《コウケンニン》カ後見ノ計算終了前《シウリヤウゼン》ニ後見人又ハ其配偶者若クハ直系卑屬ノ利《リ》益《エキ》ト爲ルヘキ遺言ヲ爲シタルトキハ其遺言《ユヰゴン》ハ無效トス

前項ノ規定《キテイ》ハ直系血族配偶者又ハ兄弟《ケイテイ》姉妹カ後見人タル場合《バアヒ》ニハ之ヲ適用セス

〔註釋〕本條ハ遺言ニ關《クワン》シテ後見人ト被後見人トノ關係《クワンケイ》ヨリ生ズル一種ノ弊害《ヘイガイ》ヲ防ガンガ爲メニ規定シタモノデス

被後見人ハ後見ノ計算終了前《ケイサンシウレウゼン》ニ後見人又ハ後見人ノ配偶者《ハイグウシヤ》若クハ後見人ノ直系卑屬ノ利益ト爲ルベキ遺言《ユヰゴン》ヲ爲シタルトキハ其遺言ハ無効《ムカフ》デアル故ニ後見ノ計算終了後ニハ其後

見被後見ノ關係《クワンケイ》ガ消滅スルカラ有效《ユウカウ》ナル遺言ヲ爲スコトガ出來ル又被後見人ガ後見ノ計算終了後ハ勿論《モチロン》タトヒ計算ノ終了前トテモ後見人ニ有效《ユウカウ》ナル遺言ヲ爲スコトヲ得ル場合ガアル即チ直系血族、配偶者《ハイグウシヤ》又ハ兄弟姉妹《ケイテイシマイ》ガ後見人タル場合デアル此ノ場合ニハ第一項ノ如キ恐レガナイカラ無效トハナラヌノデス

第二節　遺言ノ方式

〔註釋〕遺言《ユイゴン》ハ本人ノ死後《シゴ》ニ其效力ヲ生ズルモノデアレバ遺言《ユヰゴン》ヲ爲スモノヲシテ後日ニ至《イタ》リ紛爭《フンソウ》ヲ生ジタリ又ハ詐欺《サギ》ノ行ハレンコトヲ豫防《ヨバウ》セントスルガ爲メ一定ノ方式《ハウシキ》ニ從ハシムルコトガ必要《ヒツエウ》デアルカラ茲ニ遺言ノ方式《ハウシキ》ヲ定メタノデス而シテ其方式ハ普通《フツウ》方式ト特別方式トノ二ツガアル即チ次ヲ逐フテ之ヲ説明スルコトニ致シマセウ

第一款　普通方式

〔註釋〕本欵ニハ普通方式《フツウホウシキ》ニ關スル要件ヲ規定シタノデアル即チ特別《トクベツ》ノ事情ノ存《ソン》セザル限リハ何人トテモ遺言ヲ爲スニ遵從スベキモノデアリマス

第千六十七條　遺言《ユヰゴン》ハ自筆《ジヒツ》證書、公正《コウセイ》證書又ハ祕密《ヒミツ》證書ニ依リテ之ヲ

爲スコトヲ要ス但特別方式ニ依ルコトヲ許ス場合ハ此限ニ在ラス

▲參看 取第三百六十八條第一項

〔註釋〕本條ハ遺言ノ普通方式《フツウホウシキ》ニ三種《シユ》アルコトヲ示シタモノデアリマス

普通遺言ノ方式ニハ左ノ三種ガアリマス

第一 自筆《ジヒツ》ノ遺言書《ユイゴンシヨ》

第二 公正証書《コウセイシヨウシヨ》

第三 秘密《ヒミツ》証書

ノ三ツデアリマシテ其詳細《シヤウサイ》ハ此ノ以下ニ夫々示《シメ》シテアルガ要スルニコノ三種ノ方式中其一ニ依ラナバナラヌ既《スデ》ニ斯ク規定セシ以上ハ遺言者《ユイゴンシヤ》ノ相續人ニ於テ自白《ジハク》シ若クハ受遺者ニ於テ証人《シヨウニン》ヲ立テヽ之レヲ証スルトモ此等ノ自白《ジハク》若クハ証書ハ少シモ效力《カウリヨク》ヲ有スルモノデハアリマセヌ又茲《コヽ》ニ一ノ注意スベキハ遺言者ノ死亡後《シバウゴ》ニ其遺言書ガ火災《クワサイ》ノ爲メニ燒燼《セウジン》セル場合ノ如キモ其遺言書ガ法定《ハフテイ》ノ方式ヲ具備《グビ》セシモノデサヘアレバタトヘ遺言書《ユイゴンシヨ》ノ現實存在《ソンザイ》セザルモ相續人ノ陳述《チンジユツ》又ハ証人ノ証書ハ無效《ムカウ》トハナラヌモノデアル其詳細ハ後ニ至リテ分リマス

第千六十八條　自筆《ジヒツ》證書ニ依リテ遺言《ユイゴン》ヲ為スニハ遺言者其全文《ゼンブン》、日附及ヒ氏名ヲ自書《ジシヨ》シ之ニ捺印《ナツイン》スルコトヲ要ス

自筆證書中ノ挿入《サウニフ》、削除《サクジヨ》其他ノ變更《ヘンカウ》ハ遺言者其場所ヲ指示シ之ヲ變更シタル旨ヲ附記《フキ》シテ特《トク》ニ之ニ署名《シヨメイ》シ且其變更ノ場所ニ捺印スルニ非サレハ其效ナシ

▲參看　取第三百六十九條

〔註釋〕本條ハ自筆《ジヒツ》証書ニ依ル遺言ノ方式《ホウシキ》ヲ規定シタノデス

自筆《ジヒツ》ノ遺言書ニハ本條ニ規定セル完全自筆《クワンゼンジヒツ》ノ遺言書ト第千七十一條ノ規定セル準自筆ノ遺言書トノ二ツガアルガ完全自筆《クワンゼンジヒツ》ノ遺言書ト云フハ其遺言ノ全文《ゼンブン》幷ニ日附及ヒ氏名ヲ自分ニ書キテ捺印《ナツイン》セネバナラヌ勿論《モチロン》遺言ハ其人ニ取リテ重大《ジウタイ》ノ行為デアレバ可成《ナルベク》其手續ヲ鄭重《テイチヤウ》ニセネバナラヌガ茲ニ日附《ヒツケ》ヲ為スノ必要《ヒツエウ》ハ唯、其何《イツ》レノ日ニ於テ為シタリヤト云フコトヲ知ルバカリノモノデハナク數通《スツウ》ノ遺言書アル時ニハ其各通《カクツウ》ノ效力ヲ定ムルニ必要《ヒツエウ》デアルカラデアリマス

自筆証書《ジヒツシヨウシヨ》中《チウ》ノ挿入ヤ削除《サクジヨ》ヤ其他ノ變更《ヘンカウ》セシコトアルトキニハ遺言者ニ於テ其變更《ヘンカウ》シタル場所ヲ指示《シジ》シ之ヲ變更シタル旨ヲ附記《フキ》シテ殊更《コトサラ》ニ署名シ捺印《ナツイン》シタノデナケレバ其挿入削除其他ノ變更ハ效力ガナイモノデアリマス

第千六十九條　公正證書《コウセイシヨウシヨ》ニ依リテ遺言ヲ爲スニハ左ノ方式《ハウシキ》ニ從フコトヲ要ス

一　證人《シヨウニン》二人以上ノ立會《タチアヒ》アルコト

二　遺言者カ遺言ノ趣旨《シユシ》ヲ公證人ニ口授《コウジユ》スルコト

三　公證人カ遺言者ノ口述《コウジユツ》ヲ筆記シ之ヲ遺言者及ヒ證人《シヨウニン》ニ讀聞カスコト

四　遺言者及ヒ證人カ筆記《ヒツキ》ノ正確《セイカク》ナルコトヲ承認シタル後各自《カクジ》之ニ署名《シヨメイ》捺印《ナツイン》スルコト但遺言者カ署名《シヨメイ》スルコト能ハサル場合ニ於テハ公證人其事由《ジユウ》ヲ附記《フキ》シテ署名《シヨメイ》ニ代フルコトヲ得

五　公證人《コウシヨウニン》カ其證書ハ前四號ニ掲《カヽ》ケタル方式《ハウシキ》ニ從ヒテ作《ツク》リタルモノナル旨ヲ附記《フキ》シテ之ニ署名《シヨメイ》、捺印スルコト

◎參看　取第三百七十條

〔註釋〕本條ハ公正《コウセイ》証書ニ依ル遺言ノ方式《ハウシキ》ヲ示シタノデアリマス

公正証書ニ依ル遺言書トハ公証人ノ作リタ遺言書ノコトデ此方式ニ依ル遺言書ハ左ノ五ツノ必要ナル條件ガアリマス

第一ハ証人《シヤウニン》二名以上ノ立會《タチアヒ》ヲ要スルコトデ是ハ重大《ジウダイ》ナル事柄デアルカラ斯ク定メタノデアル

第二ハ遺言者ガ遺言ノ趣旨《シユシ》ヲ公証人ニ口授《コウジユ》スルコトデ是ハ遺言者ガ自由《ジユウ》己レノ意思《イシ》ニ於テ遺言ヲ爲スカ否ヤヲ知ランガ爲メデアル

第三ハ公證人《コウシヨウニン》ガ遺言者ノ口述《コウジユツ》ヲ筆記シ之ヲ遺言者及ビ證人ニ讀聞《ヨミキ》カスコトデアル是ハ筆記ニ誤《アヤマ》リガアリハセヌカ否《イナ》カト云フコトヲ知ラシメントノ法意《ホフイ》デアリマス

此ノ第二第三ノ二條件《デウケン》ノ結果《ケツクワ》トシテ遺言者ハ豫《アラカジ》メ其意思ヲ書面ニ記載《キサイ》シ置キテ是ヲ朗讀シテ遺言ヲ爲スヲ許《ユル》シマセヌ又公證人ハ口述ノ儘《マヽ》ニ筆記《ヒツキ》スベキコトデ勝手《カツテ》ニ文章ニ作成

スルナドハ許サヌコトデアル

第四ハ公證人ガ爲シタル遺言者ノ口述《コウジユツ》ノ筆記ノ正當確實《セイタウカクジツ》ナルコトヲ承認シタル上各自此證書ニ署名捺印《シヨメイナツ井ン》スルコトガ必要デアル若シ遺言者ガ署名《シヨメイ》スルコトヲ爲シ能ハザル場合ニハ公證人ハ署名《シヨメイ》スル能ハザル理由ヲ附記《フキ》シテ遺言者ノ署名ニ代《カ》フルコトガ出來ルモノデアル

第五ハ公證人カ其筆記《ソノヒツキ》シタル證書ハ本條ノ第一號乃至第四號ニ揭《カヽ》ケタル方式ヲ履行《リカウ》シテ作《ツク》リタル旨ヲ附記《フキ》シテ之ヲ署名捺印スベキコトガ必要《ヒツエウ》デアルト云フコトヲ定メタノデアリマス

第千七十條　祕密《ヒミツ》證書ニ依リテ遺言ヲ爲スニハ左ノ方式《ハウシキ》ニ從フコトヲ要ス

一　遺言者カ其證書ニ署名《シヨメイ》、捺印《ナツイン》スルコト

二　遺言者カ其證書ヲ封《フウ》シ證書ニ用井タル印章《インシヤウ》ヲ以テ之ニ封印《フウ井ン》スルコト

三　遺言者カ公證人《コウシヨウニン》一人及ヒ證人二人以上ノ前《マヘ》ニ封書ヲ提出《テイシユツ》シテ自己ノ遺言書ナル旨《ムネ》及ヒ其筆者《ヒツシヤ》ノ氏名《シメイ》、住所ヲ申述《シンジユツ》スルコト

四　公證人カ其證書提出《テイシユツ》ノ日附及ヒ遺言者ノ申述《シンジユツ》ヲ封紙《フウシ》ニ記載シタル後遺言者及ヒ證人《シヨウニン》ト共ニ之ニ署名《シヨメイ》、捺印スルコト

第千六十八條第二項ノ規定ハ祕密證書ニ依ル遺言ニ之ヲ準用ス

▲參看　取第三百七十一條

〔註釋〕本條ハ祕密《ヒミツ》證書ニ依ル遺言ノ方式《ホウシキ》ヲ規定シタモノデアル

此祕密證書トハ遺言書ヲ祕密ニスルト云フコトデ此方式ニハ左ノ四ツノ必要ナル條件ガアリマス

第一ハ遺言者ガ其證書《シヨウシヨ》ニ自分ノ氏名ヲ自書《ジシヨ》シ且ツ捺印《ナツイン》スルコト

第二ハ遺言者ガ遺言證書ヲ封《フウ》シテ其證書ニ捺印《テツイン》シタルト同一ノ印章《インシヨウ》ヲ以テ之ニ封印《フウイン》スルコト

第三ハ遺言者ガ公證人《コウシヨウニン》一人及ビ證人二人以上ノ面前《メンゼン》ニ封書ヲ差出シテ自己《ジコ》ノ遺言書デア

ルコト及ビ其證書ノ筆者《ヒツシヤ》ガ自分デアルカ又ハ他人《タニン》デアルトキハ其人ノ氏名住所《シメイジウシヨ》ヲ陳述スルコト

第四ハ公證人ガ其證書差出《シヤウシヨサシダシ》ノ日附及ビ遺言者ノ陳述ヲ封紙《フウシ》ニ記載シタル上遺言者及ビ證人ト共ニ之ニ署名捺印《シヨメイナツイン》スベキコト

第千六十八條第二項ノ規定ハ即チ挿入削除《ソウニフサクジヨ》及ビ變更等ノ規定ハ本條ノ祕密《ヒミツ》證書ニモ準用スベキモノデアリマス

總《スベ》テ遺言者自身ガ作リタル遺言書ニハ日附《ヒツケ》ガナクトモ敢《アヘ》テ差支《サシツカヘ》ハナイケレドモ公證人ガ陳述ヲ聽《キ》キタル日ハ必ズ之ヲ明記《メイキ》セネバナラヌ又其遺言者ガ作成《サクセイ》シタル遺言書ナリトノコトモ記入セネバナリマセヌ

此ノ四條件ハ祕密《ヒミツ》遺言書ニ必要《ヒツエウ》ノ條件デアツテ若シ其一ヲ缺《カ》ク時ハ遺言書ノ効力ハナイモノデアル勿論《モチロン》遺言書ハ猥《ミダ》リニ開封《カイフウ》スルコトハ出來ヌモノデアリマス

第千七十一條　祕密《ヒミツ》證書ニ依ル遺言ハ前條ニ定《サダ》メタル方式ニ缺《カ》クルモノアルモ第千六十八條ノ方式《ホウシキ》ヲ具備《グビ》スルトキハ自筆證書ニ依ル遺言トシテ其效力ヲ有ス

△參看　取第三百七十二條

〔註釋〕本條ハ自筆《ジヒツ》ノ遺言書ノ第二種ナル準自筆《ジユンジヒツ》ノ遺言書ニ關スルコトヲ規定シタモノデアリマス

遺言者ガ祕密證書《ヒミツシヨウシヨ》ニ前條ニ定メタル方式ニ缺《カ》ケタルコトガアルトモ第千六十八條ノ規定シアル方式ヲ備《ソナ》ヘテアルナレバ自筆證書ノ遺言《ユヰゴン》ト同ジ効力ヲ有スルモノデアルト云フコトヲ定メタノデアリマス

第千七十二條　言語《ゲンゴ》ヲ發《ハツ》スルコト能ハサル者カ祕密《ヒミツ》證書ニ依リテ遺言ヲ爲ス場合《バアヒ》ニ於テハ遺言者ハ公証人及ヒ証人ノ前《マヘ》ニ於《オイ》テ其証書ハ自己ノ遺言書ナル旨竝《ムネナラビ》ニ其筆者ノ氏名、住所ヲ封紙ニ自書《ジシヨ》シテ第千七十條第一項第三號ノ申述ニ代フルコトヲ要ス

公証人ハ遺言者カ前項《ゼンコフ》ニ定メタル方式ヲ踐《フ》ミタル旨ヲ封紙ニ記載《キサイ》シテ申述ノ記載ニ代フルコトヲ要ス

〔註釋〕本條ハ言語《ゲンゴ》ヲ發《ハツ》スルコト能ハザル者ガ祕密《ヒミツ》證書ニ因リテ遺言ヲ爲ス場合ヲ規定《キテイ》シタ

モノデアリマス
祕密證書ハ第千七十條ニ示《シメ》シテアル遺言者ガ證書ニ署名捺印《ジヨメイナツヰン》シ且公證人及證人ノ前ニ封書ヲ提出《テイシユツ》シテ自分ノ遺言書ノ旨申述《シンジユツ》スルコトヲ要スルニモ拘《カヽ》ハラズ實際《ジツザイ》ニ於テハ言語ヲ發《ハツ》スルコトノ出來ヌ者ガ此ノ祕密《ヒミツ》證書ニ因テ遺言ヲ爲サントスル場合《バアヒ》モ莫キコトモアラズ故ニ遺言者ニ便利《ベンリ》ヲ與《アタ》ヘル爲メ本條ヲ設ケラレタル譯《ワケ》デアリマス條文ヲ一讀《ドク》スルニ解《カイ》スルニ難キ所モナキ樣ナレバ説明ハ致シマセヌ

第千七十三條　禁治産者《キンジサンシヤ》カ本心ニ復《フク》シタル時ニ於テ遺言ヲ爲スニハ醫師二人以上ノ立會アルコトヲ要ス
遺言ニ立會《タチア》ヒタル醫師《イシ》ハ遺言者カ遺言ヲ爲ス時ニ於テ心神喪失《シンシンソウシツ》ノ狀況ニ在ラサリシ旨《ムネ》ヲ遺言書ニ附記《フキ》シテ之ニ署名、捺印《ナツイン》スルコトヲ要ス但祕密証書ニ依リテ遺言《ユイコン》ヲ爲ス場合ニ於テハ其封紙《フウシ》ニ右ノ記載及ヒ署名、捺印ヲ爲スコトヲ要ス

參看　取第三百五十七條

〔註釋〕本條ハ禁治產者《キンヂサンシヤ》デアリシモノガ遺言ヲ爲ストキノ塲合《バアヒ》ヲ規定シタノデアリマス禁治產者ハ常《ツネ》ニ神心喪失《シンシンソウシツ》ノ爲メニ辨別《ベンベツ》ノ力ガ無イモノデアル即チ瘋癲白痴《フウテンハクチ》等ノ如キモノ或ル時ハ本心ニ回復《クワイフク》シナイコトモナイノデアリマス此者ガ遺言《ユイゴン》ヲ爲スニ付テハ必要ノ條《デウ》件《ケン》ガアルノデス即チ禁治產者ガ遺言《ユイゴン》ヲ爲スニハ其本心ニ復《フク》シタル時ニ於テ爲スコト、又其遺言ヲ爲スニハ醫師《イシ》二人以上ノ立會《タチアヒ》アルコト、而シテ遺言ニ立會《タチア》ヒタル醫師ハ遺言者ガ遺言ヲ爲ス時ニ於テ心神喪失《シンシンソウシツ》ノ常況ニ在ラザリシ旨ヲ該《ガイ》遺言書ニ附記《フキ》シ之ニ署名捺印《ナツイン》スルコト等デアリマス乍併《シカシナガラ》其遺言書ガ祕密《ヒミツ》證書デアツタナラバ醫師ノ附記《フキ》ハ其封紙《フウシ》ニ爲シテ署名捺印モ前例《ゼンレイ》ノ通《トホ》リスルコトデアリマス

第千七十四條　左ニ掲《カヽ》ケタル者ハ遺言ノ證人《セウニン》又ハ立會人《タチアヒ》タルコトヲ得ス

一　未成年者《ミセイチンシヤ》
二　禁治產者《キンヂサンシヤ》及ヒ準《ジュン》禁治產者
三　剝奪公權者《ハクダツコウケンシヤ》及ヒ停止《テイシ》公權者

四　遺言《ユイゴン》者《シヤ》ノ配偶者

五　推定《スイテイ》相續人、受遺者《ジユヰシヤ》及ヒ其配偶者竝ニ直系血族《チヨクケイケツゾク》

六　公證人《コウシヨウニン》ト家ヲ同シクスル者及ヒ公證人ノ直系《チヨクケイ》血族竝ニ筆生《ヒツセイ》、雇人《ヤトヒニン》

▲參看　取第三百七十三條

〔註釋〕本條ハ遺言《ユイゴン》ノ時證人又ハ立會人《タチアヒニン》タルモノノ資格《シカク》ニ關スルコトヲ掲《カヽ》ケタモノテアリマス申迄モナク第一號ヨリ第六號ニ至ルモノハ其場合ニ證人又ハ立會人トナルコトハ出來ヌノテス詳カニ說明スル箇條ニモアラサレハ茲ニ略シマス

第千七十五條　遺言《ユイゴン》ハ二人以上同一ノ證書《シヨウシヨ》ヲ以テ之ヲ爲スコトヲ得ス

▲參看　取第三百六十八條第二項

〔註釋〕本條ハ共同《キヤウドウ》遺言ヲ禁《キン》ジタモノテス

遺言ハ二人以上ノモノガ同一ノ證書テスルコトハナラヌ即チ二人以上ガ共同シテ遺言スルコトハナラヌノテス何《ナン》トナレバ若《モ》シ共同《キヤウドウ》遺言テアリシナラバ一方ガ之ヲ取消《トリケ》サントス

ル時ニ差支《サシツカ》ヘアル計リテ無ク共同者ノ意思《井シ》ニ就テハ自カラ相互《ソウゴ》ノ疑念《ギチン》モアルモノテスカ
ラ斯ク禁ジタモノテアリマス

第二款　特別方式《トクベツハフシキ》

〔註釋〕本款ニハ特別方式《トクベツハウシキ》ニ關スル要件《エウケン》ヲ規定シタノテアル即チ普通《フツウ》ニアラザル事情ニ因リテ何人トテモ遺言ヲ爲スニ遵從スベキモノテアリマス

第千七十六條　疾病《シツペイ》其他ノ事由《ジユウ》ニ因リテ死亡ノ危急《キキウ》ニ迫《セマ》リタル者カ遺言ヲ爲サント欲《ホツ》スルトキハ證人三人以上ノ立會《タチアヒ》ヲ以テ其一人ニ遺言ノ趣旨《シユシ》ヲ口授《コウジツ》シテ之ヲ爲スコトヲ得此場合《バアヒ》ニ於テハ其口授《コウジユ》ヲ受ケタル者之ヲ筆記《ヒツキ》シテ遺言者及ヒ他ノ證人ニ讀聞《ヨミキ》カセ各證人其筆記《ヒツキ》ノ正確《カク》ナルコトヲ承認《シヤウニン》シタル後之ニ署名《シヨメイ》、捺印《ナツ井ン》スルコトヲ要ス

前項ノ規定《キテイ》ニ依リテ爲シタル遺言ハ遺言ノ日《ヒ》ヨリ二十日内ニ證人ノ一人又ハ利害《リガイ》關係人ヨリ裁判所ニ請求《セイキウ》シテ其確認《カクニン》ヲ得ルニ非サレハ

其效ナシ

裁判所ハ遺言カ遺言者ノ眞意《シンイ》ニ出テタル心證《シンショウ》ヲ得ルニ非サレハ之ヲ確認《カクニン》スルコトヲ得ス

〔註釋〕本條ハ疾病《シッペイ》其他ノ事故《ジコ》ニヨリテ死亡ノ危急《キキウ》ニ迫《セマ》リタル者ガ遺言ヲ爲ス塲合《バアヒ》ニ於ケル規定テアリマス

サテ遺言ノ方式《ハウシキ》ニ就テハ前ヨリ演ベタ如ク必ズ本人ノ自筆證書《ジヒツシヨウシヨ》或ハ準自筆證書等ニ因《ヨ》ラネバナラヌト云フコトテハアリマセヌ即《スナハ》チ本條ノ特別方式《トクベツハウシキ》ニ依テ遺言者ガ將《マサ》ニ死ニ瀕《ヒン》シテ親昵《シンジツ》セル或一人ニ遺言ノ旨趣《シシュ》ヲ口授《コウジュ》スルカ或ハ疾病以外ノ事モアッテ普通《フツウ》方式ノ規定ニ依ラズシテナシタル遺言《ユイゴン》ニ就テ條件ヲ定メテアルノテス從來《ジャウライ》我カ國普通《フツウ》ニ行ハレタル所ニ依レバ務《ツト》メテ簡易《カンイ》ノ方式《ホウシキ》テアッテ單ニ或一人ニ其旨趣《シシュ》ヲ口授スルガ如キ慣習《ヨウ井》テアッタノテス若シモ之ニ依テ完全《クワンゼン》ニ遺言ノ効力ガ生《シャウ》ズルモノトシタナラバ此者ガ容易ニ遺言ヲ改《アラタ》ムルコトモアルベク又遺言ヲ書面《ショメン》ニ記載セザリシナラバ遂《ツイ》ニハ詐欺《サギ》或ハ紛爭《フンソウ》ヲ釀《カモ》シテ憂フベキ結果《ケックワ》トナルコトモアリマスカラ本條ハ疾病《シッペイ》其他ノ事由ニ因リ死亡ノ危急《キキウ》ニ迫リテ遺言ヲ爲サントスルトキトテモ證人《ショウニン》三人以上ノ立會《タチアヒ》ノ上其一人ニ遺言ノ旨趣《シシュ》ヲ口授

シ此者ハ之ヲ筆記《ヒツキ》シテ遺言者及ビ他ノ證人ニ讀聞《ヨミキ》カセタル上證人ハ筆記《ヒツキ》ノ正確《セイカク》ナルコトヲ承認シタ後署名捺印《ナツイン》スベキモノトシテアルノテス之レニテ其遺言ノ旨趣《シシユ》ハ他カラ變更《ヘンカウ》スルガ如キ弊《ヘイ》ヲ防《フセ》イテ一方ニハ普通《フツウ》方式ニ比シテ簡辨《カンベン》ナル此特別方式ニ依リ遺言モ出來ルコトヲ定メテアルノテス

然レドモ如斯簡易《カンイ》ナル遺言《ユイゴン》ハ仍ホ後ニ至リ他ヨリ變更《ヘンカウ》等ヲ爲スコト頗《スコブ》ル爲シ易クシテ殊《コト》ニ立會《タチアヒ》ノ證人ガ共謀《キヤウバウ》シテ遺言ノ趣旨ヲ改《アラタ》ムルガ如キ弊害ガ起《オコ》ラナイトモ限リマセヌカラ此等ヲ豫防《ヨバウ》シ遺言ノ確實《カクジツ》ナランコトヲ計ツテ有効條件トシテ本條《ホンデウ》第二項ニ規定シアル通リタトヘ第一項ノ規定ニ違《タガ》ハヌトモ遺言ノ日ヨリ二十日内ニ證人《シヨウニン》ノ一人又ハ利害關係人《リガイクワンケイニン》ヨリ其確認《カクニン》ヲ裁判所ニ請求セネバナラヌト規定《キテイ》サレタ譯《ワケ》テアリマス而シテ第三項ニ明示セルカ如ク裁判所ハ遺言者《ユイゴンシヤ》ノ眞實ノ意思《イシ》ニ出《イ》テタル心證《シンシヨウ》ヲ確《タシカ》メテ之ニ依リテ效力ヲ生セシムルトノ規定テアリマス

第千七十七條　傳染病《デンセンビヤウ》ノ爲メ行政《ギヤウセイ》處分《シヨブン》ヲ以テ交通ヲ遮斷《シヤダン》シタル場所ニ在ル者ハ警察官《ケイサツクワン》一人及ヒ證人一人以上ノ立會《タチアヒ》ヲ以テ遺言書ヲ作《ツク》ルコトヲ得

㊎參看　取第三百七十六條

〔註釋〕本條ハ傳染病《デンセンビヤウ》ノ為メ交通遮斷《コウツウシヤダン》セラレタル者ノ遺言ヲ為ス場合ノ特別方式《トクベツハウシキ》ヲ規定シタノデアリマス

本條ハ別ニ說明《セツメイ》ヲ要《エウ》スルコトモアリマセヌ要《エウ》スルニ遺言者カ傳染病流行地《リウカウチ》トシテ行政處《ギヤウセイシヨ》分《ブン》ヲ以テ交通遮斷《カウツウシヤダン》ヲセラレタルトキ或ハ遺言者自身《ジシン》ガ傳染病《デンセンビヤウ》ノ為メ他ノ證人又ハ立會人《タチアヒニン》タルベキモノヲ呼ンデ正當《セイタウ》ニ遺言書ヲ認《ミト》メザルガ為メニ警察官《ケイサツクワン》一人及ビ證人一人以上ノ立會《タチアヒ》ヲ以テ遺言書ヲ作成《サクセイ》スルコトガ出來ルノデアリマス此ノ警察官《ケイサツクワン》ハ常《ツネ》ニ斯ル場合ニ立會ヒ居ルヲ以テナリ又證人一人以上ト云フニ是《コレ》モ傳染病者《デンセンビヤウシヤ》ト雖モ看護人ハ必ズ附添居《ツキソヒ》ルベク若クハ以上ノモノ又附添《ツキソ》ヒ居ルベケレバナリ第千八十二條ニ依テ茲ニ立會《タチア》ヒ居リシ警察官看護人《カンゴニン》或ハ筆者ハ遺言書ニ各自《カクジ》署名捺印《シヨメイナツイン》ヲ要スルハ勿論《モチロン》ノコトデアリマス

第千七十八條　從軍中《ジウグンチウ》ノ軍人及ヒ軍屬《グンゾク》ハ將校又ハ相當官《ソウタウクワン》一人及ヒ證人二人以上ノ立會《タチアヒ》ヲ以テ遺言書ヲ作《ツク》ルコトヲ得若シ將校《シヤウカウ》及ヒ相當官カ其場所ニ在《ア》ラサルトキハ準士官《ジユンシクワン》又ハ下士一人ヲ以テ之ニ代《カ》フルコトヲ得

從軍《ジウグン》中《チウ》ノ軍人又ハ軍屬カ疾病《シツベイ》又ハ傷痍《シヤウ井》ノ爲メ病院《ビヤウ井ン》ニ在ルトキハ其院ノ醫師《イシ》ヲ以テ前項ニ掲《カヽ》ケタル將校《シヤウカウ》又ハ相當官《サウタウカン》ニ代フルコトヲ得

參看　取第三百七十四條

〔註釋〕本條ハ從軍中《ジウグンチウ》ノ軍人ガ遺言書ヲ作《ツク》ル場合ニ就《ツイ》テ規定シタノデアル

從軍中ノ軍人《グンジン》及ヒ軍屬ガ遺言《ユイゴン》ヲ爲ス場合ニハ簡易《カンイ》ナル特別方式《トクベツハウシキ》ヲ要スルハ勿論《モチロン》ノコトデアルカラ此場合《コノバアヒ》ニハ將校又ハ將校相當官《ソウタウカン》一人及ヒ證人二人以上ノ立會《タチアヒ》ヲ以テ遺言書ヲ作ルコトガ出來ル若シ將校《シヤウカウ》及將校相當官ガ其場所ニ居《オ》ラナイトキハ準士官又ハ下士一人ノ立會ヲ以テ之ニ代フルコトガ出來ルトノコトテス

第二項ハ從軍中ノ軍人《グンジン》又ハ軍屬ガ疾病《シツベイ》ニ罹《カヽ》リシカ又ハ傷痍即チ輕重《ケイジウ》ニ拘ハラズ傷《キズ》ヲ負ヒシ爲メ病院ニ入院《ニフ井ン》セシ者ノ遺言ヲ爲ス場合ニハ前項《ゼンカウ》ニ依ルコトヲ得サルモノテスカラ其病院ノ醫師《イシ》ノ立會《タチアヒ》ヲ以テ將校又ハ相當官ニ代《カ》フルコトガ出來ルノテス茲《コヽ》ニ醫師《イシ》ト云フハ敢《アエ》テ病院長トカ又ハ軍醫《グン井》トカニ限《カギ》リシニハアラテ廣ク雇入《ヤトヒイ》レノ醫師ニマテ通用《ツウヤウ》スル言葉ト知ル可キコトテス

第千七十九條　從軍《ジウグン》中《チウ》疾病、傷痍《シヤウ井》其他ノ事由ニ因リテ死亡ノ危急《キキウ》ニ迫《セマ》

リタル軍人《グンジン》及ヒ軍屬《グンゾク》ハ證人二人以上ノ立會《タチアヒ》ヲ以テ口頭ニテ遺言ヲ爲スコトヲ得

前項ノ規定《キテイ》ニ從ヒテ爲シタル遺言ハ證人其趣旨《シユシ》ヲ筆記《ヒツキ》シテ之ニ署名捺印《ナツイン》シ且證人ノ一人又ハ利害《リガイ》關係人ヨリ遲滯《チタイ》ナク理事又ハ主理《シユリ》ニ請求《キウ》シテ其確認ヲ得ルニ非《アラ》サレハ其效《カウ》ナシ

第千七十六條第三項ノ規定ハ前項ノ場合ニ之ヲ準用ス

參看　取第三百七十五條

〔註釋〕本條ハ從軍中《ジウグンチウ》ノ軍人及ヒ軍屬ノ遺言ニ付キ口頭《コウトウ》ニ依ル特別方式ヲ規定シタモノテ其病既ニ危篤《キトク》ニ瀕《ヒン》シタルトキハ到底《タウテイ》夫々ノ手續ヲ踐《フ》ムコトハナラヌカラ本條ヲ設《マウ》ケタモノテアル而シテ其意味ハ別ニ說明スルマテモナク明白ナルコトデアリマス唯、念ノ爲メニ一言スベキハ何故ニ理事《リジ》又ハ主理ニ確認《カクニン》ヲ請求スベキダト云フニ陸軍《リクグン》ニ於ケル理事《リジ》海軍ニ於ケル主理《シユリ》ハ卽チ裁判官ノ職務《シヨクム》ヲ行フモノテアルカラテス

第千八十條　艦船《カンセン》中《チウ》ニ在ル者ハ軍艦《グンカン》及ヒ海軍所屬ノ船舶《センパク》ニ於テハ將校

又ハ相當官一人及ヒ證人《シヨウニン》二人以上其他ノ船舶《センパク》ニ於テハ船長又ハ事務《ジム》員《イン》一人及ヒ證人二人以上ノ立會《タチアヒ》ヲ以テ遺言書ヲ作《ツク》ルコトヲ得

前項ノ場合ニ於テ將校《シヤウカウ》又ハ相當官カ其艦船中《カンセンチウ》ニ在ラサルトキハ準士官又ハ下士一人ヲ以テ之ニ代フルコトヲ得

▲參看　取第三百七十七條

〔註釋〕本條ハ航海中《コウカイチウ》ト碇泊中トニ拘《カヽ》ハラズスベテ軍艦又ハ他《タ》ノ船舶中《センパクチウ》ニアルモノヽ遺言ニ對シテ規定シタノテス

軍艦及ビ海軍所屬《カイグンシヨゾク》ノ船舶中ニ在ル者ハ將校《シヤウカウ》又ハ相當官《ソウタウカン》一人及ヒ證人二人以上ノ立會《タチアヒ》ヲ以テ遺言書ヲ作《ツク》クルコトガ出來ル若シ將校又ハ相當官《ソウタウカン》ガ其艦船中ニ在ラザルトキニハ準士《ジユンシ》官《カン》又ハ下士一人ヲ以テ將校《シヤウカウ》又ハ相當官ニ代《カ》フルコトガ出來ルノテス又軍艦《グンカン》及ヒ海軍所屬ノ船舶《センパク》テナイ商船等ニ在ル者ハ船長《センチヤウ》又ハ事務員一人及ヒ證人二人以上ノ立會ヲ以《モツ》テ遺言書ヲ作ルコトガ出來ルノテス

第千八十一條　第千七十九條ノ規定《キテイ》ハ艦船遭難《カンセンソウナン》ノ場合ニ之ヲ準用ス但

海軍《カイグン》ノ所屬ニ非サル船舶中《センパクチウ》ニ在ル者カ遺言ヲ爲シタル場合ニ於テハ其確認《カクニン》ハ之ヲ裁判所ニ請求《セイキウ》スルコトヲ要ス

〔註釋〕本條ハ軍艦《グンカン》其他ノ船舶ガ危難《キナン》ニ遭遇《ソウグウ》セシ時其遭遇者ガ遺言ヲ爲ストキノ爲メニ規定シタモノテアル

第千七十七條ノ規定ハ軍艦《グンカン》及ヒ海軍所屬ノ船舶其他ノ船舶遭難《センパクソウナン》ノ場合ニモ之ヲ準用スルコトテアリマスが唯《タヾ》、海軍ノ所屬《ショゾク》テナイ船舶中ニ居ルモノガ遺言《ユイゴン》ヲ爲シタル場合ニ於テハ其遺言ノ確認《カクニン》ハ之ヲ裁判所ヘ請求《セイキウ》スルコトガ必要《ヒツエウ》テアルトノコトテス

第千八十二條　第千七十七條、第千七十八條及ヒ第千八十條ノ場合ニ於テハ遺言者、筆者《ヒツシャ》、立會人《タチアヒニン》及ヒ證人ハ各自遺言書ニ署名《ショメイ》、捺印《ナツイン》スルコトヲ要ス

▲參看　取第三百七十九條

〔註釋〕本條ハ署名捺印《ショメイナツイン》ノコトニ就テ規定シタノテス

第千七十七條第千七十八條及ヒ第千八十條ノ場合ニ於テ遺言者筆者及ヒ證人立會人ハ必

ズ銘々《メイく》自身ニ遺言書ニ署名捺印《ショメイナツヰン》スルコトガ必要テアリマス

第千八十三條　第千七十七條乃至第千八十一條ノ塲合ニ於テ署名又ハ捺印スルコト能《アタ》ハサル者アルトキハ立會人《タチアヒニン》又ハ證人ハ其事由《ジユウ》ヲ附記スルコトヲ要ス

〔註釋〕本條ハ前條ニ反《ハン》シテ署名捺印《ショメイナツヰン》スルコト能ハサル塲合ノ爲メニ定《サダ》メタノテアル第千七十七條カラ第千八十一條マテノ塲合ニ於テ遺言書ニ署名シ又ハ捺印スルコトガ出來ヌ者ガアルトキハ立會人《タチアヒニン》又ハ證人ハ其署名《ソノショメイ》シ又ハ捺印スルコト能《アタ》ハサル事由ヲ附記《フキ》スルコトガ必要テアリマス

第千八十四條　第千六十八條第二項及ヒ第千七十三條乃至第千七十五條ノ規定ハ前八條ノ規定ニ依ル遺言ニ之ヲ準用ス

〔註釋〕本條ハ第千六十八條第二項及ヒ第千七十三條乃至第千七十五條ノ規定モ特別方式ニ依ル遺言《ユイゴン》ニモ必要ナコトガアルカラ特《トク》ニ本條ヲ設《マウ》ケテアルノテ別ニ説明《セツメイ》スベキホドノコトハアリマセヌ

第千八十五條　前九條ノ規定ニ依リテ爲シタル遺言ハ遺言者カ普通方式ニ因リテ遺言ヲ爲スコトヲ得ルニ至リタル時ヨリ六ケ月間生存スルトキハ其效ナシ

〔註釋〕本條ハ第千七十六條乃至《ナイシ》第千八十四條ノ特別方式《トクベツハウシキ》ニ依リテ爲シタル遺言ノ効力《カウリヨク》ニ就テ規定シタモノデアル

本條ヲ說明《セツメイ》センニハ此特別方式ノ遺言ガ確定《カクテイ》ノ効力ヲ有《ユウ》スルカ又ハ假定《カテイ》ノ効力ヲ有スルニ過《ス》ギヌカト云フコトヲ第一ニ知《シ》ルコトガ必要《ヒツエウ》デアル是ハ特別《トクベツ》ノ方式ニ依リテ爲シタルモノデアレバ假《カリ》ノ効力《カウリヨク》ヲ有スル迄デアルカラ其事情ガ止《ヤ》ミタレバ普通《フツウ》方式ニ從ヒ遺言《ユイゴン》ヲスルデナケレバ其效力《カウリヨク》ハアリマセヌ而シテ其期間ハ遺言者《ユイゴンシヤ》ガ普通方式ニ依リテ遺言ヲ爲スコトヲ得ルニ至リタル時ヨリ六ケ月間生存《ゼイゾン》スルトキハ特別方式《ハウシキ》ニ依リテ爲シタル遺言ノ效力ハナイモノデアル

第千八十六條　日本ノ領事《リヤウジ》ノ駐在《チウザイ》スル地ニ在ル日本人カ公正《コウセイ》證書又ハ祕密《ヒミツ》證書ニ依リテ遺言《ユイゴン》ヲ爲サント欲《ホツ》スルトキハ公證人ノ職務《シヨクム》ハ領事

之ヲ行フ

〔註釋〕本條ハ外國《グワイコク》ニ在ル日本人ガ遺言ヲ爲ス場合ノ特別方式《トクベツハウシキ》ヲ規定シタモノデアル

日本ノ領事《リヤウジ》ノ駐在《チウザイ》スル地即チ外國ニ在ル日本人ガ公正《コウセイ》證書又ハ祕密《ヒミツ》證書ニ依リテ遺言ヲ爲サント欲《ホツ》スルトキニハ領事《リヤウジ》ハ本法ノ規定ニヨリ公證人ノ爲スベキ職務《シヨクム》ヲ行フモノデアリマス

第三節　遺言《ユイゴン》ノ效力《カウリヨク》

〔註釋〕本節ニハ遺言《ユイゴン》ノ效力ニ關《クワン》スル一切《サイ》ノコトヲ規定シタノデス

第千八十七條　遺言《ユイゴン》ハ遺言者ノ死亡《シバウ》ノ時ヨリ其效力ヲ生ス

遺言ニ停止《テイシ》條件《デウケン》ヲ附シタル場合ニ於テ其條件《デウケン》カ遺言者ノ死亡後《シバウゴ》ニ成就シタルトキハ遺言ハ條件成就《デウケンジヤウジユ》ノ時ヨリ其效力ヲ生ス

◎參看　取第三百九十條

〔註釋〕本條ハ遺言《ユイゴン》ノ效力ガ生成《セイセイ》スル時效ヲ規定シタノデス

前ニモ說《ト》キシコトアルガ如ク遺言ハ遺言者《ユヰゴンシヤ》ニ於テ其死亡《シバウ》ノ時ニ至ル迄ハ何時ニテモ之ヲ

取消《トリケ》スコトガ出來ルモノナレバ其死亡《シバウ》ニ至ルマデハ未ダ生成《セイセイ》セシモノトハ言ハレマセヌ而シテ此遺言ハ唯、遺贈《イゾウ》バカリデハナイコトハ既《スデ》ニ前々カラ述《ノ》ベタ通リデアル故ニ本條第一項ノ規定《キテイ》ガナイトキハ折角《セツカク》ノ遺言モ之ヲ執行《シツカウ》スルノ時期ニ迷《マヨ》フコトガアルカラデアリマス

第二項ノ遺言ガ停止條件《テイシデウケン》ヲ附シタル場合トハ例《タト》ヘバ遺言書ニ遺言者ノ死亡後《シバウゴ》若シ何某ガ分家《ブンケ》シタトキニ又ハ何某ガ何年ニ至リシトキハ遺言者ノ家屋《カオク》ヲ遺贈《イゾウ》スルト云フ條件アル場合ノ如キハ其條件ノ成就《ジャウジュ》スルマデハ其遺贈ヲ執行《シツカウ》スルコトノ出來ヌハ勿論《モチロン》其目的物タル財産ヲ受遺者ニ移轉《イテン》スルノ效力モアリマセヌ故ニ停止條件《テイシデウケン》ヲ附シタル場合ニ於テ其條件ガ遺言者ノ死亡後ニ於テ成就《ジャウジュ》シタトキハ其條件ガ成就セシ時ヨリ遺言ノ效力ヲ生《シャウ》スルコトヽシタモノデス要《エウ》スルニ第一項ハ遺言《ユイゴン》ハ遺言者ノ死亡《シバウ》ノ時ヨリ其效力《カウリヨク》ヲ生ズトノ大原則《ゲンソク》ヲ掲《カヽ》ゲ第二項ニハ必《カナラ》ズシモ然ラザル場合アルコトヲ掲ゲタルモノデス

第千八十八條　受遺者《ジユイシヤ》ハ遺言者ノ死亡後《シバウゴ》何時ニテモ遺贈ノ抛棄《ハウキ》ヲ爲スコトヲ得

遺贈ノ抛棄《ホウキ》ハ遺言者ノ死亡《シバウ》ノ時ニ遡《サカノボ》リテ其效力ヲ生ス

▲參看取　第三百九十條末項

〔註釋〕本條ニハ遺贈拋棄《イゾウホウキ》ノコトヲ規定シタモノデス

受遺者ハ遺贈ノ包括《ハウクワツ》、特定又ハ單純《タンジユン》、有期若クハ條件附ナル場合又ハ其目的《モクテキ》ノ特定物若クハ代替物《タイタイブツ》アル場合トヲ問ハズ遺言者ガ死亡《シバウ》セシ後ハ何時ニテモ遺贈ヲ拋棄《ホウキ》スルコトガ出來ル何トナレバ遺贈《イゾウ》ハ財産ヲ無償《ムシヤウ》ニテ取得《シユトク》スル方法ノ一ツデアルカラ之ヲ利《リ》スルト否トハ受遺者ノ隨意《ズイイ》ニアルコトデアル故ニ受遺者ハ自分《ジブン》ノ遺言者ニ對スル感情又ハ相續人ニ對スル情誼《ジヤウギ》若クハ其他ノ事情《ジジヤウ》ノ爲メニ遺贈ヲ拋棄《ホウキ》スルヲ以テ適宜《テキギ》デアルトスルトキニハ何時ニテモ遺贈《イゾウ》ヲ拋棄《ホウキ》スルコトガ出來ルノデス

遺贈ノ拋棄《ホウキ》ハ遺言者ノ死亡《シバウ》ノ時ニ遡《サカノボ》リテ其效力ヲ生ズルモノデアル

第千八十九條　遺贈《イゾウ》義務者其他ノ利害《リガイ》關係人《クワンケイニン》ハ相當ノ期間ヲ定メ其期間内ニ遺贈ノ承認《シヤウニン》又ハ拋棄《ホウキ》ヲ爲スヘキ旨ヲ受遺者《ジユイシヤ》ニ催告《サイコク》スルコトヲ得若シ受遺者《ジユヰシヤ》カ其期間内ニ遺贈《イゾウ》義務者ニ對シテ其意思《イシ》ヲ表示《ヘウシ》セサルトキハ遺贈《イゾウ》ヲ承認シタルモノト看做《ミナ》ス

〔註釋〕本條ハ遺贈《イゾウ》ノ承認又ハ拋棄《ハウキ》ニ關スル規定ヲ示シタモノデアル遺贈義務者又ハ其他ノ利害關係人ハ相當ノ期間ヲ定メテ其期間內ニ遺贈ヲ承認スルカ又ハ遺贈ヲ拋棄《ホウキ》スルカ何レカノ意思《イシ》ヲ表示《ヘウジ》スベキ旨ヲ受遺者ニ催告《サイコク》スルコトヲ得ルモノデス若シ受遺者《ジユヰシヤ》ガ其期間內ニ於テ遺贈義務者《ギムシヤ》ニ對シテ承認《シヤウニン》スルトカ又ハ拋棄スルトカ何レノ意思《イシ》ヲモ表示《ヘウジ》セザルトキハ法律ハ遺贈ヲ受遺者《ジユヰシヤ》ニ於テ承認シタモノト看做《ミナ》スモノデアル何トナレバ遺贈ハ受遺者ニ利益《リエキ》ハアレド損失《ソンシツ》ハナイモノデアルカラ特《トク》ニ拋棄スル意思ヲ表示《ヘウジ》セザル場合ニ於テハ之ヲ承認《シヤウニン》シタモノトスルハ當然《タウゼン》ノコトヽ謂ハネバナリマセヌ

第千九十條　受遺者カ遺贈《イゾウ》ノ承認又ハ拋棄《ホウキ》ヲ爲サスシテ死亡《シボウ》シタルトキハ其相續人ハ自己《ジコ》ノ相續權ノ範圍內《ハンイナイ》ニ於テ承認又ハ拋棄《ホウキ》ヲ爲スコトヲ得但遺言者カ其《ソノ》遺言《ユイゴン》ニ別段ノ意思《イシ》ヲ表示シタルトキハ其意思ニ從フ

〔註釋〕本條ハ受遺者《ジユイシヤ》ガ承認又ハ拋棄《ホウキ》ヲ爲サザル前ニ死亡《シバウ》セシ時ノ取扱《トリアツカ》ヒ方ヲ示シタノデアリマス

受遺者ガ前條ニ依リテ遺贈《イゾウ》ノ承認又ハ抛棄《ホウキ》ノ意思ヲ表示《ヘウシ》セザル前ニ死亡《シバウ》シタトキニハ其相續人ハ自己《ジコ》ノ相續權ノ範囲内《ハンヰナイ》ニ於テ承認又ハ抛棄《ホウキ》ヲ爲スコトヲ得ルモノデス然《シカ》レドモ遺言者ガ其遺言ニ別段《ベツダン》ノ意思ヲ表示シテ例《タト》ヘバ受遺者ガ死亡《シバウ》シタトキハ其相續人ニハ遺贈セヌ等ノコトヲ示シタルトキニ於テハ其意思ニ從フベキモノデアル

第千九十一條　遺贈《イゾウ》ノ承認及ヒ抛棄《ホウキ》ハ之ヲ取消《トリケ》スコトヲ得ス

第千二十二條第二項ノ規定ハ遺贈《イゾウ》ノ承認及ヒ抛棄《ハウキ》ニ之ヲ準用ス

〔註釋〕本條ハ一旦《タン》爲シタル遺贈ノ承認《セウニン》ヲナシ及抛棄《ホウキ》ヲナシタル件ハ之ヲ取消《トリケ》スコトハ出來ヌノデス若シ之ヲ取消スコトヲ得ルモノトシタナラバ際限ガナイカラデアリマス

第二項ハ別《ベツ》ニ説明《セツメイ》スルノ必要ヲ認《ミト》メマセヌ

第千九十二條　包括《ハウクワツ》受遺者ハ遺産相續人ト同一ノ權利《ケンリ》義務ヲ有《イウ》ス

參看　取第四百六條乃至四百二十一條

〔註釋〕本條ハ無論當然《ムロンタウゼン》ノコトデアルカラ別ニ説明《セツメイ》ヲ要シマセヌ

第千九十三條　受遺者《ジユヰシヤ》ハ遺贈カ辨濟期《ベンサイキ》ニ至ラサル間ハ遺贈義務者ニ對

シテ相當ノ擔保《タンポ》ヲ請求スルコトヲ得停止《テイシ》條件《デウケン》附《ツキ》遺贈ニ付キ其條件ノ
成否未定《セイヒミテイ》ノ間亦同シ

〔註釋〕本條ハ遺贈《イゾウ》ガ辨濟期《ベンサイキ》ニ至ラザル間、例《タト》ヘバ有期ノ遺贈《イゾウ》ノ如キ場合ニ於テハ受遺者ハ遺贈義務者ニ對《タイ》シテ相當ノ擔保《タンポ》ヲ請求《セイキウ》スルコトガ出來ル又停止《テイシ》條件附遺贈ニ付テ其條件ノ成就《ジヤウジユ》スルヤ否ヤガ未定《ミテイ》ノ間デアルトキモ受遺者ハ遺贈《イゾウ》義務者ニ對《タイ》シテ相當ノ擔保ヲ請求スルコトガ出來ルモノデアル

第千九十四條　受遺者《ジユイシヤ》ハ遺贈ノ履行ヲ請求《セイキウ》スルコトヲ得ル時ヨリ果實《クワジツ》ヲ取得《シユトク》ス但遺言者カ其遺言ニ別段《ベツダン》ノ意思ヲ表示《ヘウシ》シタルトキハ其意思ニ從フ

▲參看　取第三百九十二條

〔註釋〕本條ハ極《キハ》メテ單純《タンジユン》ナル規定デアル即チ受遺者ハ遺贈《イゾウ》ノ履行《リカウ》ヲ請求スルコトヲ得ル時ヨリ果實《クワジツ》ヲ取得スベキモノトス之レ果實《クワジツ》ノ性質上然《シカ》ラザルヲ得ザルナリ然《シカ》レドモ遺言者ガ其遺言ニ別段《ベツダン》ノ意思ヲ表示《ヘウシ》シタルトキハ其別段《ベツダン》之意思ニ從フベキモノトスルノデアリ

マス

第千九十五條　遺贈《イゾウ》義務者カ遺言者ノ死亡《シボウ》後遺贈ノ目的物《モクテキブツ》ニ付キ費用ヲ出タシタルトキハ第二百九十九條ノ規定ヲ準用ス
果實《クワジツ》ヲ收取《シウシユ》スル爲メニ出タシタル通常《ツウジヤウ》ノ必要費ハ果實ノ價格《カカク》ヲ超エサル限度《ゲンド》ニ於テ其償還ヲ請求《セイキウ》スルコトヲ得

▲參看　取第三百九十三條第二項

〔註釋〕本條ハ受遺者《ジユイシヤ》ノ償還義務ニ關《クワン》スル規定デアリマス
遺贈義務者ガ遺言者ノ死亡《シバウ》シタ後其遺贈ニナリ居ル目的物《モクテキブツ》ニ付必要《ヒツエウ》ナル費用若クハ保存《ホゾン》ニ就テノ費用《ヒヨウ》ヲ出シタルトキニハ第二百九十九條ノ規定《キテイ》ニ因リテ受遺者ニ向テ其費用《ヒヨウ》ノ償還ヲ爲サシムルコトガ出來ルコトデス
其目的物ガ果實《クワジツ》デアリシナラバ其果實ヲ收取《シウシユ》スル爲メニ支出スベキ通常《ツウジヤウ》ノ必要費《ヒツエウヒ》ハ果實ノ價格ヲ超《コ》エザル限《カギ》リトシテ其必要費等ノ償還《シヤウクワン》ヲ請求《セイキウ》スルコトガ出來ルト規定シタノデアリマス

第千九十六條　遺贈《イゾウ》ハ遺言者ノ死亡《シバウ》前《ゼン》ニ受遺者カ死亡シタルトキハ其效力ヲ生セス

停止《テイシ》條件《デウケン》附遺贈ニ付テハ受遺者カ其條件《デウケン》ノ成就前ニ死亡《シバウ》シタルトキ亦同シ但遺言者カ其遺言ニ別段《ベツダン》ノ意思《イシ》ヲ表示《ヘウシ》シタルトキハ其意思ニ從フ

▲參看　取第四百四條

〔註釋〕本條ハ遺言《ユイゴン》ガ效力ヲ生ゼサル場合ヲ規定《キテイ》シタノデアリマス

遺言者ガ完全《クワンゼン》ノ能力ヲ具《ソナ》ヘテ居ッテ方式ニ依リ遺言ヲナスニ其遺言ノ成立《セイリツ》ハ申迄モナク有效《ユウカウ》ノモノデアリマスケレドモ若《モ》シ受遺者ガ遺言者ヨリ先《サ》キニ死亡《シバウ》シタルトキニハ遺言ハタトヘ單純《タンジユン》又ハ有期《ユウキ》デアルトモ其效ハナイモノトナリマス何ガ故ニ效《カウ》ヲ失《ウシナ》フト云フニ遺言ハ遺言者ガ受遺者《ジユイシヤ》ヲ見込ミテ遺贈ヲナスモノデツマリ受遺者デナクバ效《カウ》ノナイモノデアルカラデス故ニ本條ニ於《オヒ》テハ遺言者ノ死亡前《シバウゼン》ニ受遺者ガ死亡シタルトキハ遺贈《イゾウ》ノ效《カウ》ハ生ゼヌト定《サダ》メテアルノデス又遺贈ガ停止《テイシ》條件ナル場合ニ於テハ受遺者ガタトヒ遺言者

ヨリ後日《ゴニチ》ニ死亡シタルニ拘《カヽ》ハラズ其停止條件ノ成就前《ジヤウジウゼン》ニ死亡スルトキハ其遺言ハ效《カウ》ヲ失フモノデアリマス是ハ停止《テイシ》條件ノ遺贈《イゾウ》ハ遺言者ノ死亡ニ因リテ效《カウ》ヲ生ズルモノデナク條件ノ成就《ジヤウジウ》ニ因ッテ效ガアルモノナルニ其效ヲ生ズベキ時ニ折角《セツカク》遺言者ガ遺贈ヲシヤウト思《オモ》フタ受遺者其人ガ居ラザレバ既ニ失效《シツカウ》シタモノト云ハネバナラズ乍併《シカシナガラ》遺言者ガ其遺言ニ別段ノ意思ヲ表示シタルトキハ其別段ノ意思ニ隨フト定メテアルノデス

第千九十七條　遺贈《イゾウ》カ其效力ヲ生《シヤウ》セサルトキ又ハ抛棄《ホウキ》ニ因リ其效力ナキニ至リタルトキハ受遺者《ジユヰシヤ》カ受クヘカリシモノハ相續人《ソウゾクニン》ニ歸屬ス但遺言者カ其遺言ニ別段《ベツダン》ノ意思ヲ表示シタルトキハ其意思《イシ》ニ從フ

〔註釋〕本條ハ遺贈ガ前條ニ依《ヨ》リテ其效力《カウリヨク》ヲ生ゼザルトキ又ハ抛棄《ホウキ》ニ因リ效力ノナキ場合ニ至リタルトキニハ其贈遺ハ受遺者ガ受ケルモノヽ部分ハ相續人ニ歸屬スルモノデアルト云フコトヲ規定シタノデアル素《モト》ヨリ相續財産ハ相續人ノ財産《サイサン》デアルガ故ニ之ヲ相續人ニ歸屬《キゾク》セシムルハ當然《タウゼン》ノコトデアリマス

第二項ハ此事《コノユト》タルヤ包括《ホツクワツ》受遺者ニ就テハ之ト反對ノ結果《ケツクワ》ヲ生ズルニ至ルベク故《ユヘ》ニ遺言者ハ別段《ベツダン》ノ意思表示ニヨリテ或受遺者《ジユイシヤ》ノ受クベカリシ財産ノ部分《ブン》ハ他ノ受遺者ニ歸屬スル

モノト定メルカ又ハ特定《トクテイ》ノ第三者ニ歸屬《キゾク》スルモノト表示シテ置《オ》イタナラバ夫ニ隨フコト
デアルト定メテアルノデス

第千九十八條　遺贈《イゾウ》ハ其目的タル權利《ケンリ》カ遺言者ノ死亡《シボウ》ノ時ニ於テ相續財産ニ屬《ゾク》セサルトキハ其效力ヲ生《シヤウ》セス但其權利カ相續財産ニ屬《ゾク》セサルコトアルニ拘《カヽ》ハラス之ヲ以テ遺贈《イゾウ》ノ目的《モクテキ》ト爲シタルモノト認《ミト》ムヘキトキハ此限ニ在ラス

〔註釋〕本條ハ遺贈ノ目的物《モクテキブツ》ガ遺言者ノ死亡《シバウ》ノ時ニ於テ相續財産ニ屬《ゾク》セザルトキニハ其效力ハ生ゼヌモノデアルト云フコトヲ規定シタノデアリマス

遺言ハ遺言者ガ死亡《シバウ》シテカラ其效力ヲ生《シヤウ》ズルコトハ前ニモ述《ノ》ベタ如ク本則《ホンソク》トシテアル本條ノ規定ハ遺贈ノ目的物《モクテキブツ》ノ卽チ權利ガ未《イマ》ダ相續財産ニ屬《ゾク》セザルモノデアツタナレバ其遺言ノ效力ハ生《シヤウ》ジナイモノト規定シテアルノデス然レドモ遺贈者《イゾウシヤ》ガ遺贈ノ目的タル權利ノ相續財産ニ屬《ゾク》シテ居ラナイト云フコトアルニモ拘《カヽ》ハラズ之ヲ以テ遺贈ノ目的《モクテキ》ト爲シタルモノト認《ミト》ムベキトキハ他人ノ權利ヲ目的《モクテキ》トスル遺贈トテモ尚《ナ》ホ效力《カウリヨク》ヲ生ズルコトヲ得ル旨規定シタノデアリマス

第千九十九條　相續《ソウゾク》財產ニ屬《ゾク》セサル權利ヲ目的《モクテキ》トスル遺贈カ前條但書ノ規定《キテイ》ニ依リテ有效《ユウカウ》ナルトキハ遺贈義務者ハ其權利ヲ取得《シユトク》シテ之ヲ受遺者ニ移轉《イテン》スル義務ヲ負《オ》フ若シ之ヲ取得《シユトク》スルコト能ハサルカ又ハ之ヲ取得スルニ付キ過分《クワブン》ノ費用ヲ要《エウ》スルトキハ其價額ヲ辨償《ベンシヤウ》スルコトヲ要ス但遺言者《ユイゴンシヤ》カ其遺言ニ別段《ベツダン》ノ意思ヲ表示《ヘフシ》シタルトキハ其意思ニ從フ

〔註釋〕本條モ亦前條ノ但書ニ就テ相續《ソフゾク》財產ニ屬《ゾク》セザル權利ヲ目的《モクテキ》トスル遺贈ガ有效ノトキニハ遺贈《イゾウ》義務者ガ爲スベキ義務ヲ負《オ》フモノデアルト云フコトヲ規定《キテイ》シタノデアリマス前第千九十八條但書ニ依リテ未ダ相續《ソウゾク》財產ニ屬《ゾク》セヌモノ例《タト》ヘバ動產《ドウサン》不動產ニシテ他人《タニン》ノ所有ニ係《カヽ》ルモノヲ遺言者ガ遺贈ノ目的《モクテキ》トシテニ之ヲ遺贈《イソウ》義務者ニ買收《バイシウ》サシテ受遺者ニ與《アタ》フルニ遺贈義務者《イゾウギムシヤ》ハ茲ニ規定シアル通《トホ》リ行ハナケレバナラヌ義務《ギム》ヲ負フモノデアルト云フノデス若シ之ヲ買收《バイシウ》スルコト出來ヌカ又ハ之ヲ買收《バイシフ》シテ得ルニハ多額《タガク》ノ費用ヲ出サネバナラヌトキニハ其費用《ソノヒヨウ》若クハ價格ハ遺贈義務者ガ出費《シユツヒ》シテ其動產或ハ不動產《フドウサン》ヲ買得テ

而シテ受遺者ニ與《アタ》フルモノデアルガ夫レニ就テ遺言者《ユイゴンシヤ》ガ遺言書ニ別段ノ意思《イシ》ヲ顯《アラ》ハシテ極《キ》メテ置タナラバ其意思ニ隨《シタガ》フモノデアルト云フ規定デス

第千百條　不《フ》特定物《トクテイブツ》ヲ以テ遺贈ノ目的《モクテキ》ト為シタル場合ニ於テ受遺者カ追奪《ツイダツ》ヲ受ケタルトキハ遺贈《イゾウ》義務者ハ之ニ對《タイ》シテ賣主ト同シク擔保《タンボ》ノ責ニ任ス

前項ノ場合《バアヒ》ニ於テ物ニ瑕疵《カシ》アリタルトキハ遺贈義務者ハ瑕疵《カシ》ナキ物ヲ以テ之ニ代フルコトヲ要ス

〔註釋〕本條モ亦《マタ》遺贈義務者ノ受遺者ニ對《タイ》スル義務ヲ負《オ》フコトニ關シ規定シタノデアル

不《フ》特定物《トクテイブツ》ヲ以テ遺言者ガ受遺者ニ遺贈《イゾウ》ヲ為シタルモノニ就《ツイ》テ若シモ受遺者ガ其物件ヲ追《ツイ》奪《ダツ》セラレタトキニハ遺贈義務者ハ賣主《ウリヌシ》ト同樣ニ擔保《タンボ》ヲナスノ義務ヲ負《オ》フモノデアルト云フコトヲ定メタノデス

而シテ前項ノ如キ受遺者ガ追奪《ツイダツ》ヲセラレタ場合ニ其物ニ瑕疵《カシ》アリタルトキハ遺贈義務者ハ瑕疵《カシ》ナキ他ノ物《モノ》ヲ以テ代ヘネバナラヌト第二項ニ示《シメ》シテアルノデス

第千百一條　遺言者カ遺贈《イゾウ》ノ目的物ノ滅失《メツシツ》若クハ變造《ヘンザウ》又ハ其占有ノ喪失ニ因リ第三者ニ對《タイ》シテ償金ヲ請求スル權利《ケンリ》ヲ有スルトキハ其權利《ケンリ》ヲ以テ遺贈ノ目的《モクテキ》ト爲シタルモノト推定《スイテイ》ス

遺贈ノ目的物カ他《タ》ノ物ト附合《フガウ》又ハ混和《コンクワ》シタル場合ニ於テ遺言者カ第二百四十三條乃至第二百四十五條ノ規定《キテイ》ニ依リ合成物《ガフセイブツ》又ハ混和物《コンクワブツ》ノ單獨《タンドク》所有者又ハ共有者《キヤウユウシヤ》ト爲リタルトキハ其全部ノ所有權《シヨイウケン》又ハ共有權ヲ以テ遺贈ノ目的ト爲シタルモノト推定ス

▲參看　取第三百九十一條

〔註釋〕本條ハ遺言者ガ遺贈《イゾウ》シタル目的物ノ滅失《メツシツ》若クハ變造《ヘンゾウ》等ニテ喪失《ソウシツ》シタル場合第三者ニ對シテ償金《シヤウキン》ヲ請求スル權利ハ其遺贈ノ目的《モクテキ》トシタモノト推定《スイテイ》スルモノト規定シテアルノデス

第二項モ前項ト同樣《ドウヤウ》ノ意味デ別ニ說明《セツメイ》スルノ必要《ヒツエウ》ハアリマセヌ要スルニタトヘ遺言ノ目的物ガ滅失《メツシツ》若クハ變造又ハ占有《センイウ》ノ喪失シタトテモ遺言者ガ第三者ニ對《タイ》シテ權利ヲ有スル

モノハ其權利《ソノケンリ》ガ即チ遺贈物トナッテ受遺者ニ移《ウツ》ストノ意デアリマス

第千百二條　贈遺《ゾウヰ》ノ目的タル物又ハ權利《ケンヰ》カ遺言者ノ死亡《シバウ》ノ時ニ於テ第三者ノ權利ノ目的《モクテキ》タルトキハ受遺者ハ遺贈《イゾウ》義務者ニ對シ其權利ヲ消《シヤウ》滅《メツ》セシムヘキ旨ヲ請求《セイキウ》スルコトヲ得ス但遺言者カ其遺言ニ反對《ハンタイ》ノ意思ヲ表示シタルトキハ此限ニ在ラス

〔註釋〕本條ハ受遺者《ジユイシヤ》ガ遺贈義務者ニ對《タイ》シテ遺贈ノ目的《モクテキ》タル物又ハ權利《ケンリ》ニ付キ存在《ソンザイ》スル第三者ノ權利ヲ消滅《シヤウメツ》スルコトノ請求《セイキウ》ナスコトヲ得ザルコトヲ規定《キテイ》シタノデス

抵當權《テイタウケン》ヲ設定《セツテイ》シアル遺贈物ハ遺言者ガ死亡《シバウ》ノトキニ於テ第三者ニ權利《ケンリ》ガアルモノデス其權利ノ目的《モクテキ》ヲ即チ抵當權《テイタウケン》ヲ消滅セシムベキ旨《ムネ》ヲ受遺者ハ遺贈義務者ニ向テ請求《セイキウ》スルコトハ出來ヌ其負擔附《フタンツキ》ノ儘デ受遺者ノ有《ユウ》ニ歸《キ》スルモノデアルト云フコトヲ定メテアルガ此《コ》ノ遺言ニ就テモ遺言者ガ別段《ベツダン》ノ意思ヲ表示《ヘウシ》シテアツタナラバ其意思ニ從《シタガ》フモノデアルト規定シテアリマス譯デス

第千百三條　債權《サイケン》ヲ以テ遺贈ノ目的《モクテキ》ト爲シタル場合ニ於テ遺言者カ辨《ベン》

濟《サイ》ヲ受ケ且其受取リタル物《モノ》カ尙ホ相續財產中ニ存《ソン》スルトキハ其物ヲ以テ遺贈ノ目的《モクテキ》ト爲シタルモノト推定《スイテイ》ス
金錢ヲ目的《モクテキ》トスル債權ニ付《ツイ》テハ相續財產中ニ其債權額《サイケンガク》ニ相當《ソウタウ》スル金錢ナキトキト雖モ其金額《キンガク》ヲ以テ遺贈ノ目的《モクテキ》ト爲シタルモノト推定《スイテイ》ス

〔註釋〕本條ハ債權《サイケン》ヲ目的トシテ遺贈ヲナシタル塲合《バアヒ》ニ於ケル規定デアリマス
債權ヲ以テ遺贈ノ目的ト爲シタル塲合ニ於テハ遺言者ガ債權ノ返濟ヲ受ケ且受取リタル物ガ尙ホ相續《ソウゾク》財產中ニ在ルトキニハ其受取リタ物《モノ》ヲ遺贈ノ目的《モクテキ》ト推定《スイテイ》スルノデアリマス
金錢ヲ目的トスル債權《サイケン》ハタトヒ相續財產中ニ其債權額《サイケンガク》ニ當《アタ》ル金錢ガナキトモ其金額ヲシテ遺贈ノ目的《モクテキ》トシタモノト推定《スイテイ》スル義デアリマス

第千百四條　負擔附《フタンツキ》遺贈ヲ受ケタル者ハ遺贈ノ目的《モクテキ》ノ價額ヲ超《コ》エサル限度《ゲンド》ニ於テノミ其負擔《フタン》シタル義務ヲ履行《リカウ》スル責《セメ》ニ任ス
受遺者カ遺贈ノ抛棄《ホウキ》ヲ爲シタルトキハ負擔《フタン》ノ利益《リエキ》ヲ受クヘキ者自ラ

受遺者《ジュヰシャ》ト爲ルコトヲ得但遺言者カ其遺言ニ別段《ベツダン》ノ意思ヲ表示《ヘウジ》シタルトキハ其意思ニ從フ

〔註釋〕本條ハ受遺者《ジュヰシャ》ガ負擔附《フタンツキ》ノ遺贈ヲ受ケルトキニ於ケル責任《セキニン》ヲ明カニシタノデス

受遺者ガ負擔附《フタンツキ》ノ遺贈ヲ受ケタトキニハ無限《ムゲン》ノ責任ヲ負ハネバナラヌト云フコトデハアリマセヌ遺贈ノ目的《テクテキ》ノ價格ヲ超《コ》ヘザル限リ其負擔《フタン》シタル義務ヲ履行《リカウ》セバヨロシイノデアリマス

受遺者ガ若《モ》シ遺贈ヲ純棄《ホフキ》シタルトキニハ負擔《フタン》ニ付テ利益《リエキ》ヲ受クベキモノ自ラ受遺者トナルコトヲ得ルモノトシテアルノハ若シ其利益ヲ受クベカリシモノハ相續人ニ歸スルモノトシタナラバ負擔《フタン》ノ利益《リエキ》ヲ受クベキ者ハ永ク不確定《フカクテイ》ノ地位ニ在ル結果《ケツクワ》ヲ生ズルコトモアルカラ負擔《フタン》ニ付テ利益ヲ受クル其者ガ受遺者《ジュヰシャ》トナル譯《ワケ》デアリマス而シテ遺言者ハ別段《ベツダン》ノ意ヲ表示シテ置キシナラバ其意ニ從フモノデアル

第千百五條　負擔附《フタンツキ》遺贈ノ目的ノ價額《カカク》カ相續ノ限定《ゲンテイ》承認又ハ遺留分回《クワイ》復《フク》ノ訴ニ因リテ減少《ゲンセフ》シタルトキハ受遺者ハ其減少《ゲンセフ》ノ割合ニ應《オフ》シテ其

負擔《フタン》シタル義務ヲ免《マヌガ》ル但遺言者カ其遺言ニ別段《ベツダン》ノ意思ヲ表示《ヘウシ》シタルトキハ其意思ニ從フ

〔註釋〕本條ハ負擔附《フタンツキ》遺贈ノ目的《モクテキ》ノ價格ガ相續ノ限定承認又ハ遺留分回復《イリウブンカイフク》ノ訴ニ因リテ減少シタルトキニハ受遺者ハ其割合ニ應ジテ其負擔シタル義務ヲ免ルヽモノデアルト云フコトヲ規定《キテイ》シタノデアリマス若《モ》シ本條ノ規定ヲ設《マウ》ケテナイトキニハ實際上不公平《ジツサイジヤウフコウヘイ》トナルノミナラズ亦遺言者ノ意思《イシ》ニモ反スルカラ本條ノ通《トホ》リ規定シテアルノデ別段細《コマ》カニ申ス点《テン》モ見マセヌカラ茲ニ略シマス

第四節　遺言《ユイゴン》ノ執行《シツカウ》

〔註釋〕本節ハ遺言《ユイゴン》ノ執行《シツカウ》ニ就テノ規定デアリマス遺言ノ執行《シツカウ》ハ遺言執行者《シツカウシヤ》ニ依テ行ハルヽモノデ其者ノ任務等ニ關シ本節ニ於テ詳細ノ規定ヲ設ケテアルノデス

第千百六條　遺言書《ユイゴンシヨ》ノ保管者《ホクワンシヤ》ハ相續ノ開始《カイシ》ヲ知リタル後遲滯《チタイ》ナク之ヲ裁判所ニ提出《テイシユツ》シテ其檢認《ケンニン》ヲ請求スルコトヲ要《エウ》ス遺言書ノ保管者《ホクワンシヤ》ナキ場合ニ於テ相續人カ遺言書《ユ井ゴンシヨ》ヲ發見《ハツケン》シタル後亦同シ

前項ノ規定《キテイ》ハ公正證書ニ依ル遺言ニハ之《コレ》ヲ適用《テキヨウ》セス
封印《フウイン》アル遺言書ハ裁判所ニ於テ相續人又ハ其代理人《ダイリニン》ノ立會《タチアヒ》ヲ以テスルニ非《アラ》サレハ之ヲ開封《カイフウ》スルコトヲ得ス

◎參看　取第三百九十五條

（註釋）本條ハ遺言ヲ執行《シツカウ》スル時ノ手續《テツヾキ》等ニ關シ規定《キテイ》シアルノデス
公正證書ヲ除クノ外ハ普通遺言書ニ依テ爲シタル遺言ヲ執行スルニハ相續開始地ノ裁判所ノ撿認《ケンニン》ヲ經ザレバ執行《シツカウ》スルコトハ出來ヌノデアリマス何ガ故《ユヘ》ニト云フニ種々執行《シツカウ》ニ就テハ條件ガアリマス即チ左ニ大略ヲ述ルト致シマセウ
遺言ハ前ニモ說明《セツメイ》シタ通リ吾人ノ最終《サイシウ》ノ意思《イシ》ヲ表《アラ》ハス最モ重大《ジウダイ》ナル行爲デアルノデスカラ可成《ナルベク》遺言者ノ意思ヲ誤《アヤ》マラス之ヲ執行セシムル立法《リツハフ》ノ精神《セイシン》デアリマス左スレバ單《タン》ニ自筆遺言書又ハ秘密《ヒミツ》ノ方式ヲ爲シタル遺言ヲ此ノ立法《リツハフ》ニ基《モトツ》キテ行ハナケレバ或ハ成立タナイ遺言ヲ執行《シツカウ》シタリ又ハ正當《セイタウ》デアル遺言ヲ誤解《ゴカイ》シテ行フコトモナイトモ限リマセヌ之ガ公正證書ニ依テ爲シタル遺言《ユヰゴン》デアレバ如斯《カクノゴトキ》憂《ウレヒ》ハナイノデアル
凡《スベ》テ人ノ行爲ニ就テハ意思ノ結果正當《ケツクワセイタウ》ニ行ハルヽコトハ多クハ其意思ノ發表《ハツヘウ》ヲ監査《カンサ》スル

者ガアルカラ充分《ジウブン》ニ出來ルノデアリマス然《シカ》ルニ此ノ遺贈ノ場合ニハ既《ステ》ニ當事者タル遺言者ハ在ラズ遺贈ノ精神《セイシン》ガ充分《ジウブン》ニ執行セラルヽヤ否《イナヤ》ヲ監査スル人ヲ缺《カ》クノ恐《オソレ》ガアル加樣ナ場合ニ於テ裁判所《サイハンシヨ》ガ其人ト爲リテ裁判ヲ爲サバ充分ニ執行《シツカウ》セラルヽカラデス

第一項ハ遺言書ノ保管者《ホクワンシヤ》ガ遺言者既ニ死亡《シバウ》シ相續開始《カイシ》ヲセネバナラヌト知リシトキ速ニ遺言書ヲ裁判所ニ提出《テイシユツ》シテ撿認《ケンニン》ヲ請ケルヿガ必要《ヒツエウ》デアルト定メ保管者ナク相續人自《ミヅカ》ラ遺言書在ルコトヲ發見《ハツケン》シタルトキ是亦撿認《ケンニン》ヲ請《コ》ハネバナラヌト規定シタノデアル

第二項ハ性質上《セイシツジヤウ》其行爲ハ確實《カクジツ》デアルト法律デ認《ミト》メテアルカラ公正證書ニ因ル遺言ハ撿認《ケンニン》ヲ要サヌ

第三項ハ若《モ》シ遺言書ニシテ封印《フウイン》アルモノデアッタナラバ裁判所《サイハンシヨ》ニ於テ相續人又ハ代理《ダイリ》人《ニン》ノ立會《タチア》ヒヲ以テ開封《カイフウ》スルニアラザレバ後條ノ過料《カレウ》ニ處セラルヽコトデアリマス之レ遺言ハ吾人ノ行爲《カウヰ》中《チウ》其最モ貴重《キチヤウ》スベキモノデアルカラデス

要スルニ裁判所ガ撿認《ケンニン》ヲスルニ通常《ツウジヤウ》裁判ノ裁判ト同一ノ効力《カウリヨク》ガアルノカ又ハ無キモノカト云フニ此ノ撿認《ケンニン》ナルモノハ單ニ其遺言執行上ニ差支《サシツカ》ヘナキコトヲ撿認スルノデ其遺言ニ就テ實質上《ジツシツジヤウ》効力ノ爭《アラソヒ》ノ生セル時ハ撿認《ケンニン》ハ其事ニ關シテ決スルコトハ出來ヌカラ更《サラ》ニ起訴ヲシテ曲直《キヨクチヨク》ヲ判斷《ハンダン》スルコトデアリマス

第千百七條　前條ノ規定《キテイ》ニ依リテ遺言書ヲ提出《テイシユツ》スルコトヲ怠《オコタ》リ其檢認ヲ經《ヘ》スシテ遺言ヲ執行《シツカウ》シ又ハ裁判所外ニ於テ其開封《カイフウ》ヲ爲シタル者ハ二百圓以下ノ過料ニ處セラル

參看　取第三百九十五條第三項

（註釋）本條ハ前條ノ規定《キテイ》ニ就テ犯《オカ》シタノハ過料《カリヤウ》ニ處スルコトヲ規定シタノデアリマス如斯過料《カリヤウ》ノ制裁ヲ設《マウ》ケテアルカラ鄭重《テイチヨウ》ニセネバナラヌコトデス併《シカ》シ之レガ爲ニ遺言書ガ無効ニナルコトハナイノデアル

第千百八條　遺言者ハ遺言《ユヰゴン》ヲ以テ一人又ハ數人ノ遺言執行者ヲ指定《シテイ》シ又ハ其指定《シテイ》ヲ第三者ニ委託《ヰタク》スルコトヲ得

遺言執行者指定ノ委託《ヰタク》ヲ受ケタル者ハ遲滯《テタイ》ナク其指定ヲ爲シテ之ヲ相續人ニ通知スルコトヲ要ス

遺言執行者指定《シテイ》ノ委託ヲ受ケタル者カ其委託ヲ辭《ジ》セントスルトキハ

遲滯《チタイ》ナク其旨ヲ相續人ニ通知《ツウチ》スルコトヲ要ス

參看　取第三百九十八條

〔註釋〕本條ハ遺言執行者委任《ヰニン》、又ハ遺言執行者ガ委託《ヰタク》ヲ辭《ジ》スルトキノ場合ニ於ケル規定《キテイ》デアリマス

遺言執行權《シツカウケン》ヲ相續人ニ一任《ニン》セズシテ其以外ノ人ニ委任《ヰニン》スルコトガ出來ルノデス此ノ制度《セイド》ヲ設《マウ》ケタル主要ハ相續人カ或ハ現《ゲン》ニ相續地ニ住居《ジウキヨ》ナシテラサルトキカ又ハ遺言者ガ其相續人ヲシテ信用《シンヨウ》ヲ措《オ》カズシテ一人又ハ數人ノ遺言《ユイゴン》執行者ヲ指定シテ委託《ヰタク》スルコトガ出來ルトノコトヲ定メテアルノデス

第二第三項共ニ條文ニ依テ明瞭《メイレウ》ニ付茲ニ說明《セツメイ》ハ致シマセヌ

第千百九條　遺言執行者カ就職《ジユシヨク》ヲ承諾《シヤウダク》シタルトキハ直チニ其任務《ニンム》ヲ行フコトヲ要ス

〔註釋〕本條ハ遺言《ユイゴン》執行者ガ委托ヲ承諾《シヤウダク》シテ就職《ジユシヨク》ヲナシタルトキニハ直チニ任務《ニンム》ヲ行フベキコトヲ規定ス別ニ說明ノ要ハアリマセヌ故略シマス

第千百十條　相續人其他《ソノタ》ノ利害關係人ハ相當《サウタウ》ノ期間ヲ定メ其期間內ニ

就職《シユシヨク》ヲ承諾スルヤ否ヤヲ確答《カクタフ》スヘキ旨《ムネ》ヲ遺言執行者ニ催告《サイコク》スルコトヲ得若シ遺言執行者カ其期間内《キカンナイ》ニ相續人ニ對《タイ》シテ確答ヲ爲サヽルトキハ就職ヲ承諾《シヤウダク》シタルモノト看做《ミナ》ス

〔註釋〕本條ハ遺言《ユイゴン》執行人ガ委託《ヰタク》ノ承諾ヲ期間内ニ確答《カクトウ》セサルトキノ場合ヲ規定ス

遺言者ガ指定シタル遺言執行者ニ相續人又ハ利害關係人カラ或ル一定ノ期間ヲ定メテ其日迄ニ職務《シヨクム》ニ就クコトヲ確答《カクトウ》爲サシムルコトヲ催告《サイコク》スルモノデス乍併法律《ホフリツ》ハ既ニ當事者タリ遺言者ガ死亡《シバウ》シタル後デアルカラ更《サラ》ニ遺言執行者ヲ指定《シテイ》スルコトハ出來ヌノハ勿論《モチロン》ノコトデアルカラタトヒ期間内ニ職務《シヨクム》ニ就カザルトモ執行者《シツカウシヤ》タルノ責任《セキニン》ハ免レヌモノト看做ストノコトヲ規定シタノデアリマス

第千百十一條　無能力者《ムノウリヨクシヤ》及ヒ破産者ハ遺言執行者《シツカウシヤ》タルコトヲ得ス

〔註釋〕本條ハ遺言執行者ノ資格《シカク》ヲ規定《キテイ》シタノデアリマス

本條ニ掲《カヽ》ゲル無能力者及ビ破産者《ハサンシヤ》ハ遺言執行者ノ任務《ニンム》ニ就《ツ》クコトハ出來ヌノデアリマス

第千百十二條　遺言執行者ナキトキ又ハ之ナキニ至リタルトキハ裁判

所ハ利害關係人ノ請求ニ因リ之ヲ選任スルコトヲ得

前項ノ規定ニ依リテ選任《センニン》シタル遺言執行者ハ正當《セイトウ》ノ理由《リコウ》アルニ非サレハ就職ヲ拒《コバ》ムコトヲ得ス

〔註釋〕本條ハ遺言《ユイゴン》執行者ガナキトキ又ハ之ナキニ至《イタ》リタルトキノ場合《バアヒ》ニ於ケル規定デアリマス

遺言者ガ遺言ヲ以テ遺言執行者《シツカウシヤ》ヲ指定《シテイ》シテナリ又ハ其指定ヲ第三者ニ委託《ヰタク》セサリシトキ若クハ其者ガ就職《ジユシヨク》ヲ辭《ジ》シタルトキニハ裁判所ハ相續人其他ノ利害關係人《リガイクワンケイニン》ノ請求ニ因テ新《アラ》タニ撰任ヲスルコトヲ得ルト定メタノデアリマス

此ノ手續《テツヾキ》ニ依テ新《アラ》タニ撰マレタ遺言執行者ハ正當《セイトウ》ノ理由アルニ非ラサレハ就職ヲ拒《コバ》ムコトハ出來ヌモノデアリマス

第千百十三條　遺言執行者ハ遲滯《チタイ》ナク相續財産ノ目錄《モクロク》ヲ調製《テウセイ》シテ之ヲ相續人ニ交付スルコトヲ要ス

遺言執行者ハ相續人ノ請求《セイキウ》アルトキハ其立會《タチアヒ》ヲ以テ財産目錄ヲ調製《テウセイ》

シ又ハ公證人ヲシテ之ヲ調製セシムルコトヲ要ス

〔註釋〕本條ハ遺言執行者ノ相續《ソウゾク》財産目錄調製《モクロクテウセイ》ノ義務アルコトヲ規定シタモノデアリマシテ條文ニ依テ明瞭ニ付說明ハ致シマセヌ

第千百十四條　遺言執行者《シツカウシヤ》ハ相續財産ノ管理《クワンリ》其他遺言ノ執行《シツカウ》ニ必要ナル一切ノ行爲ヲ爲ス權利義務《ケンリギム》ヲ有ス

第六百四十四條乃至第六百四十七條及ヒ第六百五十條ノ規定ハ遺言執行者ニ之ヲ準用ス

〔註釋〕本條ハ遺言執行者《シツカウシヤ》ハ遺言執行ニ必要《ヒツエウ》ナル一切ノ行爲《カウイ》特《トク》ニ相續財産ノ管理行爲《カウ井》ヲナス權利義務ヲ有スルモノデアルト云フコトヲ規定シタノデアリマス

之ヲ要《エウ》スルニ遺言執行者カ債務《サイム》ノ返辨《ヘンサイ》ヲ爲シタリ又ハ實際《ジツサイ》ノ必要ヨリシテ相續財産ノ或ル部分ヲ處分《シヨブン》ヲ爲スハ遺言執行者ノ權限內《ケンゲンナイ》ニアルモノト定メテアルノデス

第二項ハ受任者《ジユニンシヤ》ノ委任事務等ニ關《クワン》シ遺言執行者モ同一ノ義務《ギム》ヲ負《オ》フモノデアルト定メタノデアリマス仍《ナ》ホ本條參看シタナラバ自ラ了解《リヤウカイ》シマス

第千百十五條　遺言《ユイゴン》執行者アル場合ニ於テハ相續人ハ相續財産ヲ處分《シヨブン》シ其他遺言ノ執行《シツカウ》ヲ妨《サマタ》クヘキ行爲《カウヰ》ヲ爲スコトヲ得ス

〔註釋〕本條ハ遺言執行者ノ爲スコトニ就《ツイ》テ相續人ハ妨《サマタ》グベキ行爲《カウヰ》ヲ爲サシムルコトヲ得サル制限ヲ設ケタノデアル

遺言執行者在リテ遺言ノ意思《イシ》ニ反《ハン》セヌ樣行《オコ》ナイツヽアルニモ拘《カヽ》ハラズ相續人ガ其執行ヲ恣《ホシヒマヽ》ニシタリ又ハ權限《ケンゲン》ヲ犯《オカ》スコトハ出來ヌト本條ニ制裁《セイサイ》ヲ加ヘタノデアリマス

第千百十六條　前三條ノ規定《キテイ》ハ遺言カ特定《トクテイ》財産《ザイサン》ニ關スル場合ニ於テハ其財産ニ付テノミ之ヲ適用ス

〔註釋〕本條ハ前三條ノ規定《キテイ》ハ特定財産ニ就《ツイ》テハ其財産ノミニ付テ之ヲ適用《テキヨウ》スルトノコトヲ規定シタノデアル別ニ説明ノ要ハアリマセヌ故略シマス

第千百十七條　遺言《ユイゴン》執行者ハ之ヲ相續人ノ代理人《ダイリニン》ト看做ス

●參看　取第三百九十八條第二項

〔註釋〕本條ハ遺言執行者ハ之《コレ》ヲ相續人ノ代理人《ダイリニン》トシテ任務《ニンム》ヲ行フモノト看做《ミナ》ストノ規定デ

アリマス

第千百十八條　遺言執行者ハ已《ヤ》ムコトヲ得サル事由《ジユウ》アルニ非サレハ第三者ヲシテ其任務《ニンム》ヲ行ハシムルコトヲ得ス但遺言者カ其遺言ニ反對《ハンタヰ》ノ意思ヲ表示《ヘウシ》シタルトキハ此限《コノカギリ》ニ在ラス

遺言執行者カ前項但書《タヾシガキ》ノ規定ニ依リ第三者ヲシテ其任務《ニンム》ヲ行ハシムル場合《バアヒ》ニ於テハ相續人ニ對《タヰ》シ第百五條ニ定《サダ》メタル責任《セキニン》ヲ負フ

〔註釋〕本條ハ遺言執行者ガ事故《ジコ》アルトキ代理人《ダヰリニン》ヲシテ任務《ニンム》ヲ行ハシメタル場合ニ付テ規定シタノデアリマス

遺言者ガ遺言ニ指定《シテヰ》シタル遺言執行者ハ已《ヤ》ムヲ得《エ》ザル事由ノ外他人《タニン》ヲシテ己レノ職務即遺言執行ニ係《カヽ》ル任務《ニンム》ヲ代理サスコトハ出來ヌノデス即チ但書《タヾシガキ》ニアル通リ若シモ遺言者ガ反對《ハンタヰ》ノ意思ヲ表示《ヘウシ》シタルトキハ例ヘバ第三者ニハ委託《ヰタク》ヲ厭《イト》フ意思ヲ示シテアレバ第一項ノ指定《シテイ》遺言執行者《シツカウシヤ》ノ外其任務《ニンム》ヲ行ハシメザル意ノコトデス

然《シカ》レドモ第百五條ノ規定ニ依テ遺言《ユイゴン》執行者ガ第三者ヲシテ任務《ニンム》ヲ行ハシムルトキニハ第

一項ノ限デナイト規定シテアルノデス

第千百十九條　數人《スニン》ノ遺言執行者アル場合ニ於《オヒ》テハ其任務《ニンム》ノ執行ハ過《クワ》半數《ハンスウ》ヲ以テ之ヲ決ス但遺言者カ其遺言ニ別段《ベツダン》ノ意思ヲ表示《ヘウジ》シタルトキハ其意思ニ從フ

各遺言執行者ハ前項《ゼンカウ》ノ規定ニ拘《カヽ》ハラス保存行爲《ホゾンカウ井》ヲ爲スコトヲ得

〔註釋〕本條ハ數人《スニン》ノ遺言執行者アル場合ニ於テ任務《ニンム》ノ執行ハ過半數《カハンスウ》ヲ以テ決ヲ採《ト》ルコト併カシ遺言ニ別段ノ意思ガ表示シテアッタナラバ其意ニ從フモノアルケド議定ノコトハ本條ヲ主《シユ》トスルコトデアリマス第二項保存行爲《ホゾンカウ井》ノコトハ別ニ説明《セツメイ》センデモ能ク了解スル條文デアリマスカラ説明ヲ略シマス

第千百二十條　遺言《ユイゴン》執行者ハ遺言ニ報酬《ホウシウ》ヲ定メタルトキニ限《カギ》リ之ヲ受クルコトヲ得

裁判所ニ於テ遺言執行者《シツカウシヤ》ヲ選任《センニン》シタルトキハ裁判所ハ事情《ジジヤウ》ニ依リ其

報酬《ハウシウ》ヲ定ムルコトヲ得

遺言執行者《シツカウシヤ》カ報酬ヲ受クヘキ場合《バアヒ》ニ於テハ第六百四十八條第二項及ヒ第三項ノ規定ヲ準用ス

〔註釋〕本條ハ遺言執行者ノ報酬《ハウシウ》ニ關《クワン》スル規定ニシテ説明ヲ俟《マ》タズシテ明白《メイハク》デアリマス
第二項ハ遺言執行者ガ報酬ヲ請求スル場合ニ於テハ第六百四十八條第二項及ビ第三項ヲ準用スルトノコトデアリマス

第千百二十一條　遺言《ユイゴン》執行者カ其任務《ニンム》ヲ怠《オコタ》リタルトキ其他正當《セイタウ》ノ事由アルトキハ利害關係人《リガイクワンケイニン》ハ其解任《カイニン》ヲ裁判所ニ請求スルコトヲ得

遺言執行者ハ正當《セイタウ》ノ事由アルトキハ就職《ジユシヨク》ノ後ト雖モ其任務《ニンム》ヲ辭スルコトヲ得

〔註釋〕本條ハ遺言《ユイゴン》執行者ノ解任《カイニン》ニ關スルコトヲ規定シタノデアリマス
遺言執行者ガ其任務《ニンム》ヲ怠《オコタ》リタルトキカ其他正當ノ事由《ジユウ》例ヘバ不適當《フテキタウ》ノモノト認メルカノトキニ於テハ利害關係人《リガイクワンケイニン》ハ裁判所ニ其解任《カイニン》ヲ請求スルコトガ出來ルモノデアリマス

遺言執行者ハ正當《セイタウ》ノ事由《ジユウ》アルトキニハ其就職ヲ辭《ジ》スルコトガ出來ルノデス此場合ニ其事由ノ正否《セイヒ》ハ裁判所ノ判定《ハンテイ》ニ因ルベキモノデアル

第千百二十二條　第六百五十四條及ヒ第六百五十五條ノ規定ハ遺言執行者ノ任務《ニンム》カ終了《シウリヤウ》シタル場合ニ之ヲ準用《ジユンヨウ》ス

〔註釋〕本條ハ遺言執行者ガ任務《ニンム》終了《シウレウ》ノ場合ニ於テ急迫《キウハク》ノ事情《ジジヤウ》アルトキニハ相續人又ハ法定代理人ノ委任《ヰニン》事務《ジム》ヲ處理《シヨリ》スルコトヲ得ルマデ必要《ヒツエウ》ナル處分《シヨブン》ヲ爲スコト、其相手方《アヒテカタ》ニ對抗《タイカウ》スルコトノ出來ヌ場合ヲ第六百五十四條及ビ第六百五十五條ノ規定ヲ準用シテ定ムルノデアリマスカラ彼ト參照シタラバ能ク了解スルコトヲ得ルデアリマセウ

第千百二十三條　遺言《ユイゴン》ノ執行ニ關《クワン》スル費用ハ相續財產ノ負擔《フタン》トス但之ニ因リテ遺留分《イリウブン》ヲ減《ゲン》スルコトヲ得ス

◎參看　取第三百九十六條

〔註釋〕本條ハ遺言《ユイゴン》ノ執行ニ關《クワン》スル費用《ヒヨウ》ハ遺留分外ノ相續財產ノ負擔《フタン》トスルコトヲ定メタノデアル

遺贈ノ目的物《モツテキブツ》ガ金錢デアツタ場合ハ其執行《シツカウ》スルニ當リ金錢ノ相續財産中ニ在《ア》ラサルトキハ其金高ヲ得ネバナラヌ爲メ財産《ザイサン》ノ部分ヲ賣却《バイキヤク》ヲセネバナラヌ此場合ニ賣却《バイキヤク》ヲ爲ス費用ハ即チ執行《シツカウ》ニ關スル費用《ヒヨウ》デアリマス此費用ノ支出ハ遺留分外ノ相續《ソウゾク》財産ヨリ支辨《ジベン》スルモノデアルト云フコトヲ規定シテアルノデス

第五節　遺言《ユイゴン》ノ取消《トリケシ》

〔註釋〕遺言ノ取消《トリケシ》トハ如何ナル時ニ發生《ハツセイ》スルモノデアルカト云フニ遺言者ガ取消《トリケシ》ノ意思ヲ發表スルカ若クハタトヘ取消ノ意思ヲ明言セザルトモ既ニ遺言ノ目的トセシ所ノ物件ヲ他人ニ遺贈《イゾウ》シ了リタルカ又ハ遺言ノ目的《モクテキ》タル物件ヲ未《イマ》ダ死亡セザル前ニ賣却《バイキヤク》セシ爲メ其遺贈スベキ物件《ブツケン》ノナキ時ノ如キハ無論《ムロン》遺言ヲ取消スノ證據《シヨウコ》ト爲スベキモノデス全体《ゼンタイ》遺言ハ其人ガ死亡《シバウ》スルマデハ何時デモ之ヲ取消《トリケ》シ得ベキ性質《セイシツ》アルモノデスカラ前ニモ既ニ說明《セツメイ》シタコトノアル如ク其生存中《セイゾンチウ》ニ於テハ當事者間ニハ未ダ何等《ナンラ》ノ權利モ關係モ生ゼヌカラシテ遺言者一人ノ心《コヽロ》ノ儘《マヽ》ニ之ヲ自由《ジイウ》ニ取消スコトガ出來ルモノデアリマス乍併タトヘ自由勝手《ジユウカツテ》ニ取消サルヽニモセヨ何等《ナンラ》ノ條件《デウケン》ニモ從ハズシテ取消サレルコトヽセバ弊害《ヘイガイ》ノ生ズルハ必然《ヒツゼン》ノコトデアルカラ本節ヲ規定《キテイ》シタモノデス其條件即チ方式ノコ

トハ下ニアル通《トホ》リデ公正證書又ハ自筆《ジヒツ》ノ遺言書等ニ依リテ取消《トリケ》スベキコトモアリ又別ニ書面ヲ要《ヨウ》セザルモノモアリマス夫レ等ハ追々《オイ〳〵》後ニ辨明《ベンメイ》スルデアリマセウ

第千百二十四條　遺言者ハ何時《ナンドキ》ニテモ遺言ノ方式《ハウシキ》ニ從ヒテ其遺言ノ全部又ハ一部ヲ取消スコトヲ得

▲參看　取第三百九十九條、第四百條

〔註釋〕本條ハ明示《メイシ》セシ遺言ノ取消《トリケシ》ニ就テノ規定《キテイ》デアリマス

遺言者ハ一旦遺言ヲ明示シマシタ日ヨリ死亡スル日マデノ間ニ於テハ何時デモ遺言ノ方式ニ依テ遺言ノ全部《ゼンブ》又ハ遺言《ユイゴン》ノ一部ヲ取消《トリケ》スコトガ出來ルモノデアリマス何ガ故ニ遺言ハ方式《ハウシキ》ニヨラネバナラヌカト云フト明示《メイシ》ノ遺言ハ要式行爲《ヨウシキカウヰ》デアルカラ少クトモ其存立《ソンリツ》ト同一ノ方式《ハウシキ》ニヨルデナケレバ前ノ存立《ソンリツ》ヲ否認《ヒニン》シテ取消スコトハ出來ヌノデアリマス

第千百二十五條　前《マヘ》ノ遺言ト後《ノチ》ノ遺言ト牴觸《テイシヨク》スルトキハ其牴觸スル部分ニ付テハ後《ノチ》ノ遺言ヲ以テ前ノ遺言《ユイゴン》ヲ取消シタルモノト看做《ミナ》ス

前項ノ規定ハ遺言《ユイゴン》ト遺言後ノ生前《セイゼン》處分《シヨブン》其他ノ法律行爲ト牴觸《テイシヨク》スル場

合ニ之ヲ準用ス

▲參看　取第四百一條

〔註釋〕本條及次條ハ遺言《ユイゴン》ノ默示《モクシ》ノ取消ノ場合ヲ規定《キテイ》シタモノデアル前ノ遺言ト後ノ遺言ト互《タガヒ》ニ牴觸《テイシヨク》スル廉《カド》アルトキハ其牴觸スル部分《ブブン》ニ就テハ後ノ遺言ヲ以テ前ノ遺言ヲ取消《トリケ》シタルモノト看做《ミナ》スハ當然《タウゼン》ノコトデアリマス例《タト》ヘバ前ニハ一万圓ヲ遺贈スベシト遺言セシニ其後《ソノヽチ》ノ遺言デハ五千圓ヲ遺贈《イゾウ》スルトナセシトキハ前ノ一万圓ハ取消シテ後ノ五千圓ノ遺贈《イゾウ》ヲ履行《リカウ》スベキモノデス

前項ノ規定《キテイ》ハ遺言ト其遺言後ノ生前處分《セイゼンシヨブン》即チ遺贈ノ目的物ヲ生前《セイゼン》ニ處分シタルトキ又ハ後ノ遺言ヲ以テ前ノ目的《モクテキ》ヲ更ニ遺贈ノ目的《モクテキ》トシタルトキ其他ノ法律《ハフリツ》行爲ト牴觸《テイシヨク》スル場合ニ準用シ其牴觸《ソノテイシヨク》スル部分ニ付テハ遺言後ノ法律行爲《ハフリツカウヰ》ヲ以テ前ノ遺言ヲ取消シタモノト看做シマス

第千百二十六條　遺言者カ故意《コイ》ニ遺言書ヲ毀滅《キメツ》シタルトキハ其毀滅《キメツ》シタル部分ニ付テハ遺言《ユイゴン》ヲ取消シタルモノト看做《ミナ》ス遺言者カ故意《コイ》ニ遺贈ノ目的物《モクテキブツ》ヲ毀滅《キメツ》シタルトキ亦同シ

〔註釋〕本條モ亦默示《マタモクシ》ノ取消《トリケシ》ノ場合ト一ツデアッテ遺言者ガ故意《コイ》ヲ以テ遺言書ヲ破毀《ハキ》又ハ消滅セシメタルトキ若クハ遺贈《イゾウ》ノ目的物ヲ毀損《キソン》シ又ハ滅失《メッシツ》シタルトキハ其毀損《キソン》シ又ハ滅失シタル部分ニ付テハ遺言《ユイゴン》ヲ取消シタモノト看做《ミナ》スベキモノデアリマス何トナレバ遺言書《ユイゴンショ》ハ遺言ヲ証明《ショウメイ》スル唯一ノ証據物《シャウコブツ》ナルニ自ラ之ヲ破毀《ハキ》滅失《メッシツ》スルガ如キハ之ヲ取消スノ意思タルコトガ明白デアルカラノコトデス

第千百二十七條　前三條ノ規定《キテイ》ニ依リテ取消《トリケ》サレタル遺言ハ其取消《トリケシ》ノ行爲《カウヰ》カ取消サレ又ハ效力《カウリヨク》ヲ生セサルニ至《イタ》リタルトキト雖モ其效力《カウリヨク》ヲ回復《カイフク》セス但其行爲カ詐欺《サギ》又ハ強迫《キヤウハク》ニ因ル場合ハ此限ニ在ラス

▲參看　取第四百二條

〔註釋〕本條ハ一旦取消《タントリケ》サレタル遺言ハ其取消ヲ更《サラ》ニ取消スニ因リテ其効力《ソノカウリヨク》ヲ復活《フククワツ》スルヤ否ヲ定メタモノデアリマス

一旦取消《トリケ》サレタル遺言トテモ遺言者ガ生前《セイゼン》ニ其取消ヲ更《サラ》ニ取消シタルトキハ其効力《カウリヨク》ヲ復活スベキガ如ク思《オモ》ハルレドモ決シテ復活《フククワツ》スベキモノデハナイ何《ナン》トナレバ遺言ノ取消《トリケシ》ハ獨立ノ法律行爲《ハフリツカウヰ》デアルガ故ニ直ニ其効力《ゴウリヨク》ヲ生シテ前ノ遺言ハ初メヨリ成立《セイリツ》セサリシモノジ

ヤト看做《ミナ》サルヽニモ不拘更ニ後者ヲ取消《トリケ》スガ爲メニ前者ヲ復活《フククワツ》セシムルハ理論上牴觸《テイシヨク》ヲ免レザルノミナラズ實際上《ジツサイジヤウ》不都合《フツガフ》ヲ生ズルコトアルベキガ故ニ本條ノ如ク規定《キテイ》シタノデアル故ニ後ニ爲セル所爲《シヨイ》ニシテ無効《ムカウ》ト爲ルモ其前ニ爲セル處分《シヨブン》ヲ取消スノ意思アリシコトハ之ガ爲メニ消滅《シヨウメツ》スルモノデハアリマセヌ去リナガラ其取消ノ行爲《カウヰ》ガ取消サレ又ハ効力ヲ生ゼザルニ至リシ原因《ゲンイン》ハ全ク遺言者ノ意思《イシ》デハナク詐欺《サギ》又ハ强迫《キヤウハク》ヨリ出デシモノナルトキハ此限デハアリマセヌ

第千百二十八條　遺言者《ユイゴンシヤ》ハ其遺言ノ取消權《トリケシケン》ヲ拋棄《ホウキ》スルコトヲ得ス

〔註釋〕本條ハ第千百二十四條ノ規定《キテイ》ヲ無用ニ歸《キ》セザラシメンガ爲メニ設《マウ》ケタモノデ遺言者ハ豫メ其遺言ノ取消權ヲ拋棄スルコトハ出來ヌトシタノデアリマス

第千百二十九條　負擔《フタン》附《ツキ》遺贈ヲ受ケタル者カ其負擔《フタン》シタル義務ヲ履行《リカウ》セサルトキハ相續人ハ相當《ソウタウ》ノ期間ヲ定メテ其履行《リカウ》ヲ催告《サイコク》シ若シ其期間内ニ履行《リカウ》ナキトキハ遺言ノ取消《トリケシ》ヲ裁判所ニ請求《セイキウ》スルコトヲ得

〔註釋〕本條ハ裁判權《サイハンケン》ヲ假リテ遺言ノ取消《トリケシ》ヲ請求《セイキウ》スルコトノ出來ル塲合アルコトヲ規定《キテイ》シタ

ノデス

本條ハ前數條トハ違《チガ》ヒマシテ遺言者以外ノ人カラ遺言ノ取消《トリケシ》ヲ請求《セイキウ》スル場合デアリマスサテ負擔附ノ遺贈《イゾウ》ヲ受ケタル者ハ其負擔《フタン》シタル義務ヲ直ニ履行《リカウ》セネバナラヌハ勿論《モチロン》ノコトデアルノニ其負擔《フタン》シタ義務ヲ履行《リカウ》シマセヌトキハ其相續人ハ相當《ソウタウ》ノ期限ヲ定メテ其履行センコトヲ催告《サイコク》セネバナラヌ而シテ受遺者ニ於テ履行《リカウ》スレバ格別《カクベツ》若シ其期限內ニモ履行セザルトキハ其受遺者ニ對スル遺言ノ取消ヲ裁判所ニ請求スルコトガ出來ルノデアリマス

第七章　遺留分

〔註釋〕本章ニハ被相續人ハ或《ア》ル相續人ノ利害《リガイ》ニモ頓着《トンチヤク》ナク一時ノ感情《カンジヤウ》ヤ偏頗《ヘンパ》ノ愛情ノ爲メニ其財産ノ全部ヲ遺贈スルコトガ出來ヌト云フコトヲ示スガ爲メ其遺贈スルコトヲ得ベキ財産ノ部分《ブブン》ヲ定メ若シ其額ヲ超過《テウカ》シテ遺贈ヲ爲シタルトキニハ其超過《テウクワ》スル部分ダケヲ減殺《ゲンサツ》スベキコトヲ規定シタノデアリマス本章ノ範囲《ハンイ》ハ遺留分《イリウブン》トシテ相續財産ノ幾分《イクブン》ヲ何人ニ與《アタ》フベキカ遺留分ハ如何ニシテ計算《ケイサン》スベキカ等其他權利《ケンリ》問題《モンダイ》ヲ生スル極メテ必要《ヒツエウ》ナル章條デアリマス

第千百三十條　法定《ホフテイ》家督《カトク》相續人タル直系卑屬ハ遺留分《井リウブン》トシテ被相續人ノ財產ノ半額《ハンカク》ヲ受ク

此他ノ家督《カトク》相續人ハ遺留分《イリウブン》トシテ被相續人ノ財產ノ三分ノ一ヲ受ク

▲參看　取第三百八十四條

〔註釋〕本條ハ遺留分配當《イリウブンハイトウ》ノ程度《テイド》ヲ示シタモノデアリマス

法定《ホフテイ》家督相續人タル直系卑屬《チヨクケイヒゾク》ハ遺留分トシテ被相續人ノ財產ノ半額《ハンカク》ヲ受クベキモノデアル

此他ノ家督相續人ニモ家《イヘ》ヲ維持《井ジ》スルニ必要《ヒツエウ》ナル範圍內ニ於テ遺留分《イリウブン》ヲ與ヘネバナラヌカラ其額ハ被相續人ノ財產ノ三分ノ一ヲ受クベキモノトシタノデアリマス

第千百三十一條　遺產《イサン》相續人タル直系《チヨクケイ》卑屬ハ遺留分《イリウブン》トシテ被相續人ノ財產ノ半額ヲ受ク

遺產相續人タル配偶者《ハイグウシヤ》又ハ直系《チヨクケイ》尊屬ハ遺留分《イリウブン》トシテ被相續人ノ財產ノ三分ノ一ヲ受ク

▲參看　取第三百八十四條第二項

〔註釋〕本條ハ遺產《イサン》相續人タル直系卑屬《チヨクケイヒゾク》及遺產相續人タル配偶者《ハイグウシヤ》又ハ直系卑屬ノ遺留分ノ額ノコトヲ規定シタモノデ別ニ意味ハアリマセヌ

第千百三十二條　遺留分《イリウブン》ハ被相續人カ相續開始《カイシ》ノ時ニ於テ有セシ財產ノ價額ニ其贈與《ゾウヨ》シタル財產ノ價額《カカク》ヲ加ヘ其中ヨリ債務《サイム》ノ全額ヲ控除《コウジヨ》シテ之ヲ算定ス

條件附《デウケンツキ》權利又ハ存續《ソンゾク》期間ノ不確定《フカクテイ》ナル權利ハ裁判所ニ於テ選定《センテイ》シタル鑑定人《カンテイニン》ノ評價ニ從ヒ其價格《カカク》ヲ定ム

家督相續ノ特權《トクケン》ニ屬《ゾク》スル權利ハ遺留分《イリウブン》ノ算定ニ關シテ其價額ヲ算入セス

▲參看　取第三百八十七條、第三百八十三條

〔註釋〕本條ハ遺留分《イリウブン》ノ算定方法《サンテイハフハウ》ヲ定メタモノデアリマス

遺留分ノ算定方《サンテイカタ》ハ如何ニシテ計ルベキヤト云フニ第一遺贈《イゾウ》ガ處分財產ノ部分ヲ超過《テウクワ》スル

カ否カト云フコトヲ知《シ》ルコトガ必要《ヒツエウ》デアル之ヲ知ルニハ總《スベ》テノ相續財産ヲ相續開始《サウゾクカイシ》ノ時ノ額ニ於テ評價《ヘウカ》セ子バナラヌ第二遺留分ノ權利ハ相續權《ソウゾクケン》ノ一部デアレバ其貯存《チヨソン》財産ト處分財産トハ相續開始《カイシ》ノ時ニ定メネバナラヌ是レガ第一項ノ如ク遺贈《イゾウ》ノ目的《モクテキ》ト爲リタル財産ト其目的《モクテキ》ト爲ラザル財産トヲ相續開始《ソウゾクカイシ》ノ時ニ於テ評價《ヘウカ》セネバナラヌ理由デアル既《スデ》ニ相續開始ノ時ニ總《スベ》テノ相續財産ヲ評價シテ其額《ソノガク》ヲ定メタナラバ其開始後ニ增加《ゾウカ》シタリ又ハ減少《ゲンセウ》シタリスルトモ相續開始ノ時ニ於テ相續權《ソウゾクケン》及ビ受遺者ノ權利ハ既《スデ》ニ定《サダ》マリシモノデアルカラ右ノ增加《ゾウカ》ヤ減少ヤハ遺贈ガ處分《シヨブン》財産ヲ超過《テウクワ》シタルカ否《イナ》カヲ定ムルガ爲メニ少シモ斟酌《シンシヤク》スベキモノデハアリマセヌ、サテ相續財産ヲ評價《ハウカ》シタルトキハ其評價額ニ其贈與《ゾウヨ》シシタル財産ノ評價《ヘウカ》額《ガク》ヲ合セテ其中カラ被相續人ノ債務《サイム》ノ全額《ゼンガク》ヲ控除《コウジヨ》スベキモノデアル又被相續人ノ財産中債權《サイケン》ニシテ債務者《サイムシヤ》ガ到底《タウテイ》辨濟ノ見込ミナキモノモ扣除《コウジヨ》スベキモノデアル之ハ明文ニハ見《ミ》ヘマセヌガ自カラ言外《ゲングワイ》ニ含《フク》マレテアルノデス

條件附權利《ケンリ》又ハ存續期間《ソンゾクキカン》ノ不確定ナル權利ハ裁判所ニ於テ撰定《センテイ》シマシタ鑑定人ニ評價《ヘウカ》サセテ其評價《ヘウカ》シタル價額ニ從《シタガ》フベキモノデアリマス

家督相續ノ特權《トクケン》ニ屬スル權利ノ價額ハ遺留分《イリウブン》ノ算定ニ關シテハ之ヲ算入《サンニフ》セヌモノデアル是ハ家督相續者ノ特權《トクケン》トシテ自カラソレダケノ性質《セイシツ》ヲ有シ居ルモノデアリマス

第千百三十三條　贈與《ゾウヨ》ハ相續開始前《カイシゼン》一年間ニ爲シタルモノニ限リ前條ノ規定ニ依リテ其價額《カカク》ヲ算入ス一年前ニ爲《ナ》シタルモノト雖《イヘド》モ當事者雙方《ソウハウ》カ遺留分權利者ニ損害《ソンガイ》ヲ加フルコトヲ知リテ之ヲ爲シタルトキ亦同シ

參看　取第三百八十九條

〔註釋〕本條ハ遺留物《イリウブン》ヲ算定《トンテ井》スルニ當リ一定ノ條件ニヨリ贈與《ゾウヨ》ノ目的《モクテキ》タル財產ノ價格ヲ相續財產中ニ算入スベキコトヲ規定シタノデアル

贈與《ゾウヨ》ハ相續開始《カ井シ》ノ前一年間ニ爲シタルモノニ限《カギ》リテ前條ノ規定ニ依リ其價格《カカク》ヲ算入スルノデス又相續開始《ソウゾクカ井シ》ヨリ一年前ニ爲シタルモノデモ當事者《タウジシヤ》双方ガ遺留分ノ權利者ニ損害《ソンガ井》ヲ加フルコトヲ知リテ爲シタルトキモ亦其價格《カカク》ヲ算入《サンニフ》スベキモノデアル本條ニ一年ト定《サダ》メタノハ何故《ナニユヘ》ゾト云フニ今若シ相續開始《カ井シ》ノ時ヨリ數年前ニ爲シタル贈與《ゾフヨ》ノ減殺《ゲンサツ》ヲ許ストキハ受贈者及ビ善意《ゼン井》ノ第三者ヲ害《ガ井》スルニ至ルベク又全ク贈與ノ減殺《ゲンサツ》ヲ許《ユル》サザルトキハ人多ク遺贈ヲ爲サスシテ贈與ヲ爲ス樣ニナリ遺留分ヲ認メタル實益ナキニ至ルベキモノデスカラ一年間前ニ爲シタル贈與云々トシタノデス

第千百三十四條　遺留分《井リフブン》權利者及ヒ其承繼人《シヤフケイニン》ハ遺留分ヲ保全《ホゼン》スルニ必要ナル限度《ゲンド》ニ於テ遺贈及ヒ前條ニ掲《カヽ》ケタル贈與ノ減殺《ゲンサツ》ヲ請求スルコトヲ得

▲參看　取第三百八十六條

〔註釋〕本條ハ前數條《ゼンスウデフ》ノ規定ニ依リ遺留分ヲ算定《サンテ井》セシ結果《ケツクワ》トシテ贈與又ハ遺贈ノ目的《モクテキ》タル財產ノ價格ガ被相續人ノ自由《ジユウ》ニ處分スルコトヲ得ベキ範圍《ハンイ》ヲ超過《テウクワ》シタトキハ如何ニシテ其贈與又ハ遺贈ノ効力《カウリヨク》ヲ減却スベキカヲ定《サダ》メタモノデアル即チ處分《シヨブン》財產ノ部分ヲ超過《テウクワ》シタ遺贈又ハ前條ノ贈與《ゾウヨ》ハ處分財產ノ部分ヲ超過《テウクワ》シタ場合ニ於テ相續人ハ相續財產ノ遺留分《イリウブン》ニ基《モト》キ減殺ヲ請求《セイキウ》スルコトガ出來ル故ニ減殺《ゲンサツ》ノ權利ハ即《チ》遺留分權利ノ制裁《セイサイ》デアリマス而シテ此請求ノ權利《ケンリ》ハ相續人ニバカリ專屬《センゾク》スルモノデハナク遺留分權利者《ケンリシヤ》ノ相續人、相續財產ノ讓受人又ハ遺留分權利者《ケンリシヤ》ノ債權者モ亦之ヲ行《オコナ》フコトガ出來ルノデス今之ヲ知リ易《ヤス》カラシメントセバ被相續人ノ相續財產《ソウゾクザイサン》ハ假リニ一万圓トセンカ然《シカ》ルニ被相續人ハ二千圓ヲ甲ニ三千圓ヲ乙ニ千五百圓ヲ丙ニ遺贈シタルトキハ一万圓ニ對シテ六千五百圓ノ遺贈ヲシテアルカラ相續財產ノ中處分《シヨブン》スルコトヲ得ベキ部分《ブブン》ノ五千圓ニ超過《テウクワ》シテ遺贈シタ

モノデアル故ニ此六千五百圓ハ少クモ千五百圓ハ減殺セネバナラヌノデアリマス

第千百三十五條　條件《デウケン》附《ツキ》權利又ハ存續《ソンゾク》期間ノ不確定《フカクテイ》ナル權利ヲ以テ贈與又ハ遺贈ノ目的《モクテキ》ト爲シタル場合ニ於テ其贈與《ゾウヨ》又ハ遺贈ノ一部ヲ減《ゲン》殺《サツ》スヘキトキハ遺留分權利者《ケンリシヤ》ハ第千百三十二條第二項ノ規定《キテイ》ニ依リテ定メタル價格《カカク》ニ從ヒ直チニ其殘部《ザンブ》ノ價額ヲ受贈者又ハ受遺者ニ給《キウ》付《フ》スルコトヲ要《エウ》ス

▲參看　取第三百八十五條

〔註釋〕條件附權利《ケンリ》又ハ存續《ソンゾク》期間ノ不確定《フカクテイ》ナル權利ヲ以テ贈與又ハ遺贈ノ目的《モクテキ》ト爲シタル場合ニ於テ其贈與又ハ遺贈ノ一部ヲ減殺スベキトキハ遺留分權利者ハ裁判所ニ於テ撰定シタル鑑定人《カンテイニン》ノ評價額ニ從《シタガ》ヒ直チニ其殘部《ザンブ》ノ價額《カガク》ヲ受遺者又ハ受贈者ニ給付《キウフ》スベキモノデアル

第千百三十六條　贈與《ゾウヨ》ハ遺贈ヲ減殺《ケンサツ》シタル後ニ非サレハ之ヲ減殺スルコトヲ得ス

〔註釋〕本條ハ一旦贈與《ゾウヨ》ノ減殺《ゲンサツ》ヲ認ムル以上ハ遺贈ヲ減殺《ゲンサツ》シタ後デナケレバ贈與ノ減殺スルコトノ出來ヌコトヲ規定シタノデス他ニ何等ノ深意ガアルノデハアリマセヌ

第千百三十七條　遺贈《イゾウ》ハ其目的ノ價額《カガク》ノ割合ニ應《オウ》シテ之ヲ減殺ス但遺言者カ其遺言ニ別段《ベツタン》ノ意思《イシ》ヲ表示《ヘウシ》シタルトキハ其意思ニ從フ

▲參看　取第三百八十八條

〔註釋〕本條ハ遺贈《イゾウ》ヲ減殺《ゲンサツ》スルニ就テノ規定デアリマス

遺贈ハ其遺遺ノ目的タル價額ノ割合ニ應ジテ之ヲ減殺スベキモノデ後ニ遺贈セラレタモノヨリ段々《ダンダン》ト前ノ遺贈ニ減殺《ゲンサツ》ヲ及ボスモノデハナイ即チ遺贈ノ全体《ゼンタイ》ニ就テ減殺スルモノデス尤モ遺言者《ユイゴンシヤ》ガ其遺言ニ別段《ベツタン》ノ意思ヲ表示シタトキニハ其別段ノ意思《イシ》ニ從ハネバナリマセヌ

第千百三十八條　贈與《ゾウヨ》ノ減殺ハ後ノ贈與《ゾウヨ》ヨリ始メ順次《ジユンジ》ニ前贈與ニ及フ

〔註釋〕本條ハ贈與《ゾウヨ》ノ減殺《ゲンサツ》ニ就テ規定シタノデアル

本條ノ規定ハ前條ノ規定トハ違ヒ其目的ノ價格ノ割合ニ應ジテ減殺スルモノデナクテ後ニ爲シタル贈與ヨリ減殺《ゲンサツ》シテ段々ト前ニ爲シタル贈與《ゾウヨ》ニ減殺《ゲンサツ》ヲ及ボスベキモノデアリマ

第千百三十九條　受贈者《ジユゾウシヤ》ハ其返還スヘキ財産ノ外《ホカ》尚ホ減殺《ゲンサツ》ノ請求アリタル日以後ノ果實《クワジツ》ヲ返還《ヘンクワン》スルコトヲ要ス

〔註釋〕本條ハ受贈者ガ減殺《ゲンサツ》ニ因リテ其返還《ヘンクワン》スベキ財産ノ外ニ仍《ナ》ホ減殺ノ請求《セイキウ》ヲ受ケタル日ヨリ以後ノ果實《クワジツ》ヲモ返還《ヘンクワン》セネバナラヌト云フコトヲ規定シタノデアリマス

第千百四十條　減殺《ゲンサツ》ヲ受クヘキ受贈者ノ無資力《ムシリヨク》ニ因リテ生シタル損失《ソンシツ》ハ遺留分權利者《ケンリシヤ》ノ負擔《フタン》ニ歸ス

〔註釋〕本條ハ受贈者《ジユゾウシヤ》ガ無資力《ムシリヨク》デアツテ減殺ノ請求《セイキウ》ニ應《オウ》ズルコトノ出來ヌトキノ爲メニ規定シタモノデス

受贈者ガ返還《ヘンクワン》スベキ財産及ビ減殺《ゲンサツ》ノ請求アリタルモ之ヲ返還《ヘンクワン》スルノ資力ナキニ至リタル場合ニ於ケル損失《ソンシツ》ハ何人ノ負擔《フタン》ニ歸スルヤト云フニ是ハ遺留分權利者ガ負擔《フタン》ニテ其損失《ソンシツ》ヲ被ルベキモノデアリマス

第千百四十一條　負擔附《フタンツキ》贈與ハ其目的ノ價額中《カカクチウ》ヨリ負擔ノ價額ヲ控除《コウジヨ》ス

シタルモノニ付キ其減殺ヲ請求スルコトヲ得

〔註釋〕負擔付《フタンツキ》ノ贈與ニ付テハ其負擔付《フタンツキ》贈與ノ目的ナル價額中ヨリ負擔部分ノ價額《カカク》ヲ扣除《コウジヨ》シタ殘餘《ザンヨ》ノ額ニ就テ其減殺ヲ請求《セイキウ》スルコトヲ得ルモノデス本條ハ不必要《フヒツエウ》ノ樣ニモアレドモ若シ此規定ナキトキハ第千百三十四條ノ規定ニヨリテ其全額ヲ減殺セラルヽ如キ不條理ノ結果ヲ生ズルノ恐レアルガ爲メニ設ケタノデス

第千百四十二條　不相當《フソウトウ》ノ對價《タイカ》ヲ以テ爲シタル有償行爲《カウヰ》ハ當事者雙方《ソウハウ》カ遺留分權利者ニ損害《ソンガイ》ヲ加フルコトヲ知リテ爲《ナ》シタルモノニ限《カギ》リ之ヲ贈與ト看做《ミナ》ス此場合ニ於テ遺留分權利者《ケンリシヤ》カ其減殺ヲ請求《セイキウ》スルトキハ其對價《タイカ》ヲ償還《シヤウクワン》スルコトヲ要ス

〔註釋〕本條ハ有償行爲《ユウシヤウカウヰ》ヲ以テ贈與ト看做《ミナ》ス場合ノ條件ヲ規定《キテイ》シタモノデアリマス有償行爲ヲ贈與ト看做《ミナ》スモノハ不相當《フソウタウ》ノ對價《タイカ》ヲ以テ爲サレタルモノ及ビ當事者双方《ソウハウ》ガ遺留分權利者ニ損害《ソンガイ》ヲ加フルコトヲ知リテ爲《ナ》シタルモノヽ二ツデアルガ此場合《コノバアヒ》ニ於テ遺留分權利者カソノ不相當《フソウタウ》ノ對價《タイカ》ヲ以テ爲サレタル有償行爲《ユウシヤウカウヰ》ノ減殺ヲ請求スルトキハ其對價《タイカ》

ハ之ヲ償還《セツカン》セ子バナリマセヌ尤モ其當事者双方《ソウハウ》ガ知ラズシテ爲シタル場合ハ此限《コノカギリ》デハアリマセヌ

第千百四十三條　減殺《ゲンサツ》ヲ受クヘキ受贈者カ贈與《ゾウヨ》ノ目的ヲ他人ニ讓渡《ユツリワタ》シタルトキハ遺留分權利者ニ其價額《ソノカガク》ヲ辨償《ベンセウ》スルコトヲ要ス但讓受人カ讓渡ノ當時《タウジ》遺留分權利者ニ損害《ソンガイ》ヲ加フルコトヲ知リタルトキハ遺留分權利者ハ之ニ對《タイ》シテモ減殺《ゲンサツ》ヲ請求《セイキウ》スルコトヲ得

前項ノ規定《キテイ》ハ受贈者カ贈與ノ目的《モクテキ》ノ上ニ權利ヲ設定《セツテイ》シタル場合ニ之ヲ準用ス

〔註釋〕本條ハ受贈者《ジユソウシヤ》ガ贈與ノ目的《モクテキ》ヲ他人ニ讓渡《ユツリワタ》シスルトキニ於ケル減殺《ゲンサツ》ノ請求方ニ就テ規定シタノデス

減殺《ゲンサツ》ヲ受クベキ受贈者ガ其贈與ヲ受《ウ》ケタル目的《モクテキ》ヲ他人ニ讓渡シタルトキニ於《オ》テハ其受贈者ハ遺留分權利者ニ其減殺《ゲンサツ》ヲ受クベキ贈與ノ目的ノ價額《カガク》ヲ辨償《ベンシヤウ》セ子バナラヌハ當然《タウゼン》ノコトデアル然レドモ讓受人ニ於テ贈與《ソウヨ》ノ目的《モクテキ》ヲ讓受シ當時《タウジ》遺留分權利者ニ對《タイ》シテ豫《アラカジ》メ損

害《ガイ》ヲ加フルコトヲ知リテガラ讓受《ユツリウ》ケタルトキハ遺留分權利者ハ此讓受人ニ對《タイ》シテモ減殺《ゲンサツ》ヲ請求スルコトガ出來ルノデス
贈與ノ目的《モクテキ》ヲ他人《タニン》ニ讓渡シタルニアラザルモ受贈者ガ贈與《ゾウヨ》ヲ受ケタル目的《モクテキ》ノ上ニ抵當權《テイタウケン》又ハ質權、地上權等ノ權利《ケンリ》ヲ設定《セツテイ》シタル場合ニ於テハ前ト同一ノ理由《リユウ》トシテ前項ノ規定ヲ準用スベキモノデアリマス

第千百四十四條　受贈者《ジユゾウシヤ》及ヒ受遺者ハ減殺《ゲンサツ》ヲ受クヘキ限度《ゲンド》ニ於テ贈與又ハ遺贈ノ目的ノ價額ヲ遺留分權利者ニ辨償シテ返還ノ義務ヲ免ルヽコトヲ得
前項ノ規定ハ前條第一項但書ノ場合ニ之ヲ準用ス

▲參看　取第三百八十五條第二項

〔註釋〕本條ハ前條ト相關聯《アイクワンレン》セシモノデ專ラ現物返還《ゲンブツヘンクワン》ヲ本則《ホンソク》トシテ規定シタノデアリマス
凡ソ受遺者ハ其贈與又ハ遺贈ヲ受ケタルモノニ付テハ減殺ヲ受クベキ程限ニ於テ目的其モノヲ遺留分權利者ニ返還《ヘンクワン》スベキハ至當《シタウ》デアレドモ便宜上其減殺《ゲンサツ》ヲ受クベキ限度ニ於テ其目的物ノ價額《カカク》ヲ遺留分權利ニ辨償《ベンシヤウ》シテ贈與又ハ遺贈ヲ受ケタル目的物ヲ返還《ヘンクワン》スベキノ義務ヲ免《マヌ》ガルヽコトガ出來ルトシタモノデアル是ハ受贈者《ジユゾウシヤ》及ビ受遺者ニ取リテハ至極《シゴク》便利ノ規定デアッテ遺留分權利者ニ於テモ亦損失ヲ見ザル便宜法デアリマス

二項ノ規定ハ別ニ説明スルマデモアリマセヌ

第千百四十五條　減殺《ゲンサツ》ノ請求權ハ遺留分《イリウフン》權利者カ相續ノ開始《カイシ》及ヒ減殺《ゲンサツ》スヘキ贈與又ハ遺贈《イゾウ》アリタルコトヲ知リタル時ヨリ一年間之ヲ行ハサルトキハ時效《ジカウ》ニ因リテ消滅ス相續開始《カイシ》ノ時ヨリ十年ヲ經過《ケイクワ》シタルトキ亦同シ

〔註釋〕本條ハ減殺《ゲンサツ》ノ請求權ノ時效《ジカウ》ニ因リテ消滅《セウメツ》スルコトヲ規定シタモノデアリマス減殺ノ請求權ハ時效ニヨリテ消滅スルモノデアリマス其場合ハ如何ニト云フニ遺留分權利者ガ相續ノ開始《カイシ》及ビ減殺《ゲンサツ》スベキ贈與又ハ遺贈アリタルコトヲ知リタル時ヨリ一年間之ヲ行ハザルトキ及ビ遺留分權利者《ケンリシヤ》ガ相續ノ開始《イカシ》及ビ減殺《ゲンサツ》スベキ贈與又ハ遺贈アリタルコトヲ知ルト知ラザルトノ別《ベツ》ナク相續開始《カイシ》ノ時ヨリ起算《キサン》シテ十ケ年ヲ經過《ケイカ》シタ時トデアリマス若シ遺留分權利者ノ減殺ノ請求權ガ永久存在スルモノトスルトキハ受遺者又ハ受贈者常ニ不安心《フアンシン》ノモノデアルカラ特《トク》ニ本條ヲ定メタノデアリマス

第千百四十六條　第九百九十五條、第千四條、第千五條、第千七條及ヒ第千八條ノ規定ハ遺留分ニ之ヲ準用ス

〔註釋〕本條ノ規定《キテイ》ニヨリテ遺留分ニ準用スベキ條規《デウキ》ハ皆遺產相續ニ關《クワン》スル規定デアル即チ第九百九十五條第千四條第千五條第千七條及ビ第千八條ハ皆遺產相續ニ關スル規定デアリマス是ハ再ビ説明セズトモ各本條ヲ參看セバ自カラ明白ニアリマス

民法施行法

第一章　通則

〔註釋〕本則《ホンソク》ニハ民法ニ伴《トモナ》フテ行ハルベキ此施行法ノ一般通則《ツウソク》ヲ掲《カヽ》グ即チ以下各條ニ說明ス

第一條　民法施行《シ》前《カウゼン》ニ生シタル事項ニ付テハ本法ニ別段《ベツダン》ノ定アル場合ヲ除《ノゾ》ク外民法ノ規定ヲ適用《テキヨウ》セス

〔註釋〕本條ハ民法施行《シカウ》日即チ明治三十一年七月十六日以前《イゼン》ノ我國《ワガクニ》ニ行ハレテ居タ民事ニ關スル規則等ハ民法ノ發付ニ依テ此施行法ニ定メタルモノヽ外ハ他ノコトニ就テハ變動ヲ及ボスコトハナイト云フ規定デアリマス

第二條　民法ニ於テ破產《ハサン》ト稱スルハ民事ニ付テハ家資分散《カシブンサン》ヲ謂フ

〔註釋〕本條ハ民法中破產《ハサン》ト稱《トナ》フルコトハ民事ノ處分《ショブン》ハ家資分產《カシブンサン》ト云フノデアルト規定シタノデアリマス

破產《ハサン》トハ債務者ガ義務ヲ履行《リカウ》スル事ノ出來ヌ場合又ハ債務ノ支拂《ジハラヒ》ヲ停止《テイシ》シタル時ニ起《オコ》ルコトデアリマス如斯ハ民事上家資分產者《カシブンサンシャ》ト謂ヒ法律行爲《ホフリツカウヰ》ヲ爲シ能ハザルモノデアリマス

第三條　身代限《シンダイカギリ》ノ處分《ショブン》ヲ受ケタル者ハ其債務ヲ完濟《クワンサイ》スルマテハ之ヲ破産者ト看做ス

〔註釋〕本條ハ破産者《ハサンシャ》ト看做《ミナ》ス場合ヲ規定シタノデアリマス
從前《ジウゼン》自分ノ負債《フサイ》ヲ辨濟《ベンサイ》出來ヌコトガアルトキハ其者ハ身代限《シンダイカギリ》ト云フ處分《ショブン》ヲ爲シタリシガ此ノ者ガ若シ今日民法施行《シカウ》ノトキ尚ホ負債《フサイ》ヲ返シテ居ラヌトキニハ今後完濟《クワンサイ》ヲスル迄ハ民法上破産者ト看做スト云フノ定メデアリマス

第四條　證書《ショウショ》ハ確定日附《カクテイヒツケ》アルニ非サレハ第三者ニ對シ其作成《サクセイ》ノ日ニ付キ完全ナル證據力ヲ有セス

〔註釋〕本條ニハ確定日附《カクテイヒツケ》アル證書ハ有效《ユウカウ》ナルコトニ付キ規定シタノデアル
債權債務ニ拘《カヽ》ハラズ其他如何ナル證書《ショウショ》ニテモ凡ソ日附《ヒツケ》ノ無キモノハ第三者ニ對シテ此證書ハ何年何月何日作成《サクセイ》シタモノデアルト云フ證據力《シャウコリョク》トナルベキモノガナイノデ充分申立ガ出來ヌ譯デアリマスユヘ必ズ證書ト名ツクルモノニハ作成ノ年月日ヲ記載スルノガ必要デアリマス

第五條　證書ハ左ノ場合《バアヒ》ニ限リ確定日附《カクテイヒツケ》アルモノトス
一　公正《コウセイ》證書ナルトキハ其日附ヲ以テ確定日附《カクテイヒツケ》トス
二　登記所《トウキシヨ》又ハ公證人役場ニ於テ私署《シシヨ》證書ニ日附《ヒツケ》アル印章ヲ押捺《オウナツ》シタルトキハ其印章《インシヤウ》ノ日附《ヒツケ》ヲ以テ確定日附トス
三　私署《シシヨ》證書ノ署名《シヨメイ》者中《シヤチウ》ニ死亡シタル者アルトキハ其死亡《シボウ》ノ日ヨリ確定日附アルモノトス
四　確定日附アル證書中《シヨウシヨチウ》ニ私署證書ヲ引用《インヨウ》シタルトキハ其證書ノ日附《ヒツケ》ヲ以テ引用《インヨウ》シタル私署證書ノ確定《カクテイ》日附トス
五　官廳《クワンチヤウ》又ハ公署ニ於テ私署證書ニ或事項《アルジカウ》ヲ記入《キニフ》シ之ニ日附ヲ記載シタルトキハ其日附ヲ以テ其證書ノ確定日附トス

〔註釋〕本條ハ法律上《ハフリツジヤウ》確定日附アルモノトスル場合《バアヒ》ヲ規定シタノデアリマス
一、公正《コウセイ》證書トハ公證人ノ手ニ於テ作成《サクセイ》サレタル書類《シヨルイ》ニシテ其證書ニ日附アル其日ガ確

定日附トスルコトデアル

二、私署《シシヨ》證書トハ例《タト》ヘバ自分ガ或ル事柄ノ爲メニ證書作《ツ》クリテ登記所又ハ公證人役場《コウシヤウニンヤクバ》ヘ差出《サシダ》シタモノニタトヘ證書ニ月日ヲ記載《キサイ》セザルトモ登記所又ハ公證人役場ニ於《オイ》テ日附アル受附《ウケツツ》印章ヲ以テ私署證書ノ確定《カクテイ》日附トスルコトデス

三、一個人《コジン》ガ死亡スル前ニ日附《ヒヅケ》ノナキ證書ヲ作《ツク》リ契約其他ノ行爲《カウヰ》ヲナシテ死亡シタトキニハ其者ガ死亡《シバウ》シタ日ガ即チ確定《カクテイ》日附トスルト云フ定メデアリマス

四、例《タト》ヘバ確定日附アル甲證書中ニ確定日附ナキ私署《シシヨ》證書ヲ引用シタ事柄《コトガラ》ガアツテ其私署證書ノ確定日附ハ甲證書《カウシヤウシヨ》ノ日附ヲ以テ確定日附トスルコトデアリマス

五、第二ト同一デ例《タト》ヘバ官署ヘ身分ノ證明《シヨウメイ》又ハ印鑑《インカン》ノ證明ナドヲ一私人ガ提出《テヰシユツ》シタトキ官廳ガ其書面ニ奥書《オクシヨ》シタ日附ヲ以テ確定日附トスルコトデアリマス

第六條　私署《シシヨ》證書ニ確定日附ヲ附《フ》スルコトヲ登記所《トウキシヨ》又ハ公證人役場ニ請求《セイキウ》スル者アルトキハ登記官吏《トウキクワンリ》又ハ公證人ハ確定日附簿ニ署名《シヨメイ》者ノ氏名又ハ其一人ノ氏名ニ外何名ト附記シタルモノ及ヒ件名ヲ記載シ其證書ニ登簿番號《トウボバンガウ》ヲ記入シ帳簿及《オヨ》ヒ證書ニ日附アル印章《インシヤウ》ヲ押捺《オウナツ》シ且

其印章《ソノインシヤウ》ヲ以テ帳簿ト證書トニ割印《ワリイン》ヲ爲スコトヲ要ス

證書カ數紙《スウシ》ヨリ成レル場合ニ於テハ前項ニ掲《カヽ》ケタル印章《インシヤウ》ヲ以テ毎紙ノ綴目《ツヽリメ》又ハ繼目《ツギメ》ニ契印《ケイヰン》ヲ爲スコトヲ要ス

〔註釋〕本條ハ私署《シシヨ》證書ヲ登記所又ハ公證役場《コウシヤウヤクバ》ヘ提出シ確定日附ヲ附《フ》スルコトヲ請求《セイキウ》シタル場合登記官吏。公證人《コウセウニン》ガ爲スベキ手續ヲ規定《キテイ》シタノデアリマス極《キハ》メテ了解《レウカイ》シ易キ條文デアリマスカラ説明ハ致シセヌ

第七條　確定日附簿《カクテイヒツケボ》ニハ豫メ登簿番號ヲ印刷《インサツ》シ請求順ヲ以テ前條ノ規定ニ從ヒ記入ヲ爲スコトヲ要ス

確定日附簿ニハ地方《チハウ》裁判所長其紙數ヲ表紙ノ裏面ニ記載《キサイ》シ職氏名ヲ署《シヨ》シ職印ヲ押捺《オシナツ》シ且職印ヲ以テ毎紙《マイシ》ノ綴目《ツヾリメ》ニ契印《ケイヰン》ヲ爲スコトヲ要ス

〔註釋〕本條モ亦前條《マタゼンデウ》ニ次ク規定デアリマス即チ確定《カクテイ》日附ノ登記簿記入方《キニフカタ》同帳簿調製方《テウセイカタ》等ヲ示スノデアリマス

第八條　私《シ》署《シヨ》證書ニ確定日附ヲ附《フ》スルコトヲ登記《トウキ》所《シヨ》又ハ公證人役場ニ請求スル者ハ命令《メイレイ》ノ定ムル所ニ依リ手數料《テスウレウ》ヲ納ムルコトヲ要ス

〔註釋〕本條ハ確定《カクテイ》日附ヲ附スルコトヲ請求《セイキウ》シタルモノハ登記《トウキ》役塲又ハ公證人役塲ヘ命令《メイレイ》ノ定ムル所ニ依リ手數料ヲ納ムルコトヲ規定シタノデアリマス

此手數料ノ額《カク》ハ各事件毎ニ不同《フドウ》ニ付茲ニ說明《セツメイ》致シマセヌ

第九條　左《サ》ノ法令ハ民法施行《シカウ》ノ日ヨリ之ヲ廢止《ハイシ》ス

一　明治五年第二百九十五號布告

二　明治六年第二十一號布告

三　同年第二十八號布告

四　同年第四十號布告

五　同年第百六十二號布告

六　同年第百七十七號布告

七　同年第二百十五號布告代人《ダイニン》規則《キソク》

八　同年第二百五十二號布告

九　同年第三百六號布告動産《ドウサン》不動産《フドウサン》書入金穀《キンコク》貸借《タイシヤク》規則

十　同年第三百六十二號布告出訴《シツソ》期限《キゲン》規則

十一　明治七年第二十七號布告

十二　明治八年第六號布告

十三　同年第六十三號布告

十四　同年第百二號布告金穀《キンコク》貸借《タイシヤク》請人《ウケニン》證人辨償《ベンシヤウ》規則

十五　同年第百四十八號布告建物《タテモノ》書入《カキイレ》質《シチ》規則及ヒ建物賣買《バイバイ》讓渡規則

十六　明治九年第七十五號布告

十七　同年第九十九號布告

十八　明治十年第五十號布告
十九　明治十四年第七十三號布告
二十　明治十七年第二十號布告
二十一　明治二十三年法律第九十四號財産《ザイサン》委棄法《ヰキハフ》
二十二　同年勅令第二百十七號辨濟《ベンサイ》提供《テイキヤウ》規則

明治六年第十八號布告地所《チシヨ》質入《シチイレ》書入《カキイレ》規則ハ第十一條ヲ除《ノゾ》ク外民法施行ノ日ヨリ之ヲ廢止ス

〔註釋〕本條ハ民法ノ施行《シカウ》ト同時ニ廢止《ハイシ》セラルヽモノヲ列記《レツキ》シタノデアル

一、明治五年十月第二百九十五號ハ　人身賣買《ジンシンバイバイ》ヲ禁《キン》ジ諸奉公人年限ヲ定メ藝娼妓《ゲイシヤウギ》ヲ解放《カイハウ》シテ之ニ付テノ貸借訴訟《タイシヤクソシヤウ》ハ取上ゲザル件、デアリマス

二、同六年一月第二十一號布告ハ　妻《ツマ》ニアラザル婦女《フジヨ》分娩《ブンベン》ノ兒子ハ私生ト爲シ其婦女ノ引受タラシムル件、デアリマス

三、同年一月第二十八號布告ハ　華士族《クワシゾク》家督相續《カトクソウゾク》ノ件、デアリマス

四、同年二月第四十號布告ハ　貸金銀利息《カシキンギンリソク》ノ制限《セイゲン》ヲ改メ双方示談ノ上證文ニ記載《キサイ》セシムル件、デアリマス

五、同年五月第百六十二號布告ハ　夫婦《フウフ》デアリシ者ノ婦《フ》已《ヤ》ムヲ得ザル事故アリテ離縁《リエン》ヲ請《コ》フモ夫之ヲ肯《ガヘン》ゼザルトキハ出訴《シユツソ》スルヲ許ス件、デアリマス

六、同年五月第百七十七號布告ハ　脱籍《ダツセキ》并ニ行衛知《ユクヱシ》レザル者八十歳ヲ過グレバ除籍《ヂヨセキ》スルノ件、デアリマス

七、同年六月第二百十五號布告ハ　總テノ代理委任權スル規則デアリマス

八、同年七月第二百五十二號布告ハ　負債《フサイ》ニテ身代限《シンダイカギリ》ノ者ヘ貸金穀其他義務《ギム》ヲ得べキ者定約期限未滿内《デウヤクキゲンミマンナイ》ノ分處置振《シヨチブリ》ノ件、デアリマス

九、同年第三百六號布告動産不動産《ドウサンフドウサン》書入金穀貸借《タイシヤク》規則ノ件、デアリマス

十、同年第三百六十二號布告ハ　出訴期限《シユツソキゲン》ニ關スル規則デアリマス

十一、同七年三月第二十七號布告ハ　預金穀證書《ヨキンコクシヨウシヨ》中封印《フウイン》ノ儘預リ或ハ使用《シヨウ》セザルノ明文ナキ者ハ出訴《シユツソ》ノ節貸金同樣《カシキンドウヤウ》裁判セシムル件、デアリマス

十二、同八年一月第六號布告ハ　民法《ミンホフ》裁判上負債者《フサイシヤ》失踪後ノ訴訟成例《ソセウセイレイ》改正ノ件、デアリマス

十三、同年四月第六十三號布告ハ　金錢《キンセン》其他《ソノタ》借用證書ニ數名連印中失踪《シツソウ》又ハ死亡シ相續人ナキトキ償却方ノ件、デアリマス

十四、同年第百二號布告ハ　金穀《キンコク》貸借請人證人辨償《ベンシヤウ》ニ關スル規則ノ件、デアリマス

十五、同年第百四十八號布告ハ　建物《タテモノ》書入質規則及ビ建物賣買讓渡《バイバイユヅリワタシ》ニ關スル規則デアリマス

十六、同九年五月第七十五號布告ハ　合家《ガフカ》ヲ禁止《キンシ》シ從前合家セシ分取扱方《トリアツカヒ》ノ件、デアリマス

十七、同年七月第九十九號布告ハ　金穀等《キンコクトウ》借用證書讓渡ノ節書換《カキカ》ヘシムル件、デアリマス

十八、同十年七月第五十號布告ハ　諸證書《シヨシヨウシヨ》ノ姓名《セイメイ》ハ自書《ジシヨ》シ實印ヲ押《オ》サシムル等ノ件、デアリマス

十九、同十四年十二月第七十三號布告ハ　無能力者、法律ニ定メタル代人及ビ民事《ミンジ》擔當《タンタウ》人ノ件、デアリマス

二十、同十七年六月第二十號布告ハ　單身《タンシン》戸主死亡又ハ除籍者《ジヨセキシヤ》絶家《ゼツカ》期限ノ件、デアリマス

二十一、明治二十三年法律第九十四號ハ、財産委棄法《ザイサンヰキハフ》ニ關スル件、デアリマス
二十二、同年勅令第二百十七號ハ　辨濟提供規則《ベンサイテイキヤウ》ニ關スル件、デアリマス
明治六年第十八號布告地所質入書入規則《チショシチイレカキイレ》ハ第十一條ヲ除《ノゾ》クノ外民法施行日カヲ廢止《ハイシ》サルヽコトデアリマス今同十一條ヲ看《ミ》ルニ「地所《チショ》ハ勿論地劵《モチロンチケン》ノミタリトモ外國人ヘ賣買質入書入致シ金子請取及ハ借受《カリウケ》候儀一切不相成候事」トアリマス
要《エウ》スルニ本條第一ヨリ二十二ニ至ルマデハ民法《ミンハフ》施行ニ就テ抵觸《テイショク》スル所アリマスカラ廢止セラレタノデアル併《シカ》シ別項明治六年第十八號布告地所質入書入規則《チショシチイレカキ》ノ第十一條ハ民法施行後ト雖《イヘド》モ存在《ソンザイ》スルコトヽ規定シアルナリ

第十條　民法中不動産上《フドウサンジヤウ》ノ權利ニ關スル規定《キテイ》ハ當分ノ内之ヲ沖繩縣《オキナハケン》ニ施行セス

〔註釋〕本條ハ民法中《ミンホフチウ》不動産上ノ權利ニ關《クワン》スル規定ハ沖繩縣《オキナハケン》ニ施行セザルコトヲ規定シタノデアリマス
何ガ故ニ沖繩縣《オキナハケン》ニ不動産上ノ權利ニ關《クワン》スルコトハ民法ノ規定《キテイ》ニ因リテ行ハヌカト云フニ同縣ニハ未《イマ》ダ從來ノ慣習上急劇《キウゲキ》ニ施行スル場合ニ立チ至《イタ》ラザルニヨリ當分《タウブン》ノ内之ヲ舊法《キウハウ》

ニ依ラナバナラヌ故ニ特ニ本條ニ定メテアルノデス

第十一條　本法ハ民法施行ノ日ヨリ之ヲ施行ス

〔註釋〕本條ハ民法施行法《シカウハフ》ノ施行期《シカウキ》ヲ明ニシタノデアル

民法施行法ハ民法ニ伴《トモナ》フ必要《ヒツエウ》ノ規定デアリマスカラ民法施行ト同時《ドウジ》ニ此ノ法ヲ施行《シカウ》スルトノコトヲ定メタノデアリマス

第二節　總則編《ソウソクヘン》ニ關《クワン》スル規定

〔註釋〕本章ニハ民法總則編《ソウソクヘン》第一編第一章ヨリ第六章ニ至《イタ》ル規定ヲ此ノ施行法《シカウハフ》ニ依リ民法發《ハツ》生《セイ》ニ伴《トモナ》フテ行フトノ規定デアル即チ以下十四ケ條中ニ説明致シマス

第十二條　民法施行前ニ民法《ミンハフ》第七條又ハ第十一條ニ掲《カヽ》ケタル原因《ゲンイン》ノ爲メニ後見人ヲ附《フ》シタル者ハ其《ソノ》施行《シカウ》ノ日ヨリ禁治産《キンチサン》者又ハ準禁治産者ト看做ス

後見人ハ民法《ミンハフ》施行ノ日ヨリ一ケ月内ニ禁治産《キンチサン》又ハ準禁治産ノ請求ヲ

爲スコトヲ要ス

〔註釋〕本條ハ民法施行前《シカウゼン》ニ後見人ヲ附《フ》シタル禁治産者又ハ準禁治産者ニ關《クワン》スル規定《キテイ》デアリマス

民法施行前ニ瘋癲白痴《フウテンハクチ》ノ者ガ後見ニ附セラレ又ハ聾者《ロウシヤ》、唖者《アシヤ》、盲者《モウシヤ》若クハ浪費ノ爲メニ後見ニ附《フ》セラレツヽ在リシモノハ民法施行ノ日カラ禁治産者《キンヂサンシヤ》、準禁治産者ト看做《ミナ》スヿデアリマスカラ從前《ジウゼン》後見人タル人ハ民法施行ノ日ヨリ起算《キサン》シテ一ケ月内ニ前者ニ對《タイ》シテハ禁治産ノ、又後者《マタコウシヤ》ニ對シテハ準禁治産ノ後見人宣告《センコク》ヲ裁判所ヘ請求《セイキウ》セネバナラヌト規定シテアルノデス

第十三條　後見人其他《ソノタ》民法第七條ニ掲《カヽ》ケタル者カ民法《ミンハフ》施行ノ日ヨリ一ケ月内ニ禁治産又ハ準禁治産《ジユンキンヂサン》ノ請求《セイキウ》ヲ爲サヽリシトキハ其期間《キカン》經過ノ後ハ前條第一項ノ規定ヲ適用セス

前項ノ期間内《キカンナイ》ニ禁治産又ハ準禁治産ノ請求《セイキウ》アリタルモ裁判所ニ於テ之ヲ却下《キヤクカ》シタルトキハ抗告《コウコク》期間經過ノ後、若《モ》シ抗告《コウコク》アリタルトキハ最

後ノ抗告棄却《キヽヤク》ノ時ヨリ又訴《ウツタヘ》ニ於テ禁治産又ハ準禁治産ノ宣告《センコク》ヲ取消シタルトキハ其《ソノ》判決《ハンケツ》確定ノ日ヨリ前條第一項ノ規定ヲ適用《テキヨウ》セス

〔註釋〕本條ハ前條《ゼンデウ》第一項ニ依ル禁治産又ハ準禁治産者及ビ後見人《コウケンニン》ガ其宣告《センコク》ノ請求ヲ其期間内ニ爲サザレバ前條第一項ノ規定ヲ適用セザルコトヲ示シタノデアリマス

第一項ハ禁治産者《キンヂサンシヤ》又ハ準禁治産者ト看做《ミナ》サルベキモノ及ビ後見人配偶者《ハイグウ》四等親内ノ親族戸主、保佐人《ホサニン》若クハ撿事ヨリ裁判所ヘ禁治産《キンヂサン》又ハ準禁治産ノ宣告《センコク》ヲ請求ヲナスベキ其期間ヲ經過《ケイクワ》シタル後ハ禁治産又ハ準禁治産者ト看做《ミナ》サヌコトヲ規定シテアルノデス

第二項ハ以上記載《キサイ》スルモノガ宣告ヲ請求《セイキウ》ナストモ裁判所ガ却下《キヤクカ》シテ抗告《コウコク》ヲ爲スガ如キ場合ニテ最終《サイシウ》ノ抗告棄却《キヽヤク》ノ時マデハ矢張《ヤハ》リ禁治産者、準禁治産者ト看做《ミナ》スヿデアリマス而シテ愈《イヨ〳〵》判決《ハンケツ》ガ確定シテ其宣告ヲ爲スベカラザルトキハ前條《ゼンデウ》第一項ノ規定ハ此場合ニハ適用セヌトノ定メデアリマス

第十四條　刑法第十條第三號、第三十五條、第三十六條、刑法附則第四十一條、陸軍刑法第十八條第四號及ヒ海軍刑法第九條第四號、第二十二條ハ之ヲ削除ス

刑法第五十五條中「行政ノ處分ヲ以テ治產ノ禁ノ幾分ヲ免スルヿヲ得但」ノ二十三字及ヒ陸軍刑法第三十二條中「第三十五條第三十六條」ノ十字ハ之ヲ削除ス

〔註釋〕本條ハ刑法《ケイハフ》、刑法附則幷ニ陸海軍《リクカイグン》刑法《ケイハフ》中《チウ》削除《サクジヨ》スベキ個條ヲ列記《レツキ》シタモノデアリマス別ニ說明《セツメイ》スル廉《カド》ハナイト認《ミト》メマス故ニ省略《セウリヤク》致シマス

第十五條　民法施行《シカウ》ノ日ニ於テ刑事《ケイジ》禁治產者タル者ハ其施行《シカウ》ノ日ヨリ能力《ノウリヨク》ヲ回復《クワイフク》ス

〔註釋〕本條ハ刑事《ケイジ》禁治產者ノ民法施行ニ就テ能力回復《ノウリヨクカイフク》ノコトヲ規定シタノデアリマス

禁治產ハ附加刑《フカケイ》ノ一種トシテ其主刑ノ終《オハ》ル迄能力ヲ回復《カイフク》スルコトノ出來ヌモノデアツタナレド民法施行ト共《トモ》ニ刑事上ノ禁治產者ハ其權利《ソノケンリ》ノ拘束《コウソク》ヲ免カレ能力ヲ回復《カイフク》スルト定メテアル

其他陸海軍刑法《ケイハフ》ニ依リ禁治產《キンヂサン》ノ刑ヲ科《クワ》セラレタルモノモ此ノ條規ニ依ル譯《ワケ》デス

第十六條　民法施行前ヨリ刑事禁治產者ノ財產ヲ管理スル者ハ刑事禁

治産者又ハ刑事《ケイジ》禁治産者カ定《サダ》メタル他《タ》ノ管理者カ其財産ヲ管理《クワンリ》スルコトヲ得ルマテ管理ヲ繼續《ケイゾク》スルコトヲ要ス

前項ノ場合《バアヒ》ニ於テ管理者ハ民法第百三條ニ定《サダ》メタル權限《ケンゲン》ヲ有ス但刑事禁治産者カ別段《ベツダン》ノ意思《イシ》ヲ表示《ヘウジ》シタルトキハ此限ニ在ラス

〔註釋〕本條ハ刑事《ケイジ》禁治産者《キンチサンシヤ》ノ管理者ニ關《クワン》スルコトヲ規定シタノデアリマス

前條ノ規定ニ依ル刑事禁治産者ノ財産ハ直ニ自分ガ管理スルコトハ出來ヌ故ニ自分ガ管理スルコトヲ得ル時迄前カラ其財産《ザイサン》ヲ管理《カンリ》シテ居ツタモノカ又ハ刑事禁治産者其者ガ定メテ置イタ管理者《カンリシヤ》ニ繼續《ケイゾク》サセネバナラヌト規定シテアルノデス

前項ノ管理者ハ民法《ミンハフ》第百三條ニ依テ管理《クワンリ》ナシ居ル財産ハ即チ保存行爲《ホゾンカウヰ》及ビ代理ノ目的タルモノ又ハ權利ノ性質《セイシツ》ヲ變《ヘン》ゼザル範圍內《ハンイナイ》ニ於テ其利用又ハ改良《カイリヤウ》ヲ目的《モクテキ》トスル行爲、ノミノ權利ヲ有《イウ》スルモノデアルケレド是モ管理者ガ別段《ベツダン》ノ意思《イシ》ヲ表示《ヘウジ》シタルトキハ此限リニ在ラザルコトヲ定メテアルノデス

第十七條　民法第二十五條乃至第二十九條ノ規定ハ民法施行前ニ住所

又ハ居所《キヨシヨ》ヲ去リタル者ニ付テモ亦之《マタコレ》ヲ適用ス

民法施行前ヨリ不在者《フザイシヤ》ノ財産ヲ管理《クワンリ》スル者ハ其施行ノ日ヨリ民法ノ規定ニ從《シタガ》ヒテ其管理ヲ繼續《ケイゾク》ス

〔註釋〕本條ハ民法第二十五條乃至《ナイシ》第二十九條乃チ失踪《シツソウ》ニ關スル規定《キテイ》ハ民法施行前ニ起リシ事柄ニモ此條規ヲ適用スルノ定メデアル且其財産ヲ管理スル者モ民法ノ規定ニ從ヒテ民法施行ノ日ヨリ管理《クワンリ》ノ繼續《ケイゾク》ヲ爲スモノデアルト云フコトヲ定メテアルノデス

第十八條　民法第三十條及ヒ第三十一條ノ規定ハ民法施行前ヨリ生死分明ナラサル者ニモ亦之ヲ適用ス

民法施行前既《ステ》ニ民法第三十條ノ期間《キカン》ヲ經過《ケイクワ》シタル者ニ付テハ直チニ失踪《シツソウ》ノ宣告ヲ爲スコトヲ得此場合《コノバアヒ》ニ於テハ失踪者《シツソウジヤ》ハ民法ノ施行ト同時ニ死亡《シバウ》シタルモノト看做《ミナ》ス

〔註釋〕本條モ亦前條ノ規定《キテイ》ニ續《ツヾ》ク條規デアリマス

民法施行前ニ不在者《フザイシヤ》ノ生死《セイシ》分明《ブンメイ》ナラザルコト十年間、又ハ戰地《センチ》ニ臨《ノゾ》ミタル者、沈没《チンボツ》シタル船舶中《センパクチウ》ニ在リタル者、其他危難《キナン》ニ遭遇《ソウグウ》シテ死亡ノ原因《ゲンヰン》タルベキモノ、生死ガ其事柄《コトガラ》ガ止《ヤ》ミタル後、前者ハ十年間、後者《コウシヤ》ハ三年間ニ及ヒタルモノハ利害《リガイ》關係人ノ請求《セイキウ》ニ依テ裁判所ハ失踪ノ宣告ヲスルコトデアリマス

第二項ハ民法施行前既《スデ》ニ前ニ述ベタ期間《キカン》ヲ經過《ケイカ》シタル者ニ付テハ直チニ失踪《シツソウ》ノ宣告ヲ請求スルコトガ出來ルノデアリマス而《シカ》シテ失踪《シツソウ》ノ宣告《センコク》ヲ請ケタルモノ民法ノ施行《シカウ》ト同時ニ死亡シタルモノト看做サルヽコトデアリマス

要スルニ民法施行前已《ステ》ニ生死《セイシ》不《フ》分明《ブンメイ》ニシテ十年若クハ三年經過《ケイカ》シタル者ハ無論《ムロン》失踪ノ宣告アリテ後死亡《シバウ》シタモノト看做サルヽ譯《ワケ》デアリマスケレド此期間《コノキカン》ガ民法施行ノ日トナリテアルモノハ此《コ》ノ規定《キテイ》ニ依テ矢張《ヤハ》リ繼續《ケイゾク》シテ行フト云フ意味デアリマス

第十九條　民法施行前《シカウゼン》ヨリ獨立《ドクリツ》ノ財産ヲ有スル社團《シヤダン》又ハ財團ニシテ民法第三十四條ニ掲ケタル目的ヲ有スルモノハ之ヲ法人トス

前項ノ法人《ハフジン》ノ代表者ハ民法第三十七條又《マタ》ハ第三十九條ニ掲ケタル事項其他《ソノタ》社員又ハ寄附者《キフシヤ》カ定メタル事項ヲ記載《キサイ》シタル書面《シヨメン》ヲ作リ民法

施行ノ日ヨリ三ケ月內ニ之ヲ主務官廳ニ差出タシ其認可ヲ請フコトヲ要ス此場合《コノバアヒ》ニ於テ主務官廳《シユムクワンチヤウ》ハ其書面カ民法其他ノ法令《ハフレイ》ニ反スルトキ又ハ公益《コウエキ》ノ爲メ必要《ヒツエウ》ト認ムルトキハ其變更《ヘンカウ》ヲ命スルコトヲ要ス

前項ノ規定《キテイ》ニ從ヒテ認可《ニンカ》ヲ得タル書面ハ定款《テイクワン》又ハ寄附行爲《カウヰ》ト同一ノ效力ヲ有ス

（註釋）本條ハ法人《ホウジン》ニ關スルコトニ就テ規定《キテイ》シタノデアリマス

第一ハ民法施行以前ヨリ祭祀《サイシ》、宗敎《シウケウ》、慈善《ジゼン》、學術《ガクジユツ》、技藝《ギゲイ》其他公益ニ關スル目的ノ社團《シヤダン》ニ對スル基本《キホン》タル獨立《ドクリツ》財産ヲ有スルモノハ法人トセラルヽ定《サダ》メデアリマス

第二ハ前項ニ定メラレタル法人ノ代表者ハ民法第三十七條又ハ第三十九條ニ掲ケタル事項即チ目的《モクテキ》、名稱《メイシヤウ》、事務所、資産《シサン》ニ關スル規定其他社員ノ任免《ニンメン》等ノ事項ヲ記載シタル書面ヲ作《ツク》リテ民法施行ノ日ヨリ三ケ月以內《イナイ》ニ之ヲ主務官廳《シユムクワンチヤウ》ニ差出シテ認可ヲ得子バナラヌト規定シテアルノデス其他《ソノタ》法令《ハフレイ》ニ反シタルモノト認《ミト》メラルヽトキハ變更《ヘンカウ》ノ命令アルコトハ本條文ニ依リ明カデアリマスカラ略シマス

第三ハ第二項ニ定《サダ》メテアル書面ガ認可《ニンカ》セラレタトキノ其認可書《ニンカシヨ》ハ社團ニ於ケル定款財團ニ於ケル寄附行爲《キフカウヰ》ト同一ノ効力《カウリヨク》ガアルトノコトヲ規定シタノデアリマス

第二十條　法人ノ代表者カ前條第二項ノ規定ニ從ヒ主務官廳ノ認可ヲ得タルトキハ二週間內ニ各事務所《カクジムシヨ》ノ所在地ニ於テ左ノ事項《ジコウ》ヲ登記《トウキ》スルコトヲ要ス

一　民法第四十六條第一項第一號乃至第三號及ヒ第五號乃至第八號ニ揭ケタル事項

二　主務官廳《シユムクワンチヤウ》ノ認可ノ年月日

前項ノ期間《キカン》ハ主務官廳ノ認可書《ニンカシヨ》ノ到達《トウタツ》シタル時ヨリ之ヲ起算《キサン》ス

第一項ノ規定ニ從ヒテ爲《ナ》シタル登記《トウキ》ハ民法第四十六條第一項ニ定《サダ》メタル登記ト同一ノモノト看做ス

〔註釋〕本條ハ前二條ニ依リ認可《ニンカ》セラレタル社團法人《シヤダンハフジン》又ハ財團法人ノ代表者ハ二週間《シウカン》ノ內ニ

事務所所在地《ショザイチ》ニ於テ登記《トウキ》ヲ爲スコトニ就テノ規定デアリマス
而シテ登記《トウキ》ニ要《エウ》スル事項ニハ本條第一第二ニ定《サダ》メテアルモノデス即左ニ掲《カヽ》グ
目的《モクテキ》、名稱、事務所《ジムシヨ》、存立期《ソンリツキ》ヲ定メタルトキハ其時期《ジキ》、資産ノ總額《ソウガク》、出資《シユツシ》ノ方法、理事ノ姓名、住所、
主務官廳ノ認可ノ年月日
第二項ハ認可書《ニンカシヨ》ヲ法人ガ領收《リヤウシウ》シタル時ヨリ之ヲ起算《キサン》スルコトデアリマス
第三項ハ民法第四十六條ノ登記ト同一ノモノト看做サルヽコトヲ規定シテアルノデス

第二十一條　第十九條第一項ノ法人《ハフジン》カ財産目錄又ハ社員名簿《シヤヰンメイボ》ヲ備ヘサルトキハ民法施行ノ後遲滯《チタイ》ナク之ヲ作《ツク》ルコトヲ要ス

〔註釋〕本條ハ第十九條第一項ノ法人《ハフジン》ガ財産目錄《モクロク》又ハ社員ノ名簿《メイボ》ヲ未ダ備《ソナ》ヘザルニ於テハ同法施行後ハ速《スミヤカ》ニ作成《サクセイ》スベキコトガ必要《ヒツエウ》デアルト云フ規定デアリマス

第二十二條　法人《ハフジン》ノ代表者カ前三條ノ規定《キテイ》ニ反シ認可《ニンカ》ヲ受ケ登記ヲ爲シ又ハ財産《ザイサン》目錄《モクロク》若クハ社員名簿《メイボ》ヲ作ルコトヲ怠《オコタ》リタルトキハ五圓以

上二百圓以下ノ過料ニ處セラル

〔註釋〕本條ハ法人ノ代表者《ダイヘウシヤ》ガ前三條ノ規定《キテイ》ニ反シテ認可《ニンカ》ヲ受ケザルカ登記ヲ爲サヽルカ又ハ財産目錄若クハ社員名簿《シヤヰンメイボ》ヲ調製《テウセイ》セザル怠慢《タイマン》ニ對スル過料ヲ定メテアルノデス

第二十三條　第十九條第一項ノ法人《ハフジン》カ其目的以外ノ事業《ジゲフ》ヲ爲シ又ハ認可ノ條件《デウケン》ニ違反シ其他公益《コウエキ》ヲ害スヘキ行爲《カウヰ》ヲ爲シタルトキハ主務官廳ハ其解散ヲ命スルコトヲ得

〔註釋〕本條ハ第十九條第一項ノ法人《ハフジン》ガ解散《カイサン》ヲ命ゼラルヽ規定デアリマス

法人ガ目的以外《モクテキイグワイ》ノ事業《ジゲフ》ヲナシタルトキ即チ慈善學術《ジゼンガクジユツ》又ハ宗教ノ目的《モクテキ》ノ爲メニ設《マウ》ケタルモノガ營利《エイリ》若《モシ》クハ政治上ノ行爲《カウイ》ヲナシタルトキ、認可《ニンカ》ノ條件《デウケン》ニ反シタルガ如キ、公益ヲ害シ治安風俗《チアンフウゾク》又ハ健康ヲ害《ガイ》スベキ行爲等ヲナシタルトキハ主務《シユム》官廳ハ法人ノ解散《カイサン》ヲ命スルモノデアルト規定シテアルノデス

第二十四條　民法ノ規定ニ依リ法人ニ關シテ登記シタル事項ハ裁判所ニ於テ遲滯ナク之ヲ公告スルコトヲ要ス

〔註釋〕本條ハ法人ノ登記事項《トウキジコウ》ニ關シテ其公告ハ速《スミヤカ》ニ爲スベキコトヲ規定シテアルノデス
公告《コウコク》ハ裁判所ガ爲スベキコトデアリマスカラ民法《ミンハフ》ノ規定ニ依ル法人ノ登記《トウキ》公告ハ速ニ之ニ因ラネバナラヌコトヲ定メテアルノデス

第二十五條　主務官廳カ正當《セイタウ》ノ理由《リユウ》ナクシテ法人ノ設立許可《セツリツキヨカ》ヲ取消シ又ハ其解散《カイサン》ヲ命シタルトキハ其法人ハ行政《ギヤウセイ》裁判所ニ出訴《シユツソ》スルコトヲ得

〔註釋〕本條ハ訴願《ソクワン》ニ關《クワン》スルコトヲ規定シテアルノデス
主務官廳ガ法人ニ對《タイ》シ正當ノ理由《リユウ》ナク設立許可《セツリツキヨカ》ヲ取消スカ又ハ正當《セイタウ》理由ニ依ラズシテ解《カイ》散《サン》ヲ命ジタルトキハ法人ハ行政《ギヤウセイ》裁判所ニ訴願《ソクワン》スルノ權利ヲ與《アタ》ヘラレタノデアル茲ニ注意ノ爲メ一言申シテ置《オキ》マスガ前カラ主務官廳ト云フコトハ屢々《シバ〲》アリマスガ之ハ官制《クワンセイ》ニ因テ定メテアルガ多《オホ》クハ内務省ナリ併《シカ》シ學術技藝ニ關《クワン》シテハ文部省又ハ農商務省ヲ指《サ》スモノデアレバ實際《ジツサイ》ニ行フトキ管轄《カンカツ》モ自然之ニ因テ考《カンガ》フレバ了解《レウカイ》致シマス

第二十六條　法人ノ淸算人カ民法第七十九條及ヒ第八十一條第一項ノ

規定ニ依リ爲スヘキ公告《コウゴク》ハ裁判所カ爲スヘキ登記事項《トウキジカウ》ノ公告ト同一ノ方法ヲ以テ之ヲ爲スコトヲ要ス

〔註釋〕本條ハ法人ノ精算人《セイサンニン》ガ爲スベキコトヲ規定《キテイ》シテアルノデス
法人ガ解散《カイサン》ノ場合其精算人《セイサンニン》ガ債權者ニ對シテ爲スベキ公告《ゴウコク》弁ニ精算《セイサン》事務停止《テイシ》ノ公告ハ前第二十四條ニ因ル裁判所《サイバンシヨ》ガナスベキ公告ト同一ノ手續《テツヽキ》ヲ以テ速ニ處理《シヨリ》セネバナラヌト定メテアルノス

第二十七條　剝奪《ハクダツ》公權者《コウケンシヤ》及ヒ停止公權者ハ法人ノ理事《リジ》、監事《カンジ》又ハ淸算人タルコトヲ得ス

〔註釋〕本條ハ法人ノ理事監事《リジカンジ》又ハ精算人タルコトノ資格《シカク》ナキモノヲ定メテアルノデス無論《ムロン》茲ニ定メテアル剝奪公權者《ハクダツコウケンシヤ》及ヒ停止公權者タルモノハ信用《シンヨウ》スベカラザルモノナレバ理事監事又ハ精算人トナルコトハ出來ヌモノデアルノデス

第二十八條　民法中法人ニ關《クワン》スル規定ハ當分ノ內《ウチ》神社《ジンシヤ》、寺院、祠宇《シウ》及ヒ佛堂ニハ之ヲ適用セス

〔註釋〕本條ハ民法中當分ノ内財團《ザイダン》社團《シヤダン》法人ニ適用《テキヨウ》セザルモノヲ規定シタノデアリマス
神社、寺院《ジイン》、祠宇《シウ》及《オヨ》ビ佛堂等ハ無論《ムロン》獨立ノ財産ヲ有シ社團《シヤダン》又ハ財團タルモノデアルケレドモ當分ノ内民法ノ規定ニ依ラズ從前ノ通リ爲スベキコトヽ定メテアルノデス

第二十九條　民法施行前ニ出訴《シユツソ》期限《キゲン》ヲ經過《ケイクワ》シタル債權ハ時效《ジカウ》ニ因リテ消滅シタルモノト看做ス

〔註釋〕本條ハ民法施行《シカウ》以前ノ債權ニ關シテハ消滅スルノ場合アルコトヲ定メタノデアル
即チ民法施行以前出訴ノ期ガ過キ去リタル債權デアツテ見レバ時效ニ因テ消滅シタモノト看做サルヽコトデアリマス
之ヲ例スレバ明治三十年一月一日カラ時效《ジカウ》ノ進行《シンカウ》スベキ權利關係ガアツテ出訴《シユツ》期限規則ヲ一年ト見テ計算《ケイサン》スルトキハ即チ同年十二月三十一日ガ時效《ジカウ》ニ係《カヽ》ルトキデアル
茲ニ民法中時效《ジカウ》ニ關スル債權《サイケン》ニ二年ノ出訴スベキモノガアルトキハ前段《ゼンダン》ニ示シアル日カラ二年目即チ三十一年十二月三十一日ガ期限デアルガ民法施行ノ日カラ前者ヲ見ルトキハ既ニ出訴期限モ經過《ケイカ》シテ居ツテ後者ハ施行日《シカウビ》ヨリ餘《アマ》ス所ノ日數ハ仍《ナ》ホ六ケ月アルガ此場合ニハ民法中ノ時效ハ適用セザルコトデアリマス

第三十條　民法施行前ニ出訴期限ヲ經過セサル債權ニ付テハ民法中時效ニ關スル規定ヲ適用ス

〔註釋〕本條ハ前條トハ違《チガ》フテ出訴期限ノ經過《ケイクワ》セザル債權ニ關シテ規定《キテイ》シテアルノデス此ノ條規《デウキ》ニアル通リ出訴期限ヲ經過《ケイクワ》セザルモノハ民法中時効《ジカウ》ニ關スル規定ヲ適用《テキヨウ》スルトノ意デアリマス

第三十一條　民法施行前《シカウゼン》ニ進行ヲ始《ハジ》メタル出訴期限カ民法ニ定《サダ》メタル時效《ジカウ》ノ期間ヨリ長キトキハ舊法《キウハフ》ノ規定ニ從フ但其殘期《ザンキ》カ民法施行ノ日ヨリ起算《キサン》シ民法ニ定メタル時效ノ期間《キカン》ヨリ長《ナカ》キトキハ其日ヨリ起算シテ民法ノ規定ヲ適用ス

〔註釋〕本條ハ出訴《シユツソ》期限ノ起算方《キサンカタ》ヲ定メタノデアル例ヘバ民法ニヨリテ二年ニテ時效ニ係ルモノガアルトセヨ出訴期限ニ依テ三年ヲ時效ニ係《カヽ》ルモノアルトキハ其三年ノ規定《キテイ》ニ從フトノコトデアリマス併《シカ》シナガラ民法施行ノ日ニ出訴《シユツソ》期限規則《キソク》ニヨリ仍ホ餘《アマ》ス所ノ期間《キカン》ガ民法ニ定メテアル時

效期間ヨリ長ケレバ民法ニ依テ起算スルコトデアルト定メタノデス

第三十二條　前條但書ノ規定ハ舊法ニ出訴期限ナキ權利ニ之ヲ準用ス

〔註釋〕本條ハ民法ニ依レハ時效《ジカウ》ノ期間アリテ出訴《シユツソ》期限規則ニ因レバ出訴《シユツソ》期限ノ定メナキ權利ハ本法ヲ適用スルコトヲ定メテアルノデス

第三十三條　前三條ノ場合《バアヒ》ニ於テ民法中時效《ジカウ》ノ中斷《チウダン》及ヒ停止ニ關スル規定ハ民法施行ノ日ヨリ之ヲ適用ス

〔註釋〕本條ハ民法中時效《ジカウ》ノ中斷《チウダン》及ビ停止ニ關スル規定《キテイ》ハ民法施行ノ日ヨリ前三條ノ規定ニ適用スルトノコトヲ定メテアルノデス

第三十四條　第三十條乃至第三十二條ノ規定ハ時效期間ノ性質ヲ有セサル法定期間ニ之ヲ準用ス

〔註釋〕本條ハ時效《ジカウ》ノ期限《キゲン》ヲ有セザル法定《ハフテイ》期間ニモ之ヲ準用《ジユンヨウ》スルトノコトデアリマス彼是參看セラルヽレバ自カラ了解スルコトニ付說明ヲ略ス

第三章　物權編ニ關スル規定

〔註釋〕本章ニハ民法中物權編《ブッケンヘン》ニ關スル第一章ヨリ第十章迄ノ規定《キテイ》ヲ施行スルニ必要《ヒツエウ》ナル事項ヲ集メテ茲ニ規定シテアルノデ即以下各條ニ就テ説明セン

第三十五條　慣習上《クワンシフジヤウ》物權ト認《ミト》メタル權利ニシテ民法施行前ニ發生《ハッセイ》シタルモノト雖モ其施行ノ後ハ民法其他ノ法律ニ定ムルモノニ非サレハ物權タル效力ヲ有セス

〔註釋〕本條ニハ民法施行前ニ於《オヒ》テ慣習上物權《ブッケン》ト認メタ權利ニ就テハ民法其他《ソノタ》ノ法律ニ定ムルモノヽ外ハ物權ト認メヌカラ其物權ノ效力ヲ失フモノデアルト云フコトヲ規定シタノデアリマス

第三十六條　民法ニ定《サダ》メタル物權《ブッケン》ハ民法施行前ニ發生《ハッセイ》シタルモノト雖モ其施行ノ日ヨリ民法ニ定メタル效力ヲ生ス

〔註釋〕本條ハ前條ノ反對《ハンタイ》ヲ示シタモノデアリマスツマリ民法ニ定《サダ》メタル物權《ブッケン》デアッタラバ物權トシテノ效力ヲ有スルモノデアルト云フコトデス

第三十七條　民法又ハ不動產《フドウサン》登記法ノ規定ニ依リ登記《トウキ》スヘキ權利ハ從

來登記ナクシテ第三者ニ對抗《タイカウ》スルコトヲ得ヘカリシモノト雖《イヘド》モ民法施行ノ日ヨリ一年内ニ之ヲ登記《トウキ》スルニ非《アラ》サレハ之ヲ以テ第三者ニ對《タイ》抗《コウ》スルコトヲ得ス

〔註釋〕本條ハ民法施行ノ後《ノチ》ハ登記《トウキ》ヲ爲スニ非サレバ第三者ニ對抗《タイコウ》スルコトノ得ザル場合ヲ規定シタノデアル

從來《ジウライ》登記ナクシテ第三者ニ對抗《タイコウ》出來タル權利モ民法施行ノ後ハ民法《ミンハフ》又ハ不動産《フドウサン》登記法ニ依リテ其施行ノ日ヨリ一ケ年内ニ登記《トウキ》ヲ爲サザレバ第三者ニ對《タイ》シ效力《カウリヨク》ノナキモノトナルコトヲ定メテアルノデス

第三十八條　民法施行前《シカウゼン》ヨリ占有又ハ準占有《ジユンセンイウ》ヲ爲ス者ニハ其施行ノ日ヨリ民法ノ規定ヲ適用ス

〔註釋〕本條ハ一讀《ドク》シテ了解《レウカイ》スル條規デアリマスルカラ說明《セツメイ》ヲ略シマス

第三十九條　民法施行前ヨリ動産《ドウサン》ヲ占有《センユウ》スル者カ民法第百九十二條ノ條件ヲ具備《グビ》スルトキハ民法ノ施行ト同時ニ其動産《ドウサン》ノ上ニ行使《カウシ》スル權

利ヲ取得ス
〔註釋〕本條ハ民法第百九十二條ノ條件《デウケン》ヲ具備《グビ》シタル動產ヲ占有《センイウ》シ居ルモノハ其動產上ノ行使スル權利ヲ取得スルモノデアルト云フノ規定デアリマス
動產物《ドウサンブツ》ノ上ニ行使スル權利トハ所有權《ショユウケン》ヲ得ルノ目的《モクテキ》ヲ以テ占有ヲ得タトキハ即チ其所有權ヲ取得《シユトク》シ質權ヲ得ルノ目的ヲ以テ占有《センユウ》ヲ得タトキニハ質權ヲ取得《シユトク》スル義デ兩者共ニ善意ニシテ且過《カツカ》失《シツ》ナキトハ速ニ取得《シユトク》スルノ權利ガ得ラレルト云フコトデス

第四十條　遺失物ハ明治九年第五十六號布告遺失物取扱規則第二條ニ依リ榜示《ボウジ》ヲ爲シタル後一年內ニ其所有者《ショユウシヤ》ノ知レサルトキハ民法施行前ニ其榜示《ボウジ》ヲ爲シタルトキト雖モ拾得者《シウトクシヤ》其所有權ヲ取得《シウトク》ス但漂著物ニ付テハ明治八年第六十六號布告內國船難破及漂流物取扱規則ノ規定ニ從フ
〔註釋〕本條ハ遺失物《イシツブツ》及ビ漂流物《ヘウリウブツ》ニ關スル規定デアリマス
遺失物《イシツブツ》及ビ漂流物《ヘウリウブツ》トハ總テ所有者ガ偶然《グウゼン》其物ノ所在ノ不明《フメイ》トナリタルカ又ハ失ヒタルニ

ヨリ占有《センイウ》ヲ失シタモノヲ謂《イ》フノデス此遺失物及ビ漂流物《ヘウリウブツ》ハ民法施行以前ニ榜示ヲ爲シ一年ノ內ニ所有者ノ知《シ》レザルトキト雖モ拾得者《シウトクシヤ》ニ其所有權ガ移《ウツ》ルモノデアルト定メテアルノデス而シテ漂着物《ヘウチヤクブツ》ニ就テハ本條但書ノ事項ニ從《シタガ》フト規定シテアリマス

第四十一條　埋藏物《マイソウブツ》ニ付テハ特別法ノ施行ニ至ルマテ遺失物《イシツブツ》ト同一ノ手續ニ依リテ公告ヲ爲スコトヲ要ス

〔註釋〕本條ハ埋藏物《マイゾウブツ》ニ關スル規定デアリマス

埋藏物トハ地中ニ永《ナガ》ク埋藏《マイゾウ》セラレテ其所有者ノ不明ナル動產《ドウサン》ノコトヲ謂フノデアリマス

此埋藏物權《マイゾウブツケン》ニ就テハ特別法ヲ設《マウ》ケラルヽ意デアリマスカラ從前ノ通リ遺失物《イシツブツ》ト同樣ノ手續ヲ以テ公告スルコトヽ規定シテアルノデス

第四十二條　民法施行前ヨリ民法第二百四十二條乃至第二百四十六條ノ規定ニ依レハ所有權ヲ取得スヘカリシ狀況ニ在ル者ハ民法ノ施行ト同時ニ民法ノ規定《キテイ》ニ從ヒテ所有權ヲ取得《シユトク》ス但第三者カ正當《セイタウ》ニ取得シタル權利ヲ妨ケス

〔註釋〕本條ハ民法第二百四十二條乃至第二百四十六條ニ規定シテアル所有權ノ取得ニ就テ定メテアルノデス是《コレ》ハ民法施行前ニ所有權ヲ取得《シユトク》ナスベキ塲合《バアヒ》ニ於ケルモノ即チ添付、附合《フガフ》、混和《コンクワ》又ハ加工等ニテ不動產物及ビ動產物《ドウサンブツ》ノ權利ハ當然《タウゼン》民法施行後ト雖モ所有權ヲ取得《シユトク》スルモノデアルト云フ規定デアリマス乍併《シカシナガラ》民法施行後第三者ガ其權利ヲ正當《セイタウ》ニ取得ナシ居ル事實《ジジツ》ガアツタナラバ敢《アヘ》テ第三者ノ權利《ケンリ》ハ之ガ爲メニ害セヌコトデアリマス

第四十三條　共有者《キヤウイウシヤ》カ民法施行前ニ於テ五年ヲ超《コ》ユル期間內共有物ノ分割《ブンクワツ》ヲ爲サヽル契約《ケイヤク》ヲ爲シタルトキハ其契約《ケイヤク》ハ民法施行ノ日ヨリ五年ヲ超エサル範圍內《ハンヰナイ》ニ於テ其效力ヲ有ス

〔註釋〕本條ハ民法《ミンハフ》第二百五十六條ノ契約《ケイヤク》ニ關スル效力カ定《サダ》メテアルノデス民法第二百五十六條ニ曰ク「各共有者《カクキヨウイウシヤ》ハ何時ニテモ共有物ノ分割《ブンカツ》ヲ請求スルコトヲ得但五年ヲ超エザル期間內分割ヲ爲サザル契約ヲ爲スコトヲ妨ゲズ、此ノ契約ハ之ヲ更新スルコトヲ得但其期間ハ更新《カウシン》ノ時ヨリ五ケ年ヲ超《コ》ユルコトヲ得ズ」トアリ然《シカ》レドモ若シ民法施行以前ニ六年以上モ分割《ブンカツ》ヲ請求セズト契約《ケイヤク》ナシタルトキハ本法ニ依

レバ其約束期限《ヤクソクキゲン》ハ民法ト同時ニ五ケ年以内ニ縮《チヂ》メラレテ而シテ其範囲内《ハンイナイ》ニ於テ效力ヲ有スルモノデアルト云フコトヲ規定シタノデアリマス

第四十四條　民法《ミンハフ》施行前ニ設定《セツテイ》シタル地上權ニシテ存續《ソンゾク》期間ノ定ナキモノニ付キ當事者カ民法第二百六十八條第二項ノ請求ヲ爲シタルトキハ裁判所ハ設定《セツテイ》ノ時ヨリ二十年以上民法《ミンハフ》施行ノ日ヨリ五十年以下ノ範圍内《ハンイナイ》ニ於テ其存續《ソンゾク》期間ヲ定ム

地上權者《チジヤウケンシヤ》カ民法施行前ヨリ有シタル建物《タテモノ》又ハ竹木アルトキハ地上權《チジヤウケン》ハ其建物《タテモノ》ノ朽廢《キウハイ》又ハ其竹木ノ伐採期《バツサイキ》ニ至ルマテ存續ス

地上權者カ前項ノ建物《タテモノ》ニ修繕又ハ變更《ヘンカウ》ヲ加ヘタルトキハ地上權ハ原《ゲン》建物《タテモノ》ノ朽廢《キウハイ》スヘカリシ時ニ於テ消滅《クヤウメツ》ス

〔註釋〕本條ハ地上權ノ存續期間《ソンゾクキカン》ニ就テ規定シタノデアル

地上權ノ時《トキ》ヨリ二十年以上民法施行《シカウ》ノ日ヨリ五十年以下ノ範囲《ハンイ》ヲ以テ裁判所ハ當業者《シヤ》ノ

請求《セイキウ》ニ因テ其存續《ソンゾク》期間ヲ定ムルコトデアリマス
第二項建物《タテモノ》又ハ竹木類ノ地上權存續《ソンゾク》期間ハ建物ニ就テハ朽《ク》チ廢《ハ》ツルマデ、竹木ニ就テハ材採期《バッサイキ》ニ至ルマデ存續スルコトヽ定メテアリマス
第三項ハ第二項ノ建物《タテモノ》ガ中途《チウト》ニシテ朽チ廢ツルコトアリテ修繕《シウゼン》ヲ加ヘ又ハ變更《ヘンカウ》モセシトキ其個處ハ朽廢《キウハイ》セザルモ原建物ガ朽廢セバ地上權《チジヤウケン》ノ期間ハ其時ニ消滅スルモノデアルト云フコトデアリマス

第四十五條　外國人《グワイコクジン》又ハ外國法人ノ爲メニ設定《セツテイ》シタル地上權ニハ條約又ハ命令《メイレイ》ニ別段ノ定ナキ場合ニ限《カギ》リ民法ノ規定ヲ適用《テキヨウ》ス

〔註釋〕本條ハ外國人又ハ外國法人ノ地上權《チジヤウケン》存續期間《キカン》ヲ定メテアルノデス
條約又ハ別段《ベツダン》ノ命令ニテ定メラレタルノ外《ホカ》ハ外國人又ハ外國法人《ハフジン》ガ地上權者タルトキ矢張リ民法ノ存續期間ニ從フモノデアルト云フコトヲ定メテアルノデス

第四十六條　民法第二百七十五條及ヒ第二百七十條ノ期間ハ民法施行前ヨリ同條ニ定メタル事實カ始マリタルトキト雖モ其始ヨリ之ヲ起

算ス

（註釋）本條ハ小作人《コサクニン》ニ關スル事項ヲ規定《キテイ》シタノデアリマス

小作人《コサクニン》ガ小作地ヨリ全ク收益《シウエキ》ヲ得ザルコト三年アリシトキ又ハ五年以上小作料《コサクレウ》ヨリ少キ收益《シウエキ》ヲ見ルトキハ自ラ小作權《コサクケン》ヲ拋棄《ホウキ》スルコトハ民法第二百七十五條ノ規定ニ因テ出來得ルノデアリマス又小作人《コサクレウ》ガ小作料ヲ支拂《シハラ》フコトヲ怠《オコタ》リタル時ハ小作權ハ二年ヲ經過《ケイクワ》シタナラバ消滅《シヤウメツ》ヲ請求スルコトガ出來得ルコトハ同第二百七十六條ニ因テ說明シテアリマスガ此ノ期間ハ民法施行前ニ始《ハジ》マリタルトキト雖モ前後通《ゼンゴツウ》シテ中斷《チウダン》スルコトナク起算スルトノ定メデアリマス

第四十七條　民法施行前ニ設定《セツテイ》シタル永小作權ハ其ノ存續《ソンゾク》期間カ五十年ヨリ長キトキト雖モ其效力ヲ存ス但其期間カ民法施行ノ日ヨリ起算シテ五十年ヲ超《コ》ユルトキハ其日ヨリ起算《キサン》シテ之ヲ五十年ニ短縮《タンシユク》ス

民法施行前ニ期間ヲ定《サダ》メスシテ設定《セツメイ》シタル永小作權ノ存續《ソンゾク》期間ハ慣習ニ依リ五十年ヨリ短《ミジカ》キ場合ヲ除《ノゾ》ク外民法施行ノ日ヨリ五十年トス

〔註釋〕本條ハ民法施行以前ニ設定《セツテイ》シタル永小作權ノ存續《ソンゾク》期間ニ就テ規定《キテイ》シタノデアル

第一項ハ民法施行以前設定ニ係ル永小作權ノ其存續期間ガタトヘ五十年以上デモ效力ヲ有《イウ》スルモノデアル乍併《シカシナガラ》其期間ガ民法ノ施行日即《スナハ》チ三十一年七月十六日カラ起算シテ五十年ヲ超《コ》ユルコトハナラヌモノデアル而シテ若《モ》シ同日ヨリ起算《キサン》シテ五十年以上ニナレバ之ヲ短縮《タンシユク》シテ存續期間ハ最長期《サイチヤウキ》ノ五十年ト定メルコトデアリマス

第二項ハ從前《ジウゼン》期間ヲ定メズシテ設定《セツテイ》シタ永小作權ノ存續《ソンゾク》期間ハ五十年以上ノモノアラバ此際《コノサイ》凡テ民法ノ意思ヲ貫徹《クワンテツ》センガ爲メニ之ヲ同法施行《シカウ》日カラ起算シテ五十年ヲ存續期間ノ最長期トスルコトデアリマス

第四十八條　民法ノ規定《キテイ》ニ從ヘハ民法施行前ヨリ先取《センシユ》特權《トクケン》ヲ有スヘカリシ債權者ハ其施行ノ日ヨリ先取《センシユ》特權《トクケン》ヲ有ス

〔註釋〕本條ハ民法ニ因リ先取特權《センシユトクケン》ヲ得ベキ原因《ゲンイン》ノアルモノハ其原因ガ民法施行以前ニ生ジタルモノデモ同法施行後ニ引續《ヒキツヾ》キ有スルモノハ民法ニ依《ヨ》リ先取特權タルトヲ得《ウ》ルハ勿論《モチロン》ノコトデアルト定メテアルノデス

第四十九條　民法第三百七十條ノ規定ハ民法施行前ニ抵當權ノ目的タ

ル不動產ニ附加シタル物ニモ亦之ヲ適用ス

〔註釋〕本條ハ從前《ジウゼン》抵當《テイタウ》ト爲シタル不動產《フドウサン》アリテ其不動產ニ附加《フカ》シタル物アルトキハ民法第三百七十條ノ規定ヲ適用スルトノコトヲ定メテアルノデス

第五十條　民法第三百七十四條ノ規定ハ民法施行前ニ設定シタル抵當權ニモ亦之ヲ適用《テキヨウ》ス但民法施行ノ日ヨリ一年內ニ特別《トクベツ》ノ登記《トウキ》ヲ爲シタル利息《リソク》其他ノ定期金ニ付テハ元本《ゲンホン》ト同一ノ順位《ジユンイ》ヲ以テ抵當權ヲ行フコトヲ得

〔註釋〕本條ハ民法施行前ニ滿期《マンキ》トナリタル利息《リソク》又ハ定期金ニ就《ツイ》テハ民法施行ノ日ヨリ年內ニ登記《トウキ》ヲ爲シタルトキハ其登記以前ニ遡《サカノボ》リテ元金《モトキン》ト同一ノ順ニテ抵當權《テイトウケン》ヲ行フコトヲ得ル規定デアリマス

第五十一條　民事訴訟法《ミンジソシヤウハフ》第六百四十九條第二項及ヒ第三項ヲ改メテ左ノ三項トス

不動產ノ上ニ存《ソン》スル一切ノ先取特權《センシユトクケン》及ヒ抵當權ハ賣却《バイキヤク》ニ因リテ消滅

ス

留置權《リウチケン》カ不動産ノ上ニ存《ソン》スル場合ニ於テハ競落人《キヤウラクニン》ハ其留置權ヲ以テ擔保《タンポ》スル債權ヲ辨濟《ベンサイ》スル責ニ任ス

質權カ不動産《フドウサン》ノ上ニ存スル場合ニ於テハ競落人《キヤウラクニン》ハ其質權ヲ以テ擔保《タンポ》スル債權及ヒ質權者ニ對《タイ》シテ優先權《ユウセンケン》ヲ有スル者ノ債權ヲ辨濟《ベンサイ》スル責ニ任ス

〔註釋〕本條ハ此ノ施行法《シカウハフ》ニ因テ民事訴訟法《ミンジソセウハフ》ノ一部ヲ改正《カイセイ》シタルニ止マル茲ニ説明ハ致シマセヌ

第四章　債權編《サイケンヘン》ニ關スル規定

〔註釋〕本章ニハ民法第三編ノ債權編《サイケンヘン》ニ關スル規定《キテイ》デアリマス即チ債權編《サイケンヘン》第一章ヨリ第五章ニ至ル條規ノ施行ニ就テ示シタモノデアル

第五十二條　明治十年第六十六號布告利息制限法《リソクセイゲンハフ》第三條ハ之ヲ削除ス

〔註釋〕本條ハ利息制限法《リソクセイゲンハフ》第三條ヲ削除《サクジヨ》シタル旨ヲ規定ス

〇参看

明治十年九月第六十六號布告《フコク》利息制限法《リソクセイゲンハフ》第三條

法律上ノ利息《リソク》トハ人民相互《ソウゴ》ノ契約《ケイヤク》ヲ以テ利息ノ高ヲ定メザルトキ裁判所ヨリ言渡《イヒワタ》ス所ノ者ニシテ元金《モトキン》ノ多少ニ拘《カヽ》ラズ百分ノ六（六分）トス

第五十三條　民法施行前ヨリ債務《サイム》ヲ負擔《フタン》スル者カ其施行《シカウ》ノ後ニ至リ債務ヲ履行《リカウ》セサルトキハ民法ノ規定《キテイ》ニ従ヒ不履行《フリカウ》ノ責ニ任ス

前項ノ規定ハ債權者カ債務《サイム》ノ履行《リカウ》ヲ受クルコトヲ拒《コバ》ミ又ハ之ヲ受《ウ》クルコト能ハサル場合ニ之ヲ準用ス

〔註釋〕本條ハ債務者《サイムシヤ》ガ債務履行《リカウ》セザルトキノ定メデアリマス

民法施行前ノ債務ト雖モ同法施行後ニ至リテ不履行ノコトアルトキハ民法ノ規定ニ従フテ不履行《フリカウ》ノ責任《セキニン》ガアルモノト定メテアルノデス

第一項ハ債務者《サイムシヤ》ノコトデアルケレドモ債權者ニ於テモ履行《リカウ》ヲ故ナク拒《コバ》ミタルトキ又ハ受

クルコトヲ為サザルニ於テハ民法ノ規定《キテイ》ニ從フコトハ前項同樣之ヲ準用《ジユンヨウ》スルトノ規定デアリマス

第五十四條　民事訴訟法第七百三十三條第一項ヲ左ノ如ク改ム

民法第四百十四條第二項及ヒ第三項ノ場合ニ於テハ第一審ノ受訴裁判所ハ申立ニ因リ民法ノ規定《キテイ》ニ從ヒテ決定《ケツテイ》ヲ為ス

第五十五條　民事《ミンジ》訴訟《ソシヨウ》法《ハフ》第三百七十四條ヲ左ノ如ク改《アラタ》ム

債務《サイム》ノ性質《セイシツ》カ強制履行ヲ許《ユル》ス場合ニ於テ第一審ノ受訴《ジユソ》裁判所ハ申立ニ因リ決定《ケツテイ》ヲ以テ相當ノ期間ヲ定メ債務者《サイムシヤ》カ其期間内ニ履行《リカウ》ヲ為サヽルトキハ其遲延《チエン》ノ期間ニ應《オウ》シ一定ノ賠償《バイシヤウ》ヲ為スヘキコト又ハ直チニ損害《ソンガイ》ノ賠償ヲ為スヘキコトヲ命《メイ》スルコトヲ要ス

〔註釋〕此ノ二條ハ共ニ施行法《シカウハフ》ニ因テ民事訴訟法ヲ改正《カイセイ》ヲナシタルナリ

第五十六條　金錢ヲ目的トスル債務ヲ負擔シタル者カ民法施行前ヨリ

其《ソノ》履行《リカウ》ヲ怠リタルトキハ損害賠償《ソンガイバイシヤウ》ノ額ハ其施行ノ日以後ハ民法第四百四條ニ定メタル利率《リリツ》ニ依リテ之ヲ定《サダ》ム但民法第四百十九條第一項但書ノ適用ヲ妨《サマタ》ケス

〔註釋〕本條ハ債務者ガ損害賠償《ソンガイバイシヤウ》ヲ爲ス場合ニ於ケル利率《リリツ》ニ關スルコトヲ規定シタノデアリマス

民法施行以前ハ金錢《キンセン》ヲ目的《モクテキ》トスル債務ニ就テ損害賠償ノ額《カク》ハ區々ニシテ定メ難《ガタ》カリシガ民法施行以後ノ債務者《サイムシヤ》ガ履行《リカウ》ヲ怠《オコタ》リタルトキノ損害賠償ノ額ニ格別《カクベツ》ノ定メナキトキハ民法第四百四條ニ定メタ利率ハ年五分トスルコトヲ規定シテアルノデス

若シ約定《ヤクジヤウ》シタル利率ガ規定ノ利率《リリツ》ヨリ高ケレバ約定利率《ヤクジヤウリリツ》ニ準スル旨ヲ規定シテアルノデス

約定ノ利率《リリツ》ガ法定利率ヨリ超《コ》ユルトキハ約定利率ニ依《ヨ》ルト云フハ單《タン》ニ考フルトキハ異ナ感《カン》ガ起《オコ》ルケレドモ明治十年九月發布第六十六號布告利息制限法《リソクセイゲンハフ》ノ行ハレ居レバ其利息額ヲ謂フモノデアルノデス無論法定利息ヨリ超エルコトハナキモノデアル

第五十七條　指圖證券《サシヅシヨウケン》無記名證券及ヒ民法第四百七十一條ニ掲ケタル

證券ハ公示催告《サイコク》ノ手續ニ依リテ之ヲ無效《ムカウ》ト爲スコトヲ得

〔註釋〕本條ハ公示《コウジ》催告《サイコク》手續ニ因テ無效《ムカウ》トナスコトヲ得ル證書ノ種類《シユルイ》ヲ列記《レツキ》シタルモノデアリマス

指圖證券《サシヅシヨウケン》トハ爲替手形又ハ約束手形《ヤクソクテガタ》ノ類及ビ運送状《ウンソンジヤウ》ノ如キモノデアリマス

無記名證券トハ證書《シヤウシヨ》ニ記名ナキモノ例《タト》ヘバ無記名公債證書及利札《リサツ》、持參人拂《ハラヒ》ノ手形《テガタ》又ハ鐵道乘車切符《テツダウジヤウシヤキツプ》等デアリマス

民法第四百七十一條ニ掲《カヽ》ゲタル證書トハ書面ニ債權者《サイケンシヤ》ヲ指定シ其證書名宛人《ナアテニン》ニ辨償ヲナスベキ性質《セイシツ》ノモノ即チ送金手形《ソウキンテガタ》又ハ政府ノ仕拂命令等ナリ

第五十八條　民法施行前ニ發生《ハツセイ》シタル債務《サイム》ト雖モ相殺《サウサツ》ニ因リテ之ヲ免ルヽコトヲ得

雙方《ソウハウ》ノ債務カ民法施行前ヨリ互ニ相殺《ソウサツ》ヲ爲スニ適シタルトキハ相殺ノ意思表示《イシヘウジ》ハ民法施行ノ日ニ遡《サカノボ》リテ其效力ヲ生ス

〔註釋〕本條ハ相殺《ソウサツ》ニ關スルコトヲ規定ス

相殺《ソウサツ》ノコトニ就テハ民法第五百五條ニ說明《セツメイ》シテアリマスガ本條ハ相殺《ソウサツ》ハ民法施行以前ニモ同條ヲ適用《テキヨウ》スルコト其効力ヲ示《シメ》シテアルノデ條文ニ因テ明瞭《メイレウ》デアリマスカラ茲ニ委シク記載セズ

第五十九條　民法第六百五條ノ規定ハ民法施行前ニ爲シタル不動産ノ賃貸借《チンタイシヤク》ニモ亦之ヲ適用ス

〔註釋〕本條ハ不動産《フドウサン》ニ就テ爲シタル賃貸借《チンタイシヤク》ノコトヲ規定シテアルノデス民法施行以前ニ爲シタル不動産《フドウサン》ノ賃貸借トテモ登記《トウキ》ヲ爲《ナ》サバ其不動産ニ付キ物權《ブツケン》ヲ取得シタルモノニ對シテモ其効力ノアル事ヲ定メテアルノデス

第六十條　第四十五條ノ規定ハ外國人又ハ外國法人ニ土地ヲ賃貸シタル場合ニ之ヲ準用ス

〔註釋〕本條ハ此施行法《シカウハフ》第四十五條ノ規定ハ土地《トチ》ヲ賃貸《チンカシ》シタル場合ニ於テモ之ヲ準用スル譯デアリマス

第六十一條　刑法附則第五十四條乃至第六十條ハ之ヲ削除ス

〔註釋〕本條ハ刑法中削除《ケイハツチウサクジヨ》スベキモノヲ此ノ施行法ニ於テ定メタノデアル

第五章　親族編《シンゾクヘン》ニ關スル規定

〔註釋〕本章ニハ民法第四編ナル親族編《シンゾクヘン》ニ關スルコトヲ規定シタノデアリマス即チ同編第一章ヨリ第八章ニ至ル迄ノ施行上必要ナル事項ヲ定メタノデアリマス以下各條ニ說明スベシ

第六十二條　民法施行ノ際《サイ》家族《カゾク》タル者ハ民法ノ規定ニ依レハ家族《カゾク》タルコトヲ得サル者ト雖モ之ヲ家族トス

家族ハ民法《ミンハフ》施行ノ日ヨリ民法ノ規定《キテイ》ニ從ヒテ戶主權《コシユケン》ニ服ス

〔註釋〕本條ハ民法中ノ家族《カゾク》ノコトニ就《ツイ》テ規定シタノデアリマス

民法ノ施行ノ際《サイ》ニ家族デアツタ者ハ同法ニ依レバ家族《カゾク》タルノ稱《シヤウ》ヲ下《クダ》セナイモノモアリマスガ矢張《ヤハ》リ家族タルノ身分ヲ本施行法ニ依テ存《ソン》スルコトデアルト規定《キテイ》シ第二項ハ申迄モナク民法施行ト同時ニ家族ハ戶主權ニ服セネバナラヌト定メテアルノデス

第六十三條　民法ノ規定《キテイ》ニ依レハ父又ハ母ノ家《イヘ》ニ入ルヘキ者ト雖モ民

法施行ノ際他家ニ在ル者ニハ其規定ヲ適用セス

(註釋)本條ハ民法《ミンヘフ》ノ規定ニ依テ父又ハ母ノ家ニ入ルベキ者例《タト》ヘバ民法第七百三十三條ノ如キ子ハ父ノ家ニ入ル父ノ知レザル子ハ母ノ家ニ入ルベキガ至當ノ者ガ民法施行ノ當時他家ニ在《ア》リタルトキニハ敢《アエ》テ本條(民法第七百三十三條)ノ規定ヲ適用《テキヨウ》ハセヌトノコトヲ定メテアルノデス

第六十四條　民法施行前ニ隱居者《インキヨシヤ》又ハ家督相續人カ詐欺《サギ》又ハ強迫《キヤウハク》ニ因リ隱居《インキヨ》ヲ爲シ又ハ相續ヲ承認《セウニン》シタルトキハ民法第七百五十九條ノ規定ニ依リテ之ヲ取消スコトヲ得但第三十二條及ヒ第三十四條ノ適用ヲ妨ケス

民法第七百六十條ノ規定ハ民法施行前ニ家督相續人ノ債權者ト爲リタル者ニモ亦之ヲ適用ス

(註釋)本條ハ民法中隱居者《インキヨシヤ》又ハ家督《カトク》相續人ニ關スル定メデアリマス

民法施行前ニ詐欺《サギ》又ハ強迫《キヤウハク》ヲ受ケテ隱居ヲ爲シタリ又ハ相續《ソウゾク》ヲ承諾シタルモノアルトキハ民法第七百五十九條ニ依テ取消スコトガ出來ルノデアリマス其期間ハ一ケ年デアルガ期間ノ算《カゾ》ヘカタハ民法施行ノ日カラ一年內ニ取消《トリケシ》ヲ裁判所ヘ請求《セイキウ》スベキコトデアルト定メテアル而シテ本施行法ノ第三十二條及ビ第三十四條ノ適用ハ妨ゲヌコト丶シテアリマス

第二項ハ隱居《インキヨ》ノ取消前ニ家督相續人ノ債權者《サイケンシヤ》ト爲リタルモノハ其取消ニ依テ戶主《コシユ》タルモノニ對《タイ》シテ辨濟《ベンサイ》ヲ求ムルコトガ出來ルノデ又家督相續人ニモ債權者《サイケンシヤ》タルモノハ請求スルノ權利《ケンリ》ガアルコトハ前項ト連結《レンケツ》シテ規定セネバナラヌコトデアリマスカラ本項ニ其意ヲ示シテアルノデス

第六十五條　民法施行前ニ爲シタル婚姻又ハ養子緣組カ其當時ノ法律ニ依レハ無效《ムカウ》ナルトキト雖モ民法ノ規定《キテイ》ニ依リ有效《ユウカウ》ナルヘキトキハ民法施行ノ日ヨリ有效トス

〔註釋〕本條ハ婚姻《コンイン》又ハ養子緣組ガ民法施行以前ニ爲《ナ》サレテ其成立《セイリツ》ガ民法ノ規定ニ因テハ無效トナルモ民法施行ノ日カラ其成立ハ效力ノアルモノトスル規定デアリマス

婚姻《コンイン》ニ就テ一例ヲ擧《ア》ゲンニ民法第七百六十五條ニ違反《イハン》シテ男ハ十七歳未滿女ハ十五歳ニ足ラザル年齡《ネンレイ》ノモノ同第七百七十五條ノ規定《キテイ》ニ依ラズ即チ戸籍吏ニ屆出ツルニ當事者《タウジシヤ》双方ノミニテ成年《セイネン》證人二人以上ノ證人モ立テズ結婚《ケツコン》シタルトセンカ是等ハ即チ民法施行以前ニハ有効《ユウカウ》トシテ否《イナ》慣習上行ハレテ居ッタ故ニ差支《サシツカ》ヘハナイノデアッタガ同法施行《シカウ》セラレタ以上ハ即チ無効《ムカウ》ノ如キ感《カン》アレドモ其當事者ノ一方ガ裁判上ノ離婚《リコン》或ハ戸主其他緣故《エンコ》ノ者ヨリ取消權《トリケシケン》ヲ請求スル塲合ニ於テハ民法施行以後《イゴ》ナルヲ以テ其最初ノ不完全《フクワンゼン》ナル婚姻モ施行ト同時ニ効力チ有シタモノデアルトノ規定ナリ

第六十六條　民法第七百六十七條第一項ノ期間ハ前婚カ民法施行前ニ解消《カイセウ》シ又ハ取消サレタルトキト雖モ其解消《カイセウ》又ハ取消《トリケシ》ノ時ヨリ之ヲ起算ス

（註釋）本條ハ女ハ前婚《ゼンコン》ノ解消《カイセウ》又ハ取消ノ日ヨリ六ケ月ヲ經過《ケイカ》シタ後ニアラザレバ再婚《サイコン》ノ出來ヌコトハ民法第七百六十七條ノ規定ニアリマスガ其再婚ヲ為シ得ル月ノ計算ハタトヘ民法施行前トテモ同法《ドウハフ》施行ニ依テ實際《ジツサイ》ノ六ケ月ヲ短《ミジ》カク或ハ長《ナガ》クスルコトハナイ矢張リ六ケ月經過セザレバ再婚ヲ許スコトハ出來ヌモノト定メテアルノデス

第六十七條　民法施行前ニ生《シヤウ》シタル事實《ジジツ》カ民法ニ依リ婚姻又ハ養子縁組ノ取消《トリケシ》ノ原因タルヘキトキハ其婚姻《コンイン》又ハ養子縁組ハ之ヲ取消《トリケ》スコトヲ得但其事實《ジジツ》カ既ニ民法ニ定メタル期間《キカン》ヲ經過《ケイクワ》シタルモノナルトキハ此限ニ在ラス

（註釋）本條ハ民法施行前ニ於《オイ》テハ婚姻《コンイン》又ハ養子縁組ニ何等ノ關係《クワンケイ》モナカリシ事實《ジジツ》ガ民法ニ依リ離縁又ハ離婚ノ取消ヲ爲サザレバナラヌコトガ起ッタトキニハ其事實ガ民法ニ定マッテアル期間ヲ適用《テキヨウ》シテ若シ經過《ケイカ》セザルニ於テハ取消《トリケ》スコトガ出來ルトノ規定デアリマス

第六十八條　民法施行前ニ爲シタル婚姻又ハ養子縁組ト雖モ其施行ノ日ヨリ民法ニ定メタル效力ヲ生ス

（註釋）本條ハ婚姻《コンイン》又ハ養子縁組ノ効力ハ民法《ミンハフ》施行ニ爲シタルモノト雖《イヘド》モ施行ノ日カラ有効《ユウカウ》ナルモノデアルト云フコトヲ特ニ規定シテアルノデス

前第六十五條ニ委シク說明《セツメイ》致シマシタカラ茲ニ略言《リヤクゲン》シマス

第六十九條　民法施行前ニ婚姻ヲ爲シタル者カ夫婦ノ財産ニ付キ別段ノ契約《ケイヤク》ヲ爲サヽリシトキハ其財産《ザイサン》關係ハ民法施行ノ日ヨリ法定《ハウテイ》財産制ニ依ル

民法施行前ニ夫婦《フウフ》カ其財産ニ付キ契約《ケイヤク》ヲ爲シタルトキハ其契約《ケイヤク》ハ婚姻屆出ノ後ニ爲シタルモノト雖《イヘド》モ其效力《カウリヨク》ヲ存ス但其契約《ケイヤク》カ法定財産制ニ異《コト》ナルトキハ民法施行ノ日ヨリ六ヶ月內ニ其登記《トウキ》ヲ爲スニ非サレハ之ヲ以テ夫婦ノ承繼人《シヤウケイニン》及ヒ第三者ニ對抗《タイコウ》スルコトヲ得ス

〔註釋〕本條ハ民法施行以前ニ婚姻《コンイン》ヲ爲シタル夫婦ノ財産《ザイサン》ニ付夫婦財産制ヲ執《ト》ラザル財産關係ニハ民法施行ノ日ヨリ法定財産制ニ依ルコトヲ規定シタリ

第二項ハ民法施行以前ニ夫婦《フウフ》ガ其財産ニ付キ契約《ケイヤク》ヲ爲シタルトキハ其契約ガ婚姻《コンイン》屆出ノ後ニ爲シタルモノデアルトモ效力《カウリヨク》ハ有ルモノデス若シ其契約ガ法定《ハフテイ》財産制ニ異《コト》ナツタ事柄ガアツタラバ民法施行ノ日ヨリ六ケ月以內ニ其登記《トウキ》ヲ爲サ子バナラヌ之ヲモ爲サザレバ夫婦ノ承繼人《セウケイニン》及ビ第三者ニ對抗《タイコウ》スルコトハ出來ヌト定メテアルノデス

第七十條　民法施行前ニ生シタル事實カ民法ニ依リ離婚又ハ離緣ノ原因タルヘキトキハ夫婦《フウフ》又ハ養子緣組ノ當事者《タウジシヤ》ノ一方ハ離婚又ハ離緣《リエン》ノ訴ヲ提起スルコトヲ得

第六十七條但書ノ規定ハ前項ノ場合ニ之ヲ準用ス

〔註釋〕本條ハ離緣《リエン》又ハ離婚《リコン》ニ關シテ訴ヲ提起《テイキ》スルコトノ出來得ル規定デアリマス
即第六十七條ト同ジ意味デアリマス

第七十一條　嫡出《チヤクシユツ》ノ推定《スイテイ》及ヒ否《ヒ》認《ニン》ニ關スル民法ノ規定ハ民法施行前ニ懷胎《クワイタイ》シタル子ニモ亦之ヲ適用ス

〔註釋〕本條ハ民法施行前ニ懷胎《クワイタイ》セラレタ子ニモ民法ノ嫡出《チヤクシユツ》ノ推定《スイテイ》及ヒ否認ノ規定ヲ適用スルコトヲ得ル定メデアリマス

第七十二條　子ハ民法《ミンハフ》施行ノ日ヨリ民法ノ規定《キテイ》ニ從ヒテ父又ハ母ノ親《シン》權《ケン》ニ服《フク》ス

〔註釋〕本條ハ民法施行《シカウ》ノ日カラ民法規定ニ從テ子ハ親權《シンケン》ニ服《フク》スベキ旨ヲ規定シタノデアリマス

第七十三條　裁判所ハ民法《ミンハフ》施行前ニ生シタル事實《ジジツ》ニ據《ヨ》リテ親權又ハ管《カン》理《リ》權《ケン》ノ喪失ヲ宣告《センコク》スルコトヲ得

〔註釋〕本條ハ民法施行前ニ生ジタル親權《シンケン》ノ喪失又ハ管理權ノ喪失ノ事實《ジジツ》ニ付テモ裁判所ハ民法ニ依テ其喪失《ソウシツ》ノ宣告ヲナスコトデアルト規定シテアルノデス

第七十四條　民法第九百條第一號ノ場合《バアヒ》ニ於テ民法施行ノ際《サイ》未成年《ミセイチン》者ノ後見人タル者アルトキハ其後見人ハ民法施行ノ日ヨリ民法ノ規定ニ從ヒテ其任務《ニンム》ヲ行フ

〔註釋〕本條ハ未成年者《ミセイチンシヤ》ノ後見人ハ民法ノ規定《キテイ》ニ依テ同法施行ノ時ヨリ其後見任務《ニンム》ヲ行フベキモノデアルト云フコトヲ規定シタノデアリマス

第七十五條　民法第九百條第一號ノ場合ニ於テ民法施行ノ際未成年者カ後見人ヲ有セサルトキハ民法ニ定メタル者其後見人ト爲ル

〔註釋〕本條ハ民法施行ノ際《サイ》未《ミ》成年者《セイネンシヤ》ガ後見人ヲ有セザルトキハ民法ニ定《サダ》メタル者其後見人トナルベキコトデアルト規定シテアリマス

第七十六條　民法施行前《シカウゼン》ニ民法第七條又ハ第十一條ニ掲《カヽ》ケタル原因《ゲンイン》ノ爲メニ後見人ヲ附シタル者アル場合ニ於テ後見人其他民法第七條ニ掲《カヽ》ケタル者ノ請求ニ因リ禁治産《キンジサン》ノ宣告《センコク》アリタルトキハ後見人ハ其宣告《センコク》ノ時ヨリ民法ノ規定《キテイ》ニ從ヒテ後見人ノ任務ヲ行ヒ準禁治産ノ宣告《センコク》アリタルトキハ保佐人《ホサニン》ノ任務ヲ行フ

〔註釋〕本條ハ禁治産者《キンヂサンシヤ》ノ後見人及ビ準禁治産者ノ保佐人《ホサニン》ニ關スル規定デアリマス一讀シテ明瞭デアリマスカラ茲ニ説明ハ致シマセヌ

第七十七條　民法施行前ニ未成年《ミセイネン》又ハ民法第七條若クハ第十一條ニ掲ケタル原因《ゲンヰン》ニ非サル事由ノ爲メニ選任《センニン》シタル後見人ノ任務《ニンム》ハ民法施行ノ日ヨリ終了ス

未成年者ノ後見人又ハ民法第七條若クハ第十一條ニ掲ケタル原因ノ爲メニ選任《センニン》シタル後見人カ民法第九百八條ニ該當《ガイタウ》スルトキ同亦シ

〔註釋〕本條ハ後見人《コウケンニン》ト稱《トノ》フル民法施行以前ノモノニ付《ツイ》テハ民法施行ト同時《ドウジ》ニ其者ノ任務《ニンム》ハ終了スルベキモノデアリマス

第一項ハ民法施行以前ニ於テ種々《シユヾ》ナル者ニ對《タイ》シテ後見人ガ付シテ居ツタケレドモ民法ノ規定ニ依レバ後見人ヲ付《フ》スルモノハ未《ミ》成年者《セイチンシヤ》及ビ心神喪失《シンヾソウシツ》ノ常況ニ在ルモノニ又民法第十一條ノ原因《ゲンヰン》アルモノニ付テハ保佐人《ホサニン》ヲ付スル譯《ワケ》デアリマスカラ民法施行ト同時《ドウジ》ニ前者ハ後見ノ任務《ニンム》ヲ終了《シウレウ》スルモノタルベキコトヲ規定《キテイ》シテアルノデス

第七十八條　民法第九百三十七條及ヒ第九百四十條乃至第九百四十二條ノ規定ハ前條ノ場合ニ之ヲ準用ス

民法第九百三十八條ノ規定ハ前條第二項ノ場合ニ之ヲ準用ス

〔註釋〕本條ハ前條ニ準用《ジユンヨウ》スベキ條文ヲ列記《レツキ》シタルモノデアリマス

第七十九條　第七十四條又ハ第七十六條ノ規定ニ依リテ後見人ノ任務

ヲ行フ者ハ後見監督人《カントクニン》ヲ選任セシムル爲メ遲滯《チタイ》ナク親族會ノ招集《セウシフ》ヲ裁判所ニ請求《セイキウ》スルコトヲ要ス若シ之ニ違反《井ハン》シタルトキハ親族會ハ其後見人ヲ免黜《メンチユツ》スルコトヲ得

（註釋）本條ハ此《コノ》施行法《シカウハフ》第七十四條及ビ第七十六條ニ因リ後見人ノ任務《ニンム》ヲ行《オコナ》フモノハ後見監督人ヲ撰任スル爲メニ速ニ親族會ヲ招集スルコトヲ裁判所ニ請求スベキモノデアル若シ之ニ違反《イハン》シタトキニハ親族會ハ其後見人ヲ免《メン》スルコトガ出來得ル制裁《セイサイ》ヲ規定シタノデアル

第八十條　第七十四條又ハ第七十六條ノ規定《キテイ》ニ依リテ後見人ノ任務《ニンム》ヲ行フ者ハ遲滯《チタイ》ナク被後見人ノ財産ヲ調査《テフサ》シ其目錄ヲ調製《テフセ井》スルコトヲ要ス

民法第九百十七條第二項、第三項、第九百十八條及ヒ第九百十九條ノ規定ハ前項ノ場合ニ之ヲ準用ス

〔註釋〕本條ハ前條ノ後見人ガ爲スベキ義務アルコトヲ規定シタモノデアリマス

此施行法第七十四條又ハ第七十六條ノ規定ニ依ル後見人ハ被後見人ガ財産ヲ調査シテ目錄調製《テウセイ》スベキコトデアルト云フ規定デス

第二項ハ民法第九百十七條第二項第三項第九百十八條及ビ第九百十九條ノ規定ハ前項ノ場合ニ準用スルトノ規定デアリマス

第八十一條　民法第九百二十四條及ヒ第九百二十七條ノ規定ハ後見人カ第七十四條又ハ第七十六條ノ規定《キテイ》ニ依リテ其任務《ニンム》ヲ行フ場合ニ之ヲ準用ス

〔註釋〕本條ハ前條《ゼンデウ》ノ後見人ニ準用《ジユンヨウ》スベキ條文ヲ掲《カ》ゲ規定シテアルノデス

第八十二條　民法第九百三十一條ノ規定《キテイ》ハ後見人カ民法施行前《シカウゼン》ニ被後見人ノ財産又ハ被後見人《ヒコウケンニン》ニ對スル第三者ノ權利《ケンリ》ヲ讓受ケタル場合ニモ亦之ヲ適用ス

〔註釋〕本條ハ民法施行以前ノ後見人ニモ適用スベキ民法ノ條文ヲ示シ規定シテアルノデ

ス一讀《ドク》シテ了解《レウカイ》セラルヽコトデアリマスカラ玆ニ略言《リヤクゲン》致シマス

第八十三條　後見人《コウケンニン》カ民法施行前ヨリ被《ヒ》後見人ノ財産《ザイサン》ヲ賃借《チンカリ》セルトキハ後見監督人《カントクニン》ヲ選任セシムルタメ招集《セウシフ》シタル親族會ノ同意《ドウイ》ヲ求ムルコトヲ要ス若シ親族會カ同意ヲ爲サヽリシトキハ賃貸借ハ其效力ヲ失フ

〔註釋〕本條ハ後見人ガ被後見人《ヒカウケンニン》ノ財産ヲ賃借《チンカリ》スルコトニ就テノ規定《キテイ》デアリマス

民法第九百三十一條ニ規定《キテイ》シテアル後見人ハ親族會《シンゾククワイ》ノ同意《ドウイ》ヲ受クルニ非ザレバ被後見人ノ財産ヲ賃借《チンカリ》スルコトガ出來ヌコトデアリマス

蓋《ケダ》シ本條ヲ設《マウ》ケタル所以ノモノハ民法《ミンハフ》施行以前ニ此施行法第七十七條ニ説明《セツメイ》シタルガ如キ後見人ノ附《ア》シアル哉ノ場合ヲシテ規定《キテイ》シタルノデアルカラ同法施行ニ際《サイ》シテハ引續キ賃借《チンカリ》リセントナラバ後見監督人ヲ撰任《センニン》シタル爲メ招集《セウシフ》シタル親族會ニ向テ賃借《チンカリ》ノ同意ヲ求メネバナラヌコトデアルト定メタノデアル

第六章　相續編ニ關スル規定

〔註釋〕本章ハ民法中《ミンハフチウ》相續編ニ關スル事項ニシテ此《コノ》施行法《シカウハフ》ガ必要ナルヿヲ集メ規定シタノデアリマス即チ以下十二條ヲ以テ詳細ニ説明致シマセウ

第八十四條　民法施行前《シカウゼン》ニ民法第九百六十九條及ヒ第九百九十七條ニ掲ケタル行爲ヲ爲シタル者ト雖モ相續人タルコトヲ得ス

〔註釋〕本條ハ民法施行《シカウ》以前ニ左ニ掲《カヽ》ゲタル行爲ヲナシタモノハ民法施行ニ引續《ヒキツヾ》キ相續人タルコトヲ得ザル旨ヲ規定シタノデアリマス

▲參看

第九百六十九條　左ニ掲ゲタル者ハ家督相續人タルコトヲ得ズ

一　故意ニ被相續人又ハ家督相續ニ付キ先順位ニ在ル者ヲ死ニ致シ又ハ死ニ致サントシタル爲メ刑ニ處セラレタル者

二　被相續人ノ殺害セラレタルコトヲ知リテ之ヲ告發又ハ告訴セザリシ者但其者ニ是非ノ辨別ナキトキ又ハ殺害者カ自己ノ配偶者若クハ直系血族ナリシトキハ此限ニ在ラズ

三　詐欺又ハ强迫ニ因リ被相續人ガ相續ニ關スル遺言ヲ爲シ之ヲ取消シ又ハ之ヲ變更スルコトヲ妨ゲタル者

四　詐欺又ハ强迫ニ因リ被相續人ヲシテ相續ニ關スル遺言ヲ爲サシメ之ヲ取消サシメ又ハ之ヲ變更セシメタル者

五　相續ニ關スル被相續人ノ遺言書ヲ僞造、變造、毀滅又ハ藏匿シタル者

第九百九十七條　左ニ掲ケタル者ハ遺産相續人タルコトヲ得ス

一　故意ニ被相續人又ハ遺産相續ニ付キ先順位若クハ同順位ニ在ル者ヲ死ニ致シ又ハ死ニ致サントシタル爲メ刑ニ處セラレタル者

二　第九百六十九條第二號乃至第五號ニ掲ゲタル者

第八十五條　民法第九百七十四條及ヒ第九百九十五條ノ規定ハ相續人タルヘキ者カ民法施行《シカウ》前《ゼン》ニ死亡《シバウ》シ又ハ其相續權ヲ失《ウシナ》ヒタル場合ニモ亦之ヲ適用ス

〔註釋〕本條ハ民法施行以前ニ家督相續人《カトクソウゾクニン》タル者及ヒ遺産相續人タルモノガ已《スデ》ニ死亡若クハ相續權《ソウゾクケン》ヲ失ヒタル場合ニ於テ其直系卑屬《チヨクケイヒゾク》アルトキハ民法第九百七十四條及ビ第九百九十五條ノ規定ニ因テ相續權ヲ有スルコトヲ適用スベキモノデアルト定メテアルノデス

第八十六條　相續人廢除《ハイジヨ》ノ原因タル事實《ジジツ》カ民法施行前ニ生《シヤウ》シタルトキト雖モ廢除《ハイジヨ》ノ請求《セイキウ》ヲ爲スコトヲ得

〔註釋〕本條ハ相續人廢除《ソウゾクニンハイジヨ》ノ事ニ關シテ規定シタノデアリマス
相續人廢除《ハイジヨ》ノ原因《ゲンヰン》ハタトヘ民法施行以前ニ生ジタル事實《ジジツ》デアツテモ民法施行ノ時ハ之ヲ

引續《ヒキツヾ》キ廢除ノ請求《セイキウ》ガ出來得ルコトヲ定メタノデアリマス

第八十七條　相續人廢除《ハイジヨ》ノ取消ニ關スル民法ノ規定《キテイ》ハ其施行前ニ廢除《ハイジヨ》シタル相續人ニモ亦之ヲ適用ス

〔註釋〕本條ハ相續人廢除《ハイジヨ》ノ取消ハ民法ノ規定ニ依テ其《ソノ》施《シ》行前《カウゼン》ニ廢除《ハイジヨ》ナシタルモノニモ本條ヲ適用シテ相續權ノ回復ヲ得セシムルコトヲ定メテアルノデス

第八十八條　家督《カトク》相續人指定《シテイ》ノ取消ニ關スル民法ノ規定《キテイ》ハ其施行前ニ指定シタル家督相續人ニモ亦之ヲ適用ス

〔註釋〕本條ハ家督《カトク》相續人指定《シテイ》ノ取消《トリケシ》ニ關スル民法ノ規定ハ民法施行前ニ指定《シテイ》シタ家督相續人ニモ適用シテ取消ヲ爲スコトモ出來ルト規定サレタノデアル

第八十九條　民法第九百八十九條ノ規定《キテイ》ハ民法施行前ニ前戶主《ゼンコシユ》ノ債權者ト爲リタル者ニモ亦之ヲ適用ス

〔註釋〕本條ハ民法施《シ》行前《カウゼン》ニ前戶主ノ債權《サイケン》ト爲リタル者ニ適用スベキ規定ヲ示シタノデアリマス

△參看

第九百八十九條　隱居又ハ入夫婚姻ニ因ル家督相續ノ塲合ニ於テハ前戸主ノ債權者ハ其前戸主ニ對シテ辨濟ノ請求ヲ爲スコトヲ得

入夫婚姻ノ取消又ハ入夫ノ婚姻ニ因ル家督相續ノ塲合ニ於テハ入夫ガ戸主タリシ間ニ負擔シタル債務ノ辨濟ハ其入夫ニ對シテ之ヲ請求スルコトヲ得

前二項ノ規定ハ家督相續人ニ對スル請求ヲ妨ゲズ

第九十條　民法第千七條及ヒ第千八條ノ規定ハ民法施行前ニ爲シタル贈與《ゾウヨ》ニモ亦之ヲ適用《テキヨウ》ス

〔註釋〕本條ハ民法施行前ニ爲シタル贈與《ゾウヨ》ニ關《クワン》シテハ民法第千七條及ビ第千八條ノ規定ヲ適用スルトノ定メデアリマス

△參看

第千七條　共同相續人中被相續人ヨリ遺贈ヲ受ケ又ハ婚姻養子緣組分家廢絶家再興ノ爲メ若クハ生計ノ資本トシテ贈與ヲ受ケタル者アルトキハ被相續人ガ相續開始ノ時ニ於テ有セシ財產ノ價額ニ其遺贈又ハ贈與ノ價額ヲ加ヘタル者ヲ相續財產ト看做シ第三條ノ規定ニ依リテ算定シタル相續分ノ中ヨリ其遺贈又ハ贈與ノ價額ヲ控除シ其殘額ヲ以テ其者ノ相續分トス

遺贈又ハ贈與ノ價額ガ相續分ノ價格ニ均シク又ハ之ニ超ユルトキハ受遺者又ハ受贈

者ハ其相續分ヲ受クルコトヲ得ズ
被相續人ガ前二項ニ異ナリタル意思ヲ表示シタルトキハ其意思表示ハ遺留分ニ關スル規定ニ反セザル範圍内ニ於テ其効力ヲ有ス

第九十一條　相續ノ承認《シヤウニン》、拋棄《ハウキ》及ヒ財産ノ分離《ブンリ》ニ關スル民法ノ規定ハ其施行前ニ開始《カイシ》シタル相續ニハ之ヲ適用セズ

〔註釋〕本條ハ民法施行前ニ開始《カイシ》シタル相續ハ之ヲ適用《テキヨウ》セザルコトヲ規定シタノデアリマス

第九十二條　相續人曠缺《コウケツ》ノ場合ニ關スル民法ノ規定《キテイ》ハ其施行前ニ開始《カイシ》シタル相續ニ付テハ其施行ノ日ヨリ之ヲ適用ス

〔註釋〕本條ハ相續人ノ曠缺《コウケツ》ノ場合ニ關《クワン》スル民法ノ規定ハ其施行前ニ開始《カイシ》シタル相續《ソウゾク》ニノミニ就テ民法施行日カラ適用スルコトデアリマス

第九十三條　相續財産《ザイサン》ノ管理人カ民法第千五十七條ノ規定《キテイ》ニ依リ爲スヘキ公告《コウコク》ハ裁判所カ同法第千五十八條ノ規定《キテイ》ニ依リ爲スヘキ公告《コウコク》ト同一ノ方法ヲ以テ之ヲ爲スコトヲ要ス

〔註釋〕本條ハ相續財産《ソウゾクザイサン》ヲ管理スル管理人ハ民法第千五十八條ニ依リ裁判所《サイハンショ》ガ爲スベキ公告ト同一ノ意味デ之ヲ爲サネバナラヌト云フコトヲ規定シテアルノデス

第九十四條　遺言《ユイゴン》ノ成立《セイリツ》及ヒ取消《トリケシ》ニ付テハ其當時ノ法律ヲ適用《テキヨウ》シ其效力ニ付テハ遺言者ノ死《シ》亡《バウ》ノ時ノ法律《ハフリツ》ヲ適用ス

〔註釋〕本條ハ遺言《ユイゴン》ノ成立及ビ取消《トリケシ》ニ付テハ其當時ノ法律《ハフリツ》ヲ以テ證據《ショウコ》立ツルコト其効力ニ就テハ遺言者《ユイゴンシャ》ノ死亡ノ時ノ法律《ホフリツ》ヲ以テ定ムベキモノデアルト規定シテアルノデス

第九十五條　民法第千百三十二條乃至第千百三十六條及ヒ第千百三十八條乃至第千百四十五條ノ規定ハ民法施行前ニ爲シタル贈與ニモ亦之ヲ適用ス

〔註釋〕本條ハ贈與《ゾウヨ》ニ適用《テキヨウ》スベキ民法ノ條文ヲ明《アキラカ》ニ示シタモノデアリマス是等《コレラ》ハ民法施行前ニ生ジタル事實ニ就テモ適用スルトノコトデアリマス

改正新民法註釋終

明治三十一年九月十二日印刷
明治三十一年九月十八日發行
明治三十一年九月二十日合本御屆

正價金壹圓五拾錢

新民法注釋之奥書

著者 川原閑舟
著者 池田攄郷
發行者 石田忠兵衛
大阪市東區安土町四丁目三十八番邸
印刷者 堀越幸
大阪市南區大寶寺町三丁目三百三十八番屋敷

發行所 大阪市東區安土町四丁目 積善館本店
賣捌所 福岡市博多中島町 積善館支店
同 廣島市塩屋町 積善館支店
同 大阪市東區南久太郎町四丁目 武田交盛館

改正新民法註釋　親族編・相續編・施行法
日本立法資料全集　別巻 1155

平成29年５月20日　　復刻版第１刷発行

著　者　川　原　閑　舟
　　　　池　田　撝　卿

発行者　今　井　　　貴
　　　　渡　辺　左　近

発行所　信　山　社　出　版
〒113-0033　東京都文京区本郷６-２-９-102
モンテベルデ第２東大正門前
電　話　03（3818）1019
ＦＡＸ　03（3818）0344
郵便振替　00140-2-367777（信山社販売）

Printed in Japan.

制作／㈱信山社，印刷・製本／松澤印刷・日進堂

ISBN 978-4-7972-7265-9 C3332

巻数	書　名	編・著者	ISBN	本体価格
950	実地応用町村制質疑録	野田藤吉郎、國吉拓郎	ISBN978-4-7972-6656-6	22,000 円
951	市町村議員必携	川瀬周次、田中迪三	ISBN978-4-7972-6657-3	40,000 円
952	増補 町村制執務備考 全	増澤鐵、飯島篤雄	ISBN978-4-7972-6658-0	46,000 円
953	郡区町村編制法 府県会規則 地方税規則 三法綱論	小笠原美治	ISBN978-4-7972-6659-7	28,000 円
954	郡区町村編制 府県会規則 地方税規則 新法例纂 追加地方諸要則	柳澤武運三	ISBN978-4-7972-6660-3	21,000 円
955	地方革新講話	西内天行	ISBN978-4-7972-6921-5	40,000 円
956	市町村名辞典	杉野耕三郎	ISBN978-4-7972-6922-2	38,000 円
957	市町村吏員提要〔第三版〕	田邊好一	ISBN978-4-7972-6923-9	60,000 円
958	帝国市町村便覧	大西林五郎	ISBN978-4-7972-6924-6	57,000 円
959	最近検定 市町村名鑑 附 官国幣社 及 諸学校所在地一覧	藤澤衛彦、伊東順彦、増田穆、関惣右衛門	ISBN978-4-7972-6925-3	64,000 円
960	鼇頭対照 市町村制解釈 附 理由書 及 参考諸布達	伊藤寿	ISBN978-4-7972-6926-0	40,000 円
961	市町村制釈義 完　附 市町村制理由	水越成章	ISBN978-4-7972-6927-7	36,000 円
962	府県郡市町村 模範治績　附 耕地整理法 産業組合法 附属法令	荻野千之助	ISBN978-4-7972-6928-4	74,000 円
963	市町村大字読方名彙〔大正十四年度版〕	小川琢治	ISBN978-4-7972-6929-1	60,000 円
964	町村会議員選挙要覧	津田東璋	ISBN978-4-7972-6930-7	34,000 円
965	市制町村制 及 府県制　附 普通選挙法	法律研究会	ISBN978-4-7972-6931-4	30,000 円
966	市制町村制註釈 完　附 市制町村制理由〔明治21年初版〕	角田真平、山田正賢	ISBN978-4-7972-6932-1	46,000 円
967	市町村制詳解 全　附 市町村制理由	元田肇、加藤政之助、日鼻豊作	ISBN978-4-7972-6933-8	47,000 円
968	区町村会議要覧 全	阪田辨之助	ISBN978-4-7972-6934-5	28,000 円
969	実用 町村制市制事務提要	河邨貞山、島村文耕	ISBN978-4-7972-6935-2	46,000 円
970	新旧対照 市制町村制正文〔第三版〕	自治館編輯局	ISBN978-4-7972-6936-9	28,000 円
971	細密調査 市町村便覧(三府 四十三県 北海道 樺太 台湾 朝鮮 関東州)　附 分類官公衙公私学校銀行所在地一覧表	白山榮一郎、森田公美	ISBN978-4-7972-6937-6	88,000 円
972	正文 市制町村制 並 附属法規	法曹閣	ISBN978-4-7972-6938-3	21,000 円
973	台湾朝鮮関東州 全国市町村便覧 各学校所在地〔第一分冊〕	長谷川好太郎	ISBN978-4-7972-6939-0	58,000 円
974	台湾朝鮮関東州 全国市町村便覧 各学校所在地〔第二分冊〕	長谷川好太郎	ISBN978-4-7972-6940-6	58,000 円
975	合巻 佛蘭西邑法・和蘭邑法・皇国郡区町村編成法	箕作麟祥、大井憲太郎、神田孝平	ISBN978-4-7972-6941-3	28,000 円
976	自治之模範	江木翼	ISBN978-4-7972-6942-0	60,000 円
977	地方制度実例総覧〔明治36年初版〕	金田謙	ISBN978-4-7972-6943-7	48,000 円
978	市町村民 自治読本	武藤榮治郎	ISBN978-4-7972-6944-4	22,000 円
979	町村制詳解　附 市制及町村制理由	相澤富蔵	ISBN978-4-7972-6945-1	28,000 円
980	改正 市町村制 並 附属法規	楠綾雄	ISBN978-4-7972-6946-8	28,000 円
981	改正 市制 及 町村制〔訂正10版〕	山野金蔵	ISBN978-4-7972-6947-5	28,000 円

別巻　巻数順一覧【915 ～ 949 巻】

巻数	書名	編・著者	ISBN	本体価格
915	改正 新旧対照市町村一覧	鍾美堂	ISBN978-4-7972-6621-4	78,000 円
916	東京市会先例彙輯	後藤新平、桐島像一、八田五三	ISBN978-4-7972-6622-1	65,000 円
917	改正 地方制度解説〔第六版〕	狭間茂	ISBN978-4-7972-6623-8	67,000 円
918	改正 地方制度通義	荒川五郎	ISBN978-4-7972-6624-5	75,000 円
919	町村制市制全書 完	中嶋廣蔵	ISBN978-4-7972-6625-2	80,000 円
920	自治新制 市町村会法要談 全	田中重策	ISBN978-4-7972-6626-9	22,000 円
921	郡市町村吏員 収税実務要書	荻野千之助	ISBN978-4-7972-6627-6	21,000 円
922	町村至宝	桂虎次郎	ISBN978-4-7972-6628-3	36,000 円
923	地方制度通 全	上山満之進	ISBN978-4-7972-6629-0	60,000 円
924	帝国議会府県会郡会市町村会議員必携 附関係法規 第1分冊	太田峯三郎、林田亀太郎、小原新三	ISBN978-4-7972-6630-6	46,000 円
925	帝国議会府県会郡会市町村会議員必携 附関係法規 第2分冊	太田峯三郎、林田亀太郎、小原新三	ISBN978-4-7972-6631-3	62,000 円
926	市町村是	野田千太郎	ISBN978-4-7972-6632-0	21,000 円
927	市町村執務要覧 全 第1分冊	大成館編輯局	ISBN978-4-7972-6633-7	60,000 円
928	市町村執務要覧 全 第2分冊	大成館編輯局	ISBN978-4-7972-6634-4	58,000 円
929	府県会規則大全　附 裁定録	朝倉達三、若林友之	ISBN978-4-7972-6635-1	28,000 円
930	地方自治の手引	前田宇治郎	ISBN978-4-7972-6636-8	28,000 円
931	改正 市制町村制と衆議院議員選挙法	服部喜太郎	ISBN978-4-7972-6637-5	28,000 円
932	市町村国税事務取扱手続	広島財務研究会	ISBN978-4-7972-6638-2	34,000 円
933	地方自治制要義 全	末松偕一郎	ISBN978-4-7972-6639-9	57,000 円
934	市町村特別税之栞	三邊長治、水谷平吉	ISBN978-4-7972-6640-5	24,000 円
935	英国地方制度 及 税法	良保両氏、水野遵	ISBN978-4-7972-6641-2	34,000 円
936	英国地方制度 及 税法	髙橋達	ISBN978-4-7972-6642-9	20,000 円
937	日本法典全書 第一編 府県制郡制註釈	上條慎蔵、坪谷善四郎	ISBN978-4-7972-6643-6	58,000 円
938	判例挿入 自治法規全集 全	池田繁太郎	ISBN978-4-7972-6644-3	82,000 円
939	比較研究 自治之精髄	水野錬太郎	ISBN978-4-7972-6645-0	22,000 円
940	傍訓註釈 市制町村制 並ニ 理由書〔第三版〕	筒井時治	ISBN978-4-7972-6646-7	46,000 円
941	以呂波引町村便覧	田山宗堯	ISBN978-4-7972-6647-4	37,000 円
942	町村制執務要録 全	鷹巣清二郎	ISBN978-4-7972-6648-1	46,000 円
943	地方自治 及 振興策	床次竹二郎	ISBN978-4-7972-6649-8	30,000 円
944	地方自治講話	田中四郎左衛門	ISBN978-4-7972-6650-4	36,000 円
945	地方施設改良 訓諭演説集〔第六版〕	鹽川玉江	ISBN978-4-7972-6651-1	40,000 円
946	帝国地方自治団体発達史〔第三版〕	佐藤亀齢	ISBN978-4-7972-6652-8	48,000 円
947	農村自治	小橋一太	ISBN978-4-7972-6653-5	34,000 円
948	国税 地方税 市町村税 滞納処分法問答	竹尾高堅	ISBN978-4-7972-6654-2	28,000 円
949	市町村役場実用 完	福井淳	ISBN978-4-7972-6655-9	40,000 円

別巻　巻数順一覧【878 ～ 914 巻】

巻数	書　名	編・著者	ISBN	本体価格
878	明治史第六編 政黨史	博文館編輯局	ISBN978-4-7972-7180-5	42,000 円
879	日本政黨發達史 全〔第一分冊〕	上野熊藏	ISBN978-4-7972-7181-2	50,000 円
880	日本政黨發達史 全〔第二分冊〕	上野熊藏	ISBN978-4-7972-7182-9	50,000 円
881	政党論	梶原保人	ISBN978-4-7972-7184-3	30,000 円
882	獨逸新民法商法正文	古川五郎、山口弘一	ISBN978-4-7972-7185-0	90,000 円
883	日本民法鼇頭對比獨逸民法	荒波正隆	ISBN978-4-7972-7186-7	40,000 円
884	泰西立憲國政治攬要	荒井泰治	ISBN978-4-7972-7187-4	30,000 円
885	改正衆議院議員選擧法釋義 全	福岡伯、横田左仲	ISBN978-4-7972-7188-1	42,000 円
886	改正衆議院議員選擧法釋義 附 改正貴族院令,治安維持法	犀川長作、犀川久平	ISBN978-4-7972-7189-8	33,000 円
887	公民必携 選擧法規ト判決例	大浦兼武、平沼騏一郎、木下友三郎、清水澄、三浦數平	ISBN978-4-7972-7190-4	96,000 円
888	衆議院議員選擧法輯覽	司法省刑事局	ISBN978-4-7972-7191-1	53,000 円
889	行政司法選擧判例總覽―行政救濟と其手續―	澤田竹治郎・川崎秀男	ISBN978-4-7972-7192-8	72,000 円
890	日本親族相續法義解 全	髙橋捨六・堀田馬三	ISBN978-4-7972-7193-5	45,000 円
891	普通選擧文書集成	山中秀男・岩本溫良	ISBN978-4-7972-7194-2	85,000 円
892	普選の勝者 代議士月旦	大石末吉	ISBN978-4-7972-7195-9	60,000 円
893	刑法註釋 卷一～卷四(上卷)	村田保	ISBN978-4-7972-7196-6	58,000 円
894	刑法註釋 卷五～卷八(下卷)	村田保	ISBN978-4-7972-7197-3	50,000 円
895	治罪法註釋 卷一～卷四(上卷)	村田保	ISBN978-4-7972-7198-0	50,000 円
896	治罪法註釋 卷五～卷八(下卷)	村田保	ISBN978-4-7972-7198-0	50,000 円
897	議會選擧法	カール・ブラウニアス、國政研究科會	ISBN978-4-7972-7201-7	42,000 円
901	鼇頭註釈 町村制　附 理由 全	八乙女盛次、片野続	ISBN978-4-7972-6607-8	28,000 円
902	改正 市制町村制　附 改正要義	田山宗尭	ISBN978-4-7972-6608-5	28,000 円
903	増補訂正 町村制詳解〔第十五版〕	長峰安三郎、三浦通太、野田千太郎	ISBN978-4-7972-6609-2	52,000 円
904	市制町村制 並 理由書　附 直接間接税類別及実施手続	高崎修助	ISBN978-4-7972-6610-8	20,000 円
905	町村制要義	河野正義	ISBN978-4-7972-6611-5	28,000 円
906	改正 市制町村制義解〔帝國地方行政学会〕	川村芳次	ISBN978-4-7972-6612-2	60,000 円
907	市制町村制 及 関係法令〔第三版〕	野田千太郎	ISBN978-4-7972-6613-9	35,000 円
908	市町村新旧対照一覧	中村芳松	ISBN978-4-7972-6614-6	38,000 円
909	改正 府県郡制問答講義	木内英雄	ISBN978-4-7972-6615-3	28,000 円
910	地方自治提要 全　附 諸届願書式 日用規則抄録	木村時義、吉武則久	ISBN978-4-7972-6616-0	56,000 円
911	訂正増補 市町村制問答詳解　附 理由及追輯	福井淳	ISBN978-4-7972-6617-7	70,000 円
912	改正 府県制郡制註釈〔第三版〕	福井淳	ISBN978-4-7972-6618-4	34,000 円
913	地方制度実例総覧〔第七版〕	自治館編輯局	ISBN978-4-7972-6619-1	78,000 円
914	英国地方政治論	ジョージ・チャールズ・ブロドリック、久米金彌	ISBN978-4-7972-6620-7	30,000 円

別巻　巻数順一覧【843 ～ 877 巻】

巻数	書　名	編・著者	ISBN	本体価格
843	法律汎論	熊谷直太	ISBN978-4-7972-7141-6	40,000 円
844	英國國會選擧訴願判決例 全	オマリー、ハードカッスル、サンタース	ISBN978-4-7972-7142-3	80,000 円
845	衆議院議員選擧法改正理由書 完	内務省	ISBN978-4-7972-7143-0	40,000 円
846	戇齋法律論文集	森作太郎	ISBN978-4-7972-7144-7	45,000 円
847	雨山遺稾	渡邉輝之助	ISBN978-4-7972-7145-4	70,000 円
848	法曹紙屑籠	鷺城逸史	ISBN978-4-7972-7146-1	54,000 円
849	法例彙纂 民法之部 第一篇	史官	ISBN978-4-7972-7147-8	66,000 円
850	法例彙纂 民法之部 第二篇〔第一分冊〕	史官	ISBN978-4-7972-7148-5	55,000 円
851	法例彙纂 民法之部 第二篇〔第二分冊〕	史官	ISBN978-4-7972-7149-2	75,000 円
852	法例彙纂 商法之部〔第一分冊〕	史官	ISBN978-4-7972-7150-8	70,000 円
853	法例彙纂 商法之部〔第二分冊〕	史官	ISBN978-4-7972-7151-5	75,000 円
854	法例彙纂 訴訟法之部〔第一分冊〕	史官	ISBN978-4-7972-7152-2	60,000 円
855	法例彙纂 訴訟法之部〔第二分冊〕	史官	ISBN978-4-7972-7153-9	48,000 円
856	法例彙纂 懲罰則之部	史官	ISBN978-4-7972-7154-6	58,000 円
857	法例彙纂 第二版 民法之部〔第一分冊〕	史官	ISBN978-4-7972-7155-3	70,000 円
858	法例彙纂 第二版 民法之部〔第二分冊〕	史官	ISBN978-4-7972-7156-0	70,000 円
859	法例彙纂 第二版 商法之部・訴訟法之部〔第一分冊〕	太政官記録掛	ISBN978-4-7972-7157-7	72,000 円
860	法例彙纂 第二版 商法之部・訴訟法之部〔第二分冊〕	太政官記録掛	ISBN978-4-7972-7158-4	40,000 円
861	法令彙纂 第三版 民法之部〔第一分冊〕	太政官記録掛	ISBN978-4-7972-7159-1	54,000 円
862	法令彙纂 第三版 民法之部〔第ニ分冊〕	太政官記録掛	ISBN978-4-7972-7160-7	54,000 円
863	現行法律規則全書（上）	小笠原美治、井田鐘次郎	ISBN978-4-7972-7162-1	50,000 円
864	現行法律規則全書（下）	小笠原美治、井田鐘次郎	ISBN978-4-7972-7163-8	53,000 円
865	國民法制通論 上巻・下巻	仁保龜松	ISBN978-4-7972-7165-2	56,000 円
866	刑法註釋	磯部四郎、小笠原美治	ISBN978-4-7972-7166-9	85,000 円
867	治罪法註釋	磯部四郎、小笠原美治	ISBN978-4-7972-7167-6	70,000 円
868	政法哲學 前編	ハーバート・スペンサー、濱野定四郎、渡邊治	ISBN978-4-7972-7168-3	45,000 円
869	政法哲學 後編	ハーバート・スペンサー、濱野定四郎、渡邊治	ISBN978-4-7972-7169-0	45,000 円
870	佛國商法復説 第壹篇自第壹卷至第七卷	リウヒエール、商法編纂局	ISBN978-4-7972-7171-3	75,000 円
871	佛國商法復説 第壹篇第八卷	リウヒエール、商法編纂局	ISBN978-4-7972-7172-0	45,000 円
872	佛國商法復説 自第二篇至第四篇	リウヒエール、商法編纂局	ISBN978-4-7972-7173-7	70,000 円
873	佛國商法復説 書式之部	リウヒエール、商法編纂局	ISBN978-4-7972-7174-4	40,000 円
874	代言試験問題擬判録 全 附録明治法律學校民刑問題及答案	熊野敏三、宮城浩蔵 河野和三郎、岡義男	ISBN978-4-7972-7176-8	35,000 円
875	各國官吏試驗法類集 上・下	内閣	ISBN978-4-7972-7177-5	54,000 円
876	商業規篇	矢野亨	ISBN978-4-7972-7178-2	53,000 円
877	民法実用法典 全	福田一覺	ISBN978-4-7972-7179-9	45,000 円

巻数	書　名	編・著者	ISBN	本体価格
810	訓點法國律例 民律 上卷	鄭永寧	ISBN978-4-7972-7105-8	50,000円
811	訓點法國律例 民律 中卷	鄭永寧	ISBN978-4-7972-7106-5	50,000円
812	訓點法國律例 民律 下卷	鄭永寧	ISBN978-4-7972-7107-2	60,000円
813	訓點法國律例 民律指掌	鄭永寧	ISBN978-4-7972-7108-9	58,000円
814	訓點法國律例 貿易定律・園林則律	鄭永寧	ISBN978-4-7972-7109-6	60,000円
815	民事訴訟法 完	本多康直	ISBN978-4-7972-7111-9	65,000円
816	物権法(第一部)完	西川一男	ISBN978-4-7972-7112-6	45,000円
817	物権法(第二部)完	馬場愿治	ISBN978-4-7972-7113-3	35,000円
818	商法五十課 全	アーサー・B・クラーク、本多孫四郎	ISBN978-4-7972-7115-7	38,000円
819	英米商法律原論 契約之部及流通券之部	岡山兼吉、淺井勝	ISBN978-4-7972-7116-4	38,000円
820	英國組合法 完	サー・フレデリック・ポロック、榊原幾久若	ISBN978-4-7972-7117-1	30,000円
821	自治論 一名人民ノ自由 巻之上・巻之下	リーバー、林董	ISBN978-4-7972-7118-8	55,000円
822	自治論纂 全一册	獨逸學協會	ISBN978-4-7972-7119-5	50,000円
823	憲法彙纂	古屋宗作、鹿島秀麿	ISBN978-4-7972-7120-1	35,000円
824	國會汎論	ブルンチュリー、石津可輔、讃井逸三	ISBN978-4-7972-7121-8	30,000円
825	威氏法學通論	エスクバック、渡邊輝之助、神山亨太郎	ISBN978-4-7972-7122-5	35,000円
826	萬國憲法 全	高田早苗、坪谷善四郎	ISBN978-4-7972-7123-2	50,000円
827	綱目代議政體	J・S・ミル、上田充	ISBN978-4-7972-7124-9	40,000円
828	法學通論	山田喜之助	ISBN978-4-7972-7125-6	30,000円
829	法學通論 完	島田俊雄、溝上與三郎	ISBN978-4-7972-7126-3	35,000円
830	自由之權利 一名自由之理 全	J・S・ミル、高橋正次郎	ISBN978-4-7972-7127-0	38,000円
831	歐洲代議政體起原史 第一册・第二冊／代議政體原論 完	ギゾー、漆間眞學、藤田四郎、アンドリー、山口松五郎	ISBN978-4-7972-7128-7	100,000円
832	代議政體 全	J・S・ミル、前橋孝義	ISBN978-4-7972-7129-4	55,000円
833	民約論	J・J・ルソー、田中弘義、服部徳	ISBN978-4-7972-7130-0	40,000円
834	歐米政黨沿革史總論	藤田四郎	ISBN978-4-7972-7131-7	30,000円
835	内外政黨事情・日本政黨事情 完	中村義三、大久保常吉	ISBN978-4-7972-7132-4	35,000円
836	議會及政黨論	菊池學而	ISBN978-4-7972-7133-1	35,000円
837	各國之政黨 全〔第1分冊〕	外務省政務局	ISBN978-4-7972-7134-8	70,000円
838	各國之政黨 全〔第2分冊〕	外務省政務局	ISBN978-4-7972-7135-5	60,000円
839	大日本政黨史 全	若林淸、尾崎行雄、箕浦勝人、加藤恒忠	ISBN978-4-7972-7137-9	63,000円
840	民約論	ルソー、藤田浪人	ISBN978-4-7972-7138-6	30,000円
841	人權宣告辯妄・政治眞論一名主權辯妄	ベンサム、草野宣隆、藤田四郎	ISBN978-4-7972-7139-3	40,000円
842	法制講義 全	赤司鷹一郎	ISBN978-4-7972-7140-9	30,000円